A Monsieur Ch. de Godefroy

Hommage de l'auteur

HISTOIRE
DES
COMTES DE FLANDRE.

TOME I.

A LILLE,

CHEZ M. VANACKÈRE, IMPRIMEUR-LIBRAIRE.

IMPRIMÉ PAR BÉTHUNE ET PLON, A PARIS.

HISTOIRE

DES

COMTES DE FLANDRE

JUSQU'A L'AVÉNEMENT

DE LA MAISON DE BOURGOGNE;

PAR

EDWARD LE GLAY,

ANCIEN ÉLÈVE DE L'ÉCOLE ROYALE DES CHARTES, CONSERVATEUR-ADJOINT DES
ARCHIVES DE FLANDRE A LILLE.

TOME PREMIER.

PARIS,

AU COMPTOIR DES IMPRIMEURS-UNIS,
15, QUAI MALAQUAIS.

M DCCC XLIII.

PRÉLIMINAIRES.

Aspect de la Belgique aux temps primitifs. — Conquête romaine. — Établissement du christianisme. — Invasion franque. — Les rois francs de Cologne, Cambrai et Térouane. — Progrès du christianisme. — Mœurs des Belges. — Les forestiers délégués des rois francs en Belgique.

Lorsque les légions romaines, conduites par César, arrivèrent dans la partie septentrionale des Gaules, elles trouvèrent, entre l'Océan germanique et le Rhin, un vaste pays qu'aucune lueur de civilisation n'avait encore éclairé. Ce n'était qu'une longue suite de forêts entrecoupées çà et là par des marécages et des terres incultes; une pauvre et sauvage contrée, voilée par d'éternels brouillards, attristée par des vents glacés, et inondée souvent dans ses parties basses par les eaux de la mer (1).

Une race d'hommes cependant y avait déjà suc-

---

(1) Voy. César, Strabon, Dion Cassius, etc. — On a trouvé dans diverses parties de l'ancienne Belgique, entre autres à Clairmarais, à Blandèque, à Wisernes et jusqu'à Flines-lez-Marchiennes, aux environs de Douai, des débris de navires, des ancres, etc.

cédé à une autre race établie dans ces régions depuis un temps immémorial. Environ deux cents ans avant l'ère chrétienne, les Celtes ou Gaulois furent expatriés de la Belgique par une invasion de peuplades germaniques qui prirent la place des vaincus. D'autres tribus les suivirent à des intervalles plus ou moins rapprochés; et à l'époque de César les arrivages des Germains continuaient encore.

La lutte des Romains contre ces barbares que les historiens du temps nous représentent à la taille gigantesque, à l'œil bleu et farouche, à la chevelure d'un rouge ardent (1), fut longue et pénible. La conquête de la Belgique coûta neuf années de combats et de travaux à César : il ne lui avait fallu que deux ans pour s'emparer du reste des Gaules; mais ici ce n'était plus les Gaules qu'il avait à soumettre, c'était la Germanie elle-même. Or, Tacite disait : « Ni Sarmates, ni Carthaginois, ni Espagnols, ni Gaulois, ni Parthes ne nous ont causé plus d'alarmes que les Germains : c'est que le trône des Arsacides est moins inébranlable que la liberté germanique (2). »

Les Romains campèrent dans la Belgique l'espace

---

(1) Truces et cærulei oculi, rutilæ comæ, magna corpora. — TACITE. *Germania*, cap. IV.

(2) « Non Samnis, non Pœni, non Hispaniæ Galliæve, ne Parthi quidem sæpius admonuere : quippe regno Arsacis acrior est Germanorum libertas. » — *Ibid.*, cap. XXXVII.

d'environ quatre siècles, sans que leur domination fît adopter complétement aux vaincus son influence civilisatrice : laquelle avait été si grande au midi de la Loire. Le peu de Germano-Belges qui survécurent aux violentes agressions des aigles impériales, n'abdiquèrent jamais leur sauvage indépendance. Errants dans les forêts et les retraites marécageuses, ils faisaient une guerre incessante aux envahisseurs; et lorsque les légions, rappelées à Rome que les Goths menaçaient, quittèrent ce pays où elles avaient séjourné si long-temps, on y retrouvait encore les dignes enfants de ces Belges nommés par César les plus valeureux entre tous les Gaulois (1).

Le séjour des Romains ne laissa guère de traces que sur le sol. César avait à peine rencontré quelques simulacres de villes dans la Gaule Belgique; mais une fois la conquête consolidée, les itinéraires nous signalent plusieurs cités qui subsistent encore aujourd'hui. Ce sont, chez les Nerviens, Cambrai, Tournai et Bavai; chez les Ménapiens, Cassel; puis des camps retranchés ou stations militaires dont on aperçoit seulement les vestiges, tels que *Minariacum*, *Hermoniacum* (2); des routes stratégiques, connues de nos jours sous le nom de

---

(1) « Horum omnium Gallorum fortissimi sunt Belgæ. »
Comment., lib. I, cap. 1.

(2) Voyez sur cette station romaine *Notice sur Hermoniacum*, par M. Le Glay; in-8. Cambrai, 1824.

Chaussées-Brunehaut; enfin un port, le *Portus Iccius*, où l'on s'embarquait pour la Grande-Bretagne. Du reste, la majeure partie de la Belgique ne perdit pas son aspect primitif : il est même probable que les Romains ne pénétrèrent jamais dans certaines portions du pays.

Pline le naturaliste, qui avait voyagé dans ces contrées, trace le tableau suivant de la partie la plus septentrionale du territoire belge, jusqu'où il n'avait pas craint de s'aventurer (1) :

« Nous avons visité dans le nord le pays des Cauques, divisé en grandes et en petites Cauques. L'Océan s'y épanche sur les terres deux fois le jour, et fera douter long-temps si ces contrées sont bien de la terre ferme ou une portion de la mer. Les misérables habitants placent leurs cabanes sur des éminences formées en quelques endroits par la nature, en d'autres par la main des hommes à une hauteur où les marées n'atteignent jamais. Ces cabanes ainsi établies ressemblent, quand les flots les environnent, à des navires que menacent les naufrages; et lorsque les vagues viennent à se retirer, on prend autour des chaumières le poisson qui cherche à fuir avec la mer. Les habitants n'ont pas de troupeaux, ne se nourrissent pas de lait comme

---

(1) Quelle que soit la situation, d'ailleurs assez controversée, du pays des Cauques que mentionne Pline, la description qu'il en fait s'applique merveilleusement aux plages maritimes de la Flandre et de la Hollande.

leurs voisins. Pour cuire leurs aliments et réchauffer leurs entrailles glacées par les frimas du septentrion, la terre est le seul combustible qu'ils emploient. Leur boisson ne se compose que d'eaux de pluie conservées dans des vases à l'entrée de la maison. Dans le voisinage de ces peuples, et principalement aux environs de deux lacs, on trouve des forêts épaisses; de gros chênes qui croissent sur leurs bords sont quelquefois déracinés par les vagues ou renversés par les vents. Ils entraînent avec eux des îles entières qu'ils embrassent de leurs racines (1). »

Au quatrième siècle, le rhéteur Eumène, dans un panégyrique de l'empereur Constance, parle ainsi du territoire batave et ménapien :

« O César, j'oserai le dire; ce n'est point une terre véritable, cette contrée que tes divines expéditions ont délivrée et conquise, cette contrée que l'Escaut arrose de ses replis tortueux et que le Rhin embrasse en se divisant. Elle est tellement pénétrée et imbibée par les eaux, que non-seulement dans les plages marécageuses elle cède et fléchit sous les pas dont elle retient l'empreinte, mais que même là où elle paraît un peu plus ferme, elle s'ébranle encore sous le pied qui la foule au point qu'on la croirait mal affermie sur ses fondements. Aussi, ce

---

(1) Plin. *Hist. natur.* lib. xvi, cap. 1.

sol vacillant et comme suspendu, semble fait tout exprès pour exercer le soldat aux combats maritimes. Mais c'est en vain que les barbares ont cherché un asile dans ces retraites trompeuses et dans les profondeurs de leurs forêts (1). »

Ce que n'avaient pu faire les maîtres du monde et une occupation de quatre cents ans, le christianisme le fit. L'ère de civilisation s'ouvre pour la Belgique à partir de l'introduction de la religion nouvelle. La révolution dans les mœurs va réagir sur la constitution physique du pays et en changer la face.

Vers la fin du troisième siècle, des missionnaires venus de la Grèce et de Rome, savoir, Piat, Chrysole et Eucher, parurent en Belgique dans les lieux occupés par les Romains, et convertirent, au prix de leur sang, une grande partie de ces derniers (2). Piat et Chrysole furent martyrisés sous Dioclétien et Maximien, le premier à Tournai; le second sur les bords de la Lys, au lieu qui se nomme aujourd'hui Comines.

A ces premiers apôtres en succédèrent d'autres

---

(1) EUMEN. Paneg. Constant. Cæs. dict. — Voy. sur la Belgique, aux temps primitifs, l'excellent ouvrage de M. Schayes, intitulé : *Les Pays-Bas avant et pendant la domination romaine*. 2 vol. in-8. Bruxelles, 1837.

(2) On a trouvé en plusieurs endroits des pierres gravées, des anneaux et d'autres ornements romains offrant tous les symboles du christianisme, tels que une croix, de petits poissons, un agneau, une ancre, un vaisseau, les lettres XP ou A et Ω. — V. DESROCHES. *Hist. Belg.*, t, 36.

qui paraissent avoir porté le flambeau de la foi plutôt chez les conquérants de la Belgique, que parmi les Belges eux-mêmes. Du moins leurs tentatives pour aborder les différents peuples indigènes, n'eurent dans le principe aucun résultat. Ainsi au IVe et au Ve siècle, tandis que toutes les Gaules étaient déjà chrétiennes ou à peu près, les Belges restaient encore asservis aux superstitieuses croyances de la religion germanique.

Cependant, au début du Ve siècle, l'œuvre apostolique tend à se régulariser et l'on voit pour la première fois, dans les deux Germanies et dans la première et la seconde Belgique, des missionnaires officiellement députés de Rome sous le nom d'évêques régionnaires (1). Saint Victricius, évêque de Rouen, se hasarde seul dans les forêts nerviennes, et jusqu'au fond de ces marécages hantés par les Morins (2). Mais l'invasion des Francs ne tarde pas à faire disparaître ces traces primitives de la prédication épiscopale.

L'an 445, Clodion, roi des Francs, qui venait

---

(1) La Notice des provinces et cités de la Gaule, rédigée sous Honorius, l'an 410 de J.-C., indique, pour la seconde Belgique, douze cités qui formèrent le siège d'autant d'évêchés : *Metropolis civitas Remorum,* — *Civitas Suessionum,* — *Catuellaunorum,* — *Veromanduorum* (Noyon), — *Atrebatum,* — *Cameracensium,* — *Turnacensium,* — *Silvanectum,* — *Bellovacorum,* — *Ambianensium,* — *Morinorum* (Térouane), — *Bononiensium.* — V. MIRÆUS, *Opera diplom.,* 1, 635.

(2) *S. Paulini Epist.*, 28.

d'un lieu nommé *Dispargum*, passe le Rhin et la Meuse, soumettant, le long de sa route, les Tongres et les Texandriens; puis, traversant la forêt Charbonnière, il s'avance jusqu'à l'Escaut, et, après avoir battu et chassé les Romains, se rend maître de Tournai et de Cambrai. De là Clodion marche vers le littoral de l'Océan, dompte les Morins, et saccage Térouane, leur principale cité. Cette irruption ne s'opéra pas sans grand dommage pour la religion naissante.

Clodion, en arrivant avec ses compagnons dans le pays des Cambrésiens, y massacre tous les chrétiens qui s'y trouvaient, Romains pour la plupart. Cette invasion est suivie d'une autre, celle des Huns, qui, entraînés par Attila, ravagèrent presque toute la Belgique vers 449 (1). De tels désastres durent paralyser les efforts des missionnaires jusqu'à l'époque où les Francs, à l'imitation de leur chef Clovis, courbèrent eux-mêmes le front sous l'eau du baptême.

Au VIe siècle, les premiers germes de civilisation semés dans la Belgique par les courageux apôtres du Christ, commencent à fructifier; et l'on retrouve des évêques régionnaires prêchant de nouveau l'É-

---

(1) C'est au sujet de cette invasion que le poète Sidoine Apollinaire s'écrie :
  Et jam terrificis diffuderat Attila turmis
 In campos se, Belga, tuos!
    Carmen VII, v. 326.

vangile chez les Nerviens, les Morins et les Atrébates. A Cambrai et à Arras paraissent tour à tour Diogène, Supérior et Vaast, le célèbre catéchiste de Clovis.

Cependant, à côté de l'action spirituelle des évêques, quelques éléments de souveraineté monarchique s'organisent en divers points.

Quand les Francs se furent répandus à travers les Gaules, il s'y établit çà et là, sur les débris de la domination romaine, des colonies dont les chefs appartenaient, pour la plupart, à la race de Mérovée. Les historiens du temps donnent à ces chefs le nom de rois eux-mêmes ou petits rois (*reguli*). Pour ne parler ici que des colonies de la seconde Belgique, nous dirons qu'il en existait dans quelques-unes des anciennes villes romaines, telles que Cambrai et Térouane où elles avaient été laissées par les conquérants et organisées par Clovis, le plus fameux de tous. Ce dernier, après avoir porté ses armes jusqu'à l'autre extrémité des Gaules, revient vers la Belgique, et, réagissant contre ses propres compagnons, les extermine successivement, soit par cupidité, soit par jalousie, soit enfin pour établir l'unité dans sa conquête en anéantissant les rivalités.

Clovis vint à Paris. De là il envoya dire secrètement à Cloderic, fils de Sighebert, roi de Cologne : « Voici que ton père est devenu vieux, sa jambe débile le fait boiter; s'il mourait, son royaume t'adviendrait de droit avec notre amitié(1). » Cette parole produisit sur le jeune Franc l'effet que Clovis en attendait. Un jour Sighebert sortit de la cité de Cologne et traversa le Rhin pour s'aller promener dans la forêt de Buchaw. Il y dormait tranquillement sous sa tente pendant la chaleur du jour, quand des assassins apostés par son fils le percèrent de coups. « Mon père est mort, » fit aussitôt dire Cloderic à Clovis : son royaume et ses trésors sont en mes mains. Envoie-moi quelques-uns des tiens, et je leur remettrai de bonne volonté ce qui dans ces trésors pourra te convenir (2). » Clovis répondit : « Je te remercie de tes offres et te prie de faire voir tes trésors à mes envoyés. Du reste tu les conserveras tous (3). » Cloderic alors étala les richesses de son père aux yeux des envoyés du césar franc. Ils les examinaient attentivement et en détail. « Ceci, leur dit-il, est le petit coffre où mon père avait coutume d'empiler ses pièces

---

(1) « Ecce pater tuus senuit et pede debili claudicat. Si ille, inquit, moreretur, recte tibi cum amicitia nostra regnum illius adderetur. »—*Greg. Turon. Histor. Francorum* lib II, cap. 40.

(2) « Misit igitur nuntios ad Clodovechum regem, de patris obitu nuntiantes atque dicentes : Pater meus mortuus est, et ego thesauros cum regno ejus penes me habeo. Dirige tuos ad me; et ea quæ tibi de thesauris illius placent, bona voluntate transmittam. » — *Ibid.*

(3) « Gratias, inquit, tuæ voluntati ago; et rogo ut, venientibus nostris, patefacias, cuncta ipse deinceps possessurus. » — *Ibid.*

d'or (1). » — « Plonge, lui dirent les envoyés, plonge ta main jusqu'au fond pour que rien n'échappe à tes recherches (2). » Celui-ci l'ayant fait et s'étant incliné bien bas, un des envoyés leva sa hache à deux tranchants et lui en fendit le crâne.

Clovis n'a pas plutôt appris la mort du fils de Sighebert qu'il accourt à Cologne, assemble le peuple et le harangue : « Tandis que je naviguais sur le fleuve de l'Escaut, Cloderic, fils de mon parent, tourmentait son père en lui disant sans cesse que je le voulais tuer. Comme Sighebert fuyait à travers la forêt de Buchaw, son fils a détaché contre lui des brigands qui l'ont assassiné. Cloderic lui-même est mort frappé par je ne sais quelle main, tandis qu'il ouvrait les trésors de son père. Pour moi, je n'ai trempé en rien dans toutes ces choses. En effet, je ne puis répandre le sang de mes parents, car c'est un crime. Mais, puisqu'il en est arrivé ainsi, trouvez bon que je vous donne un conseil : Tournez-vous vers moi pour vivre sous ma protection (3). » A ces mots le peuple applau-

---

(1) « In hanc arcellulam solitus erat pater meus numismata auri congerere. » — *Ibid.*

(2) « Immitte, inquiunt illi, manum tuam usque ad fundum, ut cuncta reperias. » — *Ibid.*

(3) « Audite quid contigerit! Dum ego, inquit, per Scaldem fluvium navigarem, Chlodericus, filius parentis mei, patrem suum insequebatur, verbo ferens quod ego eum interficere vellem. Cumque ille per Buconiam sylvam fugeret, immissis super eum latrunculis, morti tradidit et occidit. Ipse quoque dum thesauros ejus aperit, a nescio quo percussus interiit. Sed in his ego

dit en poussant des cris et en entrechoquant les boucliers. On éleva Clovis lui-même sur un bouclier et on l'élut roi. Voilà comment il s'empara du royaume, des trésors et du peuple de Sighebert. Cette première tentative était encourageante : l'œuvre de destruction conçue par Clovis contre sa famille, s'accomplit désormais, non plus par l'entremise des autres, mais de ses propres mains. Le roi chevelu s'en vint en Belgique, au pays des Ménapiens où régnait en la cité de Térouane un autre descendant de Mérovée du nom de Khararic. Celui-ci n'avait pas voulu prêter aide au Sicambre dans sa lutte contre le romain Siagrius, jugeant plus commode et plus sage d'attendre l'issue du combat pour s'attacher à la fortune du vainqueur. Le motif d'extermination était ici tout trouvé. Plein de colère, Clovis marcha contre le roi de Térouane, le fit entourer de pièges et le retint prisonnier avec son fils. Quand ils furent chargés de fers, on leur coupa les cheveux et Clovis commanda que le père fût ordonné prêtre et le fils diacre. Khararic pleurait son humiliation et regrettait cette chevelure qui pour les Francs était le symbole de la force et de la royauté. Alors son fils lui dit : « Ces feuillages ont été cou-

---

nequaquam conscius sum. Nec enim possum sanguinem parentum meorum effundere, quod fieri nefas est. Sed, quia hæc evenerunt, consilium vobis præbeo, si videtur acceptum : Convertimini ad me, ut sub mea sitis defensione. » — *Ibid.*

pés sur un arbre vert, qui n'est pas entièrement desséché; ils repousseront et grandiront bien vite. Plaise à Dieu que celui qui a fait tout cela meure aussi promptement (1)! » Ces paroles furent entendues et redites à Clovis. Pour empêcher que les cheveux ne repoussent ni au père ni au fils, il leur fait couper la tête à tous les deux.

Ce n'était pas tout encore. Un roi restait portant ombrage au monarque franc. Il s'appelait Rhagenher et commandait à la tribu fixée sur les confins de la Nervie, dans cette même cité de Cambrai où Clodion, le bisaïeul de Clovis, avait jadis établi le siége provisoire de sa domination et d'où il avait ensuite pris sa course à travers les Gaules. Rhagenher s'était rendu odieux aux Francs par ses honteuses débauches. Clovis profita de la haine des sujets pour perdre le prince, et employa de nouveau, dans cette circonstance, un de ces subterfuges qui allaient si bien au caractère astucieusement barbare des Mérovingiens. Afin de se rendre favorables les leudes de Rhagenher, il les séduisit en leur donnant des pièces de monnaie, des bracelets, des baudriers en métal imitant l'or. Ceux-ci furent enchantés; aussi quand leur maître les envoya en éclaireurs aux environs de Cambrai pour savoir si l'armée de

---

(1) « In viridi, inquit, ligno hæ frondes succisæ sunt, nec omnino crescunt ; ised velociter emergent ut crescere queant : utinam tam velociter qui hæc fecit ntereat! » — *Ibid.*, cap. 41.

Clovis, qu'on disait s'approcher, était considérable, ils revinrent disant en termes équivoques : « C'est encore une bonne fortune pour toi et pour ton Faron (1). » Ainsi s'appelait le favori et le complice des déportements du roi de Cambrai. Sur ces entrefaites, Clovis arrive avec une troupe nombreuse. Rhagenher, trahi et vaincu, se préparait à la fuite, lorsque ses soldats, le saisissant et lui liant les mains derrière le dos, l'amenèrent ainsi que son frère Rhiker devant Clovis. « Pourquoi as-tu déshonoré notre race en te laissant enchaîner? lui dit le petit-fils de Mérovée. Il valait mieux mourir (2) ! » et levant sa hache il la lui rabattit sur la tête. Alors il se tourna vers Rhiker : « Et toi, lui dit-il, si tu avais secouru ton frère, il n'aurait certes pas été enchaîné (3). » Et il le jeta à terre d'un coup de sa francisque. En même temps que Clovis tuait ainsi de sa propre main Rhagenher et Rhiker, il faisait mettre à mort par des émissaires leur frère Rignomer, roi des Francs établis au Mans.

Cependant les leudes de Rhagenher s'aperçurent que l'or de leurs bracelets, de leurs anneaux et de leurs baudriers était faux. Ils s'en plaignirent à Clovis: « C'est l'or que méritent ceux qui trahissent leurs

---

(1) « Tibi tuoque Faroni maximum est supplementum. » — *Ibid.*, c. 42.

(2) « Cur, inquit, humiliasti genus nostrum, ut te vinciri permitteres? Melius enim tibi fuerat mori. » — *Ibid.*

(3) « Si tu solatium fratri tribuisses, alligatus utique non fuisset. — *Ibid.*

maîtres (1), » répondit celui-ci; et il ajouta qu'ils devaient s'estimer heureux d'avoir la vie sauve. « Après la mort de ces rois, ajoute Grégoire de Tours à qui nous avons emprunté les détails de ce récit, Clovis recueillit leurs royaumes et leurs trésors. Ayant fait périr encore plusieurs autres rois, et même ses plus proches parents, dans la crainte qu'ils ne lui enlevassent son royaume, il étendit son pouvoir sur toutes les Gaules. Cependant, un jour qu'il avait rassemblé les siens, on rapporte qu'il leur parla ainsi des parents que lui-même avait fait massacrer : « Malheur à moi qui suis resté comme un voyageur parmi des étrangers, et qui n'ai plus de parents qui puissent, si venait l'adversité, me prêter leur appui (2) ! » Ce n'était pas qu'il s'affligeât de leur mort, mais il disait cela par ruse et pour découvrir s'il lui restait encore quelqu'un à tuer (3). »

Selon toute apparence, il n'y eut pas dans le pays de nouveaux chefs jusqu'au règne de Clotaire, fils de Chilpéric, vers 621. Mais, avant de parler de ces lieutenants des rois francs qui sont la véritable souche des comtes dont nous devons retracer l'his-

---

(1) « Merito, inquit, tale aurum accipit; qui dominum suum ad mortem propria voluntate deducit. » — *Ibid.*

(2) Væ mihi qui tanquam peregrinus inter extraneos remansi et non habeo de parentibus, qui mihi, si venerit adversitas, possit aliquid adjuvare. » — *Ibid.*

(3) *Ibid.*, lib. II, cap. 42, *ad finem.*

toire; il convient de signaler l'action progressive du christianisme.

La régénération ne s'accomplissait que lentement et péniblement chez ces barbares qui, pendant quatre siècles, avaient repoussé avec tant d'opiniâtreté les influences de la civilisation romaine. Longtemps même après avoir reçu l'Évangile, les Belges et les Francs confondus avec eux s'obstinaient encore à mêler les superstitions germaniques aux dogmes et aux cérémonies du christianisme.

Un missionnaire du nom d'Eligius (saint Éloi), étant, vers l'an 604, descendu le premier des sources de l'Escaut jusqu'à son embouchure, en semant sur sa route la parole divine, tenta de réformer ces graves abus. L'allocution pastorale qu'il adressa aux Belges offre un curieux exposé de la situation morale de nos pères en ce temps-là :

« Avant tout, dit-il, je vous adjure et conjure de ne plus observer les sacriléges coutumes des païens. Gardez-vous de consulter ou même d'interroger, pour aucun motif de maladie ou autrement, les magiciens, devins, sorciers et enchanteurs. N'ayez aucun égard aux augures et aux diverses manières d'éternuer. N'allez point sur le bord des chemins pour tirer un indice du chant des oiseaux. Il n'est pas d'un chrétien de s'inquiéter à quel jour il sort de sa maison, à quel jour il y revient; car tous les jours sont l'ouvrage de Dieu. N'attendez pas pour vous mettre à l'œuvre tel jour ou telle phase de la lune. Évitez aux calendes de janvier ces bouffonneries criminelles, ces jeux profanes, ces mascarades, ces déguisements où l'on contrefait les vieilles femmes ou les jeunes cerfs. Abstenez-vous des orgies nocturnes et des étrennes superflues. Nul chrétien ne doit croire aux feux-follets et siéger parmi les chanteurs bouffons, toutes œuvres de Satan. Nul ne doit prendre part aux courses, danses, caroles et chansons diaboliques qui se pratiquent le jour de Saint-Jean ou à d'autres solennités vers l'époque des solstices. Que personne ne s'avise jamais d'invoquer le nom du diable, ou de Neptune, ou de Pluton, ou de Diane, ou de Minerve, et autres semblables inepties. On ne doit pas chômer le jeudi, hors la fête d'un saint, ni célébrer le mois de mai, ni passer aucun temps dans l'oisiveté, tel que le jour des chenilles et des souris; en un mot, on ne doit célébrer que le jour du Seigneur. Un chrétien ne va point faire des vœux, allumer des lampes aux débris des temples païens, aux pierres levées, aux fontaines, aux arbres, à l'entrée des carrefours. Il ne suspend point d'amulettes au cou de l'homme ou d'un animal quelconque, quand même il le verrait faire et pratiquer par un clerc, quand même on lui dirait que c'est une œuvre sainte et salutaire; car Jésus n'a point mis un remède dans ces choses, mais le diable y a mis son poison. Ne faites point de lustrations; n'essayez pas de communiquer aux herbes des vertus magiques, de faire passer vos bestiaux dans un arbre creux ou dans une excavation de terre : car vous sembleriez par là les consacrer au démon. Que la femme ne s'ingère pas de suspendre à son cou un morceau d'ambre, de l'envelopper dans de la toile ou autrement, et de prononcer ensuite les noms sinistres de Minerve ou de toute autre divinité païenne. Si la lune vient à se cacher, ne la rappelez point par des vociférations; car ce n'est pas sans l'ordre de Dieu que cet astre s'obscurcit à des époques fixes. Ne craignez pas d'entreprendre quelque chose à la nouvelle lune. Dieu l'a faite pour marquer le temps et diminuer les ténèbres de la nuit, mais non pour empêcher le travail de l'homme ou abattre son intelligence comme le disent des insensés qui pensent qu'alors le démon est plus habile à s'emparer de nous. N'appelez pas Seigneur le soleil ou la lune et ne jurez point par eux. Ne croyez ni au destin ni à la fortune, ni à l'étoile génésiaque. Si quelque infirmité vous assiége, ne recourez point aux enchanteurs, aux devins, aux sortiléges; n'allez pas demander du secours aux fontaines, aux arbres, aux chemins qui se croisent. Éloignez de vous les jeux sataniques, les promenades et les chants des gentils. Ne rendez de culte qu'à Dieu et à ses saints. Comblez les fontaines et coupez les arbres que le paganisme appelle sacrés. Ne souffrez pas qu'on plante des simulacres de pieds dans les carrefours; si vous en rencontrez, livrez-les au feu. Souvenez-vous que votre salut n'est point dans les artifices humains, mais dans l'invocation et la croix du Sauveur (1). »

Outre les coutumes étranges rapportées dans cette sage allocution et dont quelques-unes subsistent encore, il y en avait beaucoup d'autres qu'un concile tenu à Leptines, en 743, s'efforça de déraciner.

Dans le courant du VIIe siècle, bien qu'elle n'eût pas encore pénétré chez toutes les peuplades qui couvraient le sol de la Belgique, la religion du Christ avait fait néanmoins de grands progrès. On vit alors s'élever de toutes parts des églises et des monastères. L'un des hommes qui vers ce temps-là montrèrent le plus de zèle et obtinrent le plus de succès en Belgique, fut saint Amand.

L'an 611, Amand, qui se trouvait en pèlerinage à Rome, reçut du pape Boniface IV l'ordre d'annoncer aux nations la parole de vie. Arrivé au pays des Nerviens, il choisit, dans les possessions d'Adroald, duc franc de Douai, un lieu désert et marécageux, nommé Marchiennes (2), et y fonda une abbaye qui

---

(1) *Vita S. Eligii, auctore S. Audoeno*, lib. II, cap. XV.

(2) « Marchianensem locum nemoribus et aquis humidantissime repletum, desertumque seu remotum ab hominibus. » — *Ex. Hist. Marchianensis ecclesiæ*, apud J. DE GUISE, édit. du Mis de Fortia, VII, 472.

ne tarda pas à devenir célèbre. Quelque temps après, il érigea, non loin de Marchiennes, le fameux monastère d'Elnon qui produisit tant d'hommes illustres et où les descendants de Charlemagne venaient plus tard s'instruire dans la poésie et les belles-lettres. La dédicace de l'église d'Elnon, consacrée aux apôtres saint Pierre et saint Paul, se fit solennellement, en présence de plusieurs prélats conviés par le fondateur. C'étaient saint Réole, évêque de Reims; Mommolin, évêque de Tournai et de Noyon; Vindicien, évêque de Cambrai et d'Arras; Bertin, Aldebert et Jean, tous les trois abbés. Il fonda aussi dans l'enceinte d'un vieux camp romain à Gand et sur le mont Blandin, un double monastère en l'honneur de saint Pierre. Enfin, ce saint personnage édifia plusieurs autres églises et travailla jusqu'à sa mort à l'œuvre apostolique qu'il avait entreprise chez les Belges.

Tandis que s'élevaient au pays des Nerviens ces premiers monuments du catholicisme, saint Omer s'efforçait d'extirper, dans le canton des Ménapiens et des Morins, les dernières racines du paganisme, de ranimer la foi qui s'était presque éteinte lors de l'invasion franque. Omer avait été nommé évêque au pays de Térouane vers l'an 638. En ce même temps, il fit venir près de lui Bertin, Mommolin et Ebertran, pour les associer à ses travaux. Ils bâtirent d'abord aux environs de Térouane une belle église en pierre et en briques, consolidée à l'extérieur par des colonnes, ornée au dedans de lames d'or et de riches mosaïques (1). Ils se fixèrent en compagnie de quelques moines auprès de cette église, et Mommolin fut élu abbé de la communauté naissante. Mais le nombre des moines croissant de jour en jour, il fallut chercher un emplacement convenable pour y établir une nouvelle colonie. Bertin, désigné par son abbé, choisit le lieu où se trouve aujourd'hui la ville de Saint-Omer. Cet endroit s'appelait au VIIe siècle *Villa-Sithiu*, et faisait partie d'un grand domaine appartenant au seigneur franc Adroald. Ce dernier donna le domaine entier à Bertin et à ses compagnons, pour qu'ils y élevassent un monastère dédié à saint Pierre. Telle fut l'origine de cette illustre maison de Saint-Bertin, dont les premiers comtes de Flandre s'honoraient d'être les abbés et qui joue un si grand rôle dans toute notre histoire.

Nous avons cru devoir nous arrêter un peu sur ces événements, qui, pour être fort pacifiques en eux-mêmes, n'en ont pas moins une haute signification à la naissance des sociétés.

En effet, quand, après la conquête, il y eut des maîtres du sol, des possesseurs véritables d'un territoire

---

(1) Nec minus interius oratorii pavimenta multicoloris petrarum junctura, quæ pluribus in locis aurea intigunt lamina, decenter adornavit.—*Cartulaire de St-Bertin* publié par M. B. Guérard, p. 17.

jusqu'alors abandonné au premier occupant, ce ne fut pas tout encore; il fallait des bras pour défricher les forêts, dessécher les marécages, cultiver les nouveaux champs. La religion chrétienne se prêta merveilleusement à l'organisation de ces travaux. Dès le principe, elle avait révélé au conquérant le grand secret de l'association éclairée par la foi, basée sur la fraternité humaine. Ainsi on avait vu les premiers apôtres de l'Évangile, en Belgique, se bâtir, au milieu des peuples barbares qu'ils venaient convertir, une cellule et une petite chapelle de terre recouverte en chaume : autour de cette cellule et de cette chapelle on avait vu s'agglomérer de nombreux et fervents néophytes, et bientôt l'on s'était aperçu que les terres vagues et incultes des environs se transformaient, comme par enchantement, en campagnes fertiles, en plaines d'un riant aspect. La plupart des villes de notre pays n'ont pas d'autre origine que la réunion des premiers chrétiens sous l'égide d'une pauvre église. C'est là le premier symbole de nos sociétés modernes, le donjon et le beffroi ne viennent qu'après. Ainsi, les Belges indigènes et les Francs, désormais confondus avec eux, trouvèrent dans le christianisme une source nouvelle de bien-être physique ainsi que les premiers germes d'organisation sociale.

Dans ces contrées où un instinct d'association s'était introduit depuis long-temps avec les peuples d'origine germanique, le christianisme n'eut point à opérer une révolution morale complète; il modifia seulement et épura ce qui n'était chez les Barbares qu'un besoin vague d'agglomération et d'assistance mutuelle, très-compatible avec le dogme et la morale de l'Évangile.

Les ghildes de la vieille Germanie, sociétés auxquelles une même communauté d'intérêts affiliait les hommes de toutes les conditions, ne perdirent point cette énergie vitale que la féodalité, à sa naissance, devait bien amortir, mais qu'elle ne sut pas neutraliser. Déjà, au temps de Charlemagne, il était prescrit de réprimer les alliances des serfs flamands qui s'associaient pour s'émanciper (1); plus tard, ces mêmes serfs, devenus les bourgeois affranchis, feront trembler sur leur trône les ancêtres de Charles-Quint.

Comme on vient de le voir, les éléments qui constituèrent le comté de Flandre ne furent pas improvisés au moment même où ce grand fief prit naissance. Ainsi que toutes les institutions politiques, celle-là fut préparée de longue main. Mais qu'était-ce que ces forestiers héroïques, ces sortes de demi-dieux qui précèdent les comtes et sur lesquels on a débité tant de merveilles? Certes, tout n'est pas fabuleux dans leur histoire; il n'y a point de tradition qui ne renferme un peu de vérité, il n'y a

---

(1) V. BALUZE, *Capitularia regum Francorum*, I, 775.

point de mythologie qui n'ait ses fondements et sa raison. A notre sens, les forestiers ont existé; non pas, sans doute, dans l'ordre héréditaire et avec la puissance que leur attribuent quelques-uns de nos vieux chroniqueurs; mais ils ont vécu, ils ont administré, sinon le pays, du moins une portion du pays; sinon comme chefs absolus, du moins comme délégués de la souveraine puissance.

Lors de la domination romaine et durant celle des Francs, nos contrées belgiques n'ont pas eu, il faut le reconnaître, une existence indépendante, une nationalité tout à fait spéciale. Ces rois de Cambrai et de Térouane n'eurent qu'une vie éphémère, précaire et subordonnée, comme l'événement l'a bien prouvé, au pouvoir suprême qui les fit disparaître sans peine. Du reste, ils furent les vrais précurseurs et peut-être les ancêtres de ces chefs que l'on a plus tard appelés forestiers.

Les Romains et, après eux, les Francs avaient, pour les provinces et les districts, leurs préfets, leurs gouverneurs (*missi*); et, quand l'une de ces provinces se trouvait couverte de forêts, il arrivait que le principal soin du gouverneur consistait à garder et à administrer ces bois immenses dont l'entretien était si difficile et le revenu si considérable (1).

(1) L'administration des forêts et les attributions des envoyés royaux qui en étaient chargés sont l'objet de plusieurs dispositions spéciales dans les capitulaires des rois francs. V. BALUZE, I, 333, 336, 339, 349, 374, 419, 510, 612, 617, 785, 788.

Or, tel était, comme nous l'avons dit, tout le pays que depuis l'on nomma la Flandre. Pourquoi chercher bien loin la signification de ce mot *forestier*, lorsqu'elle se présente tout d'abord et d'une manière si naturelle? Certains gouverneurs se sont appelés *marquis*, parce qu'ils gardaient les marches ou frontières; pourquoi d'autres ne se seraient-ils pas nommés *forestiers*, parce qu'ils gardaient un pays de forêts?

Ainsi donc, les Lyderik de Buc, les Estorède, les Burchard, les Lyderik d'Harlebeke, les Ingelram, qu'on aperçoit mêlés d'une manière assez confuse, du reste, aux événements politiques du septième et du huitième siècle, étaient les préposés des rois francs. S'il est vrai qu'ils aient transmis à leurs enfants les charges dont ils étaient investis, ce ne fut, assurément, que sous le bon plaisir des rois et par tolérance plutôt que par droit de propriété: c'étaient, en un mot, des bénéficiers et non des feudataires.

Selon quelques écrivains, Clotaire II aurait d'abord confié une certaine portion du territoire belgique, alors couvert de bois, à un gardien ou forestier nommé Lyderik. Celui-ci habitait le fort de Buc, situé sur l'emplacement actuel de la ville de Lille. Les motifs de cette primitive institution des forestiers sont rapportés d'une façon toute romanesque dans les traditions flamandes, et l'on connaît la légende si populaire de Lyderik et Phinaert, légende qui naguère encore était mise en action sur nos places publiques, pour rappeler la fondation du comté de Flandre. Lyderik Ier avait épousé Rhotilde, fille du roi franc Dagobert. Il mourut en 676 et fut enterré à Aire.

Les chroniqueurs lui donnent deux fils : Antoine, qui aurait succédé à son père et serait mort au bout de trois ans, et Burchard, lequel, d'abord appelé préteur de Louvain, ne se nomma forestier qu'après la mort d'Antoine. Burchard épousa Helvide, sœur de saint Wandregisile, dont les reliques reposaient à Gand. Ayant pris le parti de Pépin à l'encontre de Thierri, roi des Francs, ce dernier lui retira le gouvernement de ses forêts. Bientôt après, à la prière de Pépin, qui avait fait sa paix avec Thierri, Burchard fut rétabli dans la charge de son père : on lui donna Harlebeke d'où il prit le titre de comte. Burchard eut pour fils Estorède, dont on dit bien peu de chose ; et cet Estorède fut père de Lyderik II d'Harlebeke, dont on ne parle guère davantage. Au temps d'Estorède, il s'éleva des troubles à Gand au sujet des images des saints. Ce sont les premiers symptômes de schisme dans notre pays. Les uns maudissaient les images comme des instruments d'idolâtrie ; d'autres prétendaient, au contraire, que les figures et reliques des apôtres du christianisme, en Belgique, devaient être précieusement conservées dans les églises pour l'édification des fidèles. Au milieu de ces querelles sanglantes, Hildebert, abbé de Blandin, qui défendait courageusement les décrets pontificaux pour la conservation des images, fut massacré; on inscrivit son nom parmi ceux des martyrs de la foi.

Estorède étant mort, son fils Lyderik hérita de la charge de forestier. Il épousa Hermengarde, fille de Gérard de Roussillon, et fut établi, dit-on, par Charlemagne, préfet du rivage de Flandre où le monarque franc avait déporté, après ses conquêtes, une colonie nombreuse de Saxons. Ce littoral, qu'on nommait depuis long-temps le littoral saxon (1), acquit au commencement du neuvième siècle une certaine importance. L'empereur y forma deux établissements maritimes, afin de pouvoir s'opposer aux agressions des Normands ou Danois qui, dès l'année 810 et sous la conduite de leur chef Godefroid, avaient abordé en Frise avec deux cents vaisseaux et fait de grands ravages dans le pays. Charles vint en personne à Boulogne, où il avait rassemblé ses navires dans la crainte d'une agression des pirates du Nord. Il restaura sur la plage de Boulogne un phare anciennement érigé pour guider les navigateurs dans leur route, et fit allumer toutes les nuits un fanal au sommet de ce phare. De Boulogne,

(1) Littus saxonicum.

l'empereur se rendit sur les bords de l'Escaut, dans le lieu appelé Gand, et inspecta les navires qu'on y construisait pour sa flotte (1); ce qui fit penser que Gand était jadis plus près de la mer qu'il ne l'est aujourd'hui. Pendant son séjour à Gand, Charlemagne, non moins soucieux de pourvoir aux affaires de religion qu'aux choses temporelles, donna pour abbé au monastère de Saint-Pierre de Blandin son propre secrétaire et historiographe, le fameux Éginhard.

Ces choses se passaient sous Ingelram fils de Lyderik d'Harlebeke qui était mort vers 808. Ce fut aussi à l'époque d'Ingelram que l'on vit pour la première fois descendre sur les côtes belgiques ces pirates normands dont nous avons parlé. Treize vaisseaux à rames et voiles les avaient amenés soit de leur pays natal, soit des rivages de la Grande-Bretagne, que ces barbares avaient envahie depuis plus de trente ans déjà, et où ils se trouvaient en lutte perpétuelle avec les populations indigènes.

Les Normands étaient originaires des pays qui forment aujourd'hui le Danemark, la Suède et la Norvége. La rudesse du climat, la privation de toutes choses et spécialement la surabondance de population les forçaient à quitter ces tristes con-

---

(1) ÉGINHARD. Éd. Teulet, 1, 297.

trées (1). De cinq ans en cinq ans, tout le ban de la jeunesse émigrait, sous la conduite d'un chef, vers des climats plus doux; comme, aux abords de l'hiver, ces bandes d'oiseaux sauvages que nous voyons se diriger des régions septentrionales au midi de l'Europe. D'ordinaire, les Normands s'abattaient à l'embouchure des fleuves, en remontaient le cours à l'aventure et, faisant des excursions dans les terres, ils pillaient et brûlaient les villes, les villages, et surtout les églises et les monastères. La terreur était grande à l'approche de ces farouches envahisseurs. On regardait leur arrivée comme un châtiment de Dieu et long-temps il y eut dans les litanies un verset ainsi conçu : « De la fureur des Normands délivrez-« nous, Seigneur (2) ! »

Les populations, livrées à elles-mêmes, se défendaient de leur mieux, cherchant surtout à protéger les objets de leur culte contre la profanation des païens. Elles conservaient en grande vénération les corps de leurs premiers apôtres; et au milieu de leur détresse, elles croyaient n'avoir pas tout perdu lorsqu'elles les pouvaient sauver. C'était pour elles comme un palladium sacré, dont l'enlèvement devait amener un grand malheur. De leur côté les barbares recherchaient les reliques avec

---

(1) ODO CLUNIAC. ap. *Script. fr.*, VI, 318. — DUDO DE S. QUINTINO *de more duc. Normann.*, lib. I. — GUILL. GEMETIC. I, cap. 4 et 5.

(2) A furore Northmannorum libera nos, Domine !

une sauvage avidité, moins sans doute pour le plaisir de les profaner que pour celui de voler l'or, l'argent et les pierres précieuses dont les châsses étaient presque toujours enrichies.

Les Normands tentèrent en 832 une seconde invasion, qui ne paraît pas avoir été bien désastreuse; mais ils revinrent en 851, et cette fois quantité d'églises et de monastères furent saccagés en Belgique, entre autres la riche abbaye de Saint-Bavon à Gand (1). Les moines eurent à peine le temps de sauver leurs reliques qu'ils transportèrent dans le pays de Laon, au couvent de Saint-Vincent.

Le samedi de la Pentecôte en l'année 860, les pirates du Nord, partis de Nieuport, vinrent à l'abbaye de Sithiu, en pillèrent les richesses, tuèrent quelques moines et se retirèrent.

Les Normands ravagèrent la contrée pendant plusieurs années, portant le fer et le feu tantôt sur un point, tantôt sur un autre. Les peuples flamands souffrirent bien durant cette longue invasion. Ils n'avaient plus le courage de repousser leurs agresseurs, tant ils étaient terrifiés. Ce n'était encore là pourtant que le prélude des maux que les Normands devaient leur faire endurer.

Mais les malheurs de la dévastation portaient surtout sur les gens d'église. Ceux à qui les barbares

---

(1) *Chron. Normannorum,* ap. Pertz, 1, 533.

n'avaient pas crevé les yeux ne retrouvaient plus, à la place de leurs belles églises, de leurs riches abbayes, que de tristes décombres, des ruines fumantes! Pour remédier à tant de maux, le roi Charles-le-Chauve convoqua plusieurs assemblées de grands et d'évêques dont l'une fut tenue, en 853, au château de Senlis. Là, il nomma des commissaires pour aller constater partout les dommages. Les délégués qu'il envoya dans le pays gouverné par Ingelram furent Adelard, abbé de Sithiu ou Saint-Bertin, et Immon, évêque de Noyon, massacré lui-même un peu plus tard avec ses diacres sur le seuil de sa cathédrale par les païens.

En rappelant les faits principaux de l'histoire des forestiers, nous avons écarté les accessoires merveilleux dont l'imagination de nos pères s'est plu à l'entourer; mais, il faut le dire, de tous ces personnages qui apparaissent d'une manière si confuse dans la nuit des temps, il n'y a qu'Ingelram qui soit signalé d'une façon authentiquement historique. Il est nommé dans deux capitulaires de Charles-le-Chauve, des années 844 et 853, comme envoyé royal (*missus*) aux pays de Noyon, Vermandois, Artois, Courtraisis (1).

---

(1) Avant Ingelram et en 823 on trouve néanmoins un comte Béranger cité dans un capitulaire de Louis-le-Débonnaire comme gouverneur pour les évêchés de Noyon, d'Amiens, de Térouane et Cambrai, qui correspondent à peu près aux districts soumis à la domination d'Ingelram.

D'un côté, l'importance qu'avaient acquise ces provinces du nord; de l'autre, la nécessité de s'opposer aux envahissements successifs et réitérés des Normands, ne pouvaient manquer de faire naître peu à peu en Belgique une véritable organisation politique. Il fallait toutefois d'autres circonstances encore pour fonder et consolider cette dynastie des comtes de Flandre, qui commence aux rois chevelus de la race de Mérovée pour se perdre, sept cents ans plus tard, dans l'immense monarchie de Charles-Quint.

HISTOIRE
DES
COMTES DE FLANDRE.

I

BAUDUIN-BRAS-DE-FER. — BAUDUIN-LE-CHAUVE.

862, — 919

Bauduin-Bras-de-Fer. — Il épouse secrètement Judith, fille de Charles-le-Chauve. — Colère de ce dernier. — Le pape lui écrit pour le fléchir. — Ratification du mariage. — Origine du comté de Flandre. — Invasions des Normands. — Ravages qu'ils causèrent dans la Belgique. — Mort de Bauduin-Bras-de-Fer. — Son fils, Bauduin-le-Chauve, lui succède. — Nouvelles courses des barbares. — Regnier-au-Long-Col, comte de Mons. — Il est fait prisonnier par Rollon chef des Normands. — Héroïsme de sa femme Aldrade. — Siége de l'abbaye de Saint-Bertin. — Événements politiques en France. — Haines entre la famille du marquis flamand et celle des comtes de Vermandois. — Bauduin convoite l'abbaye de Saint-Bertin. — Il fait assassiner Foulques, archevêque de Reims, par un sicaire nommé Winemar. — Excommunication et maladie horrible de Winemar. — Mort de Bauduin.

L'empire de Charlemagne ne tarda point à se démembrer sous les faibles successeurs de ce grand prince. De là des actes de partage où l'on trouve désignés officiellement pour la première fois, depuis les anciennes circonscriptions épiscopales, les noms des cantons dont se composait la seconde Belgique. Il y en avait treize : la Hasbaie, le Brabant, la Flandre, le pays des Ménapiens, le Mélantois, le Hainaut, l'Ostrevant, l'Artois, le pays de Térouane, le Boulonais, Quentovic, le Cambrésis, le Vermandois (1). Ces provinces formaient une portion intégrante du royaume attribué par Louis-le-Débonnaire à son fils Louis dit le Germanique.

Il serait fort difficile d'établir exactement les délimitations géographiques de tous ces districts : elles ont souvent varié selon la bonne ou mauvaise fortune des occupants, et selon d'autres causes qu'il n'est plus possible de bien apprécier aujourd'hui. Quant à la Flandre, dont le nom est resté comme appellation générique d'une bonne partie de ces provinces, elle ne comprenait primitivement que la ville de Bruges et le territoire environnant jusqu'à la mer. Ce petit coin de terre devint le foyer d'une principauté à laquelle il donna son nom ; comme l'Ile-de-France laissa le sien au vaste royaume des descendants de Hugues Capet.

Ingelram, envoyé royal de Charles-le-Chauve dans les contrées septentrionales de la Gaule (2), eut un fils appelé Bauduin (Baldwin), mot qui en tudesque offre à peu près le même sens que l'épithète latine *audax*. C'est pour cette raison qu'on a souvent attribué à Ingelram un fils nommé *Audacer*, *Audacre* ou *Audoacre*, en prétendant que Bauduin n'a-

---

(1) Asbania, Bragbento, Franderes, Menpiscon, Medenenti, Ainau, Austerban, Adertensis, Terwanensis, Bolensis, Quentovico, Camalecensis, Virdomanensis. — *Præcept. Lud. Pii, de divisione regni sui inter filios; apud Chesnium, script. franc.*, II, 327.

(2) V. les *Préliminaires*, p. 32.

vait été que son petit-fils ; on ne remarquait point l'identité qui existe entre ces deux dénominations.

Au dire des chroniques, Bauduin fut un valeureux guerrier (1). Les peuples de son temps, habitués qu'ils étaient à formuler énergiquement leurs impressions, lui appliquèrent le sobriquet d'homme de fer (*ferreus*), travesti plus tard en celui de *Bras-de-Fer*. Une ancienne tradition donne une origine fabuleuse au surnom de Bauduin. Elle dit que, ce chef traversant un jour le fleuve de l'Escaut, le diable surgit de l'eau, lui apparut et l'assaillit pour l'entraîner avec lui dans les flots ; mais Bauduin, saisissant son épée, lui fit lâcher prise et reçut pour cet exploit le nom glorieux d'homme de fer (2).

Les fréquents rapports de Bauduin avec le roi des Francs l'appelaient souvent auprès de ce dernier. Ainsi, quand les barbares lui laissaient un peu de repos, il allait séjourner dans les domaines du monarque les plus rapprochés de la Belgique, tels que Compiègne, Senlis, Verberie, où existaient des maisons royales. Il y vit une jeune fille de Charles-le-Chauve, nommée Judith, et conçut l'ambitieux projet de l'épouser. Son espoir ne tarda guère à être déçu ; car un jour le vieux roi des Anglais, Aethelwulf, passant par les Gaules au retour de Rome, remarqua Judith à la cour de son père, la demanda pour épouse et l'obtint, bien qu'elle sortît à peine d'enfance. La cérémonie nuptiale

---

(1) Baldewinus...: monarchiam Flandriarum gloriose pollebat. Vir cujus ingenio et militia nil in viris clarissimis gloriosius unquam habuit Flandria ; cui ex occasione fortissimi animi cognomen accessit Ferrei : milite enim multo et militia de hostibus triumphare non parum erat strenuus. — *Ex anonymo scribenti ante sœculi* XI *medium, apud Acta SS. Belgii,* VI, 403.

(2) V. *Chron. de Flandre : Mss. de la Bibl. du Roi,* n°s 10196 et 8380.

fut faite au palais de Verberie, par Hincmar, archevêque de Reims ; après quoi Aethelwulf emmena sa femme dans la Grande-Bretagne. Baudouin ne pouvait rien contre un semblable concurrent : il se résigna.

Aethelwulf ne vécut pas long-temps avec sa jeune épouse. Quand il fut mort (1), Judith ne devint pas plus libre ; car Aedelbald, fils d'Aethelwulf, prit en même temps possession et de l'héritage de son père et de la veuve qu'il laissait. Mais il mourut deux ans et demi après être monté sur le trône. Des historiens prétendent même, les uns, que le premier mariage, les autres, que le second ne fut jamais consommé. Quoi qu'il en soit, Judith, dégagée désormais de tous liens, vendit ses biens et possessions d'outre-mer et s'empressa de revenir en Gaule, où son père lui assigna la villa de Senlis pour résidence. Baudouin sentit se réveiller son amour ou plutôt ses projets ambitieux, lorsqu'il sut Judith si près de lui. Il la vit souvent ; et, favorisé par le frère aîné de la princesse, Louis, qui depuis fut roi des Francs sous le nom de Louis-le-Bègue, il l'épousa secrètement, puis se réfugia en toute hâte avec elle sur les terres de Lorraine afin d'éviter la colère du roi.

Charles-le-Chauve, en effet, se montra grandement courroucé. S'il n'avait pas eu en ce moment à lutter contre les Normands qui ravageaient les bords de la Seine et de la Marne, il eût sans doute attaqué Baudouin à main armée ; il se contenta d'invoquer contre lui les foudres de l'Église, alors si puissantes et si terribles. Après avoir assemblé un concile d'évêques à Soissons, il fit lancer l'excommunication contre le fils d'Ingelram, en vertu du précepte de Grégoire Ier,

---

(1) Il mourut à la fin de l'an 857 ou au commencement de 858.

qui frappait d'anathème le ravisseur d'une femme veuve et tous les complices du rapt (1). Ensuite il notifia l'excommunication à Lothaire, qui avait donné asile aux époux fugitifs et se trouvait par là sous le coup des malédictions formulées par le décret pontifical et le synode de Soissons. La position de Bauduin devenait périlleuse. Prévoyant que les appuis terrestres allaient bientôt manquer de toutes parts à l'homme frappé par le doigt de Dieu, il prit le parti de se rendre à Rome avec sa femme Judith et de se jeter aux pieds du pape Nicolas. C'était un pontife plein de sagesse et de prudence; il accueillit les deux pénitents. Bauduin lui représenta qu'il n'avait pas enlevé de force la fille du roi des Francs, qu'il ne l'avait pas séduite par caresses ou trompée par mensonges; mais qu'elle s'était donnée à lui de son propre gré, sans même que son frère Louis y mît obstacle Il conjura le pape en pleurant de lui pardonner ses péchés, puis de vouloir bien apaiser la colère du monarque et ramener ainsi la paix et l'union, choses si nécessaires au moment où les païens faisaient de continuelles irruptions sur le littoral des Gaules. Le pape, ému de compassion, écrivit à Charles-le-Chauve cette lettre tout à la fois sévère et touchante :

« Nicolas, évêque, serviteur des serviteurs de Dieu, à Charles, roi glorieux et grand.— La sainte Église rachetée par le sang précieux et bienheureux de J.-C. et établie par la parole sacrée du Seigneur sur la pierre fondamentale de la vraie foi, ouvre les entrailles de sa miséricorde, non seulement à tous les pécheurs qu'elle a régénérés par l'eau et l'esprit, mais aussi à ceux mêmes que la fontaine baptismale

---

(1) « Si quis viduam furatus fuerit in uxorem, ipse et consentientes ei anathema sint. » — V. *Colvener. schol. ad Flodoardum*, p. 93.

n'a point encore purifiés. Tendre mère, elle se réjouit de réchauffer tous ses enfants sur son sein bienfaisant.

» Dès son origine, elle appela dans ses bras maternels tous ceux qui se reconnaissaient ensevelis dans le péché : elle a offert à tous les pécheurs repentants qui viennent à elle le secours de la grâce et l'absolution de leurs fautes.

» Et cette sainte Église romaine, dont nous sommes, par la grâce de Dieu, l'humble desservant, ayant, par un privilége spécial venu d'en haut, la prééminence sur les autres églises de l'univers, il arrive que de tous les points de la terre une multitude d'âmes pécheresses vient chaque jour, avec un cœur contrit et accablé de douleur, implorer grâce et miséricorde. Remplie d'un amour sans bornes et pénétrée d'une immense compassion, cette bonne mère accorde et prodigue des secours équitables à tous les cœurs droits et fidèles.

» C'est ainsi que Bauduin, votre vassal, cherche aujourd'hui un refuge au tombeau des bienheureux apôtres Pierre et Paul. Il confesse avoir encouru votre juste indignation en épousant malgré vous votre fille Judith, qui, du reste, le préférait à tout autre et acceptait volontiers sa main.

» Ce même Bauduin a prié et supplié notre dignité apostolique d'intervenir pour le faire rentrer en grâce auprès de votre Grandeur. Vivement touché de ses supplications, et ému de pitié pour lui, nous conjurons votre royale Excellence, du haut de ce siége apostolique, en présence de Rhodoalde et de Jean, nos légats bien-aimés, évêques très saints et très vénérables, pour l'amour de J.-C. notre Seigneur et de ses bienheureux apôtres Pierre et Paul, auxquels Bauduin a plus de confiance que dans les rois de la terre, au nom même de l'amour que vous nous portez, nous vous adjurons de rendre vos bonnes grâces audit Bauduin, afin que désormais, fort de la bénignité de votre Altesse, il puisse vivre en sûreté au nombre de vos féaux sujets.

» Et certes, lorsque nous implorons cette faveur de votre Sublimité, ce n'est pas seulement en vertu de la tendresse qui nous oblige de porter secours à quiconque, souillé de la contagion du péché, réclame humblement et dévotement l'assistance de ce siége apostolique. Nous avons encore un autre motif pour agir ainsi : nous craignons que Bauduin, restant sous le poids de votre colère et de votre indignation, ne fasse alliance avec les Normands, ennemis de Dieu et de la sainte Église ; et qu'ainsi il ne devienne une occasion de péril et de scandale pour le peuple de Dieu que vous devez régir, gouverner et tenir sain et sauf par la prudence de vos conseils et la sollicitude de votre esprit. Si cela pouvait advenir, ce qu'à Dieu ne plaise, il en résulterait un grand dommage pour les fidèles et un danger véritable pour votre salut.

» Que la main du souverain maître vous protège et daigne vous préserver à jamais de toute adversité ! Donné le ixe des kalendes de décembre, indiction xi (863) » (1).

Le pape écrivit en même temps à la reine Hermentrude, femme de Charles-le-Chauve. Il lui dit que Bauduin, qui avait enlevé sa très chère fille au mépris des lois divines, était venu se prosterner suppliant et pleurant sur le seuil du sanctuaire des apôtres Pierre et Paul, et qu'alors lui, pontife, s'était rappelé ce que disait le Seigneur : *J'ai voulu la grâce et non le sacrifice* (2). Il terminait en suppliant

---

(1) V. *Nicholai papæ epist.*, ap. Bouquet, vii, 387, 388, 391, 397, 403, 416, 650.

(2) « Misericordiam volui et non sacrificium. »

Hermentrude d'intercéder pour Bauduin auprès du roi son époux. Les deux légats mentionnés dans la lettre du pape, savoir, Rhodoalde, évêque de Porto, et Jean, évêque de Ficode (1), que Nicolas avait chargés de la négociation, se rendirent porteurs des brefs pontificaux à Soissons où Charles tenait sa cour, et firent tous leurs efforts pour fléchir la colère du monarque ; mais il ne se laissa point attendrir par ces pieuses démarches.

L'année suivante, le pape le conjura de nouveau, au nom des saints apôtres Pierre et Paul, de ne point rester inexorable. Il lui faisait pressentir qu'une trop longue opiniâtreté pourrait ulcérer le cœur de Bauduin, et pousser ce guerrier à s'unir aux païens du Nord. En même temps il ordonna à l'archevêque de Reims, Hincmar, et aux évêques du synode qui avaient excommunié Bauduin, de joindre leurs prières aux siennes, afin d'apaiser le roi. Charles céda enfin à de telles instances. La crainte que le fils d'Ingelram ne fît alliance avec les Normands fut le motif déterminant de la conduite de Charles ; et sans cette raison de haute politique il n'aurait peut-être jamais pardonné à un de ses lieutenants l'audace d'avoir séduit et épousé sa propre fille, la veuve de deux rois, l'arrière-petite-fille de Charlemagne !

La paix conclue avec Bauduin, et les censures ecclésiastiques révoquées, l'évêque de Noyon ratifia solennellement le mariage à Auxerre devant les plus illustres personnages d'entre les Francs ; le roi, toutefois, n'y voulut point paraître (2).

---

(1) Aujourd'hui Cervia, dans la Romagne.
(2) Dominus noster rex, filius vester, huic desponsationi et conjunctioni

Après cette cérémonie, Bauduin fut nommé par Charles-le-Chauve, non pas comte de Flandre, mais simplement comte du royaume, et reçut de lui en bénéfice dotal toute la région comprise entre l'Escaut, la Somme et l'Océan, c'est-à-dire la seconde Belgique, telle qu'elle avait été divisée dans le précepte de Louis-le-Débonnaire de 835, avec charge de la défendre contre les Danois et les autres barbares du Nord dont les invasions devenaient de plus en plus fréquentes (1). Bauduin, en conséquence, prêta serment de fidélité entre les mains du roi, et prit le nom de marquis des Flamands, titre que ses successeurs abandonnèrent plus tard pour prendre celui de comtes de Flandre. L'origine du comté de Frise ou de Hollande remonte à la même époque; car en même temps qu'il préposait le fils d'Ingelram à la garde des marches belgiques, Charles-le-Chauve instituait pour la défense du pays des Bataves un autre comte appelé Gérulfe.

Ces événements se passaient en 863. La ville de Bruges fut dès lors le séjour habituel de Bauduin (2). C'était, comme nous l'avons dit, la capitale du petit canton connu depuis le sixième siècle sous le nom de Flandre. Le marquis la fortifia de murailles en pierres, et y fit bâtir une basilique destinée à recevoir le corps de saint Donat, l'un des plus illustres métropolitains de Reims. Cette précieuse relique lui

---

interesse non voluit : sed missis publicæ rei ministris, sicut vobis promisit, secundum leges sæculi eos uxoria conjunctione ad invicem copulari permisit; et honores Balduino pro vestra solummodo petitione donavit.—*Lettre d'Hincmar, archevêque de Reims, au pape;* ap. Bouquet, VII, 791, à la note.

(1) *Chron. Sancti Bavonis ad ann.* 867. — *Chron. Sith. Sancti Bertini,* ap. Bouquet, VII, 268.

(2) *Chron. Sancti Bavonis, ad ann.* 867.

avait été donnée en 842 par Ebon (1), le vingt-troisième successeur du bienheureux, et reposait depuis lors en la ville de Tourhout. L'église de Saint-Donat de Bruges peut être regardée comme le premier monument de la nationalité flamande.

Nous avons dit que, vers l'époque où Bauduin fut chargé du gouvernement des pays compris entre l'Escaut, la Somme et l'Océan, les déprédations des Normands s'y renouvelaient sans cesse. En 876, ces pirates, sous la conduite du fils de leur roi Bigier et d'un autre chef fameux nommé Hasting, se répandirent le long des rives de la Scarpe et de l'Escaut. A leur approche, on transporta dans l'église de Sainte-Marie de Douai, pour les soustraire à la profanation, les corps de saint Amé de Merville, de sainte Rictrude et de saint Mauront de l'abbaye de Marchiennes, de saint Audebert, de sainte Reine et de sainte Rainfrède de l'abbaye de Denain, enfin celui de saint Amand de l'abbaye d'Elnon, et quantité d'autres reliques. Le corps de saint Amand, l'un des premiers et des plus célèbres apôtres de la Belgique, était l'objet d'une profonde vénération ; les peuples attachaient un grand prix à le conserver, surtout depuis que l'abbé Lanthaire en avait fait la levée en l'année 810, c'est-à-dire cent-cinquante ans après l'inhumation du saint. Le corps avait été trouvé intact ; on coupa les cheveux et les ongles, qui avaient beaucoup grandi, puis on arracha les dents et il sortit, dit-on, de la bouche du sang que l'on conserva dans l'église en mémoire de ce miracle. Ensuite le corps était resté pendant trente-deux jours exposé aux regards de tous les fidèles (2).

(1) V. la *Lettre d'Ebon à Bauduin*; dans *Miræus, Opera diplom.*, I, 22.
(2) V. *Sigeberti Gemblacensis Chron.*

Bauduin, s'il faut en croire la tradition, repoussa courageusement les irruptions sans cesse renaissantes des hommes du Nord, et tâcha d'en prévenir le retour en fortifiant plusieurs lieux, entre autres cette ville de Bruges où avait été faite, pour ainsi dire, la consécration de son nouvel empire.

Les Normands ou Danois rencontrèrent également, au nord des Gaules, un redoutable adversaire en Regnier-au-Long-Col, comte de Mons ou de Hainaut. Regnier était investi dans cette partie du royaume de Lorraine d'un pouvoir semblable à celui qu'exerçait Bauduin sur les pays voisins. Lorsqu'il eut à craindre leur arrivée, il fit alliance avec Francon, évêque de Liége. Les Normands prirent d'abord position au château de Condé sur l'Escaut. Regnier et Francon suivis de leurs hommes d'armes et vassaux, et accompagnés de l'abbé de Saint-Amand, qui se joignit à eux avec tous ses gens, se jetèrent intrépidement sur Condé. Après trois combats successifs où il y eut beaucoup de sang répandu, ils demeurèrent vainqueurs. Regnier, dit-on, fit prisonnier Godefrid, chef des Danois; et celui-ci ayant dans la suite consenti à se faire baptiser, Regnier le renvoya libre sans rançon. Tout le butin enlevé aux barbares fut distribué aux hommes d'armes, aux pauvres gens des campagnes dépouillés par l'invasion. Les ecclésiastiques furent admis au partage, à charge de prier pour les chrétiens tués dans la guerre; Regnier, ajoute la chronique, ne garda rien pour lui (1).

Bauduin mourut en 879 à l'abbaye de Saint-Bertin, où

---

(1) *Historia destructionis ecclesiæ Dononiensis*; *ap. J. de Guise*, ed. *Fortia*, IX, 261.

il voulut passer les derniers jours de sa vie sous la robe monacale. Son corps fut inhumé dans l'église du monastère, après qu'on en eut détaché le cœur et les entrailles qu'obtint l'abbaye de Saint-Pierre de Gand (1).

De la fille de Charles-le-Chauve il avait eu deux fils, dont l'aîné, Baudûin, lui succéda dans son marquisat; et le second, Raoul, reçut en bénéfice le comté de Cambrai. Ici l'hérédité apparaît pour la première fois dans l'histoire de Flandre comme principe dominant. Ce principe venait d'ailleurs d'être consacré par un capitulaire de Charles-le-Chauve, de l'année 877, dans lequel il est dit, entre autres choses, que si un comte laisse un jeune fils, ce fils, avec l'aide de ses ministres et de l'évêque du diocèse où il se trouve, doit pourvoir à l'administration du comté jusqu'à ce que la mort du titulaire soit connue de l'empereur, et qu'il ait pu investir le fils de la charge et des prérogatives du père (2). C'est probablement ce qui eut lieu à l'égard de Baudûin Ier, pour la transmission du marquisat en faveur de son fils aîné. Toutefois cette transmission ne fut pas complète, puisque le Cambrésis devint, comme nous l'avons vu, l'apanage du second fils de Baudûin, et que le Vermandois fut donné en bénéfice à un comte nommé

---

(1) « Balduinus, primus Flandriarum comes, solvit debitum mortis postquam sub habitu monachi aliquandiu in cœnobio Sancti Bertini vixisset. Ejus carnea moles in eodem cœnobio terræ mandatur; cor vero et intestina in Blandinio Sancti Petri, in Ganda, monasterio sunt. » — *Chart. Sithiense Folquini;* ed. B. Guérard, 127.

(2) « Si autem filium parvulum habuerit (comes), isdem filius ejus cum ministerialibus ipsius comitatus, et cum episcopo in cujus parochia consistit, eumdem comitatum prævideat donec obitus præfati comitis ad notitiam nostram perveniat et ipse filius ejus per nostram concessionem de illius honoribus honoretur. » — *Baluze,* II, 270.

Thierri. Nous aurons souvent encore à signaler de ces démembrements qui prouvent le peu de fixité des institutions féodales à leur origine.

La première année du règne de Baüduin, qu'on nomma le Chauve, non qu'il fût chauve en effet, mais en souvenance de son aïeul maternel l'empereur Charles (1), fut signalée par une invasion nouvelle des Normands, plus terrible encore que les précédentes. Ils remontèrent les embouchures de l'Escaut; et, après avoir passé à Gand l'hiver de 880, ils se répandirent le long des rives de ce fleuve, ravageant tout sur leur passage (2). Bauduin atteignit un corps de ces pirates à travers la forêt de Mormal, portion de l'ancienne forêt Charbonnière, et leur tua beaucoup de monde. Mais une telle défaite, loin de les chasser du pays, ne fit que les rendre plus furieux. Ils établirent un camp à Courtrai sur les bords de la Lys, s'y fortifièrent, et de là se jetèrent tantôt dans le Brabant et le Hainaut, tantôt dans le pays des Ménapiens, qu'ils saccagèrent cruellement. Tous les monastères situés aux environs de l'Escaut et de la ville de Tournai furent ruinés (3). Au mois de mars ils brûlèrent Saint-Omer, au mois de juillet Térouane, et peu après les abbayes de Saint-Riquier et de Saint-Valery sur la Somme. La plupart des villes de la Belgique subirent en ce temps-là les fureurs des Normands, sans que Bauduin pût rien faire pour chasser des hôtes si importuns.

Après cette expédition dans l'intérieur du pays, les

---

(1) « Balduinus... se Calvum cognominari fecit, non quod calvus actu fuerit, sed ut nomen avi suscitans, sui ipsius nomen ac generis nobilitatem exaltaret. » — *Chron. sancti Bertini*, ap. Bouquet, IX, 70.

(2) *Miracula sancti Bavonis*, ap. *Acta SS. Belgii*, II, 616.

(3) *Ibid.*

Normands revinrent à Gand, réparèrent leurs vaisseaux et se dirigèrent, moitié par terre, moitié par mer, vers les bouches de la Meuse, d'où ils remontèrent le fleuve. Ils allèrent ensuite brûler le palais impérial d'Aix-la-Chapelle et pénétrèrent jusqu'à Trèves et Cologne (1).

L'année suivante une autre bande tomba sur Cambrai, qu'elle désola par l'incendie et le carnage ; pilla l'église de Saint-Géri, y mit le feu, puis se retira chargée d'un immense butin. Quelques mois après, les mêmes pirates reparurent dans le pays et entrèrent à Arras vers l'époque de la fête de saint Pierre. Cette ville ne fut pas plus épargnée que Cambrai (2).

Incapable de lutter efficacement contre un semblable fléau, Bauduin-le-Chauve chercha du moins à rendre le siége de son marquisat inaccessible aux barbares. A cet effet, il fit transporter d'Aldenbourg, qui n'était plus qu'un monceau de ruines, une grande quantité de matériaux avec lesquels il consolida le château de Bruges bâti par son père.

Cependant les hordes normandes s'obstinaient à rester dans le pays, où naguère, sous Bauduin-Bras-de-Fer, elles n'avaient fait que des séjours momentanés. Les chroniques du temps sont remplies du récit lamentable de toutes les profanations qu'elles commettaient. A peine les autres événements y trouvent-ils place, tant cette grande calamité absorbait les souvenirs universels. En l'an 885, qui fut celui du siége de Paris par les Normands, on retrouve ces derniers se fortifiant à Condé pour y passer l'hiver. Portant leurs déprédations au delà de l'Escaut jusqu'à la Scarpe,

---

(1) *Miracula sancti Bavonis*, ap. *Acta SS. Belgii*, II, 616.
(2) *Chron. de Cambrai et d'Arras*, par Balderic ; édit. Le Glay, p. 89.

ils allaient, dit un vieil historien (1), détruisant par la flamme et le fer églises, monastères, cités et villages, massacrant tout le peuple chrétien. Chacun tremblait à leur nom depuis l'Escaut jusqu'à la Somme. On vit alors s'enfuir les moines, les chanoines et les religieuses avec les reliques des saints, que suivait toute la population épouvantée. Quelquefois les prêtres eux-mêmes endossaient l'armure. Gosselin, vaillant abbé du monastère de Saint-Amand et de plusieurs autres églises, prit un jour la résolution d'attaquer les Normands. Il envoya des messagers aux alliés qu'il avait de l'autre côté de l'Escaut. Les deux troupes se concertèrent pour marcher vers le fleuve à jour fixe et aborder l'ennemi par deux voies opposées. Le succès ne répondit pas à leurs vœux ; car les soldats, frappés de terreur, se sauvèrent à la vue de l'ennemi (2).

Quand le printemps fut venu, les Normands abandonnèrent le château de Condé. Ils envahirent les lieux voisins de la mer et forcèrent les indigènes à fuir le pays. Au mois de novembre, ils changent encore une fois de résidence et se retranchent de nouveau à Courtrai pour y passer la froide saison. De ce poste ils exterminent les Ménapiens et les Suèves, qui leur avaient voulu faire résistance, et brûlent toute la contrée (3). Cependant Charles-le-Gros, roi de Bavière et de Saxe, était venu dans le Brabant avec une armée pour défendre Louvain ; mais ses efforts, combinés

---

(1) *Andreas Marcianensis, ap. J. de Guise; ed. Fortia,* IX, 268, 277.
(2) *Ibid.*
(3) Indeque Menapios et Suevos usque ad internecionem deleverunt quia valde illis infesti erant omnemque terram juxta flumina consumpserunt. — *Chron. Normann., ap. Pertz,* I, 534.

sans doute avec ceux de Bauduin, ne semblent pas avoir produit de grands résultats.

Ce fut dans ces circonstances que le gouverneur du Hainaut, Regnier-au-Long-Col, comte de Mons, alla, en compagnie de Ratbod, duc des Frisons, secourir les habitants de l'île de Walcheren où le fameux chef normand Rollon avait fait une descente en arrivant de Danemark. Ils ne furent pas heureux dans cette expédition. Regnier, obligé de fuir, revint en toute hâte vers son pays et s'empressa de mettre en état de défense les villes, les châteaux et les monastères. La tradition rapporte qu'alors Regnier, dont le zèle religieux égalait la bravoure, prit sur ses épaules les corps de saint Landelain de Crespin, de saint Ghislain de Celles et de saint Vincent de Soignies, et que, cheminant pieds nus, suivi d'une immense foule de peuple, il les porta lui-même jusqu'à la ville de Mons où il les enferma avec les reliques de sainte Valtrude pour les soustraire à la fureur des Normands ; car l'invasion était imminente (1). En effet, Rollon, après avoir exterminé les insulaires de Walcheren, se mit à la poursuite de Ratbod, qu'il battit à deux reprises au centre même de son pays. Puis, quittant la Frise, il gagna directement les marais de la Hayne, et s'arrêta devant Condé ; afin sans doute de venger l'affront essuyé par Godefrid, que Regnier-au-Long-Col avait, quelques années auparavant, fait prisonnier en ces parages. Le château de Condé est

---

(1) « Et castra et villas fortificans et sanctorum corpora sancti Laudelini Crispiniensis, sancti Gisleni Cellensis, sancti Vincentii Sonegiensis, propriis humeris, nudis pedibus, cum maxima congregatione christianorum, ad villam quæ dicitur nunc *Mons*, cum reliquiis sanctæ Waldetrudis, in locis tutissimis recondidit, timens Rollonis ac Sarracenorum adventum. » — *Ex communi hist. secundæ destructionis ecclesiarum Atrebatensium*, ap. J. de Guise, IX, 288.

emporté, l'abbaye des religieuses de Sainte-Marie qui se trouvait tout proche, puis les autres églises, réparées nouvellement par les soins de Regnier, sont détruites de fond en comble, les habitants égorgés. A cette vue, le comte Regnier est saisi d'une vive affliction ; se mettant à la tête des populations, précédé de la croix et de la bannière, il s'avance au devant des Normands (1). Tout ce peuple, résolu à mourir, ressemblait plus à une cohorte de martyrs qu'à une troupe de soldats. On rencontra les Normands non loin des bords de l'Escaut ; et, dans un premier choc, on en tua un grand nombre. Le comte Regnier, une hache à deux tranchants à la main, se battait héroïquement. Les cadavres s'amoncelaient autour de lui. A la fin, cependant, le désordre, la confusion, la terreur se mirent parmi ces pauvres gens du Hainaut : Regnier tomba au pouvoir des Normands ; et ceux qui étaient restés près de sa personne furent égorgés sans pitié, hors quelques-uns qui s'échappèrent (2).

Aldrade, femme de Regnier, était alors à Mons. La nouvelle du désastre ne tarda pas à lui arriver. Elle fit immédiatement demander un sauf-conduit à Rollon pour se rendre auprès de lui. Elle s'y rendit en effet suivie d'un cortége convenable : sa sollicitude pour son mari s'était encore accrue par la crainte que les païens ne vinssent à le forcer de renier la religion du Christ. Aldrade offrit au chef normand, en échange du comte, douze guerriers que ce dernier avait faits prisonniers ; mais Rollon n'y voulut entendre. Il exigeait que Regnier rachetât toutes ses terres

---

(1) « Crucis vexillum portantes, omnes martyrisari cupientes... » — *Ibid.*
(2) *Ibid.*

4

moyennant une somme qu'il fixerait : elle était énorme. On rapporte que la comtesse répondit aussitôt : « Je veux bien vous donner tout ce que vous demandez si mon époux le veut aussi. J'aime mieux être pauvre et le voir libre que d'être comblée de richesses, d'honneurs, et même de posséder le monde entier, tandis qu'il est en captivité. S'il le désire, je suis prête, soit à me livrer en otage pour lui, soit à partager ses fers (1). » Rollon, touché de l'énergie de la comtesse, de la vivacité de son amour, de la pureté et de la bonté de son âme, réduisit de moitié la rançon qu'il avait demandée. Regnier lui ayant donné sa parole pour le paiement de la somme convenue, il le mit en liberté et le fit conduire jusqu'à Mons. Cette rançon du comte ruina la majeure partie des nobles de Hainaut, des gens d'église, et les églises elles-mêmes; elle plongea le commun peuple dans une grande misère. Dès que la rançon fut payée, Rollon abandonna le pays ainsi désolé, et s'en alla à Tournai, qu'il prit et incendia. Puis, gagnant la Flandre à travers les bois et les marais, il porta le fer et le feu à Gand et à Bruges, d'où il se rapprocha du littoral de l'Océan pour se rembarquer. Ce fut alors que Rollon se tourna vers la Neustrie, et qu'après avoir remonté le cours de la Seine il mit pour la première fois le siége devant Paris.

En 891, les ravages des hommes du nord continuaient dans le marquisat de Bauduin. Leur avidité s'en prit à la riche abbaye de Saint-Bertin. Il nous est resté de curieux

---

(1) « Placet mihi, si placeat marito, quod quidquid petieritis recipiatis : malo enim esse pauper cum salute mariti, si sibi placuerit, quam cum ejus captivitate divitiis et honoribus abundare aut mundum universum possidere Et si suæ placuerit voluntati, me obsidem vinculis innodabo. » — *Ibid.*, 292.

détails (1) sur les assauts qu'ils livrèrent à ce monastère fortifié, boulevard tout à la fois temporel et spirituel du pays des Morins.

Le 25 avril de cette même année, les châtelains de Saint-Omer, Bertin et Folquin, marchèrent au-devant des Normands qui s'approchaient du côté de Widehem et leur tuèrent 310 hommes. Le dimanche suivant, 2 mai, à l'heure où tout le couvent se rendait à la grand'messe, on aperçut de nouveau les terribles envahisseurs descendant la colline appelée en ce temps-là *Heilig-Veld* et aujourd'hui *Helfaut*, laquelle domine la ville de Saint-Omer, et où l'on prétend que les plus anciens apôtres de la Belgique, Fuscianus et Victoricus, avaient jadis bâti leur première église chez les Morins. Cette nouvelle, répandue à l'instant dans le couvent et dans l'église, n'abattit point le courage des moines. Pleins de confiance en la miséricorde de Dieu et en l'assistance de leurs saints patrons, ils se confessèrent en toute hâte les uns aux autres, communièrent, et se jurèrent mutuellement de défendre le monastère jusqu'à la mort. On convoque les hommes de l'abbaye au son du tocsin ; et bientôt les murs d'enceinte élevés lors des précédentes invasions sont couverts de machines de guerre et de combattants résolus. A la vue d'un appareil si imposant, les Normands, peu habitués jusque-là à rencontrer des résistances, n'osent tenter l'attaque ; se répandant à travers la campagne, ils enlèvent les bestiaux et les laboureurs. Cependant les moines et les gens de l'abbaye sortent intrépidement de la forteresse afin de courir sus aux pirates. Ces derniers ne pouvaient aller vite à cause des troupeaux qu'ils pourchassaient devant eux ; ce que

---

(1) *Excerpta ex libro miraculorum S. Bertini Sithiensis abbatis*, apud *Acta SS. Belgii*, v, 638 et suiv.

4.

voyant les habitants de Sithiu, ils se séparèrent en deux bandes. Les hommes à cheval coururent se poster sur la montagne ; les hommes à pied prirent à dos les Normands, qui à l'instant furent cernés de toutes parts. Ceux-ci cherchèrent à se sauver et à gagner un bois de chênes, qui se trouvait au levant de la montagne, afin de s'y retrancher ou de pouvoir s'échapper plus facilement. Mais les moines et leurs gens les serraient de près; et depuis la neuvième heure du jour jusqu'à la nuit, ils en massacrèrent un grand nombre : non sans un notable dommage de leur part; car les Normands se défendirent avec vigueur. De toute la troupe il ne s'esquiva que neuf hommes, dont cinq furent atteints bientôt après dans le chemin et mis à mort. Après cette victoire, les moines de Sithiu firent trois parts du butin qu'ils trouvèrent sur le champ de bataille : l'une pour les églises, l'autre pour les prédicateurs et les pauvres, la troisième pour les nobles et les non-nobles par égale portion (1).

Le dimanche suivant, à la deuxième heure, lorsque l'atmosphère était encore obscurcie par les brouillards du matin, on vit apparaître sur le versant de la même colline une multitude incroyable de barbares à pied qui se précipitaient vers la forteresse; ils n'y entraient pas, mais ils se mettaient en mesure d'en faciliter l'accès aux hommes qui venaient après eux. Bientôt des cavaliers innombrables se portèrent sur le lieu du combat précédent. Ils sentirent un redoublement de douleur et de dépit en revoyant les cadavres épars de leurs compagnons d'armes. Semblables aux éléphants que la vue du sang enflamme de la

(1) *Ibid.*

fureur de combattre, dit la chronique (1), ces barbares étaient embrasés du désir de la vengeance, à mesure qu'ils reconnaissaient les plaies sanglantes de leurs amis. Pendant quelque temps, ils restèrent muets de douleur et d'effroi à contempler tous ces corps putréfiés. Mais tout à coup, comme pour faire provision de rage, ils se mirent à courir impétueusement, à la manière des sauvages, vers leurs compagnons, et, revenant ensemble sur leurs pas avec des cris de fureur, ils firent signe aux fantassins d'attaquer rudement la garnison du château. Cependant les hommes à cheval de Sithiu regagnèrent précipitamment la forteresse après avoir abandonné leurs montures dans les pâturages environnants, et, s'étant mêlés aux gens de pied, ils se préparèrent à faire une énergique résistance. Les barbares employèrent au siége de l'abbaye mille stratagèmes inconnus jusque-là. Ainsi ils lançaient, au moyen de grandes frondes, des projectiles enflammés et des morceaux de fer rouge au milieu d'un déluge de flèches. Les assiégés, sur qui pleuvaient ces instruments de mort, pouvaient à peine respirer, tant les agressions étaient impétueuses et réitérées; cependant ils tenaient bon et lassaient la patience des Normands. Alors ces derniers imaginèrent d'entasser dans le fossé de circonvallation une grande quantité de sarments de vigne et de matières combustibles et y mirent le feu, afin de brûler à la fois et le fort et ceux qu'il renfermait. Cette ruse tourna contre eux ; car un vent violent s'étant élevé, les flammes, loin d'entamer les murs et de nuire aux assiégés, s'élancèrent au visage des païens et

---

(1) More elephantum, qui sanguinis visione excitantur in iram ad præliandum, ita isti, etc. — *Ibid*, 641.

les forcèrent à fuir : ce qui fut regardé comme un miracle (1).

Ces invasions sont le principal événement du siècle, le seul, pour ainsi dire, dont les affligeants détails aient été jugés dignes d'être transmis à la postérité par nos plus vieux historiens qui se taisent sur les autres faits ; c'est en réalité le seul qui nous initie à la vie sociale de ce neuvième siècle si barbare et si ténébreux. On nous pardonnera donc de nous y être arrêté ici d'une manière à peu près exclusive. D'ailleurs cette longue calamité publique, en forçant les monarques francs à augmenter le pouvoir de leurs délégués, a eu tant d'influence sur l'organisation de la féodalité en général et sur l'établissement du comté de Flandre en particulier que, sous ce point de vue encore, elle est bonne à connaître jusque dans toutes ses particularités.

Quand les hommes du nord laissaient un moment le pays en repos, Bauduin bâtissait des châteaux et fortifiait les villes, les monastères et les églises, y réinstallait les reliques des saints, et tâchait de réparer ou de prévenir le mal ; il ne paraît pas toutefois qu'il ait opposé autre chose qu'une résistance passive à l'invasion des barbares (2). Vers la fin du siècle, le fléau semble avoir disparu ; mais des événements d'une autre nature vont signaler le règne de Bauduin.

Le comte de Paris, Eudes, se maintenait depuis quel-

---

(1) *Ibid.*

(2) « Qui suspicione irruptionis adversæ partis, quæ jam post longum furorem vix quieverat, ductus, fines Flandriæ facile usque ad id temporis accessibiles et pervios hosti, castris munierat, omnique in reliquum impugnationi clauserat, » etc. — *Ex anonymo scribenti ante sæculi XI medium, apud Acta SS. Belgii,* VI, 405.

ques années sur le trône de France, nonobstant les réclamations de l'héritier direct et légitime, Charles, dit le Simple, fils de Charles-le-Chauve. Mais les succès temporaires d'Eudes ne purent empêcher un puissant parti de seigneurs de se former contre lui. Tandis qu'il était occupé dans l'Aquitaine à apaiser les querelles de quelques hauts barons, Foulques, archevêque de Reims, travaillait dans le nord du royaume à porter Charles au trône paternel. Il y était engagé par les sollicitations réitérées du jeune prince, qui savait tout l'ascendant que le prélat avait sur les diocèses dépendants de la métropole. Déjà les principaux d'entre les Belges étaient acquis à l'archevêque, et il avait reçu leurs serments. L'absence prolongée d'Eudes favorisait les projets des partisans de Charles. Ils ne furent point inquiétés. Les métropolitains de Cologne, de Trèves et de Mayence, avec leurs évêques diocésains; le métropolitain de Reims avec les suffragants de Laon, de Châlons et de Térouane, s'assemblèrent, le dimanche 28 janvier 893, dans la basilique de Saint-Remi, et sacrèrent roi le jeune Charles. Le prince se montra dans la ville couvert du manteau de pourpre, en signe d'autorité royale, et, selon la coutume, souscrivit des diplômes (1).

En cette circonstance Bauduin-le-Chauve et son frère Raoul, comte de Cambrai, embrassèrent ouvertement le parti de Charles, dans lequel était déjà entré le comte Herbert de Vermandois. Mais ce dernier ne tarda pas à manquer à la foi jurée en faisant secrètement alliance avec Eudes, qui, appuyé de nombreux partisans à l'ouest et au midi de la France, ne laissait pas d'être encore fort redoutable.

(1) *Richerii hist. ap. Pertz.* v, 573.

Bientôt même Herbert se déclara ouvertement pour Eudes; et celui-ci, en récompense, lui fit épouser sa nièce, fille de Robert II.

Cette trahison devint la source d'une haine implacable et héréditaire que la famille des comtes de Flandre voua au comte Herbert et à ses descendants. En effet, Raoul de Cambrai, aussitôt qu'il eut appris la défection d'Herbert, s'empara des villes de Péronne et de Saint-Quentin (897). Le roi Eudes ne tarda pas à venir au secours de son allié. Il fit en personne le siége de ces deux villes, et en chassa les hommes d'armes de Raoul. De leur côté les Angevins, c'est-à-dire les parents et alliés du comte d'Anjou, qui jadis avaient été secourus et protégés par Herbert, lui vinrent également en aide. Raoul de Cambrai, que sa valeur avait fait surnommer *Taillefer* (1), s'arma contre les Angevins et leur courut sus; mais il fut tué dans un des nombreux combats qu'il leur livra. Certains historiens prétendent qu'il périt de la main du comte Herbert lui-même. Quoi qu'il en soit, cette mort, résultat probable d'un guet-apens, fit sur le cœur du marquis des Flamands une impression qui ne s'effaça jamais.

Cependant la puissance du parti qui favorisait le jeune Charles croissait tous les jours sous l'habile influence de l'archevêque de Reims. Eudes finit par être chassé du trône, et l'arrière-petit-fils du grand empereur reçut une nouvelle consécration, à laquelle assistèrent tous les feudataires, même ceux qui naguère avaient aidé l'usurpateur. Bauduin-le-Chauve seul ne voulut point paraître à cette cérémonie : il

---

(1) « Taillefer fu clamés por sa fieror. »
Rom. de Raoul de Cambrai, édit. Edw. Le Glay, p. 1.

ne pouvait supporter la pensée de se trouver face à face avec Herbert de Vermandois, le meurtrier de son frère.

Un an après avoir été dépossédé, Eudes mourut à La Fère en Picardie (899). Le comte Herbert, qui de vassal rebelle était redevenu, par raison politique, un sujet fort obéissant, jouissait alors de toute la faveur du roi, qui lui rendit l'investiture du comté de Péronne, comprenant à cette époque tout le Vermandois. Cette bienveillance marquée du roi envers l'ancien ennemi de Bauduin-le-Chauve irrita vivement celui-ci : sa colère allait sans doute éclater en un de ces fougueux excès qui caractérisent les mœurs du temps, quand on l'apaisa en lui promettant la main d'Alix, fille du comte Herbert, pour son jeune fils Arnoul. Bauduin avait eu ce dernier de sa femme Elstrude, fille d'Alfred-le-Grand, roi des Anglais. Comme on le voit, l'héritier de Bras-de-Fer et de Judith ne se mésalliait pas ; et l'union projetée avec la fille des comtes de Vermandois, descendants directs de Charlemagne, ne faisait qu'ajouter à la force et à l'illustration premières de la maison de Flandre (1).

Toutefois la paix ne dura pas long-temps ; et un jour un sentiment de vengeance s'étant réveillé chez le marquis de Flandre, il fit assassiner Herbert par un sicaire nommé Bauduin (2). Un tragique événement, étranger du reste à cette querelle entre les deux grandes familles, vint révéler ce

---

(1) Habuit autem iste Bernhardus (filius Pippini, rex Italiæ) filium nomine Pippinum qui tres liberos genuit, Bernhardum, Peppinum et Heribertum. Qui Heribertus Rudolphum comitem filium Balduini interfecit nostris temporibus...
— *Reginonis chronicon*, ap. Bouquet, v, 78.

(2) Et non multum post occisus est (Heribertus) à Balduino satellite Balduini (fratris) Rudolphi. Qui Balduinus hucusque in Flandris ducatum tenet. — *Ibid.*

qu'il y avait de farouche et de cupide dans le caractère de Bauduin-le-Chauve. Cet événement avait été amené de longue main et par des circonstances qu'il est bon de rappeler.

Robert, frère d'Eudes, s'était tout à coup brouillé avec le roi Charles, parce qu'un jour, dans une cérémonie publique, ce prince avait fait asseoir Robert à sa droite, et un certain comte Haganon, qui n'était pas de sang royal, à sa gauche, les plaçant ainsi tous les deux sur la même ligne. Robert sortit furieux du palais. Charles, effrayé, fit tout ce qu'il put pour l'adoucir : ce fut en vain; Robert alla se confiner à Tours avec ses amis, conservant ou feignant de conserver une profonde indignation de la légèreté que le roi montrait à l'égard des grands du royaume (1). Ce n'est pas qu'il en voulût sérieusement au roi; mais il songeait qu'après son frère Eudes, qui en ce temps n'était pas encore mort, c'était lui qui devait hériter du royaume de Charles. Alors il avisa surtout aux moyens de détruire l'influence de Foulques, archevêque de Reims, homme sage et prudent qui avait élevé le roi dès le berceau, l'avait porté au trône, et le dirigeait depuis lors de son expérience et de ses conseils. Robert travailla à se faire des partisans dans ce sens, et s'aboucha entre autres avec Bauduin, dont il connaissait l'esprit inquiet, turbulent et ambitieux; il le rangea tout à fait à son parti (2). Lorsque Charles eut appris que le marquis des Flamands l'avait abandonné, il marcha contre lui, et lui enleva de vive force le château d'Arras et l'abbaye de Saint-Vaast. Il donna ce monastère à l'archevêque Foulques, qui l'échangea bientôt

(1) « Multum ibi de regis levitate indignationem habens... » — *Rich. hist. ap. Pertz.* v, 574.

(2) « Id etiam apud Balduinum Morinorum principem admodum agitabat. Hic enim ab eo persuasus ejus partes jam rege deserto sequebatur. » — *Ibid.*

contre l'abbaye de Saint-Médard de Soissons, appartenant à un comte nommé Altmar. Bauduin tenait beaucoup au riche couvent que le roi lui avait pris : il ne pardonna pas au métropolitain de Reims de l'avoir accepté. Cependant il dissimula sa haine à l'égard de ce dernier, et feignit même de conserver le prélat en toute amitié et vénération (1).

L'abbaye de Saint-Bertin, nonobstant les ravages que les Normands venaient de lui faire subir, était restée le plus opulent monastère du pays. De grandes concessions de biens lui avaient été faites à diverses reprises par les rois francs et plusieurs seigneurs. Tant de richesses excitèrent la convoitise du marquis.

Après la mort d'un abbé de Saint-Bertin, nommé Raoul, Bauduin demanda au roi Eudes la gestion temporelle de l'abbaye. Les moines, redoutant de tomber sous la main rapace de ce rude seigneur, et craignant que ses efforts ne finissent par être couronnés de succès, députèrent Grimbald, un des leurs, auprès du monarque, afin de l'empêcher d'accéder à la prétention du comte. Grimbald trouva précisément à la cour du roi franc l'archevêque de Reims, qui jadis lui-même avait été moine à Saint-Bertin. Grimbald lui fit part de sa mission, le conjurant d'intercéder auprès du monarque afin que la chrétienté n'eût pas la douleur de voir un lieu consacré soumis à la domination d'un laïque. D'ailleurs on savait comment ce laïque avait traité Saint-Vaast d'Arras. Foulques portait un grand amour à l'abbaye de Saint-Bertin, où s'était passée sa jeunesse. Il embrassa le parti des moines contre

---

(1) « Multaque affectus anxietate, ad ultionem penitus sese convertit. Amicitiam ergo circa metropolitanum simulat..... » — *Ibid.*

les prétentions du marquis (1), lequel venait du reste d'encourir les censures d'un synode tenu à Soissons en 893, où ses méfaits avaient été énumérés. Ils étaient graves. On l'accusait d'avoir fait fouetter publiquement un ecclésiastique, d'avoir enlevé à certaines églises des prêtres spécialement ordonnés pour elles, d'en avoir installé d'autres sans la participation de l'évêque diocésain, d'avoir usurpé les revenus du monastère de Saint-Vaast et des deux chapitres de Saint-Éloi et de Saint-Pierre; enfin, de s'être révolté contre le roi. Le concile avait jugé que Bauduin méritait d'être excommunié pour de tels excès; mais sa puissance et son caractère étaient redoutables, et, n'osant pas le frapper d'anathème, on se contenta de l'admonester (2).

Tandis qu'il se trouvait sous le poids des censures, Bauduin reprenait violemment le château et l'abbaye de Saint-Vaast d'Arras et ne craignait pas, comme on vient de le voir, d'élever d'énergiques prétentions sur Saint-Bertin. Pour y mettre fin, ce fut à l'archevêque lui-même que le roi donna l'abbaye. Il pensait sans doute que la haute dignité, les vertus et l'influence du nouvel abbé en imposeraient à Bauduin et réduiraient à néant ses projets ambitieux. Foulques fut réélu abbé à la grande satisfaction des moines, et il administra cette maison pendant sept ans, au bout desquels le roi Eudes vint à mourir. Le marquis des Flamands crut l'occasion belle

---

(1) « Quod audiens archiepiscopus Folco, condolens petitioni ejus, memorque antiquæ dilectionis circa eumdem locum, una cum ipso Grimbaldo ad regem veniens, verba monachorum intimavit, et, ne laïcus monachis superponeretur, omnimodis expoposcit. » — *Chartul. Sith. ed. B. Guérard*, 154.

(2) « Communi decreto episcoporum judicatum fuerat eum auctoritatis canonicæ anathemate feriendum; sed quoniam in Ecclesiæ et publicis regni utilitatibus videbatur incommodus, censura suspenditur adhuc animadversionis ecclesiasticæ. » — *Flodoard ap. Bouquet*, VIII, 161.

pour renouveler sa demande auprès de Charles-le-Simple. Ce prince était d'un caractère bon et facile ; pourvu qu'on le laissât donner un libre cours à ses passions de jeunesse, il se souciait fort peu du reste(1). Bauduin comptait en avoir meilleur marché que de son prédécesseur : il se trompait ; car Charles aimait trop l'archevêque de Reims, lui avait de trop grandes obligations pour le déposséder du bénéfice qu'il détenait. Foulques d'ailleurs défendait ses droits et ceux de l'Église avec une énergie qui bientôt ne laissa plus d'espoir à Bauduin. Dès lors celui-ci conçut, à l'égard du prélat, une de ces haines qui ne peuvent s'éteindre que dans le sang.

L'homme que le comte avait chargé de ses négociations auprès du roi s'appelait Winemar. Ce fut à lui qu'il confia l'exécution de son criminel projet. Charles-le-Simple et le prélat se trouvaient ensemble au palais de Compiègne, que les princes francs habitaient de préférence pendant la belle saison; car c'est un lieu entouré de grandes forêts bien giboyeuses. Lorsque le temps fut arrivé où Foulques devait retourner à son siége épiscopal, le vieillard partit sans défiance avec un petit nombre de serviteurs. Comme il cheminait tranquillement sur la route de Reims, le 17 juin 900, à la sixième heure du jour, Winemar, aidé de quelques affidés bien armés, se précipite sur lui, et le perce de sept coups de lance (2).

(1) Richer trace ainsi le portrait de Charles-le-Simple : « Karolus itaque rex creatus ad multam benevolentiam intendebat. Corpore præstanti, ingenio bono simplicique. Exercitiis militaribus non adeo assuefactus, at litteris liberalibus admodum eruditus. In dando profusus, minime avarus. Duplici morbo notabilis, libidinis intemperans, ac circa exequenda judicia paulo negligentior fuit. » —*Ap. Pertz.* v, 573.

(2) « Winemarus metropolitanum adortus, laucea inermem transfigit, atque inter suos septem vulneribus sauciatum præcipitat. » — *Rich. hist.*, 574. — « Winemarus super eum cum magna ferocitate irruens, non veritus justitiæ nec

Plusieurs personnes de la suite de l'archevêque, moins occupées de leur propre danger qu'éperdues de la mort du prélat, se prosternent sur le cadavre, et l'embrassent avec transport. Elles sont également massacrées sans pitié (1).

La nouvelle de ce forfait se répandit bientôt dans les provinces du royaume, et y excita une juste exécration.

Le 6 de juillet, dix-huit jours après l'assassinat de Foulques, on lui donna pour successeur Hervé, homme jeune encore, mais de grande noblesse et tiré de la cour comme le malheureux archevêque qu'il remplaçait. A cette ordination se trouvèrent Gui, archevêque de Rouen, Riculfe, évêque de Soissons, Hetelon de Noyon, Dodilon de Cambrai, Hériman de Térouane, Otger d'Amiens, Honoré de Beauvais, Marcion de Châlons, Otfrid de Senlis, Ingelram de Meaux. La cérémonie eut lieu dans l'église de Notre-Dame de Reims; on y prononça la sentence d'excommunication contre Winemar, Évrard et Rotfeld, vassaux du comte Bauduin, lesquels avaient concouru à la perpétration du meurtre, et contre leurs complices en général.

« Qu'ils soient maudits dans la cité, dit la formule, et maudits dans le champ; maudit le fruit de leurs entrailles, maudit le fruit de leurs terres, et leurs troupeaux de bœufs, et leurs troupeaux de brebis; qu'ils soient maudits quand ils entrent et quand ils sortent, maudits à la maison, maudits dehors. Que leurs intestins tombent en pourriture, qu'aucun chrétien ne leur dise pas même bonjour, qu'ils

---

pertimescens iram Dei, quod auditu etiam est horribile, episcopum lancearum interfecit punctione, anno dominicæ incarnationis DCCCC., kalend. julii, feria III, hora VI. » — *Chart. Sithiense*, 135.

(1) Quidam vero suorum sese ob nimium ejus amorem super ipsum prosternentes, pariter cum eo transfixi et interempti sunt. *Flodoardi hist.*, loco cit.

reçoivent la sépulture de l'âne et gissent sur le fumier à la face du monde (1) ! »

Les paroles de l'excommunication furent proférées par les douze évêques, qui, ensuite, jetèrent les lampes qu'ils tenaient en leurs mains, et les éteignirent en signe de deuil et d'horreur.

Le roi fut plongé dans une profonde douleur par la mort du prélat, du conseiller, de l'ami auquel il devait la couronne ; il répandit d'abondantes larmes. L'affliction des évêques et du clergé n'était pas moins grande (2). Quant à Winemar, il s'excusa disant que, s'il avait commis le meurtre, c'était pour ne pas manquer à la fidélité qu'il devait à son seigneur (3). Néanmoins le bras séculier n'atteignit ni lui, ni ses complices. Ils étaient sous la sauvegarde d'un prince plus à craindre que le roi lui-même.

Quoi qu'il en soit, le doigt de Dieu, s'il faut en croire un contemporain, ne tarda pas à s'appesantir sur l'assassin ; car il mourut d'une affreuse maladie dont les circonstances nous ont été scrupuleusement rapportées. Ici l'horreur du crime paraît avoir influé sur l'imagination de l'écrivain : « Winemar,
» dit-il, fut bientôt frappé par le Seigneur d'une incurable
» hydropisie. Son ventre se gonfla. Un feu lent parcourut son
» corps extérieurement : à l'intérieur il était consumé par un
» cruel incendie. Une immense tumeur envahit ses pieds...
» Les cuisses étaient enflées et transparentes, le souffle fétide,

---

(1) *Conc. gener.*, IX, 481.

(2) « Rex ipse in lacrymas dissolutus, de casu pontificis adeo conquestus est. Episcopi quoque et corepiscopi, multa commiseratione condoluere. » — *Rich. hist ap. Pertz.* v, 573

(3) « Isdem autem Winemarus... asserebat se hoc pro senioris sui fidelitate patrasse et idcirco fine tenus in ipso permansit anathemate. » — *Chart. Sith.*, 135.

« les viscères s'écoulaient peu à peu par le fondement. Il
« était tourmenté d'une soif intolérable ; quelquefois il avait
« faim, mais alors les mets lui répugnaient. L'insomnie
« faisait peser sur lui son joug. Il devint pour tous insuppor-
« table, pour tous un objet d'horreur, à tel point que ses
« amis et serviteurs ne l'approchèrent plus, repoussés qu'ils
« furent par la puanteur qui s'exhalait de son corps : les
« médecins eux-mêmes ne voulurent plus l'aborder pour
« le soigner. Abandonné de chacun, privé de tous les se-
« cours du christianisme, dévoré en partie par les vers, ce
« scélérat, ce sacrilége fut enfin poussé hors de la vie (1). »

On savait bien, du reste, que Winemar n'avait été que l'instrument de la vengeance du comte Bauduin ; ce n'était pourtant pas à ce dernier que s'adressaient les malédictions, du moins on les faisait tout bas. Charles-le-Simple n'ignorait pas plus que les autres quelle avait été la cause du crime et quel en était l'auteur. Mais la faiblesse de ce prince, qui, manquant d'appuis de toutes parts, craignait de perdre encore celui du chef des Flamands, fit qu'il ne tarda guère à pardonner à Bauduin. Il lui confirma la possession d'Arras, où le comte séjournait d'ordinaire, et bientôt après lui donna même l'abbaye de Sithiu, dépouille encore sanglante du vénérable Foulques. Ainsi qu'on devait s'y attendre, la gestion de l'assassin abbé devint funeste à l'abbaye. « La no-
« mination de Bauduin, dit Ipérius, un des successeurs
« du comte dans la dignité abbatiale, fut la source de tous
« nos maux. Son joug triste et dur prépara la ruine de notre
« monastère (2). »

(1) ... Ab hac vita pulsus est. — *Rich. hist. ap. Pertz*, v. 573
(2) V. *Chronicon Iperii ap. Thes. Anecdot.*, III, 422 et suiv.

Aucun événement grave ne marqua les dernières années du règne de Bauduin-le-Chauve. Les Normands n'avaient plus reparu dans les pays de sa domination depuis plusieurs années, lorsque Charles-le-Simple conclut avec Rollon une paix qui devait faire cesser les courses des pirates à travers les Gaules. Il restait peu à prendre dans ces pays ruinés tout à la fois par les dissensions de leurs seigneurs et par les agressions des barbares. Ces derniers se fatiguaient d'expéditions sans résultat; d'ailleurs un siècle de séjour dans les Gaules les avait familiarisés avec les mœurs, la religion, la langue des populations indigènes. Rollon accueillit avec empressement les propositions pacifiques que Charles lui fit par l'entremise de l'archevêque de Rouen. Le roi lui promettait sa fille en mariage, de plus, le pays situé entre la rivière d'Epte et la Bretagne, à la condition de se faire chrétien et de vivre en paix avec le royaume. Rollon accepta l'offre; et c'est là, comme on sait, l'origine du duché de Normandie. Bien que contenus et nationalisés, les Normands reparurent encore quelquefois dans les contrées flamandes, mais d'une façon moins formidable qu'autrefois.

Bauduin-le-Chauve mourut en 919 et fut enterré d'abord à l'abbaye de Saint-Bertin; mais comme aucune femme ne pouvait entrer morte ou vive dans ce monastère et qu'Elstrude voulait reposer auprès de son époux, le marquis fut apporté et inhumé à Saint-Pierre de Gand. A sa mort, nouveau démembrement de la monarchie flamande (1). De

---

(1) Le nom de monarchie a été quelquefois appliqué au comté de Flandre. Voy. la Vie de saint Winnoc, *ap. Acta SS. Belg.*, c. 16; — une Charte de l'an 1047, dans le Cartulaire de Saint-Pierre de Gand, ch. xiv, où on lit ces mots : « Rege Henrico regnante, in Francia et *Flandrensium monarchiam* mode-

ses deux fils, le plus jeune, Adalolphe eut le Boulonnais, le Térouanais et l'abbaye de Saint-Bertin qui formait le centre et comme la capitale de ces deux provinces ; l'aîné, connu dans l'histoire sous le nom d'Arnould-le-Grand, fut investi du reste.

rante Balduino glorioso marchiso. » — Enfin un acte de 1097, reposant aux archives de Flandre, à Lille, et dans lequel Robert-le-Frison prend le titre de monarque : « Ego Robertus, comitis Roberti filius, gratia Dei Flandrensium, Bononiensium, Tornacensium, Tarruanensium, Atrebatensium *princeps monarchius*; » etc.

II

ARNOUL-LE-VIEUX. — BAUDUIN III.

919 — 964

Dissensions entre les princes francs. — Arnoul prend parti pour Charles-le-Simple. — Réapparition des pirates normands. — Relâche de la discipline ecclésiastique en Belgique. — Arnoul s'empare du château de Montreuil par ruse et le perd bientôt après. — Il complote contre la vie du duc de Normandie, Guillaume. — Meurtre de ce dernier. — Guerre de Raoul, comte de Cambrai, contre les enfants d'Herbert de Vermandois. — Siége et incendie de l'abbaye d'Origni, racontés par un trouvère flamand. — Arnoul est atteint de la pierre. — Sa guérison miraculeuse. — Événements en France. — Othon, roi de Germanie, ravage le marquisat d'Arnoul. — Invasion des Madgyars ou Hongrois. — Siége de Cambrai par ces barbares. — Premier symptôme d'affranchissement communal en cette ville. — Cruautés de l'évêque Bérengaire. — Arnoul appelle au gouvernement son fils Bauduin. — Mort de celui-ci. — Son fils Arnoul dit le Jeune lui succède. Mort d'Arnoul-le-Vieux.

La mort du roi Eudes ne mit pas un terme aux graves dissensions qui avaient précédé l'avénement définitif de Charles-le-Simple. Elles lui survécurent et prirent un caractère funeste pour la dynastie de Charlemagne, qu'elles finirent par expulser tout à fait du trône. Il n'en pouvait être autrement : la nationalité franque, successivement amoindrie depuis la mort du grand empereur, avait été brisée, morcelée, par suite des partages et des usurpations féodales. Au milieu de cette dislocation de l'unité sociale et politique, de cette mosaïque de petits états dans l'état, on aurait vainement cherché la royauté. Son ombre planait sur la Gaule franque, mais ce n'était plus qu'une ombre. Cependant, il y avait encore des princes qui, les armes à la main, se disputaient le fantôme. Robert, duc de France et père du roi Eudes, tentait d'arracher le dernier lambeau de pourpre que la féodalité voulait bien laisser sur les épaules de Charles-le-Simple. Arnoul prêta aide et concours à son parent. Le faible roi en avait grand besoin, car, de tout l'héritage laissé par le chef de sa famille, il n'avait su garder que la ville de Laon et quelques châteaux. Le marquis des Flamands lui reconquit celui de Saint-Venant que les partisans de Robert venaient d'enlever. Ce fut le premier acte du gouvernement d'Arnoul.

Peu de temps après cet exploit, Robert, appuyé de plusieurs puissants seigneurs, se fit proclamer et sacrer roi à Reims par Watier, archevêque de Sens. Dans cette circonstance encore, Arnoul ne fit pas faute au roi Charles. Il lui mena de nombreux hommes d'armes flamands, auxquels se joignirent bientôt les Lorrains et les Allemands restés fidèles au parti du vrai monarque franc. Celui-ci livra près de Soissons, le 15 juin 923, un sanglant combat à son rival, qui y périt. Cet événement rendait Charles-le-Simple seul maître de la couronne. Il ne le fut pas long-temps. A peine Robert est-il mort, qu'un nouveau compétiteur se dresse et se fait sacrer roi dans la métropole de Reims. C'était Raoul, duc de Bourgogne, appelé et mis en avant par la faction puissante de ce comte Herbert de Vermandois dont nous avons parlé plus haut. Herbert avait épousé la sœur de Robert, et se trouvait ainsi beau-frère de Raoul.

En outre, sa haine à l'encontre de Charles s'était augmentée à cause de l'amitié qui unissait ce prince au fils de Bauduin-le-Chauve. Cependant Arnoul était gendre du comte de Vermandois; mais alors, comme aujourd'hui, les liens de famille entre souverains pesaient peu dans la balance des intérêts ou des passions politiques. La lutte recommença donc entre Charles et Raoul; et ce fut au milieu des alternatives de cette guerre que le trop simple Charles, attiré par Herbert à une prétendue conférence, tomba aux mains du comte de Vermandois, qui l'enferma dans la tour de Péronne, où il mourut en 929.

Au moment où le roi était ainsi victime de la perfidie d'un de ses vassaux, des bandes de Normands ou de Danois reparaissaient sur quelques points du territoire belgique. Cette coïncidence explique jusqu'à un certain point le peu d'efforts qu'Arnoul semble avoir tentés pour tirer Charles de prison. Au commencement de l'année 926, les pirates s'étant retranchés dans un fort au pays d'Artois, le roi Raoul et le comte Herbert s'en vinrent avec plusieurs seigneurs francs des côtes de la mer, assiéger ces barbares. Une nuit, les Normands, sortant à l'improviste de leurs retranchements, tombèrent sur le camp du roi. Herbert, fort heureusement, accourut à temps pour dégager le monarque. Déjà plusieurs tentes étaient en feu; mais les agresseurs furent repoussés. On se battit très-vaillamment. Le roi fut blessé, et l'un de ses comtes, du nom d'Hilgaudus, périt à ses côtés. Les Normands ne perdirent pas moins de onze cents hommes. Chassés de ce point, ils se réfugièrent dans les forêts des Ardennes, aux alentours du Château-Porcien, qu'ils convoitaient sans doute (1). Peu de jours après, de

(1) *Flodoardi Annales*, ap. Pertz, v, 376.

nouveaux corsaires, sous la conduite d'un chef appelé Syfrid, débarquèrent sur la côte de la Morinie, enlevèrent la petite ville de Guisnes, et l'entourèrent d'un fossé avant que le marquis des Flamands eût connu la nouvelle de leur arrivée. Il fallut bien qu'il les laissât sur ce coin de terre où ils avaient pris si forte position. Il le leur abandonna à condition qu'ils le tiendraient de lui, et lui en feraient hommage.

La même année, le 7 de juin, mourut Elstrude, mère d'Arnoul, femme pieuse et bonne. La tendresse conjugale d'Elstrude survécut à l'époux dont elle avait partagé les destinées, et dont elle voulut partager la sépulture. Elle fit beaucoup de bien aux abbayes, aux églises, et surtout à celle du Mont-Blandin, près de Gand, où elle repose auprès du fils de Bras-de-Fer. Ce n'était pas la seule perte qu'Arnoul dût essuyer. En 933, son frère Adalolphe, comte de Boulogne et abbé de Saint-Bertin, tomba malade en son monastère, et mourut aux ides de novembre. Il avait fait un testament par lequel il donnait aux abbayes de Saint-Bertin et Saint-Omer plusieurs objets mobiliers d'une grande richesse, entre autres un gobelet d'or et un baudrier pour en faire un calice, des colliers dont on devra fondre une patène pour Saint-Omer, un pallium magnifiquement tissu d'or et de pierres précieuses (1).

Adalolphe mort, le comte Arnoul s'empara de l'abbaye que possédait son frère, et l'on vit, comme sous Bauduin-le-Chauve, un lieu consacré à la religion passer sous la domi-

---

(1) « Inter reliqua autem donaria, dedit ad eumdem locum calicem sui potus aureum et balteum ad calicem consecrationis dominici sanguinis faciendum; armillas autem snas sancto Audomaro ad patenam concessit faciendam. Dederat quoque antea eidem sancto Audomaro pallium quoddam, auro margaritisque mirifice intextum. » — *Cart. Sith.*, 141.

nation d'un laïque, au grand préjudice de la discipline ecclésiastique qui allait s'affaiblissant de jour en jour. « Voilà, » disaient les moines attristés, voilà l'Église veuve de ses » pasteurs. Ce sont des laïques, des gens mariés qui la » possèdent et se la transmettent par voie d'hérédité (1). »

Sous l'administration du comte Arnoul, on vit, l'an 938, une femme mettre pour la première fois le pied dans l'abbaye de Saint-Bertin. C'était l'épouse du comte-abbé, Adèle, fille d'Herbert de Vermandois. Adèle avait été souvent affligée de graves infirmités. Il lui prit envie d'aller réclamer guérison au tombeau de saint Bertin, où des cures merveilleuses attiraient de toutes parts une foule nombreuse de malades. Nonobstant la règle formelle, elle se fit introduire dans l'église, au grand désespoir des moines, par deux évêques, Wicfrid de Térouane et Fulbert de Cambrai. Ce ne fut pas sans beaucoup de crainte et de terreur que les prélats se prêtèrent à l'accomplissement d'un désir qu'aucune reine n'aurait osé former en ce temps-là (2). Mais Adèle donna en entrant des ornements superbes et nombreux; ce qui adoucit les regrets de la communauté. Les munificences de la marquise durèrent tant qu'elle vécut; et c'est ainsi que le monastère de Saint-Bertin dut à un pieux caprice de femme une partie de son antique splendeur.

L'esprit de rapine et d'usurpation domine dans les mœurs sauvages de l'époque. Ce ne sont pas toujours les monastères qui excitent la cupidité des princes : ce sont aussi

---

(1) « Ita Ecclesia ista pastore religioso viduata, a laïcis maritatis, per modum hæreditatis est possessa ! » — *Ibid.*

(2) « Introduxerunt eam præfati episcopi in eodem monasterio, non sine tremore maximo, quoniam hoc illa prima facere præsumpserat, quod antea reginarum nulla concupiscere vel audebat. » — *Ibid.*, 142.

quelquefois les domaines seigneuriaux. Mais, comme il est moins aisé d'enlever un château-fort défendu par de courageux hommes d'armes que de s'établir dans le sanctuaire inoffensif d'une abbaye, alors au lieu de la violence on emploie la ruse.

Sur les confins du marquisat d'Arnoul, existait, au bord de la mer, un château fortifié, nommé Montreuil, et appartenant au comte Erluin. Arnoul songea que c'était là un poste avantageux, un établissement maritime des plus commodes (1). Un jour il dépêcha quelques-uns de ses serviteurs les plus astucieux, qui, sous de misérables vêtements, se glissèrent inaperçus auprès du gardien de ce château, homme simple et qu'Arnoul avait jugé fort facile à gagner. Ils le prirent mystérieusement à part, et, comme s'ils avaient à lui communiquer une affaire tellement importante qu'on ne dût savoir par où commencer le colloque, ils feignirent d'hésiter quelque temps à parler. Le gardien ne savait ce que tout cela signifiait ; enfin, poussant un soupir, un des affidés lui dit : « Robert, pauvre Robert (c'est ainsi » que s'appelait le portier), à quel affreux malheur viens-tu » d'échapper, et combien est belle la destinée qui t'at- » tend (2) ! » Aussitôt il lui montra deux anneaux, l'un d'or, » l'autre de fer. « Sais-tu ce que signifient ces anneaux ? » lui demanda-t-il Le gardien restait ébahi. « Eh bien ! l'or » est ici l'emblème d'une fortune magnifique ; le fer ne

---

(1) « Il fu moult cavilleus et engigneus (Arnoul), et moult estudioit comment il porroit les marches de sa conté estendre. » — *Chron. anonyme. Msc. de la biblioth. de Cambrai*, n° 623.

(2) « Eia te, inquiunt, Roberte ! Eia te Roberte ! Quantis malis elapsus, quantis periculis exemptus es, et quanti insuper secundarum rerum tibi debentur successus. » — *Richeri hist., apud Pertz.* v, 591.

» représente autre chose que les chaînes d'une affreuse pri-
» son. Le temps approche où ce château doit tomber en des
» mains étrangères ; mais ceci est un secret que nous con-
» fions à ta discrétion et à ta bonne foi. Tu l'ignorais, n'est-
» ce pas? Eh! mon Dieu, nous n'en savions rien non plus
» jusqu'à ce jour où le mot de l'énigme nous a été révélé :
» il s'agit de la mort ou tout au moins de l'exil pour ceux
» qu'enferme ce château. Le comte Arnoul, qui te veut du
» bien, a désiré te prévenir de la catastrophe par des sym-
» boles : il t'engage donc à prendre bien vite son parti et à
» accepter les dons superbes d'or et d'argent, les terres con-
» sidérables, les nombreux hommes d'armes qu'il te destine
» avec l'assentiment du roi. En un mot, Robert, il paraît
» que Montreuil et ses habitants sont destinés à devenir
» bientôt la proie des Normands, mais nous ne savons de
» quelle manière. Que penses-tu maintenant de tout ceci,
» et que nous faudra-t-il répondre à ton ami le comte Ar-
» noul (1)? » Le gardien, poussé par la peur des Danois
d'une part, entraîné de l'autre par les belles promesses du
marquis, se décida enfin, après quelque hésitation, à livrer
la forteresse.

Lorsqu'Arnoul sut la chose, il prit avec lui des hommes
d'armes sur lesquels il pouvait compter, s'achemina vers
Montreuil, et, au déclin du jour, se plaça en embuscade à
peu de distance du château. Aussitôt que le soleil fut couché,
le traître gardien ordonna à plusieurs de ses gens de sortir
dans la campagne, sous prétexte de service, et, prenant en
main une torche flamboyante, monta sur le mur comme
pour les éclairer. C'était le signal convenu ; et Arnoul, se

(1) *Ibid.*

précipitant à la tête de ses cavaliers, entra sans obstacle par la porte ouverte à deux battants. Il s'empara de la sorte et sans grande peine du château, de la femme, des enfants et des trésors d'Erluin. Quant à ce dernier, il parvint seul à s'échapper sous un vêtement déguisé. Le prince des Flamands envoya outre mer la femme et les enfants d'Erluin, qu'il donna en garde au roi des Anglais Aedelstan. Puis, après avoir fortifié Montreuil, il retourna chez lui.

A peine échappé à ce péril de mort, Erluin se transporta auprès de Guillaume, duc des Normands, et lui traça le tableau de ses infortunes sous les plus lugubres couleurs. Ce n'était pas tant son château, ses hommes et ses trésors qu'il regrettait que la perte de sa femme et de ses malheureux enfants retenus prisonniers sur une terre étrangère (1). Le Normand fut touché de ces plaintes et donna des hommes d'armes à Erluin afin qu'il pût tirer vengeance du guet-apens dont sa famille et lui venaient d'être victimes. Erluin alors retourna vers Montreuil, qu'il assiégea et par terre et par mer en même temps. Il déploya tant de vigueur et de courage, que, malgré l'énergique résistance des habitants, il finit par emporter la forteresse d'assaut. Tous les hommes du comte Arnoul furent faits prisonniers. On en égorgea une bonne partie; le reste fut destiné à être donné en échange de la famille d'Erluin.

Ce désastre, auquel il ne s'attendait pas, atterra le marquis. Il renvoya contre Erluin des troupes qui, arrivées aux environs de Montreuil et n'osant attaquer le château, se mirent à brûler, piller et saccager le pays de la façon la plus cruelle. Erluin fit dire aux pillards que s'ils ne ren-

(1) *Ibid.*

daient pas les captures qu'ils avaient faites sur les pauvres gens, il allait sortir de son fort et marcher contre eux. Les Flamands se moquèrent de cet avis et de ceux qui l'apportaient, et continuèrent à chasser devant eux les troupeaux et les convois de butin. Erluin alors sortit de la forteresse à la tête de quarante hommes d'armes, leur courut sus, les mit en fuite et reprit toutes les choses qu'ils avaient dérobées (1).

Arnoul se trouvait encore sous l'impression de ces incidents, quand de singulières circonstances amenèrent une catastrophe à laquelle il ne prit malheusement qu'une part trop criminelle. Pour l'intelligence des faits, il est nécessaire de rappeler ici les événements politiques qui s'étaient accomplis en France depuis que Charles-le-Simple avait fermé les yeux dans sa prison de Péronne. Environ cinq ans après ce trépas, qui semblait devoir anéantir la dynastie carlovingienne, le roi Raoul mourut sans laisser d'enfants. Son père, Hugues-le-Noir, hérita de son duché de Bourgogne, qui lui fut vivement disputé par Hugues-le-Grand, duc de France, lequel, à cette époque, se trouvait en réalité le véritable monarque de la France romane. Possesseur de la plus grande portion du territoire, maître des abbayes les plus opulentes, fils du roi Robert, neveu du roi Eudes, il pouvait, à la mort de Raoul, prendre ce titre de roi que, depuis cinquante ans, des princes moins habiles et moins puissants que lui s'étaient arrogé. Il préféra envoyer chercher en Angleterre un fils de Charles-le-Simple, qu'il fit couronner à Laon et qui, dans l'histoire, est connu sous le nom de Louis IV, dit d'Outremer. Mais

(1) *Ibid.*

Hugues ne tarda pas à se lasser du rôle de protecteur qu'il exerçait à l'égard du jeune prince. Après lui avoir fait conquérir la Bourgogne, il l'abandonna pour s'allier contre lui avec le comte Herbert de Vermandois et le duc des Normands, Guillaume. Dans ce même temps le roi de Germanie, Othon Ier., prince ambitieux et remuant, rêvait la monarchie universelle. Déjà reconnu roi des Lorrains, il espérait sans doute, en profitant des divisions qui régnaient en Gaule, arriver à un trône où deux concurrents cherchaient vainement à s'asseoir, et qui, en définitive, restait inoccupé. A cet effet, Othon s'allia à la faction dirigée par Hugues, Herbert, Guillaume et Arnoul ; et ces redoutables vassaux lui firent hommage. La lutte entre Louis IV et cette ligue puissante offrit bien des revirements de fortune, au milieu desquels les peuples, qui n'avaient rien à gagner au triomphe de l'un ou de l'autre de ces deux partis, souffraient beaucoup. Enfin le pape Étienne VIII interposa sa bienfaisante médiation. Othon de Germanie abandonna ses prétentions à la couronne qui fut placée sur la tête de Louis, sans que toutefois la faction de Hugues-le-Grand et de ses alliés eût rien perdu de sa force.

Mais la paix ne se rétablit pas sans quelques difficultés. Hugues, qui peu d'années auparavant avait abandonné et trahi le roi, ne pouvait rentrer en grâce auprès de lui. Othon cependant, dont Louis venait d'épouser la sœur, désirait bien que cette réconciliation s'opérât. Afin d'y parvenir, il décida le monarque franc à rassembler les grands vassaux. Au jour indiqué, ceux-ci se rendirent à la maison royale d'Attigny ; et à leur tête, Hugues, Arnoul, Guillaume et Herbert. Le roi de Germanie s'y trouvait aussi. Lorsque fut arrivée l'heure du conclave, on appela tous les seigneurs ; mais soit l'effet du hasard, soit par intention réelle, le duc des Normands Guillaume ne fut pas mandé, et resta seul à la porte (1). Il attendit quelque temps, outré de colère contre Othon, qu'il soupçonnait être l'auteur de cet affront. Enfin, ne se contenant plus, il enfonce la porte de ses deux mains, entre furieux dans la salle, et s'avance hardiment vers le trône où siégeaient les deux rois. Othon était assis à la plus haute place, ayant sous lui le roi Louis. Devant eux se trouvaient Hugues et Arnoul sur deux escabeaux pareils. « Est-ce que je n'ai pas le droit de figurer « ici, s'écria le Normand, me suis-je souillé de quelque « déshonneur (2)! » Puis, courroucé de voir le roi franc aux pieds du roi germain, il s'approcha de celui-ci : « Roi, lève-« toi donc un peu ! » lui dit-il (3). Othon se dressa. Aussitôt Guillaume dit tout haut qu'en un lieu où se trouvait le roi des Francs personne ne devait se placer au-dessus de lui, et qu'il eût à descendre. Othon, rouge de honte, céda devant cette fière injonction, et, dévorant à peine sa colère, resta jusqu'à la fin du conseil appuyé sur le bâton ou sceptre que les souverains portaient à cette époque dans les cérémonies publiques (4).

Lorsque chacun s'en fut allé, le roi des Germains, profondément ému de l'injure que Guillaume venait de lui faire, prit à part Hugues et Arnoul. Dans un conciliabule

---

(1) « Consilio incertum an fortuitu, solus Wilelmus dux admissus non est. Diutius ergo afforis expectans, » etc. —*Richeri hist. ap. Pertz*. v, 564.

(2) « An, inquit, interesse non debui? Desertoris ne dedecore aliquando sordui? » — *Ibid.*

(3) « Surge, inquit, paululum, rex ! » — *Ibid.*

(4) « Otho penitus injuriam dissimulans, baculo innixus cœpto negotio finem dare stando satagebat. » — *Ibid.*

secret, on décida qu'une grande vengeance devait être tirée de ce grand affront ; la mort de Guillaume fut résolue.

Alors Hugues et Arnoul délibérèrent froidement et avec calme sur les moyens les plus efficaces à employer pour assurer le succès de cette exécution. On voulait que Guillaume, seul auteur du fait à lui reproché, en supportât seul toute la peine. Si l'on ébruitait la chose, il s'ensuivrait nécessairement des démêlés à main armée, et beaucoup de monde périrait, tandis qu'en dissimulant et en employant la ruse il n'y aurait de victime que le coupable. Il fut donc décidé que le comte Arnoul enverrait des députés à Guillaume pour l'engager à se rendre dans un lieu désigné, afin de conférer sur divers objets intéressant les deux princes. Les mesures les plus minutieuses furent prises pour que Guillaume ne pût échapper au coup qui l'attendait (1).

Aux environs d'Amiens et sur la rivière de la Somme, se trouve une presqu'île qu'on nomme Péquigny. C'est là que rendez-vous a été donné, à trente jours de date, au duc des Normands par le comte Arnoul (2). Tous les deux sont exacts. Arnoul entre par terre dans la presqu'île, et Guillaume, arrivant par la rive opposée du fleuve, s'y rend en batelet, accompagné seulement de deux valets et de l'homme qui conduisait la barque. On parle de choses et d'autres, on se fait de grandes protestations d'amitié (3) ; après quoi le Normand remonte dans son bateau, tandis qu'Arnoul, de son côté, se retire et se met à l'écart. Guil-

---

(1) *Ibid.*
(2) *Ibid.*
(3) « Ac de amicitia multum, plurimum de fide utrinque servanda collocuti sunt. » *Ibid.*

laume n'était pas arrivé au milieu de la rivière que les conjurés le rappellent, comme si quelque chose d'important avait été oublié. Il fait virer de bord et débarque de nouveau. Il avait à peine mis pied à terre qu'il tombe frappé à mort de plusieurs coups d'épée. Les deux valets et le batelier, qui étaient sans armes, sont mis en fuite après avoir été blessés eux-mêmes. Tandis que Guillaume rendait le dernier soupir, ses gens, inquiets de ne le voir pas revenir, traversaient la rivière. Arrivés dans l'île, ils ne trouvèrent plus que le cadavre du duc et ses trois serviteurs blessés. Alors ils enlevèrent le corps avec épouvante et tristesse, et l'emportèrent douloureusement pour qu'on lui rendît les honneurs funèbres.

Quand on dépouilla le cadavre du duc, on trouva liée à son haut-de-chausse une clef d'argent. Cette clef ouvrait un écrin où Guillaume-Longue-Épée avait renfermé des habits de moine, une discipline et autres choses nécessaires à la vie claustrale ; car depuis certain temps il nourrissait la pensée de quitter le monde et de se retirer à l'abbaye de Jumiéges. Le corps fut enveloppé dans un drap de soie et transporté à Rouen, où on lui célébra des obsèques magnifiques dans l'église métropolitaine. Ce jour même, le jeune Richard, fils de Guillaume, reçut l'investiture du duché et l'hommage de deux grands feudataires bretons, Juhel Béranger, comte de Rennes, et Alain, dit Barbe-Torte, comte de Vannes (1).

Le roi de France, en apprenant le meurtre de Guillaume,

---

(1) *Chron. des ducs de Normandie*, éd. Fr. Michel, I, 512. — *Ibid.*, 513. — *Li Estore des ducs de Normandie et des rois d'Engletierre*, mss. de la biblioth. du Roi, n° 455, folios 136 v° et 137 v°.

feignit de ressentir une grande douleur (1); au fond, il était très-satisfait d'être délivré d'un vassal redoutable. Il songea même alors à reprendre le territoire concédé aux Normands sur la rive droite de la Seine ; et à cet effet, sous prétexte de venger la mort du duc, il assembla beaucoup de monde et s'en vint à Rouen. C'était la route de Flandre qu'il aurait dû prendre ; mais le roi, tout en montrant de l'horreur pour la trahison, préparait lui-même en sa pensée une indigne spoliation. Lorsqu'il fut installé en son hôtel à Rouen, il manda le jeune duc ; et là, en présence de tout le monde, l'embrassa, le combla de caresses, le fit manger à sa table et le retint près de lui (2). Néanmoins, les hommes d'armes français veillaient aux portes de la ville, à celles du palais, et l'on ne tarda pas à s'apercevoir que le jeune prince était prisonnier ; car un jour ses serviteurs normands ayant voulu le faire sortir pour l'emmener en son logis afin qu'il pût se baigner et changer de vêtements, les gens du roi s'y opposèrent. Cela produisit une grande sensation sur le menu peuple de Rouen, qui était fort attaché à cet enfant, et l'aimait de cette vive et patriotique affection dont les multitudes s'éprennent plus volontiers pour les jeunes princes que pour les vieux. Les bourgeois s'armèrent en bon ordre et allèrent d'abord trouver les seigneurs jadis amis ou alliés du duc Guillaume, qui avaient accompagné le roi dans la ville, et leur reprochèrent durement de trahir Richard comme ils avaient trahi

---

(1) « Li roi de France... se fist par samblant moult dolant de sa mort. » — *Li Estore*, ect., *loco citato*.

(2)   Quand il le veit
    En tricherie, od quor félon
    Li baise front, oilz et menton...
    Chron. des ducs de N., 1, 526.

son père; car l'opinion des Normands était que les princes français s'étaient rendus complices de l'assassinat de Guillaume-Longue-Épée par le marquis des Flamands (1). Ils menacèrent donc les barons et leur dirent que le roi lui-même n'échapperait pas à leur colère s'il ne rendait pas celui qu'ils appelaient leur cher petit damoiseau (2). Le comte Bernard de Senlis, oncle de Richard, dit alors aux bourgeois : « Eh bien ! sonnez la commune (3) ! »

Dès cette époque reculée, la ville de Rouen possédait un commencement d'organisation municipale et ses franchises lui permettaient de s'assembler au son de la cloche du beffroi pour délibérer et agir dans l'intérêt commun. Le beffroi n'eut pas plutôt fait entendre ses premiers tintements que toute la ville fut en rumeur (4). Le roi ignorait la cause et la nature de ce tumulte ; car en son pays on ne se doutait pas encore que le peuple pût intervenir dans les affaires publiques (5). « Sire, lui dit le comte Bernard, c'est la commune en armes qui vous vient assaillir;

---

(1) « Gentisque franciscæ quorumdam principum subdolo consilio et malignitate atrociter exhortatus. » — *Dudo S. Quintini*, ap. *Duchesne*, 104. — Voyez aussi *Chr. des ducs de N.*, I, 525.

(2) Et lor cher damoiseaus petiz
     Ansi cum s'il ert sis fiz.
         Chr. des D. de N., I, 527.

(3) « Li cuens Bernars lors dist : « Sonnez la commugne, » et ils si firent tantost, et la ville fut lues estournnie. » — *Li Estore des dus de N.*, f° 137 v°.

(4) Ci oïssiez noise lever
     E genz semundre et effrer,
     Los communes totes banir.
     As armes saillent demaneis
     Li citaain et li borgeis.
         Chr. des D. de N., I, 528.

(5) « Et li roi demanda quele noise c'estoit. » — *Li Estore*, etc., f° 137 v°.

elle vous reproche de retenir par force son seigneur Richard. Jamais vous n'échapperez des mains de ce peuple félon et cruel (1). » Le roi effrayé demanda quel moyen il y avait de se tirer de ce mauvais pas. « Prenez l'enfant entre vos bras, lui repartit le comte, allez au-devant des bourgeois et remettez-le en leur pouvoir, en affirmant et jurant que vous n'avez jamais eu de mauvaise pensée à l'encontre du jeune Richard (2). » Louis-d'Outremer goûta cet avis, prit l'enfant dans ses bras et s'avança au-devant des bourgeois insurgés : « Beaux seigneurs, leur dit-il doucement, voici votre prince ; je ne veux pas vous l'enlever, Dieu merci ! et je ne suis venu en cette ville que pour consulter avec vous sur la vengeance que je dois tirer du Flamand Arnoul, le meurtrier de son père. Car, voyez-vous, c'est Guillaume, c'est le père de Richard qui m'a rappelé d'Angleterre pour me faire roi ; c'est lui qui m'a obtenu l'alliance de l'empereur d'Allemagne, c'est lui qui a porté mon enfant sur les fonts baptismaux, lui enfin qui m'a comblé de toutes sortes de biens : son fils, si je le puis, en recevra un jour la digne récompense (3). » Alors le roi fit apporter de l'église les saintes reliques ; et, devant tout le peuple de Rouen, promit protection et amour au jeune duc, comme un bon seigneur doit faire à l'égard de son vassal (4). Les chevaliers du pays jurèrent aussi féauté au duc en présence du roi. Après cette cérémonie, qui acheva d'apaiser les gens de Rouen, Louis s'en alla à Évreux, où il passa peu de jours, et revint bientôt à Rouen. Il assembla le peuple et lui dit :

---

(1) *Ibid.*
(2) *Ibid.*
(3) *Ibid.*
(4) « Si come sire devoit faire à son home. » — *Ibid.*, 178.

« Beaux seigneurs, je m'en vais à Laon ; appareillez-vous en guerre, aussitôt que je vous le manderai : je veux venger la mort du duc Guillaume de telle façon que toute Flandre en sera détruite ; jamais les meurtriers de votre prince n'auront paix avec moi (1). Mais, si vous le vouliez permettre, ce jeune enfant, votre seigneur, serait nourri en mon palais ; il n'en deviendrait que plus sage et plus vaillant (2). » Les Normands se laissèrent abuser par ces belles paroles ; et le jeune Richard tomba tout à fait au pouvoir du roi, qui, plus que jamais, poursuivit la réalisation de ses projets sur la Normandie.

Au dire de quelques historiens, le meurtre de Guillaume aurait été commis par le neveu d'Arnoul, Raoul comte de Cambrai, fils de ce Raoul qui périt lui-même en guet-apens dans un combat livré à Herbert et ses alliés les partisans de Robert d'Anjou et ceux de Guillaume de Normandie. Quoi qu'il en soit, Arnoul en fut le principal instigateur. Il avait à se plaindre du secours que Guillaume venait de donner au comte de Montreuil Erluin, et conservait surtout une profonde rancune de l'alliance des Normands avec Herbert le meurtrier de son oncle. Ce ne devait pas être la dernière vengeance exercée par la famille du marquis des Flamands contre la famille et les amis d'Herbert.

Peu de temps après l'assassinat de Guillaume, le comte de Vermandois mourut de mort subite. Il siégeait parmi les siens, revêtu d'une précieuse robe. On parlait dans ce conseil de la dernière catastrophe et des mesures à prendre

---

(1) « Je voel vengier la mort le duc si durement que je destruirai toutes Flandres, ne jamais chil ki che fisent n'aront ma pais. » — *Ibid.*

(2) « Plus en seroit sage et mieux vaillant. » — *Ibid.*

pour punir les meurtriers. Le comte était très-animé et gesticulait vivement. Tout à coup le sang lui monte au cerveau, ses mains se crispent, sa bouche tourne vers une oreille, et il expire sans pouvoir articuler une dernière parole au milieu de ses amis frappés d'horreur (1).

De sa femme Hildebrande, sœur du roi Robert, le comte de Vermandois avait eu cinq fils et deux filles. Le second de ses fils, Albert, devait lui succéder. Albert sortait à peine d'enfance : profitant de cette circonstance et de l'émotion que produisit en Vermandois le trépas inopiné du dernier comte, Raoul de Cambrai se précipita sur ce pays, dont les frontières touchaient aux siennes, et, assisté des Flamands, fit aux enfants d'Herbert une guerre terrible; mais qui devait lui devenir funeste à lui-même, car il y périt de male-mort.

S'il est vrai que la littérature soit l'expression de la société, pourrions-nous mieux faire, pour rendre la physionomie des temps, des lieux, des personnages dont nous parlons, que de rappeler ici une scène empreinte d'un grand caractère de vérité morale et par conséquent de vraisemblance historique ! Transmise par la tradition, poétique messagère qui peut bien colorer et embellir les faits, mais qui en conserve toujours l'esprit et la nature, elle a été recueillie et chantée par l'un de ces trouvères en qui le peuple voyait ses historiens non moins que ses poètes. Lors même qu'on ne rencontrerait pas dans ce morceau le narré scrupuleux des actes, on y trouverait encore l'histoire vivante, animée des mœurs et de l'intelligence. Nous traduisons avec toute la fidélité possible. Ce fragment retrace le sac et l'in-

(1) Rich. Chron. ap. Pertz., v, 596.

cendie de l'abbaye d'Origni, située sur l'Oise, entre Guise et Ribemont (1) :

I.

« Raoul appela Manecier, le comte Droon et son frère Gautier :

— « Prenez vos armes sans tarder ; que quatre cents hommes montent sur de bons destriers, et soyez à Origni avant la nuit. Vous tendrez mon pavillon au milieu de l'église, et vous prendrez mes vivres dans les caves de l'abbaye. — Mes bêtes de somme se tiendront sous les porches, et mes éperviers percheront sur les croix d'or. — Vous aurez soin de me préparer un bon lit devant l'autel : je prendrai plaisir à m'y coucher, appuyé sur le crucifix. — Je veux saccager et détruire cette abbaye ; car les fils d'Herbert la chérissent. »

Les chevaliers répondent : — « Nous ne pouvons refuser. »

Aussitôt les nobles guerriers vont s'armer, et montent à cheval. Tous ont pris leur bonne épée d'acier, leur écu, leur lance et leur haubert. — Ils approchent d'Origni ; les cloches ont sonné au maître-clocher. — Alors ils se ressouviennent de Dieu et de sa justice. Les plus forts fléchissent et ne veulent pas outrager les corps saints.

Ils dressent donc les tentes au milieu des prés et s'y établissent ; puis, la nuit arrivant, ils s'y couchent jusqu'au lever du soleil.

(1) Extrait et traduit du *Roman de Raoul de Cambrai*, publié, pour la première fois, d'après le manuscrit unique de la Bibliothèque du Roi, par Edward Le Glay. Paris, Techener, 1840.

II.

Le jour apparaissait, et prime sonnait à l'abbaye, quand l'on vit arriver le comte Raoul. Il apostrophe ses barons avec colère : « Félons, gloutons, séducteurs, vous êtes bien mal pensants d'oser ainsi oublier mes ordres ! »

— « Grâce, beau sire, grâce, par Dieu le rédempteur ! Nous ne sommes ni juifs, ni tyrans pour aller de la sorte violer l'asile des saints. »

— Raoul, furieux, reprit : — « J'ai commandé de tendre mon pavillon dans l'église : et qui vous a donc conseillé le contraire ? »

— « Vraiment, dit le roux Géri, comte d'Arras, tu as trop d'outrecuidance ; il n'y a pas encore long-temps que tu as été armé chevalier ; et tu es perdu si tu attires sur toi la malédiction de Dieu. D'ailleurs les francs hommes doivent honorer les lieux saints et ne pas outrager les reliques qu'ils renferment. L'herbe est belle et fraîche par les prés, cette rivière est claire ; ne pourrais-tu pas placer ici ton camp et loger tes gens à l'aise ? La position est bonne ; et tu n'aurais pas la crainte d'une surprise. »

— « Qu'il soit fait ainsi que vous le dites, répondit Raoul ; je l'accorde, puisque vous le voulez. »

Les tapis sont jetés sur l'herbe verte. Raoul s'y couche avec dix chevaliers ; et appuyés sur les coudes, ils prennent une résolution funeste.

— « Allons au plus vite saccager Origni, mes amis, s'écrie Raoul aux chevaliers. Celui qui refusera de me suivre, jamais je ne l'aimerai ! »

Les barons ne l'osent abandonner ; ils montent à cheval au nombre de plus de quatre mille, et s'approchent d'Origni. Ils commencent alors à assaillir le bourg et à lancer leurs traits. Les gens de Raoul vont couper les arbres devant la ville. Les habitants, voyant le danger, se disposent à la défense.

Les nonnes sortent du monastère dans la campagne. Les gentilles dames ont en main leurs psautiers et récitent de saintes oraisons : à leur tête s'avance Marcent tenant le livre des litanies.

— « Sire Raoul, dit-elle, pourquoi nous outrager ? Nous ne manions ni l'épée, ni la lance ; et vous pouvez nous mettre à mort sans défense : mais ce serait grand péché. — Toute notre vie, c'est l'autel ; et notre subsistance, on nous la donne. — Les puissants seigneurs qui vénèrent ces lieux saints nous envoient l'or et l'argent dont nous avons besoin. Quel mal faisons-nous ? et pourquoi nous traiter cruellement ? Si vous voulez ravir cette terre à notre sire, eh bien ! vous la conquerrez avec vos chevaliers ; mais respectez cette abbaye. — Allez, retournez dans nos prés ; nous vous donnerons toutes provisions, et le foin et l'avoine ne manqueront pas à vos écuyers. »

— « Par saint Riquier, dit Raoul, j'ai pitié de votre prière, et vous fais grâce.... »

Et la dame répondit : — « Sire, je vous remercie. »

Raoul remonte sur son cheval coursier, et s'éloigne...

III.

Les fils d'Herbert aimaient beaucoup le beau et grand bourg d'Origni. Ils l'ont fait entourer de pieux fichés en terre; mais c'était là une bien faible défense. Près des palissades se trouvait une prairie fertile, appartenant aux nonnes, et où les bœufs de l'abbaye paissaient pour s'engraisser. Il n'y avait personne sous le ciel qui l'eût osé endommager. Le comte Raoul y fait transporter sa tente; les draperies en étaient d'or et d'argent, et quatre cents hommes pouvaient s'y héberger à l'aise.

IV.

Cependant, trois soudarts mauvais ont quitté l'armée; et chevauchant à francs étriers aux alentours d'Origni, ils prennent et ravagent tout sur leur passage.

Dix paysans armés de leviers sortent du bourg et leur courent sus. Ils en ont fait mourir deux à grands coups; le troisième s'enfuit sur son destrier et regagne le camp au plus vite.

Il met pied à terre, va baiser le soulier de son droit seigneur, et se lamente en lui demandant sa merci.

« Sire, dit-il à haute voix, tu es perdu, et le Seigneur Dieu ne te sera jamais en aide si tu ne te venges pas de ces bourgeois qui sont si riches, si orgueilleux et si fiers. — Ils ne t'estiment, ni toi, ni les autres, la valeur d'un denier. Ils font menace de te couper la tête, s'ils peuvent te tenir un jour; et sois sûr que tout l'or que renferme Montpellier ne te garantirait pas de leur fureur. Je les ai vus occire et massacrer mon frère et mon neveu ; et, par saint Riquier! ils m'eussent aussi mis à mort si je n'avais fui sur ce destrier. »

Raoul l'entend, et il pense perdre la raison de colère. « Francs chevaliers, s'écrie-t-il, or sus, je veux aller saccager Origni. Ah! les bourgeois commencent la guerre ; si Dieu m'aide, je leur ferai payer cher leur audace! »

Les chevaliers courent aussitôt à leurs armures ; car ils n'osent abandonner leur seigneur. Ils sont au nombre de dix mille, comme je l'ai ouï raconter, et commencent à éperonner vers Origni. — Bientôt ils tranchent les palissades, de leurs cognées d'acier, et les font tomber à leurs pieds. — Ils traversent le fossé et le vivier, et s'avancent près de la muraille pour mieux l'attaquer.

V.

Les bourgeois ont vu leurs palissades franchies. — Les plus hardis en sont atterrés. Cependant ils se sont précipités aux tourelles des murailles, et de là ils lancent des pierres et une multitude de pieux aigus. Il n'y a pas homme ayant maison dans la ville qui ne soit à son poste. Déjà plusieurs des soldats de Raoul sont tombés morts, et les bourgeois jurent que s'ils trouvent le comte ils le mettront en pièces.

Raoul voit l'acharnement avec lequel ils se défendent, et il en est furieux ; il jure, par Dieu et par son épée, que s'il ne les fait pas tous brûler avant la nuit, il ne se prise pas la valeur d'un fétu de paille. Il ne tint pas ainsi la promesse qu'il avait faite à l'abbesse, la veille, comme vous allez bientôt le voir dans la chanson.

« Barons, s'écrie-t-il d'une voix terrible, le feu! le feu! »

Les écuyers l'ont saisi aussitôt; car ils pilleraient volontiers. Ils escaladent les murs et se répandent dans les rues. Bientôt le feu prend aux maisons. Alors ils enfoncent les celliers, brisent les cercles des tonneaux et font couler le vin à grands flots. Les saloirs au lard s'embrasent; la flamme gagne les planchers qui s'écroulent, et les enfants sont brûlés vifs au berceau.

Les nonnes de l'abbaye se sont réfugiées dans l'église; mais cela leur a peu servi, car la flamme roule déjà dans le maître-clocher : les cloches fondent; les charpentes et les brandons tombent avec fracas dans la nef.— Le brasier alors devient si ardent, si chaud, que les cent nonnes se consument en poussant des cris de désespoir ; avec elles expirent la mère de Bernier, Marcent, et Clamados, la fille au duc Renier.

A la vue de l'incendie, les hardis chevaliers pleurent de pitié.....

VI.

Cependant Raoul est descendu de son coursier au poil fauve, à l'entrée de son pavillon. Ses barons le désarment; ils lui délacent son heaume doré, lui déceignent sa bonne épée d'acier, lui enlèvent du dos son haubert et lui passent sa robe. Il n'y a pas en France de si beau chevalier, ni de plus habile à se servir des armes.

Raoul a appelé son sénéchal, qui est venu sur-le-champ,

et songeant au plaisir de la bonne chère : « Fais-nous servir, dit-il, des paons rôtis et des cygnes poivrés ; donne-nous aussi du gibier à foison, je veux que le dernier de mes gens en mange aujourd'hui à son gré. »

Le sénéchal l'a entendu ; il le regarde et se signe trois fois à cause de si grand sacrilége : « Y pensez-vous, monseigneur ? Vous reniez donc la sainte chrétienté ; vous reniez le baptême, vous reniez le Dieu de gloire ! Il est carême, c'est aujourd'hui le vendredi solennel dans lequel les pécheurs adorent la croix ; et nous, misérables, nous sommes venus en ces lieux violer le saint monastère et brûler les nonnes qu'il renfermait ! Ah ! nous n'obtiendrons jamais miséricorde, à moins que la pitié de Dieu ne soit plus grande encore que notre méchanceté. »

Raoul a jeté les yeux sur lui. « Qui t'a dit de parler ?.... Mes écuyers sont bien effrontés !... Il n'est pas étonnant que les fils d'Herbert aient payé cher leur audace ; car pourquoi m'ont-ils manqué ?... Mais j'avais oublié le carême.... Donne-moi des échecs. »

Des échecs sont apportés. — Raoul s'assied sur l'herbe avec colère et joue comme un homme bien appris. Il met avec adresse sa tour en ligne, avec un pion prend un cavalier, et bientôt il a *maté* et vaincu son compagnon. Alors il se redresse en pied, le visage serein ; et comme la chaleur est grande, il ôte son mantel gris et demande du vin.

Quatorze jeunes damoiseaux, portant pelisses d'hermine, s'empressent d'exécuter ses ordres ; et l'un d'eux, fils du comte Ybert de Saint-Quentin, lui apporte une grande coupe d'or, contenant assez de liqueur pour abreuver un coursier. Il s'agenouille devant le noble comte et la lui présente.... — Raoul l'a saisie entre toutes les autres.

« Francs chevaliers, s'écrie-t-il aussitôt, entendez-moi ! Par ce vin clair que vous voyez, et par cette épée qui gît sur l'herbe, par tous les saints serviteurs du Christ, les fils d'Herbert seront maltraités, je vous le jure ; jamais ils n'auront de paix, et, par saint Géri, je ne leur laisserai pas même la valeur d'un parisis.... Je veux les tenir morts ou vifs, et je les poursuivrai jusque dans la mer, où je les ferai nager !....... »

Le comte Arnoul ne prit point une part personnelle aux tragiques événements de la guerre suscitée entre son neveu Raoul et les enfants d'Herbert de Vermandois. En ce temps-là de sérieuses pensées occupaient son esprit. Réfléchissant combien la discipline avait été jadis florissante à l'abbaye de Saint-Bertin, et combien cette discipline dépérissait sous sa gestion, songeant au péril de son âme, si un tel état de choses durait, il résolut de résigner ses fonctions d'abbé et de rétablir cette maison dans sa sainteté primitive (1). Il réforma en même temps plusieurs monastères, et prêta un grand soin aux intérêts religieux. Ce changement de conduite n'étonna personne. En effet, le comte était alors atteint d'une maladie grave et qui devait par-dessus tout lui faire penser à l'œuvre de son salut. Depuis quelque temps, il souffrait les continuels tourments de la pierre (2).

---

(1) Antedictus autem abbas et comes Arnulfus, dolens religionem monasticam, quæ inibi in priori tempore a beato Bertino constructa vigebat, tunc temporis aboletam, cogitare cœpit qualiter pristinam religionem extrueret, et locum antiqua sanctitate nobilitaret. — *Chart. Sith.*, 143.

(2) Continuis cruciatibus calculi, qui urinam inhibens, nuncupatur vulgo lapillus. — *Ibid.*

De nombreux chirurgiens étaient de divers lieux accourus vers lui dans l'espoir de tirer une grande somme de ce riche prince s'ils parvenaient à le guérir. Afin de lui montrer leur adresse et de le décider à se laisser pratiquer l'opération de la taille, ils firent devant lui cette opération sur seize personnes atteintes de la même maladie. Toutes guérirent à l'exception d'une seule qui mourut en peu d'instants. Plus effrayé de la mort de cette personne que rassuré par la guérison des quinze autres, Arnoul ne voulut pas se laisser opérer. « Je pourrais bien, disait-il en latin, idiome qu'il parlait élégamment, quoique sa langue naturelle fût le tudesque, je pourrais bien acheter par une mort cruelle la guérison de mes douleurs. » N'ayant plus de confiance qu'en la miséricorde de Dieu, il envoya un courrier chercher en toute hâte le vénérable Gérard, fondateur de l'abbaye de Brogne, au diocèse de Namur. Gérard adjura d'abord le marquis des Flamands de donner aux pauvres le superflu de ses richesses ; après quoi il se mit en prières avec Arnoul, qu'il fit jeûner pendant trois jours, et bientôt, assure la chronique, le marquis fut délivré du calcul qui le faisait tant souffrir (1). Pour récompenser Gérard d'un si grand bienfait, il voulait le combler de présents : « Puisque nous avons abandonné nos propres biens, comment pourrions-nous accepter ceux d'autrui (2)? répondit le vertueux abbé. Gérard fut chargé par le comte Arnoul de rétablir le bon

---

(1) Cumque comes iste sacramentorum devotus participasset mysteriis, repente mingendi appetitus marchionem sepedictum impellit, et, congruo petente secessu, sine difficultate urentem emisit lapillum. — *Ibid.*

(2) « Si nostra, inquiens, dereliquimus, quomodo aliena accipiemus! » — *Ibid.*

ordre à l'abbaye de Saint-Bertin, et il se trouvait bien digne d'une si haute mission ; car il était à peu près le seul homme du siècle qui eût conservé en Occident toute la pureté de la règle monastique.

Sur ces entrefaites, des événements se préparaient en France qui allaient rappeler de nouveau le marquis des Flamands sur la scène politique. Lorsque Louis d'Outremer eut en son pouvoir le jeune duc Richard, que les Normands lui avaient si imprudemment confié, il l'emmena dans sa forte ville de Laon. Afin de ne pas trop éveiller les susceptibilités il feignit de conserver une grande horreur de l'assassinat du duc Guillaume, et de vouloir en tirer vengeance ainsi qu'il l'avait hautement annoncé au peuple de Rouen. Le comte Arnoul lui-même eut peur que le roi se crût dans la nécessité de faire quelque démonstration hostile contre la Flandre. Il lui envoya donc à Laon dix livres d'or pur ; et, pour donner à la conscience du monarque une satisfaction que celui-ci pût invoquer, le cas échéant, il lui jura qu'il n'avait en rien trempé dans l'assassinat de Guillaume, promettant, si besoin était, de se purger de l'accusation par l'épreuve de l'eau froide ou bouillante, ou par le fer rouge (1). Le roi saisit cette occasion pour absoudre entièrement le marquis, et le jeune Richard fut gardé plus étroitement que jamais.

Le prince avait été confié à un chambellan nommé Osmond, chevalier d'origine normande, et beaucoup plus dévoué au fils de son ancien maître le comte Guillaume que

---

(1) Par eve freide u par boillant,
U par fer chaut de feu ardant.
Chr. des ducs de N. I, 545.

le roi ne le pensait probablement (1). Osmond, qui cherchait à donner au noble enfant toute espèce de distraction, s'imagina un jour de l'emmener jouer sur la rivière qui coule au bas du mont où Laon est situé. Quand Osmond revint, il trouva la reine Engerberge, femme de Louis d'Outremer, dans une de ces colères de femme qui ne se peuvent dissimuler : au milieu des transports de sa fureur il entendit la reine proférer des menaces terribles contre Osmond, lui disant que, s'il emmenait encore l'enfant hors de la ville, elle lui ferait crever les yeux, et que, quant à Richard, pour l'empêcher de faire de si longues promenades, elle l'énerverait, c'est-à-dire lui brûlerait les jarrets, traitement affreux qui laissait la victime incapable de remuer. A de tels discours, Osmond ne douta plus que la reine venait de se faire l'interprète des intentions du roi et que Richard, dévoué désormais à une perpétuelle captivité, était en outre exposé à souffrir un jour d'horribles violences. Alors il fit secrètement connaître à ses amis de Normandie, et ils étaient nombreux, la situation où le duc se trouvait, leur disant que le malheureux enfant ne reverrait plus son pays natal (2), si Dieu n'inspirait des moyens de le tirer des mains du roi de France. L'enfant, par le conseil d'Osmond, contrefit le malade : il joua si bien son rôle que ceux qui le gardaient donnèrent dans le piége, et

(1)   Un chevalier, un noriçon,
        Sages et proz et gentis hom
        Ont l'enfant Richarz oue sei,
        Qui mult l'ama par dreite fei.
                    Ibid., 551.

(2)   Ja ne vera mais Normandie.
                    Ibid., 555.

finirent même par s'imaginer que Richard n'avait pas longtemps à vivre. Dans cette persuasion, ils regardaient comme superflu de le surveiller rigoureusement et négligeaient quelquefois de rester auprès de lui. Un jour, au moment où le roi et toute sa cour dînaient et que les gardes s'étaient éloignés, Osmond saisit le jeune prince, le revêt à la hâte de pauvres haillons, le lie au milieu d'une botte d'herbe, et, prenant la botte sous son bras, se dirige résolument vers les écuries comme s'il allait porter pitance à son cheval. Mettre la selle sur le destrier et sortir au galop de la ville en emportant le duc fut pour Osmond l'affaire d'un moment. Il ne cessa d'éperonner jusqu'à ce qu'il fût arrivé au château de Coucy qui appartenait alors à l'archevêque de Reims, et où un sûr asile lui était réservé ainsi qu'à son précieux fardeau.

Après sa délivrance, Richard fut pendant quelque temps en butte aux ambitieuses tentatives de Hugues-le-Grand, comte de Paris, et de Louis d'Outremer, qui, furieux d'avoir perdu une si belle proie, cherchait à la reprendre par force : ces deux rivaux s'unirent même un instant contre l'héritier de la Normandie ; mais leur alliance fut de courte durée. Harald, roi des Danois établis dans la Grande-Bretagne, avait amené par mer des secours à ses compatriotes et repoussé les princes coalisés. A la suite d'une entrevue avec Harald, entrevue qui, loin d'amener la paix, se termina par un massacre, Louis fut fait prisonnier et remis aux mains de Hugues-le-Grand, naguère son allié, qui profita d'un changement de fortune pour changer de politique. Afin de se soustraire au pouvoir de Hugues, Louis fut obligé de renoncer à ses prétentions sur la Normandie et de donner la ville de Laon, où il faisait son séjour habituel et qui était la plus considérable de ses possessions. Peu de temps après, le comte de Paris, n'ayant pu rien enlever par la force des armes au jeune Richard, songea à ménager le mariage de ce riche souverain avec une de ses filles.

Louis d'Outremer l'apprit et s'en émut. Une telle union ajoutait, en effet, à la puissance déjà si redoutable des comtes de Paris. Le roi manda le marquis des Flamands pour aviser avec lui aux moyens d'empêcher le mariage. Il fut décidé que Louis réclamerait le concours de l'empereur Othon, son beau-frère; et Arnoul se chargea de l'aller trouver lui-même en Allemagne pour le décider à entrer en France avec une armée. L'empereur se rendit à l'invitation du marquis, et arriva bientôt à la tête de nombreux hommes d'armes.

Louis, désormais en position de prendre l'offensive, se jeta sur les terres des fils d'Herbert de Vermandois, alliés des Normands; puis, renforcé par l'arrivée de l'empereur, il se dirigea sur Reims. Le comte Arnoul et Erluin de Montreuil avaient joint leurs troupes à celles de l'empereur et du roi. L'archevêque de Reims, homme tout à fait dévoué à Hugues-le-Grand, refusa le passage à l'armée, qui mit aussitôt le siége devant la cité (1). On y jeta un grand nombre de flèches et de pierres; mais le courage et la constance des habitants ne se démentirent pas un instant devant cette formidable agression. Ceux qui tombaient blessés ou morts sur les murailles étaient à l'instant remplacés par de nouveaux combattants. Les citoyens de Reims semblaient renaître et se multiplier, tant ils apparaissaient nombreux et résolus, aux remparts, aux portes, partout où les

---

(1) *Rich. hist.. ap. Pertz.,* v, 597.

assiégeants portaient l'attaque. Au bout de quarante jours, Hugues envoya des députés au roi pour l'engager à lever le siége. Les habitants avaient fait de grandes pertes, et de leur côté Louis et ses alliés sacrifiaient beaucoup d'argent et d'hommes autour de Reims. L'archevêque et la ville donnèrent des otages à Louis d'Outremer pour l'assurer de leur fidélité, et l'armée partit enfin au mois de juillet 945. Elle se porta vers Paris, qu'elle fut sur le point d'investir pour en faire le siége; mais le comte Arnoul, qui ne cessait de rêver l'anéantissement des mortels ennemis de sa famille, dissuada l'empereur d'attaquer la capitale des ducs de France et l'invita à pénétrer au cœur même de la Normandie. Il lui fit observer que ce serait perdre un temps précieux que d'assiéger une ville bien fortifiée, enlacée par les deux bras de la Seine, fleuve large et profond (1), et qu'il valait mieux se diriger vers Rouen, qui ne manquerait pas d'envoyer les clefs de ses portes lorsqu'elle apprendrait la venue d'une aussi puissante armée (2).

L'empereur se laissa persuader, et l'armée entra en Normandie. Arrivé à Cler-sur-Epte, Othon demanda au marquis si les clefs de Rouen ne lui étaient pas apportées. « Sire, lui dit Arnoul, la cité de Rouen est encore loin d'ici ;

---

(1)   Sire, fait-il, faites le bien.
           Ceste cité, vez, ne crient rien :
           Seigne s'i part, comme corone
           La clot entor e avirone ;
           Unques ne pout jor estre prise,
           Ce sai, par force ne conquise.
                Chr. des ducs de N., II, 102.

(2)   Ainz qu'aies là tes genz menées
           T'en seront les clefs aportées.
                Ibid.

mais demain je vous ferai loger sur la rivière d'Andèle, dont l'eau est belle et limpide : de vastes prairies existent sur ses bords ; c'est un lieu fort propice pour y établir un camp, et je suis sûr qu'en cet endroit vous recevrez, avec des dons superbes, les clefs que la ville de Rouen ne peut manquer de vous envoyer (1). » En effet, le lendemain, vers le soir, l'armée établit ses tentes sur les bords de l'Andèle. On n'avait jamais vu dans le pays une si nombreuse et si riche chevalerie : ce n'était partout que pavillons de drap d'or, de pourpre et autres étoffes précieuses (2). Cependant les clefs de Rouen n'arrivaient pas. L'empereur appela le comte Arnoul. — « Et les clefs de Rouen? » lui dit-il. — «Sire, je m'émerveille qu'elles ne soient pas encore entre vos mains : il faut que ces Normands soient des gens bien orgueilleux (3); mais allez-vous-en devant la ville, et elle se rendra. » L'empereur commençait à être assez mécontent du comte Arnoul : cependant il se laissa convaincre de nouveau ; d'ailleurs il était trop engagé dans le pays pour rétrograder. Il monta donc tout armé sur son cheval de bataille, et poursuivit sa route vers Rouen à la tête de ses chevaliers. Parmi ces derniers se trouvait un neveu d'Othon, jeune baron plein de valeur et de courtoisie, dont le nom est resté ignoré (4). L'empereur l'aimait beaucoup et avait grande

---

(1)   Là vos aporteront les clefs
            E dons granz, beaus, riches et teus
            Qui vaudront maint marc d'argent.
                                    Ibid., 104.

(2) *Ibid.*

(3) Sire, dist li cuens, chil de Ruem sont molt orghelleus. — *Li Estore des Ducs de N.*, f° 140.

(4)   Chevaliers proz, sage e corteis;
            Molt par aveit d'armes grant pris,
            Son non ne sai n'escrit ne l'truis.
                        Chron. des ducs de N., II, 108.

confiance en lui : il le dépêcha avec quelques hommes d'armes, croyant sans doute qu'il allait lui rapporter les clefs de Rouen. Plus on approchait de la ville, plus les assurances du marquis des Flamands devenaient formelles et positives; Othon ne prévoyait pas même qu'une résistance fût possible. Il se trompait; car à peine la troupe d'avant-garde commandée par son neveu fut-elle en vue de la ville, que les Normands sortirent en grand nombre, tombèrent dessus et la massacrèrent entièrement. Le jeune prince, qui s'était précipité en avant, fut tué sur le pont de ce que l'on appelait alors la porte Beauvoisine, laquelle était située sur l'emplacement actuel de la place des Carmes (1). L'empereur, dans la première explosion de sa fureur, songea moins à s'en prendre au comte Arnoul de ce désastre qu'aux habitants de Rouen eux-mêmes. Il entoura la ville et en commença aussitôt le siége. Loin de vouloir se rendre, les Normands, au contraire, depuis qu'ils avaient connu l'approche des coalisés, s'étaient préparés à leur opposer dans la capitale du duché une vigoureuse résistance; et c'est là qu'ils avaient concentré toutes leurs forces. Les tentatives qu'à plusieurs reprises firent les assiégeants pour donner l'assaut n'aboutirent qu'à leur faire perdre beaucoup de monde. En vain avaient-ils, non loin des murailles, dressé de grands échafauds d'où ils lançaient, au moyen de balistes et de mangonneaux, de grosses pierres et des pieux aigus; en vain des milliers d'arbalétriers faisaient-ils pleuvoir du haut de ces machines sur la ville

---

(1) Defungitur super pontem (portæ Belvacensis) mucronibus et lanceis nepos regis. — *Dudo. S. Quint ap. Duchesne*, 132.

une grêle de flèches (1) : le courage des assiégés n'en paraissait pas seulement ébranlé. Othon alors fit demander au duc Richard une trêve qui lui fut accordée et pendant laquelle il eut même le loisir d'entrer en ville, d'aller faire ses oraisons à l'église de Saint-Ouen, et de voir par ses propres yeux combien Arnoul l'avait abusé sur le compte des Normands. En effet, leurs gens d'armes étaient nombreux, leurs moyens de défense parfaitement combinés, et il fut aisé à l'empereur de s'apercevoir que jamais Rouen n'avait dû songer à envoyer ses clefs à qui que ce fût. Il entra en grande fureur contre Arnoul, appela plusieurs seigneurs, et tint conseil avec eux sur ce qu'il devait faire en cette occurrence. Il voulait se saisir du marquis des Flamands et le livrer au jeune Richard ; c'est ce qui pouvait advenir de plus malheureux à Arnoul meurtrier du comte Guillaume, et sur lequel le duc ne manquerait pas de venger cruellement la mort de son père (2). Les barons détournèrent l'empereur de ce projet en lui remontrant qu'il y aurait là trahison, et qu'il valait mieux adopter un autre moyen de punir Arnoul. Tandis que l'empereur, dont la colère ne s'apaisait point, ne savait encore quel parti prendre, le marquis des

(1)   Lor lancent d'amunt peus agus,
       Chaillous e pieres e quarreaus,
       Puis font jeter lor mangoneaus.
       . . . .
       Des breteschcs, d'eschaafauz
       Garniz e batailluz e hauz
       Traient quarreaus arbalestiers.
            Chron. des ducs de N., II, 128.

(2) Si lor dist que par le conte de Flandres estoient il là venu ; mais il le feroit prendre et il l'envoieroit au duc, puis se vengast bien de la mort de son père. — *Li Estore*, etc., f° 140 v°.

Flamands, voyant qu'une trame secrète s'ourdissait contre lui, délogea précipitamment au milieu de la nuit avec tout son monde. On ne s'attendait pas à cette fuite; et le désordre qu'elle occasionna dans le camp fit croire que les Normands étaient sortis de la ville pour se jeter sur les assiégeants. Ceux-ci, dans leur épouvante, mirent le feu aux tentes et se sauvèrent : ce fut une effroyable confusion. Les gens de la ville s'en aperçurent et commencèrent alors à poursuivre réellement les troupes de l'empereur et celles du roi, qui, ne connaissant pas les chemins, erraient çà et là dans la campagne. Le gros des fuyards fut atteint par les Normands, qui, postés en embuscade dans un bois qu'on appelait la forêt de Maupertuis, tombèrent sur eux, leur tuèrent beaucoup de monde, et leur prirent tout ce qu'ils emportaient de bagages (1). L'empereur et le roi furent pourchassés de la sorte jusqu'à Amiens, où ils trouvèrent enfin un abri. Quant aux Normands, ils retournèrent chez eux, rapportant de riches dépouilles à leur duc, et rendant grâce à Dieu du succès de cette aventure (2).

Othon, plus exaspéré que jamais contre Arnoul, résolut de lui faire payer cher des désastres dont il était la cause première. Après s'être un peu reposé à Amiens et avoir mis l'ordre dans son armée, il gagna le marquisat d'Arnoul. Il n'est pas resté de détails touchant cette expédition; on sait seulement que l'empereur, ne pouvant atteindre le suzerain, fit tomber sur les vassaux le poids de sa colère. Pillant, brûlant, ravageant tout en Flandre, il pénétra jusqu'à Gand, ville alors renfermée entre la Lys et l'Escaut.

(1) *Ibid.*
(2) Et donnèrent tout leur guaing à lor seignor et merchièrent Dieu moult durement de lor aventure. — *Ibid.*

Ce fut, pense-t-on, lors de cette expédition que l'empereur prit sur Arnoul et réunit à l'Allemagne une portion de pays située sur la rive gauche de l'Escaut. Pour assurer la défense de cette contrée il fit bâtir près de l'abbaye de Saint-Bavon un château fort qui dominait Gand, et à partir duquel il creusa un large fossé (1) jusqu'au bras occidental de l'Escaut appelé aujourd'hui le Hont. Un comte nommé Wichman, de la maison saxonne des Billung, fut préposé à la garde de cette forteresse. Wichman passe pour être le premier châtelain de Gand; et, malgré son origine et la nature tout hostile de ses fonctions, il épousa cependant Lutgarde, la propre fille du marquis des Flamands, lequel, à ce qu'il paraît, avait fini par vouloir ce qu'il n'avait pu empêcher, c'est-à-dire la domination impériale jusque sur ses frontières. Dans la suite, pourtant, les comtes de Flandre réussirent à se débarrasser de ce dangereux voisinage.

Peu d'années s'étaient écoulées depuis que les provinces belgiques avaient vu disparaître ces barbares du Nord, qui, pendant plus d'un siècle, leur avaient causé tant de maux, lorsqu'un fléau du même genre vint les assaillir. Les Madgyars, appelés par les Germains *Ungren*, d'où nous leur avons donné le nom de Hongrois, obéissant les derniers à l'impulsion qui précipita sur l'Europe tant de hordes sauvages, apparurent tout-à-coup en Belgique. Originaires du nord de l'Asie, ils étaient descendus vers la mer Noire, puis dans le bassin du Theiss et sur le Danube, d'où ils faisaient des incursions en Germanie, en Italie, et, comme on le voit, jusque dans les Gaules. On crut qu'ils allaient, à la manière des Normands, piller et détruire ensuite systématiquement

---

(1) Connu sous le nom d'*Ottogracht*, fossé d'Othon.

tout ce qui leur tomberait sous la main. Il n'en fut rien ; et cette invasion n'est qu'un fait isolé qui, fort heureusement, ne se reproduisit pas, comme on le craignait. Toutefois, l'apparition des Hongrois laissa des traces sanglantes dans le pays ; et le siége de la vieille cité épiscopale de Cambrai est resté dans le souvenir des peuples, en raison de l'horreur qu'il avait primitivement inspirée.

Au printemps de l'année 953, l'approche des Hongrois, qui venaient de ravager le Hainaut et une partie de la Flandre, fut signalée dans Cambrai. Cette ville était déjà soumise, sinon de droit, du moins de fait, à la souveraineté temporelle de ses évêques et relevait de l'empereur d'Allemagne, qui même y eut un délégué sous le nom de comte jusqu'en l'an 1007. Elle ne faisait point partie des domaines d'Arnoul, mais elle se trouvait, à cause de sa situation, placée sous la garde naturelle des comtes de Flandre ; elle leur demandait souvent secours et protection, et ils ne tardèrent même pas à prendre le titre d'avoué ou de défenseur de son église. Néanmoins Cambrai et son territoire, bien qu'enclavés entre les terres de princes puissants et envahisseurs, formèrent, pendant tout le moyen-âge, un état libre et indépendant. C'était une sorte de petit empire sacerdotal dont la suprématie spirituelle, qui s'étendait sur la majeure portion de la Flandre et du Hainaut, le fit respecter de ses voisins, mais ne l'empêcha pas, comme nous le verrons bientôt, d'être en proie, dans son propre sein, à des dissensions politiques fort graves. Lorsque les Hongrois se répandirent aux environs de Cambrai, la ville avait pour évêque le seigneur Fulbert, homme dont l'esprit plein de prudence et de sagacité ne se laissa point abattre par l'imminence du danger. Il n'y avait de secours à attendre ni du comte Arnoul ni de l'empereur, lesquels précisément alors se trouvaient en guerre l'un contre l'autre; le comte de Hainaut, pour se dégarnir de ses hommes d'armes, n'était pas assez sûr de ne plus revoir les barbares qui venaient de ravager tout le pays d'entre Sambre et Meuse, de piller les abbayes de Lobbes, de Liessies et d'Hautmont. En Vermandois l'on se tenait sur le qui-vive. Il fallait donc compter sur ses propres forces et sur la miséricorde de Dieu. C'est ce que fit l'évêque Fulbert; et bientôt la ville se trouva en bon état de défense (1). Ce qu'on nommait en ce temps-là une ville était un assemblage de maisons de bois, de terre ou de pierres, grossièrement façonnées, recouvertes en chaume pour la plupart et disséminées autour des églises et des monastères. Des remparts de terre élevés, lors de l'invasion des Normands, se dressaient aux endroits où n'existaient point de barrière naturelle. A Cambrai, l'Escaut coulait au bas de la ville et dans le centre se trouvait le bourg ou château bâti très-solidement en pierre et flanqué de tours carrées. Cette enceinte renfermait l'église cathédrale, le palais de l'évêque et un monastère nommé l'abbaye de Saint-Aubert, fondé très-anciennement. Le bourg était un lieu qu'on avait cherché à rendre inexpugnable; Fulbert y fit transporter le corps de saint Géri, l'un des premiers évêques de Cambrai. Là ces reliques vénérables étaient moins exposées aux profanations des païens que dans l'église bâtie en dehors du bourg sur la colline où depuis Charles-Quint éleva une ci-

---

(1) Quo perterritus Fulbertus episcopus, impigre imminentem ruinam prævidens, urbem attentiore cura muniri exercuit... — *Balderici Chron. Cameracense et Atrebatense*, edit. A. Le Glay, 112.

tadelle. Cette église devint en effet l'objet de la fureur sacrilége des Hongrois.

Le 8 des ides d'avril, les barbares mirent enfin le siége devant Cambrai. Toute leur science militaire consistait dans la vigueur de l'attaque (1). Ils se précipitèrent contre la ville avec une impétuosité toute sauvage. Mais l'évêque et ses vassaux étaient à leur poste; et ils reçurent le choc avec calme et intrépidité, quoiqu'ils fussent bien inférieurs en nombre. Ces assauts durèrent trois jours consécutifs; et pendant ces trois jours les assaillants furent sans cesse repoussés hors de la première enceinte. Néanmoins les Cambrésiens avaient beaucoup souffert et se trouvaient fort affaiblis : ils jugèrent prudent de se retirer derrière les murailles qui protégeaient la cité proprement dite. Alors les Hongrois, ne rencontrant plus de résistance extérieure, pillent les maisons du faubourg, les brûlent et dirigent ensuite tous leurs efforts contre les murs du bourg qu'à plusieurs reprises ils tentent, mais en vain, d'escalader. Cependant, fatigués d'une lutte meurtrière et sans résultat, ils vont camper, non loin de la ville, dans les prairies qui bordent la rive gauche de l'Escaut.

Les Cambrésiens craignaient que ce ne fût afin de réparer leurs forces et reprendre l'attaque avec plus de vigueur. Mais un jour ils furent bien surpris de voir du haut de leurs remparts les ennemis faire un mouvement et s'éloigner un peu. Cette apparence de retraite, tout en les remplissant de joie et d'orgueil, leur suggéra une idée de vengeance fort patriotique assurément, mais aussi fort

---

(1) Ipsi Hungari, promptiore impetu disciplinam præferentes, huic urbi advolarunt. — *Ibid.*, 113.

imprudente. Tandis qu'une dernière troupe de Hongrois sortait des retranchements du camp, sous la conduite d'un chef qu'on disait être le neveu du roi même des Hongrois, Eudes, homme énergique et décidé (1), quitte précipitamment son poste avec quelques frères d'armes auxquels, dit la chronique, « l'amour de la patrie en deuil inspirait le mépris de la mort (2), » et se jette sur le groupe d'ennemis qui cheminait alors dans un étroit et profond sentier. Le chef des Hongrois, enveloppé de toutes parts, se défend courageusement, lui et ses compagnons, tout en cherchant à se faire jour et à s'échapper. Il tue de sa main plusieurs Cambrésiens, mais enfin il succombe ; son cadavre reste au pouvoir d'Eudes et sa tête sanglante est rapportée dans la ville comme trophée. On la place au bout d'une pique dans l'endroit le plus apparent des murailles. Les bourgeois triomphaient sans trop songer que cette représaille en allait provoquer, de la part de l'ennemi, une autre non moins cruelle. En effet, la rage des Hongrois fut au comble lorsqu'ayant appris le massacre des leurs ils virent la tête du prince fixée sur les murailles en signe de dérision. Bulgion, ainsi s'appelait le roi ou chef des barbares, revint aussitôt sous les remparts, transporté d'une douloureuse colère. Le siége recommence avec un acharnement qu'alimente l'aspect de cette tête qui du haut des murailles semble crier vengeance. On combat avec fureur ; on échange une grêle de traits ; bien des gens tombent morts de part et d'autre. Pendant ces scènes de carnage, l'évêque Fulbert tantôt se tient dans la cathédrale, implorant le secours de la Vierge, tantôt

---

(1) Odo vir acris consilii et merite promptior... — *Ibid.*
(2) Quibus affectus patriæ ruinæ contemptum mortis infuderat. — *Ibid.*

se prosterne devant la châsse du bienheureux Géri, le conjurant d'avoir pitié de ce siége épiscopal dont il est le patron, de ces braves citoyens qui se battent pour défendre ses précieux restes (1); tantôt il parcourt les remparts, donnant ses instructions, encourageant chaque homme d'armes. « C'est Dieu, leur dit-il, qui combat contre les barbares; c'est Dieu qui doit remporter la victoire (2). »

Cependant, accablés de lassitude et désespérant pour la seconde fois de pouvoir jamais s'emparer de la ville, les Hongrois pensèrent qu'ils feraient bien de lever le siége. Avant de quitter leurs positions, ils proposèrent aux assiégés un traité de paix. Ils tenaient surtout à ce qu'on leur rendît la tête du prince, moyennant quoi ils s'engageaient à remettre tout le butin, tous les prisonniers, tout ce qu'ils avaient pris aux environs de la ville. Puis ils déposeraient les armes et concluraient la paix.

Les assiégés qui soupçonnaient quelque piège dans ces propositions, les repoussèrent. Ce refus exaspéra tellement les Hongrois qu'ils ne songèrent plus à s'en aller. Changeant de tactique, ils abandonnèrent l'attaque des remparts et se mirent en mesure d'incendier l'église au moyen de traits flambants qu'ils lançaient à l'envi sur les parties saillantes de l'édifice. Cette manœuvre inattendue déconcerta les Cambrésiens. L'effroi et l'abattement avaient succédé à leur belliqueuse ardeur; et ils auraient sans doute laissé brûler leur vieille cathédrale, si un clerc, nommé Sarrald, ne fût monté courageusement sur le faîte de l'é-

---

(1) *Ibid.*, 114.
(2) *Dei enim esse contra alienigenas pugnam, illi futuram victoriam...* — *Ibid.*

glise. Là, il s'attache par de faibles cordes aux poutres du clocher et, suspendu ainsi en l'air, exposé aux flèches enflammées de l'ennemi, il court sur l'arête du toit, répandant l'eau, qu'on lui avance d'en bas, sur tous les endroits où le feu se déclare. Les Hongrois virent bientôt que leurs tentatives seraient encore une fois superflues de ce côté; alors ils concentrèrent leurs efforts sur l'église de Saint-Géri, placée, comme nous l'avons dit, en dehors du bourg. C'était un monument construit avec beaucoup de richesse et de solidité, ce qui fit penser aux Hongrois qu'il renfermait de précieux trésors; ils ne se trompaient pas (1). Les chanoines, aidés de leurs vassaux, se préparaient à opposer une résistance acharnée. Les Hongrois se ruèrent vainement sur les grosses murailles, au bas desquelles ils étaient écrasés à coups de pierres, ou tués à coups de flèches; vainement ils essayèrent d'incendier la toiture, qui, couverte en plomb, ne présentait guère d'action au feu. Ils songeaient déjà à se retirer, lorsque, du haut du clocher, un clerc, aussi furieux que malavisé, décocha une flèche au milieu de leurs rangs.

Exaspérés par cette provocation, les Hongrois revinrent contre le monastère avec un redoublement de rage. L'attaque fut si violente et si longue que les assiégés succombèrent enfin. Les barbares se répandent bientôt à travers l'abbaye; tout ce qu'ils rencontrent est égorgé sans pitié. L'histoire nous a conservé les noms des principaux clercs qui périrent en cette circonstance : c'étaient Auffride, Anselme,

---

(1) Decoram et venerabilem basilicam S. Gaugerici, ut scilicet superbis ædificiis, exterius insignitam ita etiam interius multis pecuniis et rati refertam, facto agmine nitebantur irrumpere. — *Ibid.*, 116.

Grinbert, Thierri et Gention (1) : bien d'autres encore subirent un douloureux martyre. Quand il ne resta plus personne à massacrer, les Hongrois dépouillèrent le monastère et l'église de leurs reliquaires, de leurs trésors, de leurs ornements, après quoi ils mirent le feu aux lambris, et bientôt les flammes dévorèrent cet antique et vénérable monument. On vit alors la terre se joncher de ses débris fumants; on vit le plomb des toitures couler en longs ruisseaux sur la pente de la colline et inonder les rues et les fossés d'alentour. Pendant ce temps, les Hongrois s'en allaient emmenant leurs captifs et emportant un immense butin (2).

Cette invasion de barbares, en forçant le comte Arnoul à veiller sur ses propres domaines, l'empêchait de prêter assistance au roi Louis, dont la position devenait de plus en plus précaire. Abandonné de chacun, le prince se retira au delà du Rhin près de l'empereur Othon. Là il se plaignit au concile d'Ingelheim des trahisons de Hugues, et surtout des imputations calomnieuses que celui-ci portait contre lui. Hugues prétendait, en effet, que Louis était tellement idiot qu'il se trouvait incapable de régner. Le roi offrit au concile de se défendre de ces imputations soit par le jugement de l'empereur Othon, soit par un combat singulier (3).

Hugues fut excommunié par les évêques réunis à Ingelheim; mais l'anathème ecclésiastique ne l'empêcha point de

(1) Ex clericis quoque Auffridum, Anselmum, Grinbertum, Theodericum, Gentionem exanimant. — *Ibid.*

(2) Post hæc congregatis captivis, cum infinita præda abscesserunt. — *Ibid.*, 117.

(3) *Script. rer. Franc.*, VIII, 202.

continuer la guerre plus rudement que jamais. Louis cependant ne restait pas oisif : de la Germanie il alla à plusieurs reprises dans les provinces du Midi, dont les seigneurs lui donnèrent quelques secours qui l'aidèrent à reprendre la ville de Laon. Il n'en jouit pas long-temps ; car il mourut en 954, à Reims, dans le palais de l'archevêque, qui avait bien voulu lui donner l'hospitalité.

Tandis que ces choses se passaient, le comte Arnoul mariait son fils Bauduin à Mathilde, sœur de ce Wichman châtelain de Gand pour l'empereur et qui avait déjà épousé Lutgarde, sœur aînée de Bauduin. Arnoul concluait ainsi une double alliance avec la maison de Saxe ; alliance qui lui assurait un appui en Germanie alors qu'il n'avait plus rien à espérer des princes francs de sa famille, dont la puissance allait bientôt s'éteindre à jamais.

Dans un temps où le gouvernement des grands bénéfices concédés par les conquérants ou leurs descendants n'offrait point encore ces complications politiques que devait y introduire le développement du système féodal, les princes s'occupaient volontiers de l'administration des abbayes. Naguère nous avons vu Arnoul, obéissant aux conseils de Gérard, abbé de Brogne, réformer le monastère de Saint-Bertin ; en 954, son neveu Hildebrand, abbé de Saint-Bertin, lui inspira la pensée de réformer également le monastère de Saint-Vaast d'Arras et de ramener les moines à l'observance de l'ancienne règle. Ces réformes ne se faisaient point sans obstacle, car la corruption n'atteignait que trop souvent les moines et les entraînait hors des voies de l'existence régulière et sainte à laquelle ils s'étaient primitivement voués. La force venait en aide à la raison. L'intervention du pouvoir temporel dans les affaires ecclésiastiques n'était point rare à cette époque ; et ce qui le fut encore moins, c'était l'action de la religion sur les événements d'une nature toute matérielle et terrestre : action bienfaitrice, du reste, dans un siècle plein de barbarie, influence heureuse sous laquelle s'élaborait peu à peu le long et pénible enfantement de la civilisation. Aux deux éléments théocratique et aristocratique vint bientôt s'en mêler un troisième, l'élément populaire, inconnu jusqu'alors. En effet, la majeure portion du peuple, c'est-à-dire la classe des serfs, ne faisait point pour ainsi dire partie de l'ordre social ; et l'on peut regarder comme un grave phénomène sa participation première aux événements politiques. Or nous trouvons dans un fait qui se passa à Cambrai, vers 958, le plus lointain signal de cette régénération qui bientôt va s'accomplir dans les provinces septentrionales de l'ancienne Gaule, et dont nous aurons à reproduire les phases les plus importantes : nous voulons parler de l'affranchissement des communes.

A l'évêque Fulbert, qui avait toujours vécu en bonne intelligence avec les Cambrésiens, succéda un prélat qui ne l'était réellement que de nom. Bérengaire, issu d'une illustre famille de Germanie, tenait à l'empereur Othon par de très-proches liens, et cette circonstance l'avait, malgré toute son indignité, élevé à l'épiscopat. Il s'était en effet beaucoup plus occupé des choses profanes que des intérêts de l'Église. La noblesse de sa race lui avait inspiré un tel orgueil qu'il n'avait pas craint de se charger d'un ministère peu en harmonie avec ses goûts et son genre de vie tout mondains. Ses mœurs étaient, dit-on, si farouches que non-seulement son langage tudesque, tombé en désuétude depuis long-temps en Cambrésis, mais encore sa manière de vivre le faisaient considérer par son peuple comme un vrai barbare (1). On le haïssait instinctivement avant même que son arrogance et ses persécutions fussent venues justifier cette antipathie. De graves dissensions, des luttes très-animées ne tardèrent pas à s'élever entre l'évêque et ses sujets, gens du reste, de leur côté, très-farouches et fort peu traitables (2).

Un jour Bérengaire se rendit en Germanie pour faire sa cour à l'empereur; et, comme il tardait quelque temps à retourner vers son diocèse dont il se souciait médiocrement, les bourgeois, réunis par une seule et même pensée, se liguèrent contre lui, s'engageant, par serment, à lui fermer les portes quand il reviendrait. L'évêque, après avoir terminé ses affaires, reprit la route de son siége épiscopal et, chemin faisant, apprit la conjuration tramée contre sa personne. Sentant bien que seul il ne pourrait rien contre tout un peuple en insurrection, il rebroussa chemin plein de dépit et de colère. Il s'adressa à Brunon qui tenait alors, sous les ordres de son frère, le gouvernement de l'empire, lui exposa sa situation, et le supplia de lui donner des forces suffisantes pour mettre à la raison les bourgeois révoltés. On accueillit sa demande, et on lui donna une assez forte armée. Afin de mieux assurer sa vengeance, Bérengaire alla trouver le comte Arnoul, le priant de joindre ses troupes à celles de l'empereur pour marcher sur Cambrai. Arnoul n'en était pas trop d'avis; mais l'évêque lui ayant promis

(1) Qui quoniam magis secularibus quam ecclesiasticis negotiis implicatus, per excellentis prosapiæ sublimitatem, animum quodam pulsu jactantiæ attollebat, morum et vitæ oppugnationibus, sumpto officio contraibat. Hic etiam tantæ feritatis extitisse dicitur, ut non modo lingua et natione, sed etiam moribus populo suo barbarus esse videretur. — *Bald. Chron Cameracet Atrebat.*, 125.

(2) *Ibid.*

la terre de Lambres qui de temps immémorial appartenait à son église cathédrale, le marquis des Flamands lui prêta son appui. A l'approche de forces si imposantes, les Cambrésiens eurent peur et se hâtèrent de faire dire à leur évêque qu'il pouvait rentrer sans défiance. Bérengaire alors congédia les troupes et rentra sans encombre dans la ville, escorté de ses seuls officiers. La chose en resta là pendant quelque temps; mais l'évêque n'avait jamais pu effacer de son esprit le souvenir de l'affront dont il avait été l'objet de la part de ses sujets. La vengeance couvait dans son cœur : elle fut terrible. Ayant fait venir clandestinement dans la ville des hommes d'armes qu'il avait soudoyés, il attaqua subitement et à l'improviste les bourgeois sans défense, les pourchassant comme des bêtes fauves à travers les rues et les places. Les soldats, enivrés par l'odeur du sang, poursuivirent leurs victimes jusque dans l'église de Saint-Géri, où les malheureux bourgeois avaient cru trouver un asile inviolable. Ces forcenés les saisissaient jusqu'aux marches de l'autel et les mutilaient horriblement. Aux uns, ils coupaient les pieds et les mains; ils crevaient les yeux aux autres, ou bien leur marquaient le front d'un fer rouge(1). Quand cette boucherie fut terminée, l'évêque, furieux, fit remplir un chariot des armes prises sur les bourgeois et l'envoya, comme trophée de sa vengeance et de sa victoire, aux compagnons de sa vie déréglée qu'il avait réunis dans une maison de plaisance à lui appartenant, nommée le château de Béthencourt (2).

(1) « Continuo namque armati limen sanctissimæ ædis absque reverentia modo irrumpentes, alios interfecerunt, alios truncatis manibus et pedibus demembrarunt; quibusdam vero oculos fodiebant, quibusdam frontes ferro ardente notabant. » — *Ibid.*, 128.

(2) *Ibid.*

On conçoit que les alliances avec un tel homme devaient être fort peu honorables et profitables. Aussi le comte Arnoul ne tarda-t-il pas à regretter de lui avoir jadis prêté aide et assistance quand il était revenu à Cambrai.

En effet, Bérengaire, plus grand guerroyeur que digne évêque, profitant de l'éloignement du comte, se jeta de force sur le bourg de Lambres que naguère il avait concédé à ce dernier pour prix de ses services. Il menaça Arnoul de mettre toute la Flandre en combustion s'il s'avisait de vouloir le lui reprendre. Il enleva également à l'Église de Cambrai les villages de Coureng et de Ferrières, et en donna les bénéfices à un homme d'armes de ses amis.

Bérengaire reçut bientôt le châtiment de ses forfaits; et, s'il faut en croire la tradition, ce fut sa conscience elle-même qui fit l'office de bourreau pour le tuer. Il partit pour Cologne : une nuit qu'il reposait à demi éveillé dans son lit, le bienheureux Géri, dont il avait si cruellement profané le temple, lui apparut et, après lui avoir reproché ses crimes, le frappa vigoureusement du bâton qu'il tenait à la main. Bérengaire se leva, criant, gémissant, appelant ses serviteurs. Il mourut peu de temps après des suites de cette terrible vision (1).

Cependant le comte Arnoul commençait à vieillir. Désormais occupé des propres affaires de ses états, on ne le voit plus guère se mêler aux événements politiques qui suivirent la mort de Louis d'Outremer. Ils étaient d'ailleurs d'une nature assez pacifique. Hugues-le-Grand, agissant à l'égard du fils comme il avait fait jadis pour le père, protégea le jeune Lothaire que la veuve du roi franc ne craignit pas

---

(1) « Ex qua percussione aliquandiu elaborans (certa res est) non multo post interiit » — *Ibid.*, 130.

de confier à sa générosité. Lothaire, par ses soins, fut même bientôt reconnu des seigneurs de France, de Bourgogne et d'Aquitaine. Peu de temps après, Hugues mourut laissant deux fils, dont l'un était appelé à la haute destinée de fonder une dynastie nouvelle, grâce à l'affaiblissement continuel auquel son père avait réduit la race carlovingienne. Mais jusque-là le comte Arnoul eut encore la satisfaction de voir régner le dernier prince de cette famille de Charlemagne à laquelle il appartenait lui-même, et dont il était demeuré le soutien fidèle. Sentant que sa fin ne pouvait être bien éloignée, il rendit, pour le repos de sa conscience, plusieurs des biens qu'il avait enlevés aux abbayes, surtout à celles de Gand, de Marchiennes et de Saint-Bertin. Puis il appela au gouvernement son fils Bauduin déjà dans la force de l'âge, et marié depuis quelques années à Mathilde de Saxe, sœur du comte Wichman, dont il a été parlé. Bauduin, au dire des chroniques, était un prince qui ne manquait ni d'habileté ni de prudence. On lui attribue l'agrandissement et la fortification des villes d'Ypres, Furnes, Bergues, Bourgbourg, Dixmude, Aldenbourg, Rodenbourg, Roulers et autres localités : c'est également au temps de son administration qu'on fait remonter l'établissement des premiers marchés réguliers et des foires dans les villes de Bruges, Tourhout, Courtrai et Cassel; les progrès du commerce par voie d'échange, la seule connue alors ; l'industrie des tissages, source de la prospérité future des provinces flamandes. Il aurait sans doute fait plus encore, mais la mort l'en empêcha. Bauduin venait de conduire un puissant secours au roi Lothaire, alors en guerre contre les Normands, et de déployer une grande valeur en plusieurs circonstances, lorsqu'à son retour il fut surpris dans l'abbaye de Saint-

Bertin par la petite-vérole qui l'emporta le 1ᵉʳ janvier 961.
Sa femme Mathilde lui avait donné un fils que l'on appela
du nom de son grand-père Arnoul; mais il était bien jeune
encore, et, pendant sa minorité, Arnoul-le-Vieux se décida
à reprendre cette couronne qu'il avait si long-temps portée.

Le zèle que le marquis montrait depuis longues années pour les intérêts de la religion, se raviva surtout dans
les derniers temps de sa vie ; car il sentait alors plus que
jamais le besoin d'expier toutes les mauvaises choses dont
il devait rendre bientôt compte à Dieu. Entre autres monuments de la pieuse libéralité d'Arnoul à la fin de ses jours,
il nous reste une sorte de testament dont la teneur mérite
d'être ici rapportée :

« Moi, Arnoul, je me reconnais coupable et pécheur.
J'ai songé au salut de mon âme et à l'avis que le Seigneur
donne dans son Évangile : Veillez, car vous ne savez ni le
jour ni l'heure. Ainsi, j'ai fait écrire ces lettres afin que
mes fidèles connaissent ce que le Seigneur m'a donné en or,
en argent, en vêtements, en chevaux, en bêtes de somme,
en troupeaux, en subsistances, en vivres, en fromages
et en toutes autres choses. S'il m'arrivait une mort
subite qui m'empêchât de distribuer ces biens selon ma
volonté, que mon épouse et mes enfants aient une moitié
de ma fortune, et que l'autre moitié soit donnée pour la
rédemption de mon âme aux monastères et aux églises
érigées sur mes terres, aux pèlerins, aux faibles, aux veuves, aux orphelins et aux pauvres. Sachez donc tous, mes
fidèles, que j'ai donné au monastère de Saint-Pierre, dans le
lieu appelé Blandin, où mon père et ma mère reposent in-
humés, le fisc nommé Madlingem; une terre capable de
nourrir cent brebis et tout le produit annuel quelconque

desdites brebis. Je vous prie aussi, vous tous mes fidèles, par l'amour du Dieu tout-puissant et de ses saints, par la foi que vous m'avez jurée, que, sur l'argent offert par moi au Dieu tout-puissant par les mains du moine Gérard, vous en donniez deux tiers au lieu susdit de Saint-Pierre, où repose Amalberge, vierge du Christ, et la troisième part à trente monastères par moi désignés audit Gérard. De manière qu'aucun de mes proches ni mon épouse ne puissent faire de ce trésor livré par moi à mon rédempteur que ce que j'en ai moi-même ordonné. Si quelqu'un enfreint ma volonté, qu'il encoure la colère du Dieu tout-puissant ; qu'à perpétuité il éprouve le ressentiment de saint Pierre, porte-clefs des cieux, et celui de tous les saints, etc. (1).

Enfin le 27 mars 964, après quarante-huit ans de règne, il alla rejoindre les deux Baudouin. Un siècle entier donnait alors sa consécration à la vieille dynastie flamande, siècle de barbarie, à la vérité, signalé seulement par des actes isolés, sans enchaînement, sans résultats appréciables, époque crépusculaire, s'il est permis de parler ainsi, au milieu de laquelle il est difficile de trouver un seul germe de civilisation, mais qu'il est bon de connaître comme point de départ et comme terme de comparaison.

---

(1) *Annales abbatiæ Sancti Petri Blandiniensis*, edit. *Van de Putte*, 98.

III

ARNOUL-LE-JEUNE. — BAUDUIN-BELLE-BARBE.

964 — 1036

Invasion de Lothaire. — Mort de Tétdon, évêque de Cambrai. — Séjour de Charles, duc de Lorraine, à Cambrai. — Prétentions de Guillaume de Ponthieu.— État de la Flandre et du Hainaut. — Tyrannie du comte Rainier. — Mission de Bruno, archevêque de Cologne, vicaire impérial. — Tentatives des fils de Rainier contre le Hainaut. — Usurpation de Hugues Capet; sa lutte avec Charles, duc de Lorraine. — Hugues Capet envahit la Flandre. — Mort d'Arnoul-le-Jeune. — Troubles pendant la minorité de Bauduin Belle-Barbe. — Origine et attributions des châtelains. — Révolte d'Eilbodon, châtelain de Courtrai. — Guerre de Bauduin avec Godefroi, duc de Lorraine, et par suite avec l'empire. — Paix avec l'empereur. — Flandre impériale. — Peste. — Inondation. — Comète. — Rébellion de Bauduin-le-Jeune, fils de Bauduin Belle-Barbe. — Avénement de Henri au trône de France. — Mort de Bauduin Belle-Barbe.

Aussitôt qu'Arnoul-le-Vieux eut fermé les yeux, le roi Lothaire, oubliant les services rendus depuis cent ans à la dynastie carlovingienne par les marquis flamands, fondit sur les domaines du jeune Arnoul.

Après s'être emparé des puissantes abbayes de Saint-Amand, de Saint-Vaast-d'Arras et du château de cette dernière ville, Lothaire enleva Douai et envahit toute la contrée jusqu'à la Lys(1). Il mit dans cette expédition tant

---

(1) *Balderici chron.*, 157.

de fougue et d'impétuosité que l'évêque de Cambrai, Tetdon, eut grand'peur pour son siége épiscopal, contigu aux possessions d'Arnoul. Tetdon était Germain de nation et homme de l'empereur : or Lothaire n'était pas en ce moment disposé à beaucoup de bienveillance pour ce dernier. L'évêque fut accablé d'un profond chagrin durant toute cette expédition : ses vassaux lui inspiraient de la terreur; car ils ne pouvaient effacer de leur mémoire les cruautés de Bérengaire, prédécesseur et compatriote de Tetdon. D'un autre côté, un châtelain impérial, nommé Watier, homme dur et rapace, le molestait sans cesse. Tetdon était cependant un seigneur aussi benin et pacifique que Bérengaire s'était montré guerroyeur et emporté. Quelquefois l'évêque, accablé de tristesse en voyant les ravages que Lothaire faisait sur l'héritage du jeune marquis et déplorant les malheurs que cette invasion devait amener dans son diocèse, se disait d'un ton lamentable : « O malheureux Tetdon ! pourquoi donc avoir quitté Cologne, ta patrie, pour venir au milieu de ces barbares? Voilà ta récompense pour avoir délaissé ton église patronale de Saint-Séverin (1). »

Afin d'échapper aux catastrophes qu'il redoutait il s'en retourna à Cologne, où il ne tarda pas à tomber malade et à mourir; on l'inhuma dans son église de Saint-Séverin (2). La mort du prélat fugitif causa des calamités et un scandale que sa présence à Cambrai eût sans doute conjurés. Afin de protéger cette ville contre les fureurs de Lothaire, qui continuait ses dévastations en Flandre; afin aussi de

---

(1) « Quid tu, o miserrime Tetdo, quid tu, patria relicta, inter barbaros devenisti ? Ecce tuis plana sed et digna recompensatio meritis, quod tuum patrem S. Severinum reliquisti. » — *Ibid.*

(2) *Ibid.*

faire rentrer dans le devoir par serment et par otages les vassaux de l'évêché, alors plus disposés que jamais à secouer le joug de l'autorité, l'empereur envoya Charles duc de Lorraine à Cambrai avec une nombreuse armée. Charles était frère du roi Lothaire; mais l'empereur se l'était attaché par de nombreux bienfaits et surtout par le don de la Lorraine citérieure. Il s'en vint donc à Cambrai pendant la vacance du siége, et commença par s'y installer dans le palais épiscopal, moins en vicaire impérial et en protecteur qu'en prince avide de spoliations et de voluptés. Cambrai offrait toute espèce de ressources; l'hôtel de l'évêque était rempli des choses qui peuvent rendre la vie agréable (1); des officiers nombreux y étaient attachés; de riches domaines défrayaient tout le service. Charles, pour lors âgé de vingt-quatre ans et dans toute l'effervescence de la jeunesse, résolut de mettre largement à profit tant d'avantages. Il fit venir de Lorraine sa femme Bonna, fille de Ricuin, duc de Mosellane, qu'il venait d'épouser depuis peu, et la fit insolemment coucher, au grand scandale de chacun, dans la chambre même du vénérable Tetdon (2). Ce ne fut, pendant le séjour de Charles à Cambrai, que banquets somptueux; fêtes ruineuses pour les revenus de l'évêché qui s'y consommèrent tout entiers (3). Puis il dilapida le trésor de l'église, vendit les prébendes, spécula sur les fonctions ecclésiastiques, qu'il achetait pour

---

(1) « Opportunitatem et gratiam loci atque sufficientiam totius alimenti nactus. » — *Ibid*, 159.

(2) « Uxorem sibi adfuturam esse mandavit, cui in cubiculo episcopi cum tota praesumptione lectum sterni praecepit. » — *Ibid*.

(3) « Omnes opes in usibus episcopi exhibendas in superfluis commessationibus tota effusione consumpsit. » — *Ibid*.

les revendre à plus haut prix (1). Enfin il persévéra dans ce train de vie sacrilége et désastreux jusqu'à l'arrivée de l'empereur Othon, qui le mit à la raison et le fit déloger afin de donner la place au seigneur Rothard qu'il venait installer lui-même en qualité de successeur du malheureux Tetdon.

Le roi Lothaire rappelé en France par quelques embarras politiques, et jugeant d'ailleurs prudent de se retirer devant l'empereur, était parti depuis un certain temps, laissant le jeune Arnoul maître d'un pays dévasté et jouissant d'une paix qui ne devait pas être durable. Guillaume Ier, comte de Ponthieu, fils de cet Erluin de Montreuil dont nous avons retracé les démêlés à l'encontre d'Arnoul-le-Vieux, avait profité de l'invasion de Lothaire pour se faire adjuger par ce prince le Boulonnais et le pays de Térouane qui longeaient les possessions d'Arnoul, et dont Lothaire s'était, à ce qu'il semble, emparé complétement. Ce démembrement et cette concession enlevaient au marquis deux provinces maritimes importantes. Trop faible pour se les faire restituer sans un secours étranger, Arnoul s'adressa soit aux Normands qui s'étaient établis en Neustrie, soit à ceux qui, à cette époque même, couraient encore les aventures depuis les régions les plus septentrionales de l'Europe jusqu'aux côtes de la Grande-Bretagne. De nouveaux guerriers danois débarquèrent donc sur cette plage tant de fois désolée par leurs ancêtres ; et Guillaume de Ponthieu fut alors contraint d'abandonner une partie de ses prétentions, c'est-à-dire que, tout en conservant la possession des deux comtés, il reconnut ne les tenir qu'à titre de bénéfice féodal

(1) *Ibid.*

et comme vassal du comte Arnoul. Ainsi le grand marquisat jadis concédé à Bauduin-Bras-de-Fer allait se morcelant en arrière-fiefs qui bientôt en produiraient d'autres à leur tour, pour constituer en Flandre, comme dans tous les pays voisins, ce système politique si multiple et si compliqué qui prit le nom de féodalité.

L'esprit aventureux et guerrier des hommes du Nord, qui tantôt venaient en amis et en auxiliaires soldés, tantôt aussi débarquaient à l'improviste pour faire du butin, donnait toujours des inquiétudes aux seigneurs des terres baignées par l'Océan ou arrosées par des fleuves navigables. Sous ce rapport aucune région ne se trouvait plus exposée que les provinces flamandes dont le littoral offrait tant de points abordables, depuis les embouchures de l'Escaut jusqu'à celle de la Somme. Ce vaste pays commençait à se couvrir de villes et de riches abbayes ; les ruines laissées par les barbares se relevaient peu à peu : il était urgent de protéger un tel état de choses en empêchant des pirateries nouvelles. A cet effet Arnoul s'empara de Pétresse, aujourd'hui Calais, malgré les protestations des moines de Saint-Bertin, qui prétendaient en être propriétaires ; et de même qu'il avait concédé en bénéfice les comtés de Boulogne et de Thérouane au fils d'Erluin pour leur assurer sans doute une protection plus efficace contre les agressions des pirates, de même il institua comte de Guines Adolphe, fils du Normand Syfrid, dont il a été question plus haut.

Lorsqu'Arnoul fut devenu majeur, sa mère Mathilde, qui avait géré la tutelle durant la minorité du jeune marquis, se remaria à Godefroi, duc d'Ardenne, dont elle eut trois enfants. De son côté, Arnoul épousa Suzanne, fille de Béranger, roi d'Italie ; et de cette alliance naquit bientôt un fils, qui, plus tard, devint à son tour marquis des Flamands.

A cette époque, la Flandre jouissait d'un de ces intervalles de repos dont les nations ont tant besoin pour reprendre force et vigueur après des luttes prolongées : cette situation, momentanément prospère, formait contraste avec l'état désastreux où se trouvait réduite une contrée voisine.

Le Hainaut, plus que nulle autre province, avait été, en raison de sa position géographique, exposé depuis plusieurs siècles aux ravages des barbares. Toutes les hordes du Nord qui s'étaient précipitées sur les Gaules, depuis les Huns et les Vandales jusqu'aux Normands et aux Hongrois, avaient labouré ce malheureux pays, en y laissant des traces si profondes qu'il ne pût jamais arriver au degré de richesse qu'atteignit la Flandre au moyen-âge. Ce fut surtout après le dernier passage des Normands que cet affaiblissement devint plus sensible. L'énorme rançon que Rainier-au-Long-Col dut payer à Rollon, avait complétement ruiné les églises, les villes, les nobles et réduit en même temps au servage la classe des hommes qui n'eut point d'or à offrir aux vainqueurs. La misère et la dépopulation faisaient du Hainaut un vaste désert. Pour surcroît de malheur, Rainier, sans avoir égard au pénible sacrifice que la contrée s'était imposé pour le racheter, avait, dans son intérêt purement personnel, entrepris plusieurs guerres coûteuses. L'argent donné aux hommes d'armes se prenait sur celui qui aurait dû servir à réparer les maux de la patrie. Les églises dévastées par les Normands restaient en ruines, le comte s'en appropriait les terres, les possessions et les revenus; il retenait à son profit les domaines des nobles, enlevait aux laboureurs, aux gens des villes, clercs ou laïques, le peu de liberté qu'ils possédaient, et les soumettait à une dure servitude. Enfin son joug devint si lourd à porter, que d'un commun accord les églises, les châteaux et les villes poussèrent un cri de détresse vers l'empereur Othon, leur suzerain et leur défenseur naturel. Quant aux pauvres, ajoute la chronique, leurs clameurs s'adressaient au ciel (1). Othon, affligé de ces plaintes, convoqua à Mayence l'assemblée de ses palatins, et l'on décida qu'il fallait citer péremptoirement le comte Rainier à comparaître devant la personne sacrée de l'empereur ; ce qui fut exécuté. Mais Rainier ne se rendit point à l'ordre de l'empereur ; il se contenta d'envoyer un chevalier chargé de répondre aux imputations qu'on pourrait porter contre lui, et se tint prudemment renfermé dans son château de Mons.

Le promoteur impérial, au nom des églises et du pays de Hainaut, énonça devant le chevalier tous les griefs dont on avait à se plaindre ; à quoi ce dernier répondit : « Les allégations que portent contre mon seigneur les églises de Hainaut ne prouvent rien ; car ces églises sont dépeuplées de moines et d'autres serviteurs de Dieu. Du moins, s'il en reste encore, ils ne sont pas nombreux et ne valent pas grand' chose. Ainsi donc, le comte chargé de la défense du pays est en droit de profiter de leurs richesses dans ses nécessités, plus assurément que des évêques, que des étrangers, ennemis de la patrie, qui s'empareraient des revenus pour les aller manger au loin. Les imputations des nobles contre mon seigneur n'ont pas plus de valeur. Est-il juste que les sujets soient gorgés de biens, tandis que leur seigneur

---

(1) Pauperes vero ad cœlum clamitabant. — *Ex gestis Brunon. quæ Rogerus descrips. excerpt.* a J. de Guise, IX, 764.

est affamé? Quant aux villains et gens du commun peuple, ils n'ont aucune raison de se plaindre. Lorsque le seigneur Rainier tomba aux mains des hommes du Nord, tous les gens du pays qui ne pouvaient autrement contribuer à sa rançon, se donnèrent de plein gré corps et biens à leur seigneur, s'engageant pour eux et leurs descendants à demeurer serfs à perpétuité. Qu'ont-ils donc à réclamer aujourd'hui, si le comte en use comme on use de ses serfs (1)? » De telles raisons ne semblèrent point justificatives à l'empereur et à ses barons; le conseil décida que le seigneur Bruno, légat *a latere* du souverain pontife pour toute l'étendue de l'Empire romain, archevêque de Cologne, frère de l'empereur et son principal vicaire, se transporterait dans la Gaule inférieure, surtout au comté de Hainaut et pays circonvoisins, pour établir des enquêtes, opérer des réformes, faire des réparations, arracher la mauvaise herbe, en semer de bonne (2). Peu de temps après, l'archevêque arriva dans la cité impériale de Valenciennes et, en vertu de son office, somma formellement le comte Rainier à paraître devant lui. Il s'était fait accompagner de nombreux hommes d'armes et avait convoqué, pour l'assister de leur présence et de leur appui, plusieurs grands feudataires, en tête desquels figuraient le marquis des Flamands et le comte de Louvain. Rainier, ne pouvant plus se dispenser de comparaître devant le vicaire impérial, se rendit à Valenciennes; et comme il lui fut impossible, malgré tous ses efforts, de se disculper

---

(1) *Ibid.*

(2) « Partes Galliæ inferioris et præcipue ad comitatum Montensem et partes vicinas ad inquirendum, puniendum, reformandum, reparandum, reædificandum, evellendum et plantandum, mitteretur : quod et factum est. » — *Ibid.*

des accusations portées à sa charge, l'archevêque le fit saisir et emmener en exil : ses biens furent confisqués et ses deux fils condamnés à sortir du Hainaut. L'assemblée choisit alors pour gouverner le pays deux nobles hommes, Rainaud et Garnier; et l'on décida d'un commun accord que le Hainaut serait soumis à la surveillance du marquis des Flamands et du comte de Louvain (1). Quand cette première et importante affaire fut réglée, Bruno s'occupa de rétablir l'ordre dans les églises, les abbayes, les châteaux et les bourgs; dans les communes et les offices du comté et des régions voisines. Il fit de sérieuses enquêtes touchant les revenus anciennement octroyés aux églises et monastères. Tous les lieux consacrés à Dieu, les reliques des saints, les châsses précieuses furent l'objet d'un examen scrupuleux, non moins que les villes, les châteaux, les nobles et les non-nobles, leurs franchises, lois et coutumes. A ce sujet il s'éleva un différend entre le prélat et les barons du Hainaut : Bruno voulait donner aux abbayes et aux églises les biens des hommes de guerre, nobles ou non, qui avaient péri lors des invasions normandes ; le tout pour la rédemption de leurs péchés et le salut de leurs âmes. Les barons soutenaient, au contraire, qu'il serait plus profitable de laisser les biens et revenus aux chevaliers et gens d'armes chargés de la garde et de la défense du pays, supportant seuls le poids de la guerre, seuls capables de produire une lignée courageuse pour la gloire et le salut de la patrie. Ils voulaient au moins que, si l'on attribuait des biens aux moines, ces derniers fussent obligés d'entretenir des soudoyers, en proportion des revenus qu'on leur laisserait toucher.

(1) *Ibid.*, 370

Quant aux communes, aux laboureurs et aux pauvres gens, ils recommencèrent leurs doléances. Ils se plaignirent du prince et de ses chevaliers qui, sans cesse ni relâche, les écrasaient de services, de charges et d'impôts toujours plus lourds, toujours plus intolérables les uns que les autres. Aucun sur sa vie n'eût osé contredire ces cruels barons : la mort, la proscription, la perte de leurs membres ou de leurs biens les faisaient taire. Parfois les barons, pour assouvir leur cupidité ou d'autres passions plus coupables encore, leur enlevaient sans pitié leurs femmes, leurs filles, leurs fils ; et dans ces circonstances il n'y avait que Dieu qu'ils pussent invoquer pour juge (1).

L'archevêque de Cologne s'adressa d'abord aux barons : « Je crois fermement, leur dit-il, et je confesse devant Dieu et les hommes que le Seigneur tout-puissant n'a permis l'invasion des Huns, des Goths, des Vandales et des Alains, dans cette contrée et ailleurs, que pour satisfaire sa justice et en punition de nos péchés. Les Danois et les Normands ont été ensuite dirigés par lui contre nous, parce que nos fautes ne diminuaient point ; et si nous ne changeons de vie, si nous ne nous humilions devant Dieu, de plus rudes châtiments encore nous sont réservés. Qui donc osera s'armer contre le Seigneur? Qu'est devenue cette fameuse tour de Babylone élevée pour résister à Dieu? Qu'est devenu ce Nemrod appelé devant Dieu, intrépide chasseur, c'est-à-dire, intrépide brigand?... (2). Je décrète et prononce par sentence irrévocable, que tous les biens et revenus des défunts nobles ou non-nobles, n'importe leur sexe, seront

---

(1) *Ibid.*, 374.

(2) « .. Quid valuit Nemroth, qui robustus venator coram Domino dicebatur, id est, robustus depraedator ? » — *Ibid.*

dévolus aux soldats du Christ, afin que par sacrifices et prières ils combattent nuit et jour pour nous et pour le salut du pays devant le Seigneur. Ils possèderont ces biens sans contestation et à perpétuité, car Dieu seul en est le légitime héritier. »

Puis s'adressant aux gens des communes et aux villains présents à l'assemblée : « La véritable noblesse consiste à servir le Christ. Afin de vous affranchir de la lourde servitude des hommes, nous décrétons que ceux de vous qui dans l'année auront dévotement et solennellement confié leurs personnes et leurs biens au patronage et à la juridiction d'un saint, d'une sainte ou d'une église privilégiée, jouiront à perpétuité des priviléges et libertés concédés auxdites églises par les souverains pontifes, les empereurs ou autres. Nous entendons qu'eux et leurs descendants soient traités comme confrères et serviteurs desdites églises et tenus à jamais comme francs et libres... (1). »

Lorsqu'après avoir opéré toutes ces réformes le vicaire impérial fut parti, les fils du comte dépossédé, Rainier et Lambert, songèrent à venger leur père toujours tenu en exil, et à reconquérir le Hainaut. Assistés des Francs, dont le monarque continuait à être hostile à l'empereur, ils attaquèrent près du village de Péronne, situé aux environs de Binch, Garnier et Raynold, détenteurs du comté, les défirent, et les tuèrent; puis, forts d'une victoire aussi décisive, ravagèrent la Lorraine. Othon mourut sur ces entrefaites. Alors les deux frères, qui avaient conservé dans leur patrie quelques partisans, y revinrent avec de nouvelles troupes, afin d'essayer de reconquérir en entier leur patrimoine que le

---

(1)... » Et tanquam confratres aut familiares dictarum ecclesiarum libertatos aut liberos irrefragabiliter decrevimus reputari. » — *Ibid.*, 376.

successeur d'Othon à l'empire venait d'attribuer à Godefroi d'Ardenne et à Arnoul, comte de Valenciennes et de Cambrai. Ils s'établirent d'abord au château de Boussoit sur la rivière de Haine, s'y fortifièrent et de là coururent le pays, tuant, dérobant, brûlant et faisant le plus de mal qu'ils pouvaient. Othon II ne tarda pas à être informé de cette nouvelle entreprise. Il leva une armée, convoqua ses vassaux et entre autres l'évêque de Cambrai, dans le diocèse duquel ces choses se passaient, et vint mettre le siége devant Boussoit. Les deux frères se défendirent bravement; mais enfin, le château étant pris, ils tombèrent aux mains de l'empereur, qui se contenta de les envoyer en exil, croyant peut-être qu'ils avaient été trop châtiés dans leur tentative pour en recommencer une autre. Il se trompait; car Rainier et Lambert, éloignés de leur pays, n'avaient point perdu tout espoir d'y rentrer, et se ménageaient en conséquence de puissants auxiliaires. Ayant trouvé un asile à la cour du roi Lothaire, l'un épousa bientôt Hedwige, fille de Hugues Capet, et l'autre Gerberge, fille de Charles, duc de la Basse-Lorraine. Fortifiés par ces alliances royale et princière, ils revinrent en Hainaut et s'avancèrent hardiment sur Mons que défendaient des hommes d'armes du comte Arnoul. Aux environs de cette ville, les troupes de Charles de France rencontrèrent celles de Godefroi et d'Arnoul. Le choc fut sérieux, et il y eut beaucoup de perte de part et d'autre; mais l'armée des deux comtes fut encore plus gravement endommagée que celle de Charles. Godefroi d'Ardenne, percé d'un coup de lance, ne fut transporté en lieu convenable qu'après être resté jusqu'au coucher du soleil gisant à terre. Il ne mourut pas de sa blessure, mais il en demeura languissant le reste de ses jours. Quant à Arnoul, on assure qu'il chercha son salut dans la fuite (1). Après cette action, les deux frères et leurs alliés, dont les forces étaient singulièrement diminuées, se retirèrent sans essayer de mettre le siége devant Mons ni même de pénétrer plus avant dans le Hainaut. A force de persévérance, d'énergie, et grâce à l'aide que leurs beaux-pères ne cessèrent de leur prêter, les fils de Rainier parvinrent enfin à se réintégrer dans leur patrimoine. Ces luttes au sein d'une contrée si tristement appauvrie depuis longues années, n'étaient point de nature à cicatriser les plaies dont elle gémissait.

En France se préparaient alors des événements d'une haute gravité. Nous avons signalé l'affaiblissement graduel de la monarchie carlovingienne. Nous allons bientôt voir s'élever sur ses débris un pouvoir nouveau aux mains d'une dynastie nouvelle et plus vivace.

L'imagination populaire s'est plu à attribuer une cause toute surnaturelle et mystérieuse à cette révolution. Les corps de saint Riquier et de saint Valery, dit un très-ancien légendaire (2), avaient été transportés en Flandre à l'époque des Normands et déposés dans l'église de Saint-Bertin. Les moines des abbayes dont ces deux saints étaient les patrons réclamèrent leurs reliques ; mais les religieux de Saint-Bertin refusèrent pendant long-temps de les leur rendre. Le comte des Flamands, Arnoul, protégeait cette usurpation de son violent pouvoir. Une nuit saint Valery apparut en songe à Hugues Capet, alors comte de

---

(1) Flodoard. chron. ap. Bouquet, viii, 214.
(2) Ex Gestis sanctorum Richarii et Walerici, ap. J. de Guise, ix, 412.

Paris, et lui dit : « Envoie vers le comte de Flandre Arnoul, afin qu'il rende nos corps à nos églises (1). » Hugues répondit : « Seigneur, qui es-tu, et quel est ton compagnon ? » — « Je m'appelle Valery, et celui qui se tient à mes côtés est Riquier de Ponthieu. Exécute bien vite et sans feinte ce que Dieu t'ordonne par ma bouche (2). » Hugues, émerveillé de cette vision, dépêcha vers Arnoul des députés chargés de réclamer les corps des deux saints. Le marquis refusa fièrement de satisfaire à cette demande. Alors Hugues envoya de nouveaux messagers avec ordre de sommer Arnoul d'amener les corps en grande révérence : sous peine de s'y voir contraint par la force, le comte de Paris étant résolu d'aller lui-même reprendre les saints et de faire payer cher aux détenteurs leur criminelle audace. Arnoul, qui connaissait combien Hugues était puissant et déterminé, craignit de résister davantage, quoiqu'il lui en coutât beaucoup de perdre des reliques si précieuses. Alors il fit orner d'or et d'argent deux boîtes et y déposa les corps des bienheureux. Au jour indiqué pour la remise, Hugues, accompagné d'une multitude de chevaliers et d'hommes d'armes, vint au château de Montreuil. De son côté, Arnoul, suivi d'un nombreux cortége, mais humble et désarmé, s'avança, apportant les corps dans les belles châsses qu'il avait fait construire. Après qu'il les eut données au comte de Paris, celui-ci les réintégra dans leurs églises respectives. La nuit suivante, saint Valery apparut de nouveau à Hugues et lui

---

(1) « Mitte ad Arnulphum, comitem Flandriæ, ut remittat corpora nostra in nostris ecclesiis. » — *Ibid.*

(2) Et respondit Hugo : « Domine, quis es tu, et socius tuus ? » — « Ego, inquit, vocor Walericus, iste vero est Pontiuensis Richarius. Age quæ tibi præcepit Deus per me festinanter, et ne dissimules. » — *Ibid.*

dit : « Puisque tu as accompli mes ordres avec zèle, toi et tes descendants vous régnerez de génération en génération à perpétuité sur le royaume des Francs (1). »

Louis V, fils et successeur de Lothaire, ne survécut à son père que d'un an et mourut sans postérité. Le royaume devait appartenir de droit à Charles, duc de Basse-Lorraine et fils de Louis d'Outremer. Mais il lui fut vivement contesté par les adversaires implacables de la race carlovingienne, les comtes de Paris, dans la maison desquels le sceptre avait déjà été tenu par deux princes, Eudes et Robert, qui ne purent le transmettre à leurs descendants. Charles appuyé des seigneurs du midi, du comte de Vermandois et surtout de son parent, le comte Arnoul, fit à Hugues Capet une guerre vigoureuse, au début de laquelle il s'empara du bourg royal de Laon. Hugues vint à son tour l'assiéger dans cette ville. Après deux mois d'assauts sans résultats, Hugues désespérait de pouvoir continuer le siége, lorsque Charles, faisant une sortie à l'improviste, brûla le camp du comte de Paris, qui perdit en cette occasion beaucoup de monde, et fut contraint à fuir d'une façon peu glorieuse (2).

L'année suivante, Charles prit Montaigu. Puis, ravageant tout sur sa route, il s'avança jusqu'à Soissons, d'où il marcha sur Reims : il en leva bientôt le siége pour revenir à Laon chargé de butin. Quelque temps après, il se porte de nouveau vers Reims, qu'il attaque alors plus vigoureusement que la première fois, et ne tarde pas à s'en rendre maître. Il saisit dans la ville l'archevêque institué par Hugues,

---

(1) « Quia studiose egisti quæ præcepta sunt tibi, tu in regno Francorum et successores tui usque in sempiternam generationem regnabitis. » — *Ibid.*, 414.

(2) Ipse Hugo, plurimis suorum peremptis, turpiter fugiens vix evasit. *Andreas Marcianensis*, lib. II.

ainsi que plusieurs des principaux personnages ; il les enferme soigneusement à Laon. De tels succès commençaient à inquiéter beaucoup le prétendant : il vit bien qu'il ne viendrait pas facilement à bout de Charles s'il n'employait d'autres moyens que la force. Il noua donc des intelligences avec le vieux traître Ascelin, comme l'appelle un très-ancien chroniqueur flamand (1). Cet Ascelin, qui plus tard changea de nom et se fit appeler Adalbéron, était évêque de Laon, et de plus conseiller intime de Charles, qui jamais n'avait conçu le moindre soupçon contre cet indigne prélat. Ce fut lui qui consomma la ruine des derniers enfants de Charlemagne : aussi son nom est-il resté en exécration dans les provinces du nord de la Gaule, où la cause des Carlovingiens avait inspiré de vives sympathies.

La nuit du jeudi-saint, à l'heure où chacun est plongé dans le sommeil, un des portiers de la ville, gagné par l'évêque, ouvrit, à un signal convenu, la porte qui se trouvait la plus voisine du palais épiscopal. Hugues et ses hommes d'armes pénétrèrent alors facilement dans la cité, la torche d'une main, l'épée de l'autre. Charles et sa femme, brusquement réveillés par le bruit du massacre, songeaient à fuir, quand des soldats, survenant aussitôt, les saisissent dans leur lit, les enchaînent, et, par ordre de Hugues, les conduisent au château d'Orléans où une forte tour leur devait servir de prison (2).

Le duc de Basse-Lorraine avait deux fils qui furent proclamés rois par les seigneurs du parti de leur père. Poursuivis et traqués par Hugues, ils se réfugièrent d'abord en

---

(1) « Consilium habuit cum Ascelino traditore vetulo » — *Ibid.*
(2) *Ibid.*

Aquitaine, puis auprès de l'empereur Othon en Germanie, où Charles alla les rejoindre lorsqu'il fut délivré de prison. Il ne vécut pas long-temps dans l'exil ; et il paraît que sa postérité masculine ne tarda pas non plus à s'éteindre. Quoi qu'il en soit, Hugues n'attendit point la mort de Charles ni l'anéantissement de la race de ce dernier pour se mettre la couronne sur la tête. Il fit plus encore : ayant convoqué à Orléans les feudataires de France et de Bourgogne, il leur ordonna de reconnaître le jeune Robert, son fils, comme l'héritier du trône. A cette époque, l'hérédité n'était point tellement passée en force de chose jugée qu'elle n'eût souvent besoin de telles consécrations. Hugues d'ailleurs prétendait fonder la perpétuité de sa dynastie sur le principe que lui-même venait de méconnaître et d'abolir.

Le marquis des Flamands, vivement affecté de la grande injustice dont sa famille venait d'être la victime, ne voulut d'abord reconnaître ni Hugues, ni son fils Robert. Hugues menaça d'envahir la Flandre ; et, passant bientôt de la menace à l'exécution, il vint, suivi d'une armée puissante, attaquer les parties occidentales, où il brûla partout les champs et les villages. Il prit même, dit-on, quelques châteaux et villes, entre autres le bourg d'Arras ; mais il les rendit peu de temps après, car Arnoul, jugeant la cause des Carlovingiens à jamais perdue, se décida enfin, à la persuasion du duc Richard de Normandie, à reconnaître le jeune Robert. La même année, le 30 mars, Arnoul mourut prématurément dans la fleur de l'âge, laissant pour successeur un jeune fils du nom de Baudouin, qu'il avait, comme nous l'avons dit, retenu de son mariage avec Suzanne, fille de Bérenger, roi d'Italie.

Des troubles intérieurs survinrent en Flandre pendant la

minorité de cet enfant, connu dans les annales flamandes sous le sobriquet de Bauduin-à-la-Barbe, ou Bauduin Belle-Barbe, titre qu'il prenait quelquefois lui-même dans ses diplômes. Les invasions réitérées des barbares avaient nécessité la construction d'un grand nombre de bourgs ou châteaux forts (*burgen*). En France on en rencontrait beaucoup, mais ils étaient encore plus multipliés dans les marches septentrionales des Gaules. Les marquis, depuis Bauduin-Bras-de-Fer, en avaient établi plusieurs sur différents points du territoire flamand, en leur donnant des commandants qui prirent le nom de châtelains ou vicomtes : titres qu'ils abandonnèrent plus tard. Leur autorité s'étendait sur une assez grande portion de pays autour de leur forteresse. Représentants du souverain, ils exerçaient en son lieu et place un double pouvoir, militaire et judiciaire. Des empiétements successifs les rendirent par la suite fort redoutables et obligèrent quelquefois les comtes à réprimer leurs rébellions à main armée. Dès l'époque qui nous occupe, un de ces délégués était devenu assez puissant déjà pour chercher à se rendre indépendant et à soulever les populations. Eilbodon, châtelain de Courtrai, homme de noble origine, abusant de la faiblesse du jeune Bauduin, s'empara de toute la châtellenie, dont il fit un comté à part, après avoir octroyé aux habitants certains avantages au prix desquels il sut se concilier leur appui. Il leur fit en outre promettre de résister à Bauduin, si ce dernier venait un jour à vouloir revendiquer ses droits sur le bourg de Courtrai.

Eilbodon se maintint en cet état de révolte pendant un certain temps; après quoi il vint à mourir. Bauduin, alors en âge de porter les armes, songea à reconquérir la portion de territoire qui lui avait été si audacieusement enlevée.

Les habitants d'Harlebeke, ville peu éloignée de Courtrai, étaient toujours restés fidèles au marquis, ce qui leur avait valu de la part des Courtraisiens de fréquentes agressions. Quand ces derniers eurent appris les intentions de Bauduin, ils imaginèrent d'envoyer, par une belle nuit, quinze conjurés mettre le feu tout autour d'Harlebeke pour punir cette ville de son obéissance obstinée au souverain légitime. Les flammes, excitées par un vent violent, envahirent la ville, dont les maisons en bois adhérentes les unes aux autres prirent feu rapidement. L'incendie se développa avec une effrayante activité, gagna l'église de Saint-Bertulphe et la dévora sans qu'il fût possible de rien sauver des objets qu'elle contenait (1). Parmi les plus précieux se trouvaient la majeure partie des ossements du bienheureux Bertulphe que les habitants d'Harlebeke tenaient de la munificence du comte Arnoul-le-Vieux, et qu'ils conservaient en grand honneur (2). Leur affliction fut vive ; et pendant plusieurs jours on les vit, oubliant toute autre chose, chercher avec une inquiète sollicitude les reliques du saint patron parmi les décombres fumants. Ils désespéraient de les trouver, lorsqu'un prêtre nommé Bugécinus, qui, déplorant plus que tout autre la perte des saints ossements, n'avait cessé de gémir et de prier sur les ruines de son église, entend tout à coup parmi les flammes une crépitation singulière (3) ; il s'approche et voit des os humains noircis à leur surface par le contact du feu

---

(1) Flammæ autem, vi ventorum impellente, domos domibus cohærentes consumebant, ecclesiamque S. Bertulphi ita repente invadebant, ut nihil aut parum omnino supellectilis ecclesiasticæ inde posset auferri. *Vita S. Bertulphi ap. Acta SS. Belgii*, v, 484.

(2) *Ibid.*

(3) « Ecce inter ipsas flammas cœpit crepitus quidam... audiri. » — *Ibid.*

et disjoints les uns des autres. C'étaient les os du saint. La joie fut grande, le peuple rendit grâces à Dieu; et comme il n'y avait plus d'église à Harlebeke pour y déposer les reliques, et que d'ailleurs on craignait à chaque instant une invasion des gens de Courtrai, on les mit dans un bateau sur la Lys et on les transporta processionnellement aux environs de Gand, à Vive-Saint-Éloi, où existait alors un château très-fortifié.

Cette découverte miraculeuse fit sensation en Flandre; elle ranima le zèle des populations, qui, indignées de la rébellion des bourgeois de Courtrai et surtout de la cruauté sacrilége avec laquelle ils avaient brûlé Harlebeke et son église, vinrent bientôt se joindre à Bauduin pour les mettre à la raison. Le châtelain Eilbodon n'était plus là pour alimenter la révolte; les bourgeois n'y avaient persisté, depuis la mort de ce dernier, que dans la crainte du châtiment qui les attendait. Quand ils se virent complétement isolés, quand il ne leur resta aucun espoir d'être secourus, ils se soumirent; et de long-temps les châtelains, en Flandre, n'osèrent plus fomenter d'insurrections. Il est probable que le marquis Bauduin châtia les Courtraisiens de manière à ôter aux bourgeois en général l'envie de servir les projets ambitieux des barons.

Au temps où Bauduin réprimait ces dissensions intestines, mourut le dernier des Carlovingiens, Othon, fils du roi Charles. Ainsi que nous l'avons dit, l'empereur avait accueilli les enfants fugitifs du malheureux prisonnier de la tour d'Orléans; il avait même donné le duché de Lorraine au jeune Othon, dont le père et le frère avaient déjà fermé les yeux: car la mort s'était fait à propos la complice de l'usurpation capétienne. Othon laissait deux sœurs, l'aînée,

Ermengarde, mariée à Albert, comte de Namur, et la cadette, Gerberge, à Lambert, frère-germain de Rainier, comte de Mons ou du Hainaut. Bauduin aurait voulu que ces deux princesses ou plutôt leurs maris héritassent de la Lorraine. Mais Henri, roi de Germanie, qui avait succédé à son frère Othon III, donna ce duché à Godefroi d'Einham, qui, pendant l'exil des frères Rainier et Lambert, avait possédé le Hainaut. Les faveurs dont Godefroi semblait l'objet excitèrent l'envie de plusieurs seigneurs puissants, qui, tout feudataires qu'ils étaient de l'empire, refusèrent de reconnaître le nouveau duc. Les époux des deux princesses lui étaient naturellement opposés : Rainier, comte de Hainaut, se rappelait que Godefroi avait jadis occupé violemment son patrimoine ; Thierri, comte des Frisons, croyait aussi devoir épouser la querelle de ces barons lotharingiens dont le principal mobile était sans doute l'espoir de se libérer d'une vassalité qui les gênait, et de se rendre tout à fait indépendants de l'empire. Mais le plus animé et le plus impatient de tous fut le jeune Bauduin. Il franchit l'Escaut, fleuve qui formait la séparation naturelle du Hainaut d'avec la Flandre, et, suivi de nombreux chevaliers et hommes d'armes, vint mettre le siége devant la ville de Valenciennes, où commandait alors, pour l'empereur, ainsi que nous l'avons dit plus haut, un comte du nom d'Arnoul, dont la domination s'étendait également sur le Cambrésis. Il s'en empara sans beaucoup de peine ; car le nouveau duc de Lorraine, Godefroi, était alors éloigné de ces lieux et Arnoul n'avait que peu de troupes sous ses ordres (1).

(1) Ipse vero Balduinus interim, multa manu collecta, Valentianense castrum obsedit, atque Arnulfo, quia longe numero erat inferior, expulso, vindicare præsumpsit. *Bald. Chron. Cam. et Atr.*, 189.

De Valenciennes, qu'il fortifia au préalable et où il laissa bonne garnison, il se jeta sur Eenham, sur Brachant et sur plusieurs villes du Hainaut, qu'il enleva; puis il alla s'emparer de ce château impérial de Gand bâti sous Arnoul-le-Vieux et qui se dressait menaçant contre la ville de Gand, une des meilleures cités du marquisat de Flandre. De là il se porta sur le Cambrésis, terre relevant de l'empire, comme on sait, et il y fit un grand dégât, sans oser cependant attaquer la ville, qui, depuis le siége des Hongrois, avait relevé ses murs et refortifié son bourg de manière à le rendre presque inabordable.

Irrité de ces actes d'audace, l'empereur Henri somma à plusieurs reprises Bauduin de comparaître devant lui, afin de se justifier dans l'assemblée des grands vassaux. Le marquis ne fit nul cas de ces sommations et répondit qu'il ne se reconnaissait pas vassal de l'empereur, mais du roi de France seulement. En effet, à cette époque aucun lien féodal n'unissait encore les princes flamands avec les empereurs et l'empire d'Allemagne.

Lorsque le roi de Germanie connut l'obstination de Bauduin, il entra rapidement en Hainaut et vint investir le Flamand dans Valenciennes. D'autre part, Robert, roi des Francs, et Richard de Normandie lui arrivèrent comme auxiliaires; mais les efforts combinés de ces trois puissants personnages ne purent rien contre la valeur opiniâtre de Bauduin (1). Il se défendit avec tant de courage que, de guerre

(1) « Rex itaque, paucis post diebus, multitudine suorum principum fultus, immo etiam cum Roberto, rege Karleusium, sed et pariter cum Richardo, duce Rothomagensium, idem castellum cum indignatione aggressus, super Balduinum irruit, sed exigentibus peccatis populi, immo et aliquot suorum fraude detrectantibus, frustrata spe, nihil proficiens, in sua remeavit. » — *Ibid.*

lasse, les princes alliés finirent par lever le siége et s'en aller. Bauduin s'était imaginé que l'évêque de Cambrai, Herluin, avait été l'instigateur de ce siége en excitant le courroux du roi de Germanie : il se montra très-irrité contre ce prélat et menaça de lui faire sentir les effets de sa vengeance, à lui et à toute la contrée qu'il administrait (1). L'évêque épouvanté confia le gouvernement de Cambrai à ses archidiacres et aux principaux de ses chevaliers, et pour échapper aux violences qu'il redoutait de la part du marquis il se retira près de son souverain le roi de Germanie.

Vers l'été de l'an 1007, ce dernier, excité peut-être par l'évêque Herluin, résolut de châtier Bauduin et se remit en campagne. A son armée se joignit Notger, évêque de Liége, et sans doute aussi quelques autres feudataires lorrains. Henri fit de grands ravages en Flandre, ne perdant pas son temps autour des villes et des châteaux, mais brûlant les villages et les moissons, enlevant les paysans, qu'il envoyait au fond de l'Allemagne ; faisant prisonniers tous les gens de condition noble, afin d'en tirer rançon ; prenant les denrées et le bétail, ruinant enfin la contrée de fond en comble. Un auteur contemporain compare cette marche de l'empereur à l'invasion des sauterelles en Égypte (2). Le même écrivain rapporte que quatre soldats impériaux, ayant voulu dans ces circonstances et nonobstant la résistance d'un prêtre du lieu, nommé Adalbert, dépouiller

---

(1) « Ideoque in ipsum et in viscera totius urbis districtam ultionem se facturum esse minatur. » — *Ibid.*

(2) Venit idem rex cum magno militum tumultu, multoque armatorum strepitu... quasi locustæ in Ægypto... incendiis et rapinis omnia dissipavit. *Acta translationis S. Livini, ap. Acta SS. Belgii,* III, 131.

la chapelle de Saint-Liévin à Holthem en Brabant (1), devinrent subitement aveugles et se mirent à demander à grands cris qu'on les emmenât hors de l'église. Le roi Henri, que sa piété éleva plus tard au rang des bienheureux, fut grandement émerveillé de ce prodige. Revêtu d'un humble cilice et couvert de cendre, il se prosterna devant l'autel où s'était commis le sacrilége, fit amende honorable, pria pour le succès de son expédition et accorda de grandes largesses à la chapelle de Saint-Liévin (2).

Henri se trouvait tellement en force, que les hommes d'armes disséminés çà et là dans les bourgs et les châteaux n'osaient pas sortir pour s'opposer à la marche calamiteuse du prince germain. Bauduin lui-même n'essaya point de l'arrêter. Il se tenait, avec le plus de gens armés qu'il avait pu rassembler, dans la ville de Gand et dans le château impérial dont il s'était emparé l'année précédente ; car il prévoyait bien que le roi Henri tenterait de ressaisir cette importante position. En effet, au mois d'août, il arriva à Gand, qu'il investit ainsi que le château. Ses attaques les plus vives portèrent sur cette forteresse. Mais il ne put s'en rendre maître ; et Bauduin, qui, paraît-il, s'entendait fort bien à la défense des villes, eut, comme à Valenciennes, la satisfaction de voir une armée nombreuse, commandée par le plus puissant prince qu'il y eût peut-être alors dans la chrétienté, s'en aller peu triomphalement.

Bauduin cependant ne pouvait rester long-temps en hostilité avec l'empire d'Allemagne. Son pays, entouré de grands fiefs impériaux, était sans cesse exposé aux invasions : il songea à faire la paix ; et le moment se trouvait des

---

(1) Aujourd'hui Sinte-Lievens-Houlthem.
(2) *Acta transl. S. Livini*, loco citato.

plus favorables, car l'empereur continuait à être en butte aux séditions des princes lorrains (1). Bauduin alla donc le trouver à Aix-la-Chapelle, et lui remit Valenciennes en échange des Flamands prisonniers depuis les dernières guerres et au nombre desquels il y avait des personnages considérables. Il lui offrit de plus son alliance, que l'empereur agréa de grand cœur et pour prix de laquelle il lui rendit Valenciennes à tenir en bénéfice de l'empire (2). Bauduin se montra désormais plein de fidélité et de dévouement envers l'empereur; il l'aida efficacement à réprimer les révoltes des seigneurs lorrains. Sa faveur alors s'accrut au point que l'empereur lui fit don de Walcheren et de plusieurs autres îles de la Zélande; enfin il lui confirma la possession du château de Gand et du territoire auquel le fort commandait, c'est-à-dire la rive droite de l'Escaut, le pays de Waes et les Quatre-Métiers. C'est à partir de cette époque que les comtes de Flandre devinrent vassaux de l'empire pour les terres qu'ils tenaient de lui, lesquelles terres prirent le nom de Flandre impériale.

Après ces événements, la paix ne paraît pas avoir été troublée en Flandre durant plusieurs années; et les annales du pays ne mentionnent plus, dans cet intervalle de tranquillité, que certains faits sur lesquels il est resté d'ailleurs peu de détails. Ainsi, l'on dit qu'en l'an 1008 une maladie pestilentielle fit tant de ravages qu'à peine les vivants suffirent-ils à ensevelir les morts; l'année suivante mourut Mathilde, mariée d'abord à Bauduin-le-Jeune, et par con-

---

(1) Postea tamen gravibus et multis seditionibus premitur. *Bald. Chron.*, 190.

(2) « Et ideo Balduino, ut sibi esset auxilio, castellum hoc Valentianense beneficiavit. » — *Ibid.*

séquent, grand' mère de Bauduin Belle-Barbe ; le 28 septembre de l'année 1014, la mer, soulevée par les vents, inonda les parties basses des côtes de Flandre et y causa les plus cruelles dévastations ; enfin, en 1017, il apparut une grande comète qui répandit beaucoup de terreur parmi les populations.

Cependant le fils de Hugues Capet se maintenait sur le trône, et la consolidation de cette race nouvelle fit désirer à Bauduin de renouer avec elle les liens de famille qui unissaient si étroitement les marquis de Flandre à la dynastie précédente. Bauduin avait épousé naguère Ogive, fille de Frédéric, duc de Luxembourg, et le premier fruit de cette union fut un fils qui devait plus tard succéder à son père sous le nom de Bauduin de Lille ou le Débonnaire. Il était à peine sorti d'enfance lorsque le marquis demanda pour lui la main d'Adèle, fille du roi Robert. Ce dernier l'accorda volontiers ; et Bauduin Belle-Barbe alla chercher Adèle encore au berceau et la ramena en Flandre pour être plus certain de l'alliance (1). La jeune fille y fut soigneusement élevée ; et lorsqu'elle fut nubile le mariage se conclut à la satisfaction de chacun.

Cependant cette union royale inspira bientôt un grand orgueil au jeune Bauduin. Soit qu'il fût entraîné par sa propre inspiration, soit qu'il cédât aux instigations de quelques barons ambitieux et turbulents, et même à celles du roi de France son beau-père, ce qui est l'hypothèse la plus probable et la plus généralement admise (2), il ne

---

(1) En cel tans requist li cuens Bauduins de Flandres, le roi Robert de France, que il li donnast sa fille avoec Bauduin son fill, et li roi li otria et li cuens l'enmena petite en biere en Flandres. — *Li estore des dus de Normendie et des rois d'Engleterre*, msc. du Roi, n° 455, f° 145, 1re col.

(2) *Ibid.*

craignit pas de se révolter contre son père. Cette rébellion devint en peu de temps assez menaçante pour forcer Bauduin Belle-Barbe à aller trouver Robert, duc de Normandie, le fils de son ancien ennemi, et implorer des secours contre son fils. Robert, touché du malheur de l'illustre marquis, rassembla ses hommes d'armes en toute hâte et fondit impétueusement sur les parties du marquisat soulevées par le jeune Bauduin. Il arriva de la sorte au pays d'Artois devant un château fort, appelé Chocques, entre Aire et Lillers, occupé par les rebelles. Le château fut emporté et immédiatement brûlé avec tous ceux qu'il renfermait. Ce châtiment terrible effraya les barons qui, en assez grand nombre, avaient pris le parti du jeune Bauduin : ils l'abandonnèrent aussitôt, et, pour gage de leur soumission, envoyèrent d'importants otages au duc de Normandie. De son côté le fils insoumis, se voyant délaissé, adressa une ambassade à Robert pour le supplier d'intercéder en sa faveur auprès du marquis (1). Cette demande fut accueillie avec bienveillance par le Normand, qui s'occupa d'opérer une réconciliation entre le père et le fils. Le comte Bauduin Belle-Barbe, tout courroucé qu'il était, céda aux instances du duc. Il convoqua à Audenarde une assemblée à laquelle se trouvèrent la plupart des évêques et des barons flamands. On apporta dans la salle, où le fils repentant devait demander pardon au seigneur son père, toutes les reliques que possédaient les églises et les monastères du pays : les corps des bienheureux Gérulphe, Wandrille, Ansbert, Wulfran, Bavon, Amand, Pharaïlde, Donatien, Amalberge, Walburge,

---

(1) « Puis manda li fils au duc, et proia que il le concordast au père et li dus si fist. » — *Ibid.*, 2ᵉ col.

Landoald, Vindicien, Vaast, Bertin et Winoc étaient là réunis pour appliquer à cet acte la solennelle autorité de leur présence. Le jeune Bauduin et ses adhérents firent amende honorable et jurèrent la paix du pays. Après quoi il y eut des processions religieuses où la châsse magnifique de Gérulphe marcha toujours en tête; car c'était un saint flamand.

Cette année-là mourut le roi de France, Robert. De son vivant il avait associé à la royauté Hugues son fils aîné, en le faisant couronner à Compiègne dès l'an 1017 : l'histoire attribue de très belles qualités à ce jeune prince, qui malheureusement ne monta pas sur le trône ; car il précéda de deux ans son père dans la tombe. Henri, deuxième fils de Robert, succéda à celui-ci et fut sacré roi devant la plupart des grands feudataires et des prélats du royaume. Mais, nonobstant l'ordre de primogéniture qui s'observait toujours, hors le cas d'imbécillité ou d'impuissance, Constance, veuve de Robert, la plus belle mais aussi l'une des plus méchantes femmes de son siècle, voulut faire proclamer son quatrième fils, Robert, qu'elle chérissait plus que nul autre. Elle s'était ménagé des partisans nombreux et puissants, parmi lesquels se trouva Bauduin Belle-Barbe : cette ligue ne put prévaloir contre le principe ; et Henri se maintint sur le trône de France, qu'il devait occuper pendant plus de trente ans.

Quant à Bauduin Belle-Barbe, après un règne de près d'un demi-siècle il mourut, le 30 mai 1036, laissant son pays en paix et son successeur en bonne amitié avec l'empereur et le roi de France tout à la fois ; ce qui ne s'était guère vu jusque-là. Bauduin durant sa vie avait, à l'exemple de ses ancêtres, prêté beaucoup de soin aux intérêts de la religion, sans négliger néanmoins les affaires de la politique intérieure du comté, auxquelles il apporta, dit-on, une sollicitude toute particulière. Ainsi l'on raconte qu'il forma de nombreux chevaliers et prépara ce valeureux baronage qui bientôt devait prendre une si glorieuse part dans les croisades; qu'il érigea plusieurs seigneuries afin d'en faire des apanages à ses hommes d'armes; qu'il institua des baillis pour rendre en son nom la justice dans les bourgs et les châteaux. Enfin l'on assure que la ville de Bruges doit à ce prince les premiers éléments de ces libertés communales sous l'influence desquelles elle devait arriver un jour à tant de grandeur et d'opulence.

IV

BAUDUIN DE LILLE. — BAUDUIN DE MONS.

1036 — 1070

Guerre contre l'empereur. — Le château de Gand pris par ruse. Guillaume-le-Bâtard, duc de Normandie, épouse Mathilde, fille de Bauduin de Lille. — Bauduin, fils de ce dernier, épouse Richilde, comtesse de Hainaut. — Démêlés entre saint Liébert, évêque de Cambrai, et Jean, avoué de cette ville. — L'empereur envahit de nouveau la Flandre. — Relations avec la France. — Bauduin de Lille est nommé régent du royaume et tuteur du jeune roi Philippe. — Aventures de Robert, second fils de Bauduin. — Ses expéditions en Frise. — Il épouse Gertrude, veuve du comte de Hollande. — Bauduin fonde le chapitre de Saint-Pierre à Lille. — Sa mort et celle de sa femme Adèle. — Bauduin VI, dit de Mons. — Ce qu'en dit son secrétaire le moine Thomellus. — Première franchise octroyée à une ville flamande. — Bauduin VI partage ses états et meurt. — Situation du pays au temps de ce prince.

Bauduin V, fils rebelle et turbulent dans sa jeunesse, devint, quand il fut arrivé au gouvernement, un prince sage, habile et résolu (1). Peu d'années s'étaient écoulées depuis qu'il avait reçu l'investiture du marquisat, lorsque le comte de Hollande, Thierri IV, refusa de reconnaître sa suzeraineté sur la partie de la Zélande donnée jadis par l'empereur à Bauduin Belle-Barbe. Ce refus fournit motif de guerre.

---

(1) Hic equidem Balduinus comes potenter et viriliter Flandriam et Hannoniam possedit. — *Gisleberti Montensis chron. ap. Bouquet*, XIII, 543.

Bauduin envahit la Frise et triompha partout; mais l'on ne dit pas quel fruit il retira de son expédition : il est probable cependant que le comte de Hollande fut contraint alors au serment de vassalité.

Une lutte bien plus longue et bien plus importante s'engagea l'année suivante entre Bauduin et l'empire d'Allemagne. Voici quelle en fut la cause : Gothelon, duc de Lorraine, était mort en 1043, laissant trois fils : Godefroi, quatrième du nom, qui reçut le duché de Basse-Lorraine; Gothelon II, qui fut investi de la Haute-Lorraine, appelée aussi duché de Moselle ou Mosellane, et Frédéric, le troisième, qui embrassa l'état ecclésiastique, et parvint plus tard à la papauté sous le nom d'Etienne IX. Godefroi, en sa qualité d'aîné, espérait jouir de l'héritage paternel dans toute son intégrité; aussi fut-il fort désappointé de voir qu'une part seulement de cette succession lui était dévolue, ses droits lui semblaient lésés. Il se révolta, entraîna dans son parti quelques seigneurs; mais, bientôt abandonné par eux, il tomba au pouvoir de l'empereur Henri III, qui le retint pendant un an et ne le laissa partir qu'en gardant son jeune fils pour otage. Sur ces entrefaites, Gothelon vint à mourir sans enfants. Son père croyait alors recevoir par droit d'hérédité le duché de Haute-Lorraine. Ses espérances furent déçues pour la seconde fois; car l'empereur donna ce duché au comte Albert d'Alsace (1). Henri III savait que Godefroi était remuant et ambitieux (2). En séparant ainsi les deux Lorraines il affaiblissait le pouvoir d'un prince dont les ancêtres avaient été souvent en hosti-

---

(1) *Sigebert. Gembl.* ann. 1045, ap. *Bouquet*, XI, 163.
(2) *Lambert. Schafn.*, ann. 1044, ap. *Bouquet*, XI, 59.

lité contre l'empire, et il empêchait que les deux duchés ne se rendissent un jour indépendants et héréditaires.

Godefroi se crut encore une fois victime d'une spoliation, et, résolu de recourir aux armes, il forma une ligue puissante en tête de laquelle se mit Bauduin V. Outre les liens de parenté qui l'unissaient à Godefroi, Bauduin n'était pas fâché de trouver une occasion de s'affranchir du joug impérial, comme son père avait jadis tenté de le faire. Thierri, comte de Hollande, que le marquis des Flamands venait de combattre, entra également dans cette alliance; car il était en ce moment-là menacé de la colère impériale à cause de certains empiétements sur l'évêché d'Utrecht. Enfin Herman de Saxe, qui avait épousé l'unique héritière du Hainaut, Richilde, fille de Rainier V, embrassa le même parti.

A la nouvelle d'une confédération aussi menaçante, Henri III réunit de grandes forces et entra dans la Basse-Lorraine. Richilde, femme entière et absolue, dont nous aurons bientôt à parler, ne fut point d'avis que son mari s'associât à une ligue dont les résultats lui paraissaient douteux. Herman ne tint compte des volontés de sa femme; et celle-ci, froissée dans son amour-propre, projeta, dit-on, de livrer à l'empereur un époux pour lequel elle n'avait pas plus d'estime que d'affection. Richilde s'adressa même à l'évêque de Liége afin qu'il favorisât l'exécution de ce dessein; mais l'évêque ne voulut pas prêter les mains à une machination de cette nature. Il engagea, au contraire, la comtesse de Mons à changer de tactique, et à tenter de vaincre l'obstination d'Herman par la douceur et les belles paroles. Elle y réussit, car à une grande énergie elle savait joindre, au besoin, beaucoup d'adresse et d'astuce (1); et en même temps que Henri III passait le Rhin Herman faisait rentrer ses troupes dans le Hainaut. Bauduin, plus qu'aucun des autres coalisés, fut indigné d'une telle défection et se chargea seul d'en tirer vengeance. Tandis que l'empereur était arrêté avec sa flotte dans les passages difficiles de la Meuse que Thierri de Hollande lui disputait, le marquis flamand traversa l'Escaut, se jeta sur le comté d'Enham, héritage de Richilde, enleva le château de ce nom, et, après l'avoir pillé, y mit le feu. Il s'empara ensuite de tout le comté et bâtit près d'Audenarde une forteresse destinée à protéger sa conquête. Herman, trop faible pour résister au Flamand, sollicita une transaction au moyen de laquelle il reçut, en dédommagement de ce que Bauduin lui avait pris, l'ancien canton nommé l'Ostrevant, dont la capitale était Bouchain, et en outre quelques parties que Bauduin occupait encore dans le comté de Valenciennes. Ces divers éléments ont contribué depuis à la formation du Hainaut moderne.

Lorsqu'il eut ainsi châtié le comte Herman, Bauduin rejoignit Godefroi de Lorraine et Thierri de Hollande; et tous les trois se mirent à la poursuite de l'empereur, qui, n'ayant pas été heureux dans cette guerre, rejoignait ses états avec ce qui lui restait de troupes. Ils arrivèrent ainsi jusqu'à Nimègue, dont ils incendièrent le magnifique palais bâti par Charlemagne (2); puis, ils se séparèrent. Godefroi entra par les Ardennes dans le comté de Verdun, fief impérial au pouvoir de sa famille depuis un certain temps

---

(1) *Ipsa Richeldis mulier astuta...* — Gisleb. chron. ap. Bouquet, XIII, 543. La contesse R keus estoit feme tencheresse et viscuse... — *L'istoire des comtes de Flandre*, msc. du Roi, n° 455, f° 53, 2ᵉ col.

(2) *Domum regiam miri et incomparabilis operis.* — Lamb. Schafn.

déjà, et que l'empereur venait de reprendre pour le donner à l'évêque même de Verdun, nommé Richard (1). Verdun fut alors saccagé, et la belle église de Notre-Dame réduite en cendres (2).

Quant à Bauduin, revenu en Flandre, il songea à reprendre le château de Gand, qui, après la mort de Bauduin Belle-Barbe, était retourné à l'empereur; car il paraît que primitivement cette forteresse et le territoire auquel elle commandait n'étaient concédés qu'en bénéfice viager, ainsi, du reste, que la plupart des fiefs impériaux à cette époque. Bauduin entreprit donc le siége du château de Gand, qui opposa une énergique résistance à ses attaques. Long-temps il le tint complétement investi, espérant le prendre par la famine, s'il ne le pouvait enlever de vive force. A la fin ses hommes d'armes commencèrent à se lasser d'une guerre dont on ne pouvait prévoir l'issue, et la veille du jour de Pâques ils demandèrent instamment au comte la levée du siége. Bauduin les priait d'attendre avec patience, leur représentant que le château ne pouvait manquer de se rendre bientôt, faute de vivres. Comme il essayait ainsi de ranimer le courage de ses soldats, les assiégés qui s'étaient probablement aperçus de ces mouvements d'hésitation, eurent une singulière idée. Il ne restait dans tout ce fort que la moitié d'un porc destinée à la nourriture des impériaux; ils résolurent d'en faire le sacrifice pour décider la levée du siége. A cet effet, ils dépecèrent l'animal en petits

---

(1) Prætexebat comitatum Verdunensem, quem a majoribus suis possessum sibi deberi contendebat, imperator autem Richardo episcopo nuper concesserat. — *Mascou*, I, 325.

(2) Urbem quoque Claborum quæ Virdunus dicitur, cum majori sanctæ Mariæ ecclesia incendit. — *Sigeb. Gembl. ann.* 1047, ap. *Bouquet*, XI, 164.

morceaux et s'amusèrent à les lancer en guise de projectiles contre les boucliers des hommes d'armes flamands (1). Bauduin demeura stupéfait lorsqu'il vit les assiégés, qu'il pensait affamés, prodiguer ainsi leurs vivres : il crut qu'ils en regorgeaient. Aussitôt, l'armée désappointée plie ses bagages ; on met le feu aux tentes et l'on s'en va. Un chevalier, nommé Lambert, cheminait lentement derrière les troupes et tournait de fréquents regards vers cette belle forteresse autour de laquelle on venait de faire une si grande perte de temps, d'hommes et d'argent. Tout à coup, il avise de loin une femme sortant par une poterne du château, une cruche à la main, et descendant vers la Lys pour y puiser de l'eau. Lambert tourne bride rapidement et arrive à l'improviste sur cette femme dans l'espoir d'apprendre d'elle au juste ce qui se passait chez les assiégés. La femme épouvantée tremblait et ne savait que répondre : remise enfin par les bonnes paroles de Lambert et par l'appât d'une forte récompense, elle avoua que les gens du château ne pouvaient plus vivre un jour entier sans se rendre. Transporté de joie, Lambert courut après le comte Bauduin et, devant tous ses barons, lui demanda une grâce : « Laquelle ? dit le marquis. — Seigneur, donnez-moi ce que vous n'avez pas et ce que vous n'aurez jamais (2). » Chacun se mit à rire à cette requête et l'on convint que le prince pouvait sans crainte et à très bon compte satisfaire au vœu de Lambert. Alors celui-ci demanda le château de Gand, à la condition d'en être seulement châtelain à titre héréditaire,

---

(1) Oppidani, conciso in particulas dimidio bacone quem solum nec quidquam amplius in cibo habebant, fœdabant scuta pugnantium. — *Chron. S. Bavonis ap. Pertz.*

(2) Postulat comitem quod nec habuit nec forte habiturus erat. — *Ibid.*

et que le marquis en restât comte et suzerain. Bauduin accéda facilement à une telle proposition, et vis-à-vis tous ses barons donna en souriant l'investiture d'un château qui ne lui appartenait pas.

Lambert, sans perdre de temps, prend avec lui quelques hommes d'armes, revient sous les murs du château, fait à grand bruit sonner les trompettes, relève les tentes, arme ses hommes comme pour le combat. A cette vue, les assiégés ne doutent pas que la levée du siége n'ait été simulée et que le marquis des Flamands va reparaître avec de nouvelles forces. Affaiblis par la faim et désormais sans espoir, ils rendent le fort à Lambert qui, de son côté, leur accorde la faculté de se retirer où bon leur semble (1).

En Lorraine et sur les bords du Rhin, de la Moselle et de la Meuse, les progrès de Godefroi devenaient de plus en plus importants. Thierri, comte de Hollande, agissait de concert avec lui. Mais cet allié lui manqua bientôt; car, le 15 mai de l'année 1048, il périt à Dordrecht, victime d'une conjuration des habitants de Cologne et de Liége exaspérés par les vexations de toute nature que le châtelain de Dordrecht faisait subir à la navigation commerciale de la Meuse. Vers le même temps, Adalbert d'Alsace fut tué par Godefroi lui-même; et, le chef imposé à la Lorraine n'existant plus, tout ce qui en ces parages n'était pas protégé par de solides murailles ou de grosses rançons devenait la proie du vainqueur ou des flammes (2). Après la mort d'Adalbert, son neveu Gérard d'Alsace fut investi du duché de Moselle; tandis que Fré-

(1) Ibid.
(2) Lamb. Schafn., ann. 1044.

déric de Luxembourg reçut en fief la Basse-Lorraine, dont Godefroi venait d'être dépouillé comme rebelle (1).

A l'époque où ces événements se passaient, le pape Léon IX vint en Allemagne pour rétablir la paix entre les princes et surtout pour faire cesser les désordres qui affligeaient l'Eglise (2). Un synode fut convoqué à Mayence, où se trouvèrent réunis quarante-deux prélats et avec eux l'empereur Henri. On s'occupa d'abord des besoins de l'Église et des réformes qu'elle réclamait ; après quoi la lutte des princes devint l'objet de la sollicitude du synode. Godefroi et Bauduin, chefs d'une ligue qui ne laissait aucun repos aux peuples, furent excommuniés. Cette excommunication produisit un grand effet sur Godefroi, homme dont l'esprit se laissait facilement aller à la terreur. C'est lui qu'on avait vu, après l'incendie de la cathédrale de Verdun, en proie au remords et à l'épouvante, se lamenter, se frapper la poitrine et se traîner à genoux sous les voûtes à demi renversées de l'édifice qu'il venait de détruire dans un premier moment de fureur. Aussi Godefroi, non moins intimidé par les foudres de l'Église que par les menaces armées de l'empereur, fit bientôt la paix avec ce dernier. Quant à Bauduin, rien n'ébranlait son opiniâtreté ; et il fallut que le roi de Germanie vînt de nouveau dévaster ses domaines pour qu'il consentît à une paix dont la durée ne devait pas d'ailleurs être fort longue.

Ce fut pendant les alternatives de tranquillité que lui laissait la lutte contre le pouvoir impérial que Bauduin songea à conclure des alliances dont sa famille et lui pussent

---

(1) *Sigeb. Gembl.*, ann. 1048.

(2) On prétend même que lors de ce voyage il s'avança jusqu'en Hainaut, pour visiter sa nièce Richilde ; mais ce fait n'est rien moins que certain.

tirer honneur et profit. Sa femme Adèle, qu'on appelait la comtesse-reine, parce qu'elle était fille du roi de France, lui avait donné cinq enfants dont trois fils et deux filles. L'aînée de ces dernières se nommait Mathilde : il la maria au duc de Normandie, le fameux Guillaume-le-Bâtard qui bientôt alla par droit de conquête s'asseoir sur le trône d'Angleterre. Un ancien chroniqueur raconte, au sujet de ce mariage, une anecdote que les mœurs du temps et le caractère de Guillaume rendent assez vraisemblable. « Guillaume, dit-il, envoya au comte Bauduin de Flandre et lui demanda sa fille en mariage. Cette chose plut au comte Bauduin et il en parla à sa fille ; mais elle répondit qu'elle ne prendrait jamais un bâtard pour mari. Alors Bauduin s'excusa auprès du duc le plus courtoisement qu'il put. Quelque temps après, Guillaume sut le propos que Mathilde avait tenu sur son compte et en eut grand dépit. Il prit des serviteurs avec lui, s'en vint à Lille, où, étant arrivé, il descendit de cheval, entra incontinent au palais et pénétra, sans se faire annoncer, jusqu'à la chambre de la comtesse-reine. Il y trouva la jeune Mathilde, la saisit par les tresses de sa longue chevelure, la traîna à travers la chambre, et la foula sous ses pieds. Puis il sortit, remonta sur son palefroi et regagna la Normandie (1). » Guillaume, orgueilleux et vindicatif à l'excès, ne souffrait point patiemment qu'on parât mal de sa naissance due, comme on sait, aux liaisons de son père avec Arlette, fille d'un bourgeois de Falaise. C'est lui qui un jour, au siége d'Alençon, fit couper les pieds et les mains aux prisonniers qu'il avait en son

---

(1) Msc. de la bibl. de St-Germain-des-Prés, n° 139 ; rapporté dans l'Art de vérifier les dates.

pouvoir et lancer leurs membres par ses frondeurs dans la ville, parce que les habitants, du haut des remparts, s'étaient avisés de le railler de sa bâtardise (1). Quoi qu'il en soit, Mathilde, oubliant l'injure dont elle avait été objet, ne craignit pas de prendre bientôt le duc pour époux. Le pape Léon IX, dans un concile tenu à Reims en 1049, avait cependant défendu à Bauduin de donner sa fille au duc de Normandie et à celui-ci d'agréer la main de Mathilde (2). Ce n'était ni le caractère, ni les antécédents de Guillaume qui faisaient agir le pontife, mais bien les liens de parenté existant entre les futurs époux. On n'eut pas égard à la prohibition ecclésiastique, et le mariage se célébra en Normandie, dans la ville d'Eu. Mauger, archevêque de Rouen et oncle de Guillaume, excommunia immédiatement ce dernier; mais cette excommunication ne tarda pas à être levée par le pape, qui mit pour condition que les époux bâtiraient chacun un monastère. En conséquence Guillaume fonda Saint-Étienne de Caen, et Mathilde le couvent de la Sainte-Trinité (3). La fille de Bauduin exerça pendant tout le cours de sa vie une heureuse influence sur Guillaume de Normandie en adoucissant son humeur inquiète et sauvage; et souvent, après qu'il eut conquis l'Angleterre, elle sut le disposer à la clémence envers les vaincus (4).

(1) *Dudo de S. Quint.*, 75. — *Guill. Gemet.*, lib. VII, cap. 18, p. 44.

(2) Interdixit (papa) et Balduino comiti Flandrensi ne filiam suam Willelmo nuptiis daret et ei ne eam acciperet. — *Labbe*, Conc. gener., IX, col. 1036.

(3) Guillaumes fonda l'abbeye de Sainte-Estievene de Caen et Mehaus celi de Sainte-Trinité. Ces II abbeyes fist li dus par le consel l'apostole pour chou que il ne se départésist de sa feme qui sa cousine estoit. — *Li estore des dus de Normandie*, msc. du Roi, n° 455, f° 146 v°, 2° col.

(4) Istius consilio, rex pacifice cum Anglis tractabat; post mortem vero ipsius omnem induit tyrannidem. — *Anglia sacra*, 257.

Cette union était à peine accomplie, lorsque Herman de Saxe vint à mourir. Richilde, veuve d'Herman, se trouvait donc, jeune encore, maîtresse de sa main et de son comté de Hainaut, province contiguë aux possessions de Bauduin, et qui, plus d'une fois, avait été convoitée par ce prince et par ses ancêtres. Il ne pouvait pas se rencontrer d'occasion plus favorable pour réaliser un projet qui devait rendre à la famille de Bauduin Bras-de-Fer la puissance territoriale dont elle était investie dans l'origine du marquisat. Aussitôt que les obsèques du comte Herman eurent été célébrées Bauduin V fit témoigner à Richilde le désir qu'il aurait de la voir s'unir à Bauduin, son fils aîné. Richilde ne repoussa pas cette alliance; seulement elle redoutait le mécontentement de l'empereur, qui ne manquerait pas d'être fort courroucé lorsqu'il verrait une portion considérable de la Lorraine réunie aux possessions d'un vassal déjà trop puissant à son gré. Elle hésitait donc à se prononcer, quand Bauduin prit la résolution d'entrer en Hainaut à main armée et d'aller assiéger la comtesse dans sa ville de Mons, afin de vaincre son indécision et la forcer à épouser son fils. De la sorte, l'empereur ne pourrait pas dire que Richilde se fût volontairement donnée; et il n'aurait pas de motif légitime de persécution dans le cas où le mariage continuerait à lui déplaire. Richilde, qu'on soupçonne d'avoir été la complice de Bauduin dans cette astucieuse combinaison, n'avait à Mons ni troupes ni munitions : elle se rendit au marquis des Flamands ; et bientôt fut célébré ce mariage qui assurait la jonction de deux provinces dont la réunion sous un même pouvoir n'a plus été interrompue que par intervalles.

Richilde avait retenu un fils et une fille de son mariage avec Herman, mais le fils était boiteux : on le décida aisément à entrer dans les ordres, et il devint plus tard évêque de Châlons sous le nom de Roger. Quant à Gertrude, la fille de Richilde, elle embrassa comme son frère la vie religieuse, et trouva dans la paix du cloître le bonheur qu'elle n'eût pas sans doute rencontré dans les cours des princes de son temps. « Gertrude, dit une très-vieille histoire (1), Gertrude tint honorablement les vœux qu'elle fit au Seigneur. Comme une esclave, elle se livrait dans le monastère aux plus humbles travaux, bénissant Dieu et n'appelant jamais à son aide ses compagnes ou les serves de l'abbaye. Toujours appliquée aux œuvres de miséricorde, elle ne conversait qu'avec le Seigneur. Elle savait tout l'office ecclésiastique par cœur, et se plaisait à psalmodier à l'église et à se recueillir dans cette quiétude spirituelle où se trouvent les suprêmes délices.... Enfin, persistant toujours dans l'obédience et la virginité, elle rendit son âme au Seigneur à l'âge de quarante ans. »

Cette existence calme et obscure de la fille forme contraste avec la vie pleine d'agitation dans laquelle nous allons bientôt voir la mère entraînée. Toutefois, il est bien à croire que les enfants d'Herman ne renoncèrent pas de leur propre gré à l'héritage paternel; et un historien digne de foi insinue qu'ils eurent la main forcée (2). Quoi qu'il en soit, Bauduin et Richilde eurent désormais, en pleine et incommutable propriété, toute la terre de Hainaut, tant en alleux qu'en fiefs et en justices, demeurant feudataires de

---

(1) *Ex communi historia Hannoniæ*, ap. J. de Guise, XI, 18.

(2) Perfecitque ipsa Richeldis comitissa (mulier astuta) cum viro suo Balduino, mediante coemptione et viribus prævalentibus, apud primos pueros, quod totum comitatum Hannoniensem, etc. — *Gisleb. chron.*, ap. Bouquet, XIII, 543.

l'empire pour l'avouerie de l'église de Mons et la justice du comté, dont la même ville formait la capitale (1).

Ce ne fut pas sur Richilde que l'empereur résolut de faire tomber le poids de sa vengeance mais sur Bauduin, auquel il avait maintenant un double grief à reprocher : sa rébellion et son mariage. Il aurait bien voulu porter sans délai la guerre en Flandre ; mais en ce moment-là il en avait une autre à soutenir en Italie contre Godefroi d'Ardenne. Après avoir vu échouer toutes ses tentatives au sujet de la Haute-Lorraine, Godefroi suivit le pape Léon au delà des Alpes. Là il rencontra sa cousine Béatrice, veuve de Boniface, marquis de Toscane et de Lombardie, et alors une des princesses les plus riches et les plus puissantes de l'Europe. Il l'épousa ; et l'empereur, qui n'avait pas été plus consulté pour ce mariage que pour celui de Richilde avec le fils de Bauduin, persécutait les deux époux. Cette besogne, qui retenait Henri loin de l'Allemagne, ne l'empêcha point pourtant de se préoccuper de ce qui s'était passé contre son gré en Flandre et en Hainaut. En attendant qu'il pût s'y rendre avec une armée, il fit excommunier Bauduin et Richilde par l'évêque de Cambrai, Liébert, qui peu de temps auparavant s'était rendu auprès de lui afin de recevoir l'investiture du temporel de son évêché. Cette excommunication reposait, du reste, sur des motifs plausibles et n'avait pas seulement pour cause première le caprice du monarque allemand. Des liens de parenté assez étroits unissaient avant leur mariage Bauduin et Richilde ; et cependant ils n'avaient pas cru devoir réclamer de dispenses pour la célébration. Richilde descendait d'Hedwige, fille de Hugues Capet, ma-

(1) *Ibid.*

riée à son aïeul, le comte Regnier, et Bauduin avait pour mère la princesse Adèle, petite-fille du même Hugues Capet. Du côté de sa mère, Richilde était encore proche parente de son mari. L'excommunication ordonnait une séparation immédiate. Bauduin V appela de cette sentence au pape Léon IX, qui était, comme nous l'avons dit, l'oncle de Richilde. Le pape donna l'absolution aux époux, en leur interdisant toutefois la cohabitation (1). Cette défense fut levée par la suite, car Bauduin ne cessa d'habiter avec Richilde; et l'on ne contesta jamais la légitimité des enfants sortis de cette alliance, et qui formèrent la double tige des comtes de Flandre et des comtes de Hainaut.

La sévérité qu'avait montrée l'évêque de Cambrai en lançant les censures ecclésiastiques contre les deux conjoints et en employant tous les moyens possibles pour rompre une union illicite aux yeux de l'Église, cette sévérité n'étonna point le marquis des Flamands : il n'en sut même pas mauvais gré au prélat que de hautes vertus recommandaient d'ailleurs à l'estime publique, et il le prouva en lui portant bientôt secours dans une circonstance fâcheuse.

Le sage Liébert, qui plus tard prit rang parmi les bienheureux, hésitait à quitter la cour de l'empereur, où, comme on l'a dit, il était allé chercher l'investiture de l'évêché de Cambrai et de la suzeraineté temporelle qui y était attachée. Cette appréhension avait pour cause les ferments de discorde qui régnaient à Cambrai entre le pouvoir épiscopal et un seigneur nommé Jean de Béthune qui, remplissant les fonctions d'avoué ou protecteur militaire des églises d'Arras et de Cambrai, abusait de cette position pour accroître outre mesure

---

(1) Sed Leo papa, qui avunculus erat Richildis, absolvit eos, et inhibuit eis torum. — *Balduini Avennensis Chron.*, 8.

ses richesses et sa puissance. L'évêque Gérard de Florennes, auquel Liébert venait de succéder, n'avait guère pu, en raison de son âge et de ses infirmités, s'opposer aux empiétements de ce soldat brutal. Mais Jean avait en revanche trouvé un antagoniste énergique dans la personne de Liébert, qui était investi de la dignité de prévôt de l'église cathédrale, et dirigeait le vieux prélat de ses conseils et de son influence. La haine de l'avoué contre Liébert devint bientôt si violente que ce dernier, obligé de se tenir enfermé dans un château bâti à quelques lieues de Cambrai par les évêques, en un endroit où depuis s'est formée une ville sous le nom de Câteau-Cambrésis, ne pouvait se rendre auprès du prélat, pour l'aider dans ses travaux apostoliques, qu'escorté par une troupe armée (1). L'irritation de Jean ne connut plus de bornes lorsqu'il apprit que l'empereur avait conféré le pouvoir épiscopal à son ennemi. Il assembla ses partisans et complota avec eux de ne pas laisser rentrer l'évêque sans qu'au préalable celui-ci ne lui eût accordé la châtellenie de Cambrai. On sait que le titre de châtelain donnait certains droits de juridiction qu'il était toujours facile d'étendre, et qui, dans les mains de Jean, seraient infailliblement devenus des éléments nouveaux de tyrannie et d'oppression. Pour commencer, et afin de ne pas trouver de résistance chez les amis, les officiers et les vassaux de l'évêque, et aussi pour leur ôter tous moyens d'action, l'avoué envahit l'église de Notre-Dame qu'il avait mission de protéger, en chassa les chanoines, s'empara des trésors qu'elle renfermait et y

---

(1) Ideoque apud Novum Castrum S. Mariæ, custodiæ ejus deputatum morabatur, nisi aliquando episcopum, refocillationis gratia, visitaret, congregato constipatus exercitu. — *Balderici Chron.*, 329.

établit ses soldats comme dans une forteresse (1). Poussant l'audace jusqu'au bout, il pénétra ensuite dans le palais épiscopal, introduisit sa femme dans la chambre du prélat, se coucha dans le lit même de ce dernier; puis, à l'exemple de Charles de Lorraine, il se fit insolemment servir, lui et ses satellites, par les officiers épiscopaux, aux frais et dépens du pontife absent (2). Lorsqu'enfin ce dernier dut quitter la cour de l'empereur et regagner Cambrai, il trouva en arrivant les portes fermées, et Jean à la tête de ses hommes d'armes pour lui disputer l'accès de la cité. Liébert fut obligé de rétrograder et d'aller se réfugier au Câteau-Cambrésis, où les habitants l'accueillirent honorablement (3). Il y séjournait depuis quelque temps, lorsque le marquis des Flamands, revenant de visiter le roi de France, passa par le Cambrésis. Bauduin connaissait tout le mérite de Liébert : il s'intéressa beaucoup à sa position, et le ramena avec lui jusqu'à Cambrai. Arrivé sous les murs de la ville, il somma l'avoué, qui était son homme-lige, de sortir de la cité et d'en laisser la libre entrée au seigneur évêque. Jean n'osa s'opposer aux injonctions du marquis, dont la puissance était tout autrement à craindre que celle d'un prélat inoffensif. Le vénérable Liébert, sous l'escorte du prince flamand, rentra donc en triomphe dans Cambrai, tandis que Jean fuyait ignominieusement expulsé. La conduite de Bauduin en cette affaire contraste avec les mœurs et les habitudes politiques du siècle. Ne se laissant point

---

(1) « Dein matrem ecclesiam S. Mariæ violenter invasit, et ejectis canonicis, thesauros ecclesiæ et quodcumque intus invenit ditioni suæ mancipavit, custodesque suos armatos inibi posuit. » — *Ibid.*, 332.

(2) *Ibid.*

(3) *Ibid.*, 333.

aller aux sentiments d'une vulgaire rancune comme la plupart des grossiers barons de son temps, il ne dédaigna pas de secourir l'homme qui venait cependant d'excommunier ses enfants, et qui, en outre, était le vassal et la créature de son mortel ennemi l'empereur d'Allemagne.

La guerre que celui-ci avait entreprise en Italie contre Godefroi étant terminée, il s'avança enfin vers la Flandre. Bauduin n'attendit pas l'arrivée de Henri III pour se mettre en campagne avec son fils, qu'on nommait Bauduin de Mons depuis qu'il avait épousé Richilde.

Ils se jetèrent d'abord sur le pays de Liége que l'empereur devait traverser pour entrer en Flandre, et le ravagèrent entièrement afin que les impériaux n'y pussent trouver de vivres. Bauduin de Lille saccagea la ville de Thuin sur la Sambre et l'incendia, tandis que son fils, se portant vers la Meuse, traitait de même sorte la ville de Huy. Ils n'osèrent ou ne voulurent pas attaquer Liége, cité épiscopale bien fortifiée dont le siége leur eût fait perdre beaucoup de temps et eût affaibli leur armée. Alors ils revinrent sur leurs pas, et après avoir fortifié toutes les villes et châteaux le long de l'Escaut, limite naturelle qui séparait la Lorraine du marquisat de Flandre (1), ils se retranchèrent derrière ce fleuve entre Bouchain et Valenciennes.

Sur ces entrefaites, l'avoué Jean, que Bauduin venait d'expulser de Cambrai, ayant appris que l'empereur marchait vers la Flandre, résolut de se venger de l'évêque et du marquis tout à la fois. Il alla trouver Henri, et lui offrit de diriger son armée à travers les marais et les bois de la

---

(1) « Adont clamoit-on Loheraine toute la terre jusques à la rivière d'Escaut de là où elle sourt jusques à là où elle pert son nom. » — *Chron. manusc. de la bibl. de Cambrai*, n° 623.

Flandre, dont il connaissait tous les passages, à condition qu'il forcerait Liébert à lui conférer la châtellenie de Cambrai (1). L'empereur, très-satisfait d'une pareille offre, promit à Jean de lui faire obtenir ce qu'il désirait, et lui donna le commandement de ses troupes. L'armée impériale arriva au village de Maing sur la rive droite de l'Escaut, à deux lieues de Valenciennes, et se disposa à jeter des ponts, afin de pénétrer sur les terres de Bauduin qui s'étendaient de l'autre côté du fleuve; mais le marquis était dans les environs, surveillant les mouvements des impériaux. Il accourut et prit position en face de l'empereur pour lui disputer le passage. Ils étaient là, s'observant l'un l'autre, lorsqu'à l'entrée de la nuit Jean partit secrètement du camp impérial avec un fort détachement, et s'achemina vers Cambrai pour traverser l'Escaut au moyen des ponts qui s'y trouvaient établis et tomber ensuite à l'improviste sur Bauduin. Cette manœuvre aurait réussi; mais Bauduin, averti probablement par un émissaire de l'évêque Liébert, abandonna les bords de l'Escaut avec tout son monde, et Jean fut étrangement surpris quand, arrivé à l'endroit où les Flamands étaient postés, il trouva le lieu désert. Rien n'empêchait plus l'empereur de passer le fleuve; il jeta les ponts qu'il avait fait construire, et s'avança dans le marquisat, faisant sur la route tout piller et brûler par ses hommes d'armes, à la manière habituelle des expéditions guerrières de cette époque (2). Il parvint ainsi, toujours dirigé par Jean, à un

---

(1) « Promisit ei quod exercitum suum illuc deduceret, si à Lietberto... castellaturam cameracensis civitatis dari sibi fecisset. » — *Bald. Chron.*, 335.

(2) « Terram Balduini hosti suæ devastandam distribuit, sicque depopulando eam præda et igni usque ad Debullientem Rivum cum exercitu pervenit » — *Ibid.*, 336.

endroit appelé le Boulenrieu, passage dans les marais près d'Hennin-Liétard, entre Douai et Arras. Pendant ce temps-là, Bauduin, afin d'arrêter la marche victorieuse de l'empereur, faisait creuser à la hâte un immense fossé connu depuis sous le nom de Fossé-Neuf, et qui s'étendait depuis le château de Ruhoult à Arques jusqu'à la Lys, sous les murs de la ville d'Aire, pour de là se prolonger vers La Bassée. Ce gigantesque ouvrage de défense, qui se développait sur une étendue de neuf lieues environ, aurait été achevé, s'il faut en croire quelques auteurs, dans l'espace de trois jours et trois nuits (1).

Quand l'empereur fut de la sorte engagé bien avant dans un pays qu'il ne connaissait pas, Jean le pria de lui faire octroyer la châtellenie de Cambrai, disant que sinon il se verrait obligé de quitter son service. Outre que Jean servait de guide à l'armée d'invasion, il y avait encore amené bon nombre de satellites, et la défection de tout ce monde aurait mis l'empereur dans l'embarras. Henri manda l'évêque Liébert, qui venait d'arriver au camp pour rendre hommage à son suzerain, et l'engagea à donner satisfaction à l'avoué dépossédé, en l'investissant de la châtellenie qu'il réclamait. Liébert fut consterné de cette proposition. Après avoir été délivré de la présence de Jean, il s'était empressé, selon droit et justice, de conférer la châtellenie à un jeune baron du nom de Hugues, neveu et héritier de l'ancien châtelain. L'empereur considérait ce qu'il réclamait de l'évêque comme peu important, et, pressé qu'il était par Jean, ses instances devenaient de plus en plus vives. L'évêque, d'un autre côté, se trouvait dans la plus grande perplexité : il ne pouvait

---

(1) « Quod fossatum per novem leucas in longum ducens... in solis tribus diebus et noctibus consummavit. » — *Ferreoli Lorcii Chron. ad ann.* 1054.

sans injustice reprendre la châtellenie à l'héritier légitime. En le faisant il péchait gravement, et de plus s'exposait aux violences des parents de Hugues. Il refusa net à l'empereur. La colère de celui-ci fut extrême. Par son ordre, des hommes d'armes mirent la main sur le pieux et saint évêque ; on le jeta en prison ; et le monarque allemand agit de manière à arracher par la violence ce qu'il n'avait pu obtenir par le seul ascendant de son autorité (1). Cédant aux exhortations de ses coévêques, et sachant que, selon l'Apôtre, il faut toujours se soumettre au souverain (2), Liébert consentit en gémissant à donner la châtellenie à Jean de Béthune. Celui-ci alors se prépara de nouveau à guider l'armée impériale qu'il avait laissée dans les marais aux environs d'Hennin-Liétard.

Bauduin et son fils s'étaient retranchés avec leurs chevaliers dans les forteresses qui bordaient les rivières de la Scarpe et de la Sensée. Ils ne paraissent pas avoir essayé d'attaquer les impériaux en rase campagne. Ceux-ci s'avancèrent d'abord vers l'Écluse, petite ville sur les confins de la Flandre, de l'Artois et du Cambrésis. Soit par ruse, soit par force, ils en enlevèrent le château au milieu d'une nuit, et firent un grand carnage des habitants qui voulurent se défendre (3). L'armée passa au delà de l'Écluse, et, continuant à ravager le pays, elle arriva sur les bords de la Deule, à un endroit où cette rivière se partage en deux bras et

---

(1) « Cœpit abuti violentia, præcipiens episcopum a militibus rapi, et extra potestatem ejus positum, in custodia reservari. » — *Bald. Chron.*, 338.

(2) « Tandem episcopus coepiscoporum et amicorum liberrimis consiliis correptus, sciensque quod, secundum Apostolum, regi debeat esse subjectus, annuit imperatori de Johanne quod petebat. » — *Ibid.*

(3) « ... facta inimicorum suorum resistere volentium non minima cæde. » — *Ibid.*

forme une sorte d'île. Ce lieu, appelé Buc, où existait de très-ancienne date un château qui passe pour avoir été le siége de la domination du premier forestier de Flandre, et qui par la suite a vu s'élever, sous le nom de Lille, une cité si florissante, ce lieu servait de refuge à la personne du marquis et à celle de ses fils. Il avait été fortifié de nouveau, et la plupart des barons flamands s'y étaient enfermés avec leur suzerain. Il ne semble pas que l'empereur se soit rendu maître de cette importante forteresse. Avant qu'il en eût tenté le siége, le gouverneur Lambert, comte de Lens et oncle du fameux Godefroi de Bouillon, sortit à sa rencontre avec des troupes nombreuses. Cette opposition inattendue, en opérant une diversion, aura empêché l'empereur d'attaquer le château de Lille; mais elle coûta la vie au comte Lambert. De là Henri marcha vers Tournai et assiégea le fort de cette ville, où s'étaient réfugiés grand nombre de gens : car tout le pays se dépeuplait sur le passage des impériaux. Les approvisionnements furent bientôt épuisés par une telle multitude. Vaincue par la famine, plutôt que par les armes de l'empereur, elle se rendit après plusieurs mois d'un siége opiniâtre, pendant lequel elle s'était courageusement défendue (1). L'hiver approchant, l'empereur ne put songer à tenter en Flandre de nouvelles expéditions; il regagna l'Allemagne, où des affaires sérieuses réclamaient sa présence.

Bauduin profita de cet éloignement de l'empereur, qui du reste n'était point parti sans espoir de retour, pour réparer le château de Lille, où il était né et où il faisait sa résidence habituelle, et pour ceindre de murailles les ha-

---

(1) « ... et ad ultimum fame oppressos compulit ad deditionem. » — *Ibid.*

bitations qui entouraient le donjon. Lille prit dès ce moment le rang de bourg ou ville forte. Bauduin construisit une citadelle à Audenarde, et releva les murs de Gand, Bruges, Aire et Saint-Omer.

Un des plus puissants motifs qui rappelaient l'empereur dans ses états était l'arrivée soudaine de Godefroi, dont l'épouse Béatrix avait été quelque temps auparavant retenue prisonnière par ordre d'Henri, sous prétexte que, sans l'agrément du suzerain, elle avait livré sa main, et avec sa main toute l'Italie à un vassal rebelle à l'empire (1). Révolté de l'offense faite à sa femme, Godefroi venait d'arriver en Allemagne pour y exciter des troubles. Il passa bientôt dans son ancien duché de Lorraine, et de là s'entendit avec Bauduin pour reprendre les hostilités. Ils firent leurs préparatifs, combinèrent leurs mouvements, et, pour commencer, tentèrent le siége d'Anvers, ville dès-lors assez peuplée, défendue d'un côté par l'Escaut très-large et très-profond en cet endroit, protégée de l'autre par des fossés, des murailles et des palissades. Anvers appartenait au duché de Basse-Lorraine, et Frédéric de Luxembourg, à qui ce fief avait naguère été donné par l'empereur, était accouru s'enfermer dans la ville, la meilleure peut-être de toutes ses possessions. Il réussit, par une défense vigoureuse, à faire traîner le siége en longueur, ce qui permit aux seigneurs lorrains restés fidèles à l'empereur de se rassembler pour venir au secours des assiégés. Le marquis des Flamands et Godefroi abandonnèrent alors le siége d'Anvers; mais ils continuèrent à se tenir en état de guerre ouverte contre l'empire.

---

(1) «...hosti publico Italiam prodidisset.»— *Lamb. Schafn. ad ann.* 1055.

Les choses en étaient à ce point lorsqu'Henri III, qui se trouvait à Bodfeld en Thuringe, vint à mourir peu de temps après avoir désigné son fils pour lui succéder et l'avoir fait agréer par élection générale (1). Le nouvel empereur, qui régna sous le nom d'Henri IV, n'avait alors que six ans. Sa tutelle fut confiée, en vertu du testament de Henri III, à l'impératrice, mère du jeune prince, et au pape Victor, successeur de Léon IX. Il devenait plus que jamais nécessaire de pacifier les grands vassaux qui depuis tant d'années troublaient le repos de l'Allemagne, tout en ébranlant le trône des césars. Un congrès fut convoqué à Cologne, et l'on y échangea des propositions d'arrangement. On promit à Godefroi de lui rendre le duché de Basse-Lorraine après la mort de Frédéric de Luxembourg : laquelle ne devait pas se faire long-temps attendre, car ce prince était déjà fort vieux. Quant à Bauduin, on lui rendit la possession du comté d'Eenham, comprenant la portion de pays située entre l'Escaut et la Dendre, et qu'on nommait la Flandre impériale ; on le réintégra encore dans la jouissance du château de Gand, des Quatre-Métiers, et des îles de la Zélande. Bauduin de Mons, fils aîné du marquis, ne fut pas oublié dans la répartition des fiefs et bénéfices. Le congrès lui accorda le comté de Tournaisis. Tournai avec son territoire formait, comme Cambrai, un état à part, relevant de l'empire, sous la souveraineté immédiate de ses évêques ; et, bien qu'enclavé entre le Hainaut et la Flandre, il ne perdit jamais son indépendance et sa neutralité. Enfin, Bauduin de Mons obtint la réhabilitation pleine et entière de son mariage avec Richilde ; et ce fut là le com-

---

(1) «... electione communi. » Bruno, *Hist. de Saxon. bello.*

plément de tous ces avantages dont la puissance des souverains flamands venait de s'accroître.

Les relations avec la France avaient presque cessé depuis l'extinction de la deuxième race ; et, à part le mariage conclu entre Bauduin et la fille de Robert, aucun acte important n'était venu démontrer qu'il existât entre les deux pays une grande communauté d'intérêts politiques. Le règne de Henri 1er, fils de Robert, fut tout à fait insignifiant. Son histoire se décolore et disparaît au milieu des démêlés sans nombre des barons français, qui continuent à se débattre dans le chaos de la féodalité naissante. Bauduin ne prit aucune part à toutes ces intrigues. Bien que ses rapports avec le roi son beau-frère n'aient pas été très-fréquents, ils vécurent néanmoins en bonne intelligence ; et Henri conserva même pour le marquis une estime motivée sans doute par l'habileté avec laquelle il avait su conduire ses expéditions guerrières, et surtout les négociations qui soumirent le Hainaut et les terres impériales de la Flandre à la domination des marquis flamands. Une circonstance solennelle vint bientôt montrer le degré de confiance qu'accordait Henri à Bauduin de Lille. Lorsque le roi des Français sentit approcher sa mort, il fit, selon l'usage, élire et sacrer son jeune fils Philippe (1060) en présence des grands vassaux ; puis, par son testament, recommanda cet enfant et le royaume dont il allait hériter au marquis des Flamands comme au prince le plus sage et le plus capable qu'il connût. De plus, Bauduin était par alliance l'oncle du futur monarque. Henri Ier trépassa peu de temps après. Sa veuve Anna, fille du duc de Russie, Jaroslaw, eut d'abord la tutelle du jeune roi ; mais elle contracta bientôt un second mariage, et cette tutelle fut entièrement dévolue à

Bauduin ainsi que l'administration du royaume. A partir de ce moment, il prit dans ses diplômes les titres suivants :
« Moi, Bauduin, comte, marquis des Flamands, adminis-
» trateur et bail de Philippe roi des Français et de son
» royaume (1). »

La garde du roi et la régence du gouvernement, qui forçaient Bauduin à séjourner une grande partie de l'année auprès de son pupille, ne l'empêchèrent pas de veiller à l'administration de ses propres états, et de régler d'importantes affaires de famille. Outre Bauduin de Mons, époux de Richilde, le marquis des Flamands avait un fils cadet dont l'esprit avantureux et les entreprises chevaleresques émerveillaient beaucoup les princes contemporains. Il s'appelait Robert. Ennuyé du rôle secondaire que le hasard de la naissance lui imposait (2), et aspirant à de plus hautes destinées, il ne négligea aucun moyen de tenter la fortune. Il partit d'abord pour l'Espagne avec quelques compagnons et des vaisseaux que son père lui avait donnés, moins sans doute pour seconder des dispositions politiques qu'il approuvait, que pour se débarrasser d'un fils dont le trop bouillant caractère faisait déjà craindre de graves embarras. Cette petite expédition flamande débarqua en Galice, où

---

(1) « Ego Balduinus, Fiandrensium comes, marchio et Philippi Francorum regis ejusque regni procurator et bajulus. »

(2) Lambert d'Aschaffenbourg dit qu'en Flandre la succession du comté était dévolue à celui qui plaisait le plus au père. Nous pensons que le droit d'aînesse, au contraire, a toujours été religieusement observé dans ce pays. Voici, du reste, comment s'exprime Lambert : « In comitatu Baldwini ejusque familia, id multis jam sæculis servabatur quasi sancitum lege perpetua ut unus filiorum qui patri potissimum placuisset nomen patris acciperet et totius Flandriæ principatum solus hæreditaria successione obtineret : cæteri vero fratres aut huic subditi, dictoque obtemperantes ingloriam vitam ducerent. » — Ad ann. 1071.

elle se mit à courir les champs et à enlever de riches butins. Mais quand elle essaya de s'établir dans une des places fortes du pays, elle éprouva une grande résistance de la part des Maures ou Sarrasins. Ceux-ci, que l'invasion si audacieuse et si imprévue de Robert avait frappés de trouble, finirent par s'entendre et se réunir. Ils fondirent en troupes innombrables sur les Flamands, les repoussèrent jusqu'à la côte, en tuèrent un grand nombre, et forcèrent le reste à se rembarquer (1). Ce premier échec ne découragea point Robert. De retour en Flandre, il arma d'autres navires et, comme les anciens pirates normands, il voulut s'élancer de nouveau, à la grâce de Dieu, sur ces mers que les vieux chants scandinaves appelaient la route des cygnes (2). Une tempête terrible assaillit sa flotte au sortir du port, et il fut rejeté nu sur la côte, ayant perdu la plupart de ses compagnons et toute sa fortune (3).

A quelque temps de là, Robert entendit raconter par des pèlerins venant de l'Italie et de la Sicile les exploits que les guerriers normands conduits par Robert Guiscard faisaient dans ces contrées. Il n'en fallut pas davantage pour réveiller l'ardente ambition du jeune Flamand. Bientôt il se mit à la tête d'une troupe d'aventuriers normands, qui, stimulés par l'exemple de leurs compatriotes, rêvaient la conquête de l'empire grec. Ils s'acheminèrent vers la Grèce

---

(1) « In fugam vertunt, fugientem usque ad naves persequuntur, sociosque ejus pene ad internecionem prosternunt. Ipse cum paucis vix in fuga elapsus, ad patrem tantæ calamitatis nuncius rediit. » — Lamb. Schaf., *ap. Bouquet*, xi, 67.

(2) « Marinis iterum fluctibus se credidit, in regionem longinquam ubi sedem vaganti Deus ostendisset, iter facturus. » — *Ibid.*

(3) « Multis suorum naufragio amissis, ipse nudus omniumque rerum egens, vix et ægre in littus evasit. » — *Ibid.*

par différentes voies, en petits détachements et sous l'habit de pèlerins; mais l'empereur, averti à propos, fit saisir et supplicier les premiers arrivants. L'entreprise avorta donc, et, pour la troisième fois, Robert fut obligé de regagner sa patrie plutôt en fugitif qu'en triomphateur. Ces longs et fatigants voyages, ces épreuves dangereuses et sans résultat ne refroidirent point l'ardeur de Robert. Les Frisons du nord, peuple dont les mœurs farouches et guerrières conservaient encore leur caractère primitif, étaient depuis long-temps en révolte contre le seigneur ou comte que jadis les rois francs leur avaient imposé, et dont la dynastie, comme celle des marquis flamands, se perpétuait sans interruption. Désœuvré dans sa patrie, Robert alla prêter le secours de son bras et de son épée à Gertrude, veuve du comte Florent 1er, mort le 18 juin 1061, laissant pour successeur un fils en bas âge. Il fit pendant deux ans une guerre heureuse aux Frisons, et, autant par affection que par reconnaissance, Gertrude, encore dans la fleur de la jeunesse, lui octroya sa main. Ce fut à Audenarde, en présence de Bauduin V et des barons flamands, que se fit ce mariage, qui assurait un protecteur valeureux au jeune héritier du comté de Hollande, et fixait la destinée de Robert. A la demande des barons du pays, ce prince fut nommé régent et tuteur des fils du comte défunt; et on ne le connut plus désormais dans l'histoire que sous le nom de Robert-le-Frison : sobriquet que justifiait assez sa nouvelle position, et que ses exploits entouraient d'un prestige assez glorieux.

A l'occasion du mariage de Robert, le marquis des Flamands lui assigna, comme part héréditaire, les îles de la Zélande, le comté d'Eenham ou d'Alost et les Quatre-Métiers, c'est-à-dire les terres relevant de l'empire. Il lui donna en outre une forte somme d'argent, en lui faisant jurer sur les saints évangiles de se contenter de tout cela et de ne jamais porter préjudice à son frère (1). Bauduin de Lille craignait que le caractère entreprenant et guerroyeur de Robert n'amenât des troubles par la suite. Aussitôt après son mariage avec Gertrude, Robert s'en alla en Hollande et reprit le cours de ses expéditions contre les gens de la Frise, qu'il finit, après plusieurs années d'efforts, par dompter et maintenir en obéissance.

Les historiens s'accordent à dire que Bauduin, pendant la minorité du jeune Philippe, gouverna sagement le royaume, et qu'il éleva son pupille avec une vive sollicitude (2). Du reste, l'intervention du régent dans les grands faits qui s'accomplirent durant cette époque, tels que la conquête de l'Italie méridionale par les Normands, et l'établissement plus fameux encore de ces mêmes Normands en Angleterre, n'est pas bien précise. On sait seulement qu'il fournit, comme souverain de la Flandre, des secours en hommes et en argent à son gendre, le duc Guillaume, lequel ne tarda pas à devenir roi de la Grande-Bretagne après avoir vaincu les peuples indigènes de ce pays et tué Harold, le dernier roi des Anglo-Saxons. Quoique Bauduin prît à cette audacieuse entreprise un intérêt qu'expliquent ses liens de parenté avec le nouveau conquérant, il eut toutefois la loyauté de

---

(1) « Balduinus pius Robertum filium suum ad sancta Dei evangelia jurare fecit nunquam ad comitatum Flandriæ manum appositurum. » — *Chron. S. Bavonis ap. Pertz.*

(2) « Philippus... tutorem accepit Balduinum probum sane virum et justi tenacem, qui usque ad intelligibilem ætatem eum benigne fovit, regnum gnaviter administravit, rebelles et inquietos virga directionis correxit. » — *Fragm. hist. Franc. ap. Duchesne,* IV, 86.

lui refuser, comme régent de France et tuteur du roi, l'aide qu'il réclamait : parce qu'en augmentant la puissance du vassal, Bauduin savait qu'il diminuait d'autant celle du suzerain.

L'année même où son gendre s'emparait de l'Angleterre, Bauduin se trouvait en Flandre avec son pupille et s'occupait de choses très-pacifiques. C'est alors qu'il institua dans le bourg de Lille, pour lequel il avait une prédilection toute particulière, un collége de chanoines qui devint plus tard célèbre sous le nom de chapitre de Saint-Pierre. Le diplôme de cette fondation porte l'empreinte de la philosophie simple et croyante qui caractérise l'esprit du siècle :

« Au nom de la sainte et indivisible Trinité, d'un seul et vrai Dieu. Moi, Bauduin, comte, marquis des Flamands, procureur et tuteur de Philippe roi des Français et de son royaume, sachant d'après le témoignage des livres divins que le véritable héritage est dans le ciel, destiné à ceux qui de bonne volonté se livrent aux œuvres pieuses, je me suis appliqué à considérer attentivement en moi-même qu'avec l'observance des divins préceptes rien n'était plus profitable à un serviteur de Dieu, et pour le salut de son âme et pour la santé de son corps, que d'édifier des églises en l'honneur de Dieu et de ses saints, là où on le peut faire raisonnablement et selon les lois. Aussi, considérant avec les yeux du cœur ces paroles de l'Écriture annonçant qu'il sera beaucoup exigé de celui auquel on aura beaucoup donné ; et cette autre maxime : que celui qui sur la terre bâtit la maison de Dieu, prépare sa propre demeure au ciel; acquiesçant au bon et salutaire avis de mon épouse Adèle et de mon fils Bauduin, ayant en outre fait élever dès les fondements une basilique en l'honneur de saint

Pierre, prince des apôtres, j'ai institué un collége de chanoines chargés d'implorer jour et nuit la clémence de Dieu pour le salut de mon âme, de celles de mes prédécesseurs, de mon épouse, de mes enfants et de tous les fidèles chrétiens, etc. Fait à Lille dans la basilique de Saint-Pierre, en présence de Philippe, roi des Français, la septième année de son règne (1). "

La dédicace de l'église de Saint-Pierre eut lieu le 2 août, en présence de tous les dignitaires ecclésiastiques de la Flandre; et la consécration en fut faite par Bauduin évêque de Noyon, Gui évêque d'Amiens, et Drogon évêque de Térouane. Des domaines considérables furent assignés à cet illustre chapitre, et les diplômes qu'on dressa de ces donations sont souscrits par le jeune roi des Français.

Bauduin voyant approcher la fin de ses jours, ne s'occupa plus que d'œuvres pieuses. Le 29 mai de l'an 1069, il dédia en grand appareil la nouvelle église de Saint-Bavon, qu'il avait fait élever à Gand sur l'emplacement de la basilique primitive. Ce fut là le dernier acte de sa vie; car bientôt après il tomba malade, à Lille, dans l'hôtel qu'il habitait d'ordinaire, et rendit l'âme le 1er septembre, après un règne de trente et un ans. On l'enterra dans la nouvelle église de Saint-Pierre, où son tombeau et l'épitaphe qui y était inscrite se voyaient encore au siècle dernier.

Devenue veuve, Adèle de France prit la résolution de finir le reste de ses jours dans la retraite; elle choisit l'abbaye de Messines qu'elle avait fondée, et y vécut, dit une vieille chronique, comme morte entre les nonains, passant sa vie dans le silence, occupée à prier et à jeûner. Désirant recevoir le voile des mains du pape lui-même, elle

---

(1) V. *Miræus*, *Oper. diplom.*, I, 65.

partit de Messines pour aller à Rome, dans un char recouvert d'une courtine pour le vent et pour la pluie, car elle ne voulait pas être empêchée de dire ses oraisons le long du chemin (1). Peu de temps après ce voyage, la fatigue, la vieillesse, la maladie, et peut-être aussi le chagrin de voir la Flandre ensanglantée par la guerre civile, conduisirent au tombeau cette vertueuse princesse. Suivant le nécrologe de l'abbaye de Messines, elle mourut en 1071, l'année même où son petit-fils périt traîtreusement aux champs de Cassel, et où l'usurpation devait pour la première fois triompher en Flandre.

Bauduin VI eut pour secrétaire et conseiller un moine du nom de Thomellus, qui nous a laissé sur la jeunesse de son maître des détails précieux à plus d'un titre. Au mérite d'avoir été écrits par un contemporain et de donner quelques éclaircissements sur la vie d'un prince dont le règne fut malheureusement trop court, ils joignent celui de présenter un spécimen de la littérature et des mœurs de ces temps éloignés. On nous permettra donc de ne rien changer ici au langage du pieux et naïf panégyriste (2):

« Puisque, dit-il, l'occasion nous amène à Bauduin, le sixième du nom depuis Bauduin-Bras-de-Fer, que notre âge a mérité de voir, il convient d'exposer les vertus dont il est

---

(1) « Elle vivoit ausi comme morte entre les nonnains de Messynes, là où elle avoit fait une abbeye, et i estoit en orisons par nuit et par jour et jeunoit por Diu. Dont se fist-elle mener en char encortinet et bien couviert por le vent et por le pluie, et por che qu'elle ne voloit mie iestre empeéchié de ses orisons, et s'en ala à Rome, » etc. — *Li estore des comtes de Flandres*, msc. du Roi, n° 455, f° 51.

(2) *Thomellus*, ap. Thes. anecd. de D. Martène, III, 777 et suiv.; et ap. J. de Guise, XI, 48 et suiv. — Nous n'avons cru pouvoir mieux faire que de reproduire la traduction donnée par M. le marquis de Fortia.

paré suffisamment, pour servir d'exemple aux bons princes.
Parmi tant de grandes vertus, nous en choisirons quelques-
unes, comme les astrologues qui représentent la sphère
du ciel en petit. A partir de l'âge où commence l'éduca-
tion, il fut élevé à la cour de l'empereur Henri. S'il surpassait en dignité tous ceux de son âge qui étaient alors à la
cour, par son amitié il redevenait leur égal. Puis, lorsqu'il
eut atteint avec le temps l'âge de la force, il envahit le
comté des Nerviens, non sans offenser la majesté de l'empereur, et se montra dans la guerre puissant contre ses ennemis, puissant dans la paix envers les citoyens. Il était le
père des pauvres, des orphelins et des veuves. Aux moines,
il offrait un modèle de dévotion ; aux affligés, un bouclier
secourable. C'était merveille de voir dans le même homme,
et sous l'habit séculier, dominer un prince du monde, et
s'humilier un pauvre de Jésus-Christ. Pendant la célébration de la sainte messe il se tenait immobile et considérait
Dieu sans relâche, comme s'il l'eût vu de ses yeux. Durant
la prière il s'entretenait avec Dieu, sans rompre le silence à
l'égard des hommes. A la messe il était environné de pauvres qui priaient pour lui ; et quand le prêtre avait reçu l'of-
frande, il leur distribuait des aumônes en vue de Jésus-
Christ : ou plutôt il donnait à Jésus-Christ dans la personne
des pauvres. Je puis l'attester comme témoin, ô lecteur,
qui que tu sois, si toutefois tu ne révoques pas en doute
un témoignage si faible. Admis familièrement à ses côtés,
où souvent il daigna me souffrir, je l'ai vu maintes fois invi-
ter secrètement les pauvres à assister en sa compagnie aux
saints mystères de la messe. La messe achevée ; si quelques
pauvres avaient négligé de s'y trouver, il leur en faisait
tacitement des reproches lorsqu'ils venaient l'entourer. Non-

seulement alors, mais toutes les fois qu'il était nécessaire, il s'appliquait à l'aumône, tantôt sous le voile du secret, tantôt en public, soit par lui-même, soit indirectement. Une grande famine étant venue, il distribua des aumônes plus abondantes encore, et fit un devoir à tous les monastères du pays de ne point épargner leurs propres biens pour soulager plus efficacement la misère des pauvres.....

» Après l'enfance la plus heureuse, Bauduin venait d'entrer dans l'adolescence, lorsqu'il fut attaqué par une maladie grave qui l'obligea de garder le lit, et fit bientôt désespérer de ses jours. Comme il avait été jusqu'alors l'espoir et la joie de son père, cette maladie jeta celui-ci dans la douleur et dans l'anxiété. D'une part, les souffrances du fils; de l'autre, le désespoir du père remplissaient le palais de deuil. Mais dans un si grand péril, le courroux du ciel s'apaisa; Dieu fit éclater sa miséricorde, et la visite de saint Pierre et de saint Marcellin, avec le Saint des saints, vint dissiper la maladie du fils et l'affliction du père.

» Ces deux martyrs apparurent au malade à demi éveillé, et lui adressèrent ces paroles consolatrices : « Tu » peux guérir de cette maladie si tu fais vœu de restaurer » un jour l'abbaye d'Hasnon (1). » Il existait alors, dans le château de ce lieu, un certain Witheric qui n'avait pas moins de vices que de richesses, et qui était par là doublement pervers, quoiqu'il eût pu faire un bon usage de l'une de ces deux choses; car si, en possédant la première, l'homme est toujours méchant, il lui arrive souvent d'être bon en possédant la seconde. Tout le monde dans les environs haïssait cet homme comme la peste, et demandait à

---

(1) « Hac ægritudine te posse liberari noveris, si te futurum Hasnoniensis loci renovatorem voveris. » — *Ibid.*

Dieu, d'une voix unanime, qu'il lui arrivât malheur (1). Enfin, dans la révélation de ses saints martyrs, le Seigneur se souvint de l'escabeau de ses pieds. Après s'être présentés devant Bauduin à demi éveillé, les deux saints lui prescrivirent de chasser de ses états Witheric, qui lui était contraire par son nom et par ses actions (2). Cette révélation, qui eut lieu à Bruges, étant parvenue à notre connaissance par le récit des fidèles, nous y ajoutons entièrement foi; c'est pourquoi nous avons voulu la rapporter ici.

» Pendant cette révélation, le glorieux marquis Bauduin, assis auprès de son fils déjà condamné, tenait à la main un cierge ardent pour lui voir rendre le dernier soupir qu'il était sur le point d'exhaler ; mais le jeune homme, ouvrant les yeux, que la maladie et son extase avaient tenus longtemps fermés, prononça en balbutiant quelques mots inarticulés : puis, répondant à son père, qui lui demandait, avec de douces paroles, comment il se trouvait, il lui raconta ce qu'il avait vu, et ajouta qu'il serait lui-même l'arbitre de son salut, si son père le mettait à même d'accomplir le vœu que lui avait inspiré la céleste révélation. Le père, qui désirait ardemment et la guérison de son fils et l'accomplissement de ce vœu, consentit à ce qu'il lui demandait et lui donna l'abbaye d'Hasnon. En présence des échevins qu'il avait admis à être témoins de sa douleur il remit dans la main de son fils un cierge allumé, en témoignage du don qu'il lui faisait de l'abbaye d'Hasnon. On vit alors le fils recevoir au même instant, de son père, une donation, et, des saints, un remède qui lui rendait la vie. Depuis ce moment sa santé se fortifia de jour en jour, et la joie devint

---

(1) « Pro afflictione sui totius illius terræ vox ad Deum clamabat. » — *Ibid.*
(2) « ... et nomine et actu contrarium. » — *Ibid.*

universelle lorsque sa guérison fut complète. Mais comme il arrive souvent chez les hommes légers que l'inconstance de l'esprit revient avec la santé du corps, le jeune marquis oublia, dans la prospérité, les maux qu'il avait soufferts ; et, lorsqu'il fut arrivé au port après le naufrage, il ne se souvint plus de la vision divine qu'il avait eue.

» Lorsqu'il eut atteint l'âge viril, et qu'il fut devenu comte des Nerviens, la discorde agita son flambeau entre les Flamands et les peuples qui sont à l'Ouest (1). Le marquis Bauduin rassembla toutes les troupes dont il put disposer pour attaquer les habitants d'Anvers, dont le pays se trouvait contigu à ses frontières et qui, par cette raison surtout, étaient ses ennemis (2). Ayant divisé ses forces en armée navale et en cavalerie, il prit lui-même le commandement des vaisseaux et mit son jeune fils Bauduin à la tête des cavaliers. Un jour que le jeune marquis conduisait ses troupes au lieu où il voulait établir son camp, et marchait, accompagné de quelques soldats, un peu en arrière de son armée, il tomba dans une embuscade, et fut tout à coup enveloppé par l'ennemi ; mais son intrépidité et sa prudence soutinrent le courage des siens. On en vient aux mains : le combat s'engage à l'épée, car on ne pouvait faire usage de traits, et, au milieu de la mêlée, le marquis se jette sur le plus fort et le plus redoutable des ennemis, appelé Hubert, le blesse, quoique blessé lui-même, et finit par le terrasser. Sa chute décida la fuite du reste des ennemis, et termina le combat. Bauduin, porté par ses sol-

---

(1) « Flammantis discordiæ flagellum immite inter Orientales et Flandrenses movit. » — *Ibid.*, 56.

(2) « Antverpienses fines regni sui termino contiguo, eoque magis infestos, aggredi parat. » — *Ibid.*

dats dans la ville de Gand, y fut long-temps malade des suites de la blessure grave qu'il avait reçue. Comme sa vie paraissait en danger, Salaton, son ancien gouverneur, lui rappela la révélation divine qu'il avait eue au sujet d'Hasnon. Il s'en entretint avec son père, qui était auprès de lui plongé dans l'affliction, et ils convinrent ensemble de faire venir Witheric, alors possesseur d'Hasnon. Celui-ci, appelé pour traiter de l'échange d'Hasnon, ne fit aucune difficulté de se rendre à cette invitation ; mais, après avoir long-temps prêté l'oreille à la proposition, il refusa d'y consentir.

» La blessure de Bauduin s'étant cicatrisée, il guérit et s'appliqua aussitôt à suivre l'avertissement qu'il avait reçu du ciel. Mais, comment faire, lui qui n'avait pu triompher de la dissimulation de Witteric, ni de cette obstination qui le rendait sourd à sa prière? Vaincu dans les voies de la persuasion, il essaya de parvenir à son but par un moyen détourné. Il gagna par des caresses et des présents un jeune frère de Witheric, et obtint de lui, non sans peine, la promesse de livrer le château d'Hasnon. Fort de cette promesse plus que de ses armes, il attaqua le château à l'improviste, à la tête d'un petit nombre de soldats, y mit le feu, et le détruisit de fond en comble. Mais par là l'entremise du marquis se trouva manquée, et ne servit en rien à l'accomplissement de son vœu : car Witheric ayant appris cet événement, et acquis la certitude de la trahison dont il avait été victime, fit rebâtir son château, qui était pour lui une nouvelle Troie, et par cette réédification satisfit son affection, et déjoua pour le moment les projets du marquis.

» Non-seulement ce très-noble comte n'avait pu, par aucun moyen, accomplir son vœu; mais ce qui s'était passé le faisait désespérer d'y parvenir. Enfin, il rentra en lui-même et, dans l'impuissance des secours humains, il résolut d'implorer l'assistance divine. L'oreille du Dieu de Sabaoth était incessamment frappée de ses prières et de celles de ses amis. Il lui demandait de réaliser cette bonne œuvre dont la révélation de ses saints martyrs lui avait fait naître la pensée. Selon cette promesse de la Vérité qui dit : *Demandez, et l'on vous donnera ; frappez, et l'on vous ouvrira*, ce vœu ne fut point repoussé. Une prière faite au nom de Jésus-Christ ne pouvait manquer d'être efficace. Le glaive de la colère de Dieu fut dégaîné contre la tête de Witheric, et le coup retentit jusque dans son âme (1). Un jour qu'il se promenait avec plusieurs de ses vassaux, il accusa l'un d'eux d'avoir commis avec sa femme le crime d'adultère. Celui-ci nia le fait ; mais le comte ne se contenta pas de ses protestations ni des plus terribles serments, et la chose alla si loin qu'il le provoqua en duel sur-le-champ. Le vassal demanda à se battre contre un autre adversaire, disant qu'il craignait plus son seigneur que la honte du crime dont il était accusé (2). Mais Witheric, sans vouloir l'écouter, s'étant jeté sur lui l'épée à la main, le chevalier, forcé de se défendre, frappa son maître, qui tomba percé de coups, et expira. Ainsi celui que les desseins impénétrables de Dieu avaient soustrait pour quelque temps au châtiment finit par perdre à la fois son château et la vie par l'épée d'un chevalier.

« La nouvelle de cette mort se répandit, et fut bientôt connue du jeune marquis. Il la reçut avec joie ; et rapportant

---

(1) « Et ecce mucro furoris Domini in verticem Witterici evaginatur, ictumque ad animam usque minitatur. » — *Ibid.*, 62.

(2) « Quod cùm ille ab alio potiùs quàm à domino, timore magis domini quàm intentati criminis poposcisset. » — *Ibid.*

à Dieu un événement qui allait le mettre en possession de ce qu'il souhaitait, il lui rendit grâce de lui avoir accordé ce qu'il n'avait pu obtenir d'un homme. Mais craignant de perdre le fruit de cet avantage s'il différait d'attaquer le château d'Hasnon, il rassembla à la hâte toutes ses troupes et, précipitant leur marche, vint envelopper ce château. Il n'était pas facile aux assiégés de repousser cette attaque. Ils n'avaient plus de chef, n'étaient protégés ni par des fortifications ni par des hommes d'armes, et n'avaient pas le temps de se consulter dans un danger si pressant. Mais plus la résistance leur était difficile, plus le marquis avait de motifs pour persévérer. Il fit irruption dans le château à la tête de ses soldats, se fraya un passage l'épée à la main, et, après avoir chassé les habitants sans répandre de sang, il mit le feu au château, dont il ne resta pas un vestige. Il fit mettre au niveau du sol et des eaux l'éminence sur laquelle ce château était bâti, et, certain désormais de la réussite de son dessein, il se disposa à élever un temple à Dieu à la place de cette caverne de voleurs... »

Lorsque Bauduin de Mons succéda à son père, il n'était déjà plus jeune. Depuis son mariage avec Richilde et la paix conclue avec l'empereur, il avait tranquillement régné sur le Hainaut; et quand la Flandre lui advint par droit de succession il n'eut à exercer sur les deux pays qu'une domination pacifique, grâce à l'habileté avec laquelle Bauduin de Lille avait conduit ses affaires, tant au dehors qu'à l'intérieur, depuis plus de trente ans. A la vérité, ce fut le calme avant l'orage : mais ce calme, Bauduin de Mons en jouit pendant les trois années qu'il porta la couronne des marquis flamands; et il lui fut permis de réaliser un acte que la civilisation flamande peut revendiquer comme un de ses premiers points de départ.

En l'année 1068, Bauduin acheta, sur les bords de la Dendre, la villa d'un baron nommé Gérard, et résolut de l'élever au rang de bourg ou ville fortifiée. En conséquence il l'entoura de murailles, l'appela du nom de Gérard-Mont (plus tard Grammont par corruption), puis lui donna des lois confirmatives sans doute de coutumes antérieurement en vigueur, mais qui n'en sont pas moins le plus ancien monument écrit du droit civil et criminel de la Flandre, la première garantie donnée dans ce pays par la féodalité à une classe d'hommes qui n'en possédaient jusqu'alors aucune. Voici le préambule et les principales dispositions de cet acte :

« Le comte Bauduin, considérant que la ville appelée Gérard-Mont, située sur les marches de la Flandre, du Hainaut et du Brabant, n'offrirait aucun attrait à ceux qui voudraient l'habiter s'ils n'y trouvaient l'importante garantie de la liberté (1); après avoir réuni et consulté les barons de la Flandre, du Hainaut et du Brabant, constitua les droits suivants, que lesdits barons ont fait serment de maintenir à perpétuité :

» — Toute personne, de quelque condition qu'elle soit, qui aura acheté un héritage dans la ville de Gérard-Mont, sera libre, à la condition d'observer ces lois selon le jugement des échevins.

» Elle pourra quitter la ville si bon lui semble, mais après avoir satisfait à ses dettes et obligations.

(1) « Balduinus comes considerans quod prædictum oppidum... ad inhabitationem sui minimè invitaret, nisi maximâ libertatis ope tutaretur, » etc.

» — Aucun n'est forcé de recourir au duel judiciaire ou de se soumettre aux épreuves de l'eau et du feu.

» — Un laïque en discussion avec un laïque pour une dette, une convention, un héritage, ne doit pas être cité devant le doyen ou l'évêque, s'il désire subir le jugement des échevins; mais pour ce qui concerne le droit ecclésiastique, comme la foi, le mariage, ou autres matières semblables, il en doit répondre devant l'Église.

» — Si quelqu'un se trouve sans héritier, il a le droit de donner sa fortune en aumônes, soit aux églises, soit aux pauvres.

» — Si un enfant légitime vient à mourir aussitôt après sa naissance, sa succession appartiendra au survivant du père ou de la mère.

» — Si les fils ou les filles reçoivent de l'argent ou des biens de leurs parents; quand l'un des parents viendra à mourir, ils remettront en commun ce qu'ils auront reçu pour partager ensuite.

» — Si quelqu'un ne veut pas payer ce qu'il doit à un bourgeois, et que la chose ait été notifiée aux échevins, le débiteur sera, par l'aide et le pouvoir du comte, forcé de satisfaire à son obligation.

» — Si quelqu'un tue ou brise les membres hors le cas de légitime défense, il perdra tête pour tête, membre pour membre.

» — Celui qui blessera, terrassera, prendra quelqu'un aux cheveux, payera au comte soixante sols; s'il recommence, il payera six livres.

— Celui qui dira des injures aux échevins ou à quelque

serviteur du comte dans la ville, payera soixante sols au comte ; s'il récidive, il payera six livres (1). »

Droit public, droit civil, droit criminel, procédure, police, tout est résolument et confusément abordé dans cet acte, dont le laconisme énergique ne manque pourtant pas d'une certaine sagesse. Il est à remarquer que l'élection par le peuple, qui forme la base des priviléges municipaux en général, ne se montre pas encore ici. Mais nous la trouverons plus tard systématisée et organisée dans les chartes communales flamandes, mieux peut-être qu'elle ne le fut jamais dans aucune ville de France. Il est une autre observation qui ressort naturellement des circonstances au milieu desquelles fut octroyée la loi de Grammont par le huitième souverain flamand ; c'est que ce premier élément de liberté n'est point le fruit de la violence ou de l'insurrection, mais le simple résultat du perfectionnement social.

Le prince auquel il fut donné de faire éclore ce germe de civilisation, ne devait plus vivre long-temps. Depuis qu'il régnait en Flandre, sa vie s'était écoulée dans le calme et dans la paix : sa mort fut le digne couronnement de sa vie. Atteint d'une maladie mortelle tandis qu'il se trouvait à Audenarde, il fit apporter tous les corps saints et les reliques que possédait la Flandre ; il convoqua ses fidèles sujets, et, après les avoir consultés, il donna le marquisat à Arnoul, son fils aîné encore en enfance, et le comté de Hainaut à son second fils Bauduin, en décidant que, si l'un venait à mourir, le survivant aurait le gouvernement de l'une et de l'autre

---

(1) Le texte de cette charte se trouve dans une confirmation donnée en 1190 par Philippe, comte de Flandre et de Vermandois. » — *Archives de Flandre à Lille, chambre des comptes.*

contrée (1). Les vassaux ayant touché les reliques des saints selon la coutume, prêtèrent foi et hommage aux jeunes princes. Alors Bauduin confia Arnoul et la régence de la Flandre aux soins de Robert-le-Frison ; le second fut laissé sous la tutelle de sa mère Richilde. Robert prêta serment de fidélité à son jeune pupille; et le père mourut bientôt après, rassuré peut-être sur le bonheur futur de ses enfants.

Ce fut le 17 juillet de l'année 1071, qu'on l'ensevelit dans l'abbaye d'Hasnon qu'il avait rebâtie. Des regrets universels le suivirent au tombeau, et il n'est pas de prince parmi les anciens souverains de la Flandre sur le compte duquel les historiens se trouvent plus d'accord. Ils sont unanimes dans les louanges qu'ils en font : « Grâce à la prudence, à la justice, à l'équité, au courage, à l'énergie du comte Bauduin, dit l'un d'eux (2), les habitants du Hainaut, les Flamands et ses autres sujets jouirent durant sa vie de tant de paix, de concorde et de sécurité que dans ces contrées chacun allait sans poignard, sans bâton, sans armes offensives. Nulle crainte aux frontières du pays. Les poternes des villes et des châteaux ne se fermaient point; on ne craignait même pas de laisser ouvertes les portes des maisons, des greniers et des celliers, car il n'existait ni voleurs, ni assassins. La situation de nos contrées était vraiment la confirmation de cette prophétie : *Ils transformeront leurs épées en socs de charrue et leurs lances en faux* (3).

---

(1) « Ita quod, si alterum illorum decedere contingeret, alter in utroque comitatu succederet. » — *Gilb. Montensis Chron.*

(2) *Ex communi historia Hannoniæ*, ap. J. de Guise, xi, 24.

(3) « Conflabunt gladios suos in vomeres et lanceas suas in falces. » — *Isaïe*, ii, 4.

V

ARNOUL III. — ROBERT-LE-FRISON.

1070 — 1093

La comtesse Richilde s'empare de l'autorité souveraine au nom de son fils Arnoul. — Exactions et violences de cette princesse.— La Flandre tudesque se soulève et prend le parti de Robert-le-Frison.— Antipathie de race existant entre les Wallons et les Thiois.— Bataille de Cassel.— Assassinat du jeune Arnoul.—Philippe, roi de France, saccage la ville de Saint-Omer.— Il abandonne la cause de Richilde.— Celle-ci inféode le comté de Hainaut à l'évêché de Liége.— Elle reprend les hostilités contre Robert.— Bataille de Broquevoie. — Robert devient marquis des Flamands.— La légitimité de son pouvoir est vivement contestée. — Oppositions du clergé.— Le pape Grégoire VII envoie saint Arnoul en Belgique pour calmer les dissensions.— La paix se rétablit.— Robert associe son fils au gouvernement.— Il fait le pèlerinage de Jérusalem. — Pénitence et mort de Richilde.— Miracles et prodiges en Flandre.— Le mal des ardents.— Organisation de la cour des comtes de Flandre.— Robert opprime le clergé.— Lettre du pape Urbain II à ce sujet.— Plaintes amères adressées par le clergé au concile de Reims.— Robert se soumet aux injonctions du concile. — Il meurt.

Chaque fois que sous un même sceptre se trouvent réunis des peuples différents d'origine et de langage, il se révèle tôt ou tard entre eux des antipathies plus ou moins vives, plus ou moins caractéristiques suivant les causes qui les viennent susciter. Parmi les portions de territoire primitivement confiées à la garde des forestiers, puis laissées en toute souveraineté aux marquis flamands, il en était chez qui les mœurs germaniques avaient irrévocablement pris racine: d'autres, au contraire, conservaient leur caractère primitif, gaulois ou celtique, modifié cependant par l'influence des conquérants romains, dont elles avaient adopté le langage. Ces derniers pays se distinguaient sous les noms de Galls ou Wallons, des autres qu'on appelait Thiois ou Tudesques. Pour la première fois dans l'histoire de Flandre, nous allons voir éclater entre eux d'une manière bien distincte cette rivalité de race dont on eut si souvent à déplorer les tristes effets, et qui s'oppose depuis tant de siècles à ce que les diverses provinces dont la Belgique se compose puissent former une nation compacte et forte.

Au moment où Bauduin de Mons descendit au tombeau, Robert était en Frise occupé à défendre les intérêts de ses beaux-fils. L'occasion se montrait favorable à Richilde pour s'emparer d'un pouvoir dont elle avait toujours été avide : elle la saisit avec empressement. Depuis long-temps elle s'était ménagé dans les provinces wallones un puissant parti, en tête duquel figuraient deux barons français, les sires de Mailly et de Coucy, dont elle avait fait ses conseillers intimes. Cette faction débuta par déclarer nul et invalide le testament du prince défunt, détruisant ainsi de prime abord le plus sérieux des obstacles que pouvaient rencontrer les prétentions de Richilde. Cependant, c'était pour s'opposer à ces prétentions que Bauduin de Mons avait formulé ses dernières volontés d'une façon si précise. Le caractère ambitieux et remuant de Richilde n'était pas de nature à lui inspirer beaucoup de confiance : jeune encore, elle pouvait d'ailleurs se marier une troisième fois ; et il était à craindre qu'agissant à l'égard des enfants de Bauduin comme elle l'avait fait au préjudice de ceux d'Herman, elle ne livrât la Flandre aux mains de quelque étranger. Tels étaient sans doute les motifs graves pour lesquels Bauduin de Mons avait, au lit de la mort, confié le gouvernement de la Flandre à Robert-le-Frison, à l'exclusion de sa femme Richilde.

Lorsque Robert, toujours retenu en Hollande, apprit qu'on venait de le dépouiller des droits que son frère lui avait conférés, il somma Richilde de lui remettre le gouvernement de la Flandre. Mais celle-ci ne tint nul compte des protestations de son beau-frère. Prévoyant les suites que devait avoir cette affaire, et jugeant que le Frison allait devenir son implacable ennemi, elle s'empressa de diminuer sa puissance en saisissant les domaines qu'il possédait, savoir le comté d'Alost, la terre nommée les Quatre-Métiers et les îles de la Zélande. Cette expédition, favorisée par l'absence de Robert, s'exécuta promptement et avec énergie. Jean, sire de Gavre, châtelain d'Ypres, ayant voulu s'opposer par la force à ce que Richilde s'emparât des Quatre-Métiers, elle lui fit couper la tête; puis, dans la crainte que le roi des Francs, auquel Robert avait déjà porté ses plaintes, ne vît toute cette conduite d'un mauvais œil, elle lui dépêcha des députés chargés de lui offrir quatre mille livres d'or (1). C'était, aux yeux du roi, une raison beaucoup plus péremptoire que toutes celles qu'on aurait pu lui donner; et, dès ce moment, il abandonna Robert pour embrasser sans réserve la cause de la libérale comtesse.

Malheureusement, il était alors impossible à Robert de venir défendre ses droits en personne. A peine maître des Frisons révoltés, il avait à combattre de plus dangereux adversaires. Le comté de Hollande fut, en 1071, envahi tout à la fois par Guillaume, évêque d'Utrecht, et par Godefroi-le-Bossu, duc de Basse-Lorraine, le même

---

(1) « Et quant la contesse Rikeus sot chou, ele corrompi le corage le roi de mil livrès d'or. » — *Li estore des C. de Fl.*, f° 53 v°.

que nous avons vu naguère allié avec Bauduin de Lille, pour faire la guerre à l'empereur. Peu après la mort de Florent, comte de Hollande, l'évêque d'Utrecht, profitant de la minorité du jeune Thierri V, pupille de Robert, avait obtenu de l'empereur l'investiture féodale de la Hollande méridionale ; comme il ne se trouvait pas assez fort pour se mettre en possession d'un pays sur lequel Robert de Flandre était venu planter son étendard, il le concéda à Godefroi, à charge de le tenir de lui en fief. L'évêque s'unit donc à Godefroi aussitôt que celui-ci fut en paix avec l'empire; et, afin de rendre efficace l'arrangement conclu entre eux, ils entrèrent simultanément en Hollande.

Tel était le motif de cette guerre. Le résultat n'en fut pas heureux pour Robert. Vaincu auprès de Leyde, il fut contraint de battre en retraite et de se réfugier avec sa femme et ses enfants dans la ville de Gand.

Lorsqu'il y arriva, les choses avaient pris en Flandre une tournure beaucoup plus favorable à sa cause qu'il n'aurait pu l'espérer. Enhardie par l'invasion de la Hollande qui la délivrait d'un rival dangereux, Richilde s'était livrée sans ménagement à l'exercice d'un pouvoir qu'elle avait long-temps ambitionné. Les actes se publiaient en son nom; et les Flamands se demandaient en murmurant si le jeune Arnoul, fils de leur seigneur, n'existait plus. Par le conseil des barons français qui l'entouraient, des faits nombreux de tyrannie, des exactions de toute nature se commettaient journellement. L'avide comtesse augmentait les impôts outre mesure. Elle alla jusqu'à mettre une taxe de quatre deniers sur chaque lit, et à s'emparer du trésor d'un grand nombre d'églises (1). Cependant le Hainaut, l'Artois, la Flandre

(1) « Richeldis... inconsueta et indebita a Flandrensibus (præsumebat)

wallone, les provinces de langue romane ou française, enfin, étaient moins durement traités que les pays de langue tudesque, sur lesquels Richilde se plaisait à faire peser tout le poids de sa domination. Elle les ménageait afin de s'en créer un appui au besoin; et les Wallons se montraient favorables à sa cause et à ses projets, moins par affection pour elle que par une sorte d'inimitié instinctive contre des voisins dont ils dédaignaient le rude langage, et à la prospérité desquels ils commençaient à porter envie. De leur côté les véritables Flamands, qui conservaient encore cet esprit d'indépendance puisé dans les vieilles mœurs germaniques, s'étaient émus de la position exceptionnelle que Richilde leur avait faite et supportaient impatiemment ses oppressions. Aux griefs qu'ils nourrissaient contre la veuve de Bauduin de Mons vinrent bientôt s'en joindre d'autres. Richilde épousa Guillaume Osbern, comte d'Essex et d'Hereford, et trésorier d'Angleterre depuis la conquête, lequel descendait des anciens ducs de Normandie, dont la mémoire en Flandre n'était pas très-vénérée. On prétend même qu'elle eut la hardiesse de donner à ce nouvel époux le titre de marquis ou comte des Flamands, titre qui seul devait appartenir au fils de Bauduin. Cette union froissa vivement le sentiment national des Flamands (1); mais ce qui mit surtout le comble à leur haine contre Richilde, ce fut un acte de cruauté tel que les annales du pays n'en avaient point jusque-là enregistré de sembla-

---

exigere tributa. — *Hist. com. Ardensium ap. Bouquet*, II, 298. — « Et meismement estoient-il courechiet de che k'ele despoilloit et desreuboit les eglyses por paier l'avoir k'ele avoit promis au roi. » — *Li estore des C. de Fl.*, f° 53 v°.

(1) « Et si n'ot mie honte d'iestre trois fois mariée, ains esposa Guillaume l'Orghelleus, conte de Normendie, et par chou esmut-elle encontre li moult des princes de Flandres. » — *Ibid.*

ble. La ville d'Ypres, jugeant à propos d'adresser des remontrances à la comtesse, lui envoya des députés qui la rencontrèrent à Messines, proche de la Lys. A peine lui avaient-ils appris l'objet de leur message, qu'elle les désigna du doigt à ses hommes d'armes et ordonna qu'on leur tranchât immédiatement la tête, à eux et à leur suite, composée de plus de soixante personnes. Aussitôt que cette sanglante exécution fut terminée, Richilde, pour ajouter encore à la terreur qu'elle voulait inspirer, fit mettre le feu à la ville et au monastère de Messines ; puis, à la lueur de l'incendie, prit le chemin de Lille. De nouveaux députés des villes de Gand et de Bruges, ignorant le sort de leurs malheureux compatriotes, vinrent trouver Richilde à Lille pour lui porter également leurs doléances. Comme ils étaient nombreux, la comtesse les avait fait loger séparément dans différents quartiers de la ville, afin de les pouvoir plus facilement saisir et mettre à mort. Mais avertis du péril où ils se trouvaient par le gouverneur du château nommé Gérard de Buc, homme dévoué en secret au parti flamand, ils parvinrent, au milieu des ténèbres de la nuit, à s'échapper tous de la ville par des issues dérobées que le châtelain leur fit ouvrir.

Un sentiment d'horreur et d'exécration s'éleva en Flandre à la nouvelle du massacre des députés d'Ypres, et de la trahison préparée à ceux de Bruges et de Gand. Une insurrection contre le pouvoir de Richilde était imminente, quand l'arrivée de Robert-le-Frison vint donner une impulsion plus large et plus forte à ce mouvement national. Alors éclata dans toute son énergie cette antipathie de race assoupie depuis long-temps, et que la tyrannie d'une femme venait de réveiller si brutalement. Robert, assuré désormais du concours unanime des Flamands, prit sans désemparer les mesures nécessaires pour anéantir l'autorité de Richilde et reconquérir ses droits de régent. Il s'entendit avec les barons et les villes, combina ses moyens, et partit ensuite pour la Hollande afin d'en ramener tous les hommes d'armes qui voudraient bien le suivre.

Au bout de peu de temps, il débarqua à Mardike avec une assez forte armée de Hollandais et de Frisons; gens dont les Flamands connaissaient l'idiome et auxquels ils ne tardèrent pas à venir se joindre en foule, impatients qu'ils étaient d'obtenir enfin vengeance. A la tête de tout ce monde Robert traversa la Flandre, se faisant ouvrir les villes et les forteresses où Richilde avait mis des châtelains wallons, soulevant et entraînant à sa suite les populations armées. Il arriva de la sorte devant Lille, la plus prochaine des villes wallones sur la frontière des pays de langue thioise, et où Richilde continuait à séjourner, attendant les secours qu'elle s'était empressée de réclamer du roi de France. Lille, singulièrement fortifiée depuis sa fondation par le père du comte Robert, était sur un pied de défense formidable. Mais, à la nouvelle de l'arrivée des Flamands, Gérard de Buc, le même qui avait sauvé les députés de Gand et de Bruges, ouvrit pendant la nuit les portes du château à Robert, qui y entra avec une partie de ses gens d'armes. Richilde quitta précipitamment la ville, et prit la route d'Amiens afin de hâter la venue du roi Philippe de France. Robert, de son côté, pénétra aussitôt dans Lille, où fut trouvé, entre autres personnages importants, le sire de Mailly, l'un de ces conseillers de Richilde auxquels les Flamands portaient la plus grande haine. En vain Robert voulut-il le garder comme otage ou comme prisonnier; on ne l'écouta point. Le sire de Mailly, saisi entre ses mains, est à l'instant massacré, son corps mis en lambeaux et traîné à travers les rues de la ville avec tous les raffinements d'outrage et de cruauté que savent seules inventer les fureurs populaires.

De Lille Robert et les Flamands s'avancèrent vers Cassel, l'ancien château des Ménapiens (1). Ce bourg, plusieurs fois détruit au temps des invasions normandes, avait été rebâti et consolidé par Arnoul-le-Vieux. Situé au sommet d'une montagne d'où l'on découvre, dit-on, trente-deux villes à clocher, il est surmonté d'une tour qu'on aperçoit de Laon quand le ciel est pur (2); il domine donc tout le pays et offre une excellente position stratégique. Robert s'y installa sans peine, le châtelain Boniface s'étant empressé de lui livrer l'entrée de la ville et du château. C'est là que de tous les points de la Flandre se réunirent les chevaliers, les hommes d'armes, les milices des villes, et jusqu'aux pauvres gens des campagnes mus par un même sentiment de patriotique indignation. Robert-le-Frison ne fut plus dèslors considéré comme un seigneur auquel on obéit par devoir ou par habitude, il devint pour les Flamands de pure origine le défenseur de leurs droits, le protecteur de leur nationalité; et l'on conçoit combien il devait puiser de force et peut-être d'orgueil dans la nouvelle situation politique que les circonstances lui faisaient.

Cependant le jeune roi Philippe, séduit par l'or et les instances de Richilde, s'avançait au-devant de la Flandre

---

(1) Castellum Menapiorum. V. les *Préliminaires*.

(2) « Li anciien fondèrent che castiel sor le hautece don mont et chil mons est haus sor soz les mons de Flandres et une tours est el coupier lequele on puet veoir don mont de Loon quant li ciels est clers et purs. — *Li estore des C. de Fl.*, f° 53 v°.

insurgée. Son armée nombreuse et aussi bien organisée qu'elle pouvait l'être pour l'époque, se composait d'hommes d'armes venus des différentes provinces soumises à la suzeraineté du roi de France. Elle partit de Saint-Omer; et ayant fait sa jonction avec les troupes levées par Richilde dans les pays wallons, elle parvint en bon ordre à Bavinckhove, au pied du mont Cassel, le dimanche de la septuagésime, 20 février 1070. Il ne reste sur la bataille célèbre qui fut livrée ce jour-là, que des détails assez confus et assez contradictoires. De tous les historiens qui en ont parlé, il n'en est pas, selon nous, qui l'aient fait mieux et en aussi peu de mots qu'un très-ancien chroniqueur dont les récits sont quelquefois empreints d'une poétique véracité. Après avoir dénombré les guerriers qui composaient l'armée du roi de France et celle de Richilde : « Tous ces gens, dit-il, s'assemblèrent pour déconfire le Frison dessous Cassel. Le Frison n'eut pas si grande multitude de monde, mais il eut plus forts gens à bataille; et ses soldats vinrent armés non pas tant seulement d'armes de fer, mais aussi des armes de la foi. Ils ôtèrent le linge de leurs corps et ne conservèrent que des langes sous leurs armures. Se prosternant à terre et priant Dieu, ils attendirent leur salut d'en haut; et pour ce qu'en si petit nombre ils se devaient combattre contre le roi de la terre, ils recommandèrent leur cause au roi du ciel. Que vous dirai-je de plus ? les armées engagèrent le combat, et fut fait tel massacre de celle du roi que la terre fut tout arrosée de sang et les champs couverts de la multitude des occis (1). »

En effet, la déroute de l'armée du roi et de celle de

---

(1) *Li estore des C. de Fl.*, f° 54.

Richilde fut complète. Le jeune monarque s'en tira sain et sauf, et parvint à gagner Montreuil avec quelques débris de troupes. Quant à Richilde, combattant avec fureur en tête de ses chevaliers, elle tomba au pouvoir des Flamands, et fut faite prisonnière. Son récent époux, l'Anglais Guillaume Osbern, et le sire de Coucy, son conseiller intime, étaient morts à ses côtés. Mais la perte la plus regrettable de cette journée fut celle du jeune Arnoul, qui, victime des projets ambitieux de sa mère, et entraîné au milieu d'un conflit dont le résultat, quel qu'il fût, ne devait pas lui être profitable, périt assassiné sur le champ de bataille par les mains d'un de ses propres hommes-liges, nommé Gerbodon. « A propos de ce Gerbodon, dit un vieil historien du Hainaut, favorable au parti de Richilde, il ne faut pas oublier que, peu de temps après, cet homme, conduit par un esprit de pénitence, vint à Rome se jeter aux pieds du souverain pontife, et lui avoua son crime. Après l'avoir écouté, le pape ordonna à l'un de ses cuisiniers de l'emmener au dehors et de lui couper sur-le-champ les mains qui avaient servi à donner la mort à son maître; mais le pape ajouta que si les mains du coupable ne tremblaient point, on le ramenât sauf devant lui. Gerbodon ayant été conduit au lieu du supplice, tint ses mains immobiles et sans trembler. Le cuisinier le reconduisit alors sans lui faire aucun mal devant le pape, qui lui ordonna, à titre de pénitence, de retourner vers l'abbé de Cluny, et d'obéir à ses ordres. L'abbé voyant que les intentions de cet homme étaient bonnes, le reçut au nombre des moines; et, dans la suite, Gerbodon se rendit célèbre à Cluny par ses œuvres saintes et par sa piété (1) ».

---

(1) *Gilberti Montensis Chron.*, ap. J. de G., xi, 89.

Arnoul, troisième du nom, n'avait pas plus de dix-sept ans lorsqu'il mourut. Son cadavre, enlevé du milieu de ceux dont le champ de bataille était couvert, fut transporté à l'abbaye de Saint-Bertin, où il reçut, par les soins du vainqueur, une honorable sépulture.

Avant de clore la page si courte et si triste en même temps que l'historien doit consacrer à la mémoire de ce jeune prince, il convient de raconter une scène tout en dehors de la grande lutte des Flamands contre les Wallons, et dans laquelle Arnoul remplit avec sa mère un rôle plus pacifique et plus heureux que celui qui termina son existence politique. Tandis que Robert-le-Frison était encore retenu en Hollande, et que Richilde exerçait sans rivalité l'autorité souveraine au nom de son fils, l'évêque de Cambrai Liébert se trouvait de nouveau en butte aux persécutions du châtelain de sa ville épiscopale, Hugues, sire d'Oisy, que lui-même avait naguère comblé de bienfaits. Liébert revenait un jour d'une visite pastorale dans quelques villages de son diocèse. Comme le soir approchait, et qu'il était encore loin de Cambrai, il résolut de passer la nuit à Boiri-Sainte-Rictrude, bourgade située entre Cambrai et Arras, et dont il avait béni l'église. Le châtelain Hugues avait un donjon non loin de là sur sa terre d'Oisy. Depuis un certain temps il épiait les démarches du prélat; et ses émissaires lui étant venus annoncer qu'il s'hébergeait dans le voisinage, Hugues sortit de son fort avec des hommes bien armés et, à la faveur des ténèbres, investit la maison où Liébert reposait ses membres fatigués. Les portes sont bientôt enfoncées, et les gens de l'évêque, réveillés en sursaut sont massacrés sans défense. Le châtelain alors pénètre, le fer au poing, jusqu'à la chambre où se trouvait le prélat avec son prévôt Wibold et ses chapelains. Wibold se précipite à sa rencontre, et cherche à lui barrer le passage; mais Hugues brise la porte, plonge sa dague au cœur de Wibold, et, s'approchant du lit où gisait le saint vieillard, il l'enlève en chemise, et le fait porter par ses hommes d'armes au château d'Oisy, où on le charge de fers (1). La nouvelle de ce forfait sacrilége parvint aux oreilles de Richilde, qui, sans perdre de temps, joignit ses troupes à celles que son fils Arnoul, prévenu par elle, amenait de Flandre. Ils entrèrent en Cambrésis par Douai, et marchèrent sur Oisy. Le châtelain, effrayé, s'empressa de rendre l'évêque, que Richilde et Arnoul ramenèrent triomphalement à Cambrai, où ils firent de riches offrandes à l'église de Notre-Dame et aux monastères de la ville (2). Ce fut au milieu des joies de ce facile triomphe que s'amoncela contre l'héritier de Bauduin Bras-de-Fer l'orage qui devait l'écraser au pied du Mont-Cassel. Mais revenons aux suites et aux résultats de ce combat célèbre.

La victoire remportée par le parti tudesque sur le parti wallon ou français, toute favorable qu'elle fût à la nationalité flamande, eût été plus décisive encore, si Robert, entraîné à la poursuite de ses ennemis, ne se fût imprudemment laissé prendre et enfermer à Saint-Omer. Les deux partis se trouvant privés de leurs chefs, on traita d'un échange. Walfrade, châtelain de Saint-Omer qui détenait Robert, courroucé de ce qu'on voulait rendre corps pour

(1) « Sicut in lecto jacebat cum camisia tantum, ille insanus homicida non timuit accipere, et ad Oiscium, municipium suum, ita nudum asportare, clausumque in custodia retinere. » — *Balderici Chron.*, 347.

(2) « Reduxerunt eum Cameracum cum grandi gloriâ et honore, donantes insuper muneribus ecclesiam S. Mariæ, aliaque monasteria civitatis Cameracæ. » — *Ibid.*, 348.

corps, sans rançon, prétendait garder le comte. Les bourgeois de la ville, par des motifs qu'il n'est pas très-facile d'apprécier aujourd'hui, contraignirent le châtelain à mettre Robert en liberté. Le roi fut vivement contrarié de cette permutation qui s'était faite à son insu. Peut-être avait-il quelque arrière-pensée sur le marquisat flamand, et espérait-il que, les deux concurrents retenus captifs, il pourrait plus aisément réaliser ses projets. Toujours est-il que, dans un premier moment de fureur, après la délivrance de Robert, il résolut de saccager la ville de Saint-Omer. Elle était très-forte et ses habitants déterminés à se bien défendre. Mais le châtelain, qui ne pouvait leur pardonner de lui avoir arraché sa proie, ouvrit les portes de la ville dans la nuit du 6 au 7 mars; et le roi, y entrant avec ses hommes, mit tout à feu et à sang. On traquait les bourgeois de rue en rue, de place en place; les églises étaient pillées comme les maisons: on n'épargnait pas plus les prêtres que les femmes et les jeunes filles, livrées tremblantes à la brutalité des soldats (1). Ces scènes affreuses se passaient sous les yeux d'un monarque à peine âgé de dix-huit ans!

Richilde fut rendue à la liberté en même temps que son victorieux compétiteur. Sa défaite de Cassel, la mort de son fils, celle de son mari et d'un grand nombre de ses amis fidèles ne la découragèrent point, et bientôt elle se mit en mesure de reprendre l'offensive.

On sait que Baudouin de Mons avait ordonné en mourant que celui de ses deux fils qui survivrait à l'autre aurait la

---

(1) « Et li bourgeois s'enfuioient et si se reponnoient. Les églyses furent reubées, li moine furent laidengiet, les dames et les pucieles furent déshounerées. Toute la ville menoit duel et plouroit et estoit plaine de grant confusion. » — Li estore des C. de Fl., f° 54.

possession simultanée de la Flandre et du Hainaut. Richilde s'empressa de présenter son second fils Baudouin au roi Philippe, en réclamant de nouveau sa protection. Le roi, irrité contre Robert, qui venait de le battre, la lui promit, ceignit le baudrier à Baudouin, et le salua marquis des Flamands: cérémonies illusoires qui, loin d'assurer les droits du jeune prince et de les faire prévaloir, ne tendaient qu'à lui enlever l'affection de ses propres sujets, et à augmenter la puissance morale de Robert. En effet, la popularité de celui-ci, s'il est permis de nous servir de cette expression toute moderne, croissait au fur et à mesure des griefs que le parti dont il était le représentant avait à reprocher au parti contraire.

Le roi, après le sac de Saint-Omer, leva de nouvelles troupes en France, et s'occupa des moyens de reprendre les hostilités contre Robert. Parmi les prisonniers importants retenus par celui-ci lors de la bataille de Cassel, se trouvait Eustache, comte de Boulogne, frère de Godefroi évêque de Paris et chancelier du roi. Cette circonstance mit en rapport le comte Robert avec Godefroi. Ils finirent par s'entendre tellement que Robert promit à l'évêque la liberté de son frère et une forêt de vaste étendue appelée la forêt d'Ecloo, à condition qu'il déterminerait le roi à cesser la guerre, à abandonner complétement le parti de Richilde, et à retourner à Paris. Il fallut que Godefroi employât la ruse pour faire partir le roi, jeune prince capricieux et vif, mais d'un faible courage contre les obstacles sérieux. Il en avait déjà rencontré beaucoup depuis la guerre : son chancelier lui fit mystérieusement donner avis que Bernard, duc de Saxe, beau-frère de Robert-le-Frison, arrivait au secours de ce dernier avec de nombreux soldats, qu'ils avaient le projet de couper la retraite au roi et à son armée, qu'enfin il était probable que beaucoup de barons français avaient déjà reçu de l'argent pour le trahir. Ému de ces confidences, Philippe, sans attendre le lendemain, prit la nuit même le chemin de Paris, et, dans sa frayeur, abandonna ses bagages aux Flamands (1). Le chancelier, craignant que le roi, remis de sa frayeur, ne revînt en Flandre, se hâta de l'aller rejoindre, et lui conseilla de ne plus songer à poursuivre une guerre désastreuse. Il lui représenta que Robert-le-Frison lui était plus proche parent que le jeune Bauduin, et que d'ailleurs celui-ci était irrévocablement abandonné des Flamands, c'est-à-dire de la majeure partie de ses sujets. Enfin, pour détacher tout à fait le roi de la cause wallone, Godefroi lui proposa d'épouser Berte, fille de Florent, comte de Hollande, mort en 1061, et par conséquent belle-fille de Robert. Cette alliance se conclut et devint fatale à Richilde, qui resta dès lors dans l'isolement, abandonnée d'un allié sur lequel elle se croyait en droit de compter, et qui lui faisait défaut au moment où elle en avait le plus besoin.

Ces revers de fortune n'abattirent point le courage de l'opiniâtre comtesse. Moins désireuse de faire prévaloir la légitimité de son fils que de satisfaire un impérieux instinct de vengeance, elle eut recours alors à un expédient qui donne la mesure de ses intentions et de son caractère. Théoduin, évêque de Liége, était le seul des princes voisins qui pût ou voulût prêter son concours à Richilde. Elle s'adressa à lui ; et, pour en tirer de l'argent et des hommes d'armes, car il lui en fallait à tout prix, elle consentit à

---

(1) « Quo ille nuncio territus, relictis sarcinis, nocte urbem reliquit et versus Galliam properavit » — *Chron. ap. Bouquet*, xi, 391 et 392.

devenir sa vassale. Voici les principales clauses de cette honteuse inféodation du comté de Hainaut à l'évêché de Liége :

« — La comtesse Richilde et Bauduin son fils font hommage du comté de Hainaut à l'évêque de Liége, dont ils deviennent hommes-liges, promettant de le servir de toutes leurs forces.

» — Si quelqu'un veut faire la guerre au comte et assiège un de ses châteaux, l'évêque doit fournir à ce dernier cinq cents chevaliers; ce qu'il s'oblige à faire trois fois l'an, et durant l'espace de quarante jours chaque fois.

» — L'évêque, outre l'hommage du comté de Hainaut, recevra encore celui des châtelains de Mons, Beaumont et Valenciennes.

» — L'évêque s'engage à donner annuellement au comte, le jour de Noël, quatre paires de robes de la valeur de six marcs la pièce, et à chacun des châtelains susnommés une robe d'égale valeur.

» — Si le comte acquiert des alleux dans son comté, il tiendra le tout de l'évêché de Liége (1). »

Ce traité fut conclu à Fosses en présence de Godefroi, duc de Bouillon, qui, bientôt après, devait prendre une si glorieuse part aux croisades; du comte Albert de Namur, de Lambert comte de Louvain, du comte de Chiny et de celui de Montaigu en Ardennes. En sanctionnant par leur présence et l'apposition de leurs sceaux un accord de cette nature, les princes lorrains prouvaient qu'ils ne voyaient pas avec déplaisir l'affaiblissement simultané de la Flandre et du Hainaut. Ils s'y prêtèrent donc de très-bonne grâce;

(1) Cet acte, qui a été imprimé plusieurs fois, se trouve aux Archives des comtes de Flandre à Lille, 2ᵉ *Cartul. de Hainaut*, pièce 251.

mais l'empereur Henri IV, à la ratification duquel le traité fut soumis, ne se montra pas aussi accommodant. Il en témoigna de la surprise, en faisant probablement cette réflexion : que si Richilde n'avait pu soumettre les Flamands avec toutes les forces du roi Philippe, elle le pourrait bien moins encore avec les cinq cents Liégeois que le prélat devait lui fournir. Le véritable motif qui le portait à refuser son adhésion, c'était la crainte de voir l'évêque de Liége, vassal déjà trop puissant à son gré, recevoir par cette convention un nouvel accroissement de domination et de force. La dernière révolte des seigneurs lorrains démontrait la nécessité d'enlever à ceux-ci tous les moyens de recommencer par la suite une lutte sérieuse contre l'empire.

Théoduin et Richilde, satisfaits l'un et l'autre de leur arrangement, ne désespéraient pourtant pas de vaincre l'obstination de Henri IV. Ils eurent recours à la médiation de l'archevêque de Cologne, des évêques d'Utrecht, de Verdun, de Cambrai et autres, se concilièrent par des présents la faveur des grands officiers de l'empire, et même, dit-on, celle de l'impératrice Berte, de façon que ne pouvant plus résister aux obsessions qui l'entouraient de toutes parts, l'empereur finit par souscrire le diplôme qui consacrait définitivement la suzeraineté de l'évêque de Liége sur tout le Hainaut.

Une fois qu'elle se fut assuré l'appui de Théoduin, et qu'elle eut par là détruit tout ce qui pouvait rester de sympathie dans le cœur des flamands pour le jeune Bauduin, Richilde se disposa à recommencer la guerre. Pour lui en donner les moyens, Théoduin lui envoya cent livres d'or et soixante-quinze marcs d'argent qu'il avait enlevés aux églises de son diocèse. Richilde put alors réunir de nouvelles troupes et soudoyer celles que lui avaient offertes les princes lorrains présents au traité de Fosses.

Mais avant qu'elle se fût mise en état d'envahir la Flandre, Robert-le-Frison s'était avancé au-devant d'elle. Il vint asseoir son camp près de Mons, dans un petit canton appelé Broqueroie. Richilde, pressée de venger sa défaite de Cassel, ne se donna pas le temps de réunir tous ses hommes d'armes pour attaquer son rival. On combattit de part et d'autre avec acharnement; mais à la fin, Robert resta maître du champ de bataille. Le souvenir de ce combat s'est perpétué jusqu'à nous, car le lieu où il s'est livré porte encore des noms lugubres : ce sont les *haies de la mort*, ou les *bonniers sanglants* (1). Robert dévasta tout le pays sur les deux rives de la Sambre, prit, entre Bouchain et Valenciennes, un château-fort nommé Wavrechin, baigné par l'Escaut, et qui lui assurait le passage en Hainaut. Il y mit trois cents hommes d'armes et rentra en Flandre, dont la possession lui était désormais acquise par le droit de l'épée, comme le dit un célèbre annaliste flamand (2).

Telles furent les circonstances au milieu desquelles la Flandre, jusqu'alors possédée par ordre de primogéniture et sans interruption depuis le chef de la dynastie, passa au second des fils de Bauduin de Lille, c'est-à-dire, à la branche cadette. Mais nous l'avons énoncé déjà, l'ambition d'un prétendant ne fut pas le seul mobile de cette révolution. Elle ne se fit ni pour lui ni par lui exclusivement; il ne sut que profiter avec habileté des causes qui l'avaient produite.

Quoi qu'il en soit, et nonobstant les services par lui ren-

(1) Le *bonnier* est une mesure agraire locale.
(2) Jacques Meyer.

dus à la nationalité flamande, Robert ne put empêcher qu'on ne contestât souvent et long-temps la légitimité de son pouvoir. Son neveu Bauduin n'avait pas abdiqué toute prétention après la défaite de Broqueroie. De concert avec son infatigable mère, il protestait par des attaques multipliées, mais peu décisives, sur les frontières de Flandre. Tout ce qu'il put faire, ce fut de reprendre le château de Wavrechin. Quant à reconquérir la bienveillance des Flamands, il ne devait plus y compter; Richilde la lui avait à jamais aliénée. Cependant bien des gens voyaient toujours en lui le véritable héritier du sang.

D'un autre côté, Robert employait tous les moyens imaginables pour justifier son avénement au marquisat de Flandre. Afin de se rendre le clergé favorable, il dota de grands biens la plupart des églises flamandes, fonda un monastère à Watten où il mit des chanoines, et bâtit également une église collégiale à Cassel en commémoration de sa victoire (1). Néanmoins, le saint évêque de Cambrai, Liébert, se prononça ouvertement contre lui, et le traita comme rebelle et en usurpateur. Croyant intimider le vieil évêque, Robert, vers l'an 1075, vint mettre le siége devant Cambrai. Liébert, alité et souffrant de la goutte, se fit transporter vers la tente du marquis pour lui reprocher sa félonie. Robert se mit à rire des admonitions du prélat qu'il considérait en pitié. Alors celui-ci revêtit ses habits pontificaux, lança l'anathème sur le blasphémateur et sur son armée, et reprit lentement le chemin de Cambrai, laissant la terreur dans le camp des Flamands. Robert réfléchit quelques instants, puis alla trouver l'évêque et lui

---

(1) *Hist. comitum Ardensium, ap. Bouquet,* II, 298.

demanda humblement pardon pour lui et pour ses gens. Liébert leva l'excommunication ; et la nuit même Robert décampa en abandonnant tout le butin qu'il avait fait dans le Cambrésis.

Vers ce même temps, le marquis des Flamands envoya une ambassade à l'empereur; et afin de le bien disposer en sa faveur, il lui offrit de le servir de toutes ses forces quand besoin serait. Les chroniques rapportent, au sujet de cette ambassade, une anecdote qui prouve combien les destinées de l'usurpateur et celles de sa famille occupaient en Flandre l'imagination populaire. Suivant l'assurance d'un vieil historien, un des messagers de Robert-le-Frison, Bauduin, avoué de Tournai, raconta maintes fois que quand lu et ses compagnons approchèrent de Cologne, ils rencontrèrent une dame d'honnête apparence qui leur demanda qui ils étaient, d'où ils venaient et où ils allaient. A cette question les députés se turent. Alors la dame reprit : « Oh! je sais bien que vous êtes les messagers du comte Robert de Flandre, lequel a manqué au serment qu'il avait prêté à son frère Bauduin de Mons, a tué son neveu Arnoul, et lui a pris son héritage. Il vous envoie pour obtenir la grâce et l'amitié de l'empereur. Sachez donc que cette démarche tournera à bien, que l'empereur vous accueillera honorablement; sachez aussi que le comte Robert et son fils tiendront la Flandre en paix ; mais son petit-fils mourra sans enfant mâle. Après lui, deux concurrents se disputeront le comté. L'un des deux tuera l'autre. Il possédera la Flandre, ainsi que ses descendants, jusqu'au temps de l'antéchrist. » Ayant parlé de la sorte, la dame disparut; et l'on n'en eut plus de nouvelles dans ce pays où on la voyait alors pour la première fois (1). » Il existait encore une autre prophétie attribuée au pape Léon IX par quelques historiens. Ce n'était pas à Robert qu'elle se rapportait, mais à la comtesse Richilde elle-même. Le pape avait prédit à sa nièce que ses enfants ne tiendraient pas long-temps sous le même sceptre la Flandre et le Hainaut (2). Ce dernier présage ne tarda pas, comme on vient de le voir, à se réaliser.

Ainsi prévalait dans l'opinion publique cette idée que l'avénement de Robert au marquisat était un acte providentiel, et qui, par cette raison même qu'il émanait évidemment des desseins de Dieu, n'avait plus besoin de justification. En un mot, Robert, l'élu du peuple, voulut encore qu'on le considérât comme l'élu de Dieu, et il y réussit.

Lorsqu'ils virent leur cause perdue sans retour, Richilde et le jeune Bauduin firent la paix avec Robert que la volonté nationale soutenait de plus en plus. L'oncle donna au neveu une forte somme d'argent, et lui assura en outre la possession paisible du Hainaut avec promesse de ne rien tenter contre cette province. Ne négligeant aucun moyen d'assurer la stabilité de sa puissance tout en l'augmentant, Robert négocia dans la même circonstance le mariage d'une de ses filles avec le jeune comte de Hainaut. Bauduin et sa mère Richilde, qui jamais n'avaient vu la fille du Frison, attendu que jusque-là elle avait toujours vécu en Hollande, s'engagèrent par traité à conclure cette union, et donnèrent comme garantie de leur parole le château de Douai, qui depuis long-temps appartenait au comté de Hainaut. Quand Baudouin fut mis en présence de sa cousine, il la trouva tellement difforme et éprouva pour elle tant de répugnance,

---

(1) *Li estore des C. de Fl.*, f° 54 v°.
(2) *Ibid.*, 52 v°.

qu'il aima mieux retirer sa parole et renoncer à la ville de Douai que de conclure ce mariage (1). Il épousa Ida, sœur de Lambert, comte de Louvain, jeune fille qui joignait à de rares perfections physiques une grande piété et des vertus solides (2).

Vers l'année 1076, l'autorité de Robert commençant à se consolider, ce prince résolut d'aller reconquérir la Hollande dont Godefroi de Lorraine s'était presque entièrement emparé au préjudice du jeune Thierri V. Il équipa une flotte, dressa une armée en Flandre, et la fortifia de troupes auxiliaires que lui avait envoyées d'Angleterre son beau-frère Guillaume-le-Conquérant. D'autre part Godefroi réclama l'aide des évêques et des seigneurs lorrains, et se disposa à repousser vivement cette agression. Une guerre allait donc s'engager dont on ne pouvait prévoir l'issue. Mais la fortune secondait toujours les vues et les projets de Robert. Au moment où Godefroi organisait à Anvers ses moyens de défense, il fut, durant la nuit, trouvé dans les lieux d'aisances de son logis, empalé par une broche de fer. On ne put découvrir l'auteur de ce crime atroce (3). Certains historiens ne manquèrent pas cependant d'attribuer à Robert une mort qui venait si à point favoriser ses intérêts. En effet, les Lorrains, privés de leur chef, furent bientôt expulsés de la Hollande, et le jeune Thierri réintégré dans tous ses droits, sans qu'il en eût coûté beaucoup à son beau-père.

(1) « Contigit autem Balduinum illam vidisse, quam visam nimia turpitudine laborantem sprevit et despexit. » — *Thomellus, ap. J. de G.*, xi, 184.

(2) *Ibid.*

(3) « Cum enim quadam nocte, quiescentibus omnibus, ad necessitatem naturæ secessisset, appositus extra domum spiculator confodit cum per secreta natium; relictoque in vulnere ferro, concitus aufugit. » *Sigeberti Chron. ann.* 1076.

A l'intérieur du pays, si Robert n'avait plus à soutenir des luttes sérieuses, il lui restait encore à vaincre la répugnance que les provinces wallones mettaient à subir son joug. Cette antipathie se révèle dans plusieurs faits dont le souvenir nous a été conservé par nos anciens historiens. En 1079 mourut Drogon évêque de Térouane ou des Morins, comme on disait alors. Le marquis sachant que le clergé et le peuple de Térouane lui étaient hostiles, désigna pour successeur à Drogon une de ses créatures nommée Hubert. Ce dernier ne fut pas plutôt arrivé à Térouane, que les habitants se portèrent contre lui à de nombreux actes de violence, le chassèrent du diocèse, et le forcèrent à s'aller réfugier chez les moines de Saint-Bertin. Robert le remplaça aussitôt par un autre de ses protégés, Lambert de Bailleul, homme de haute naissance et d'un caractère plus énergique que son prédécesseur. En imposant de son chef un évêque aux Térouanais, le marquis des Flamands foulait aux pieds les lois, franchises et immunités de l'église de Térouane où, de temps immémorial, l'usage était que l'évêque fût élu par voie de libres suffrages. Les habitants, excités par leur avoué Eustache, se soulevèrent, prirent d'assaut le palais épiscopal, se saisirent de Lambert, et, après lui avoir coupé la langue et les extrémités des doigts, l'expulsèrent de la ville. Robert ne tira pas immédiatement vengeance des cruautés dont son favori avait été victime; mais, à quelque temps de là, Arnoul, archidiacre de l'évêché de Térouane et curé de Saint-Omer, fut par lui dépouillé de tous ses biens et banni de la Flandre, probablement parce qu'il avait été un des principaux instigateurs de la révolte. Robert agit avec plus de rigueur encore contre plusieurs personnages défavorables à sa cause, faisant emprisonner les uns, torturer et supplicier les autres. Cependant l'archidiacre Arnoul s'était réfugié à Rome après son exil. Il détailla ses griefs au pape Grégoire VII, en y joignant l'exposé des plaintes de tous ceux qui souffraient pour la cause du jeune Baudouin. Le pape envoya en Belgique un prélat d'origine flamande, Arnoul, évêque de Soissons, homme d'une grande sainteté, qui ne craignit pas d'aller trouver le marquis à son château de Lille, en compagnie des Wallons, prêtres ou laïques, qui avaient encouru la disgrâce du vainqueur de Cassel. Introduit seul en présence de Robert, l'évêque de Soissons lui lisait les brefs pontificaux, lorsque les bannis se précipitèrent dans la salle, et, tombant aux genoux du marquis, lui baisèrent les pieds en signe d'obéissance et de vassalité. Robert se montra d'abord plein de colère; mais, cédant bientôt à d'autres sentiments, il les prit en grâce sur les instances du vénérable Arnoul (1). Pour achever son œuvre de réconciliation, Arnoul, à la prière du marquis et des principaux seigneurs flamands, visita les villes du pays wallon, où ses prédications, la sainteté de sa vie et ses pieux conseils contribuèrent à calmer l'effervescence et les dissensions, résultat naturel de tout bouleversement politique.

Robert, devenu enfin paisible possesseur d'une principauté qui lui avait coûté tant de luttes et de travaux, crut nécessaire, pour en assurer la transmission à ses descendants, d'associer Robert, son fils aîné, au gouvernement. Un second motif le déterminait aussi à prendre cette mesure. Malgré sa vieillesse et ses infirmités, il n'avait pas abandonné le projet par lui conçu depuis maintes années de

---

(1) *Vita S. Arnoldi Suessionensis*, ap. Bened., p. 2, ann. 1084.

faire un pèlerinage en Palestine. Le désir d'aller au tombeau du Sauveur expier de grandes fautes ou satisfaire un impérieux besoin de dévotion avait déjà entraîné vers ces lointains parages de nombreux pèlerins flamands. En l'année 1048 un chevalier nommé Poppo était parti pour l'Orient, accompagné de deux de ses compatriotes, Robert et Lause. Après bien des aventures et des périls ils en étaient revenus porteurs de précieuses reliques, et racontant merveilles des pays qu'ils avaient parcourus. Six ans plus tard le bienheureux évêque Liébert, dont nous avons si souvent parlé, entreprit le même voyage, suivi de plus de trois mille pèlerins des provinces de Flandre et de Picardie. Tous ces gens s'étaient donné rendez-vous à Cambrai. Quand ils partirent, une foule innombrable de peuple les suivit au loin dans la campagne, pleurant et priant pour le succès de cette pieuse expédition. Liébert et ses compagnons traversèrent l'Allemagne sans encombre, et recueillirent partout sur leur passage des marques de respect et de sympathie ; mais, arrivés dans la Bulgarie, ils eurent à lutter contre un peuple barbare, habitant les forêts et ne vivant que de rapines. Plusieurs périrent massacrés par ces sauvages, ou tués au milieu des déserts par la famine et les maladies. Ce fut dans un piteux état que Liébert et sa troupe arrivèrent à Laodicée, où ils s'embarquèrent. La tempête les jeta sur les rivages de Chypre, d'où ils furent contraints de regagner Laodicée. Là, décimés par des misères de toute nature, ils purent envisager la grandeur des nouvelles souffrances qui les attendaient avant d'arriver à Jérusalem. Liébert crut alors que Dieu s'opposait à son dessein, et, découragé, revint à Cambrai. Il y bâtit un monastère et une église en l'honneur du Saint-Sépulcre qu'il ne lui avait pas été donné de voir (1). D'autres pèlerinages s'effectuèrent encore pendant le onzième siècle avec des vicissitudes plus ou moins malheureuses ; et chaque fois les récits qu'on en débitait, tout en répandant la terreur chez les uns, ne faisaient qu'exciter chez d'autres ce zèle ardent dont les croisades devaient être le prodigieux résultat.

Robert subit donc un des premiers cette impulsion providentielle qui bientôt allait précipiter l'Europe contre l'Asie. Il partit, en 1085, escorté d'un grand nombre de barons flamands, parmi lesquels les historiens citent Bauduin de Gand, Burchard de Comines, Gérard de Lille, Idée de Lillers, Walner d'Aldembourg, Walner de Courtrai, Gratien d'Ecloo, Hermar de Zomerghem, Joseran de Knesselaer. Il n'est presque pas resté de détails sur ce pèlerinage de Robert, pacifique prélude aux exploits guerriers par lesquels ses successeurs s'illustreront un jour dans l'Orient. On sait seulement que Robert, après un long et périlleux voyage, visita Jérusalem et tous les lieux sanctifiés par la présence du Sauveur et de ses apôtres. Le merveilleux se mêle continuellement aux récits de nos plus anciens chroniqueurs. Mais, comme nous l'avons fait remarquer, les prodiges vrais ou faux paraissent presque toujours chez eux venir en aide au système politique qu'ils cherchent à faire prévaloir. Ainsi les historiens wallons, toujours hostiles à Robert, racontent que les portes de la cité sainte se fermèrent d'elles-mêmes à l'approche du Frison, et qu'il ne put entrer à Jérusalem qu'après avoir confessé ses fautes et promis de rendre la Flandre à celui qui en était le légitime héritier (2).

---

(1) *Vita S. Lietberti a Radulfo.* Bollandistes, t. IV, mois de juin; *p.* 595-605.

(2) Voir entre autres : *Andreæ Marcianensis Chron.*, ap. Bouquet. XIII, 419.

Le marquis des Flamands passa environ deux ans dans la Palestine; et l'an 1088, en retournant vers l'Europe, il eut à Constantinople une entrevue avec l'empereur Alexis Comnène, qui l'accueillit magnifiquement, espérant en obtenir des secours contre les musulmans. Robert, en effet, lui envoya bientôt, devant Saint-Jean-d'Acre, 500 cavaliers flamands, et de plus 150 beaux chevaux comme présent. Les hommes d'armes du marquis furent employés à la défense de Nicomédie et du territoire environnant contre les entreprises du sultan de Nicée. On ne sait pas autre chose du sort de ces Flamands qu'on pourrait considérer comme l'avant-garde des grandes armées de la première croisade.

Robert arriva dans ses domaines vers l'an 1091. Il s'y était passé, durant son absence, des événements de plus d'un genre. La mort de Richilde avait suivi de bien près le départ du marquis. Par une de ces réactions fréquentes chez les âmes passionnées, elle avait tout à coup abandonné les agitations de la vie politique pour se séparer complétement du monde. Ce fut à l'abbaye de Messines, fondée par son beau-père Bauduin de Lille, et par sa belle-mère Adèle de France, qu'elle alla finir, dans le recueillement et la prière, une existence jusque-là pleine d'intrigues et de projets ambitieux. Les historiens flamands, qui jamais n'avaient proféré à l'égard de Richilde que des paroles amères et flétrissantes, racontent, avec une admiration mêlée d'attendrissement, cette pénitence que Richilde s'était infligée au sein d'un pays où elle avait allumé la guerre civile, dans un monastère qu'elle-même avait, peu d'années auparavant, réduit en cendres. S'il faut les en croire, la comtesse de Hainaut se livrait à des austérités et à des mortifications telles qu'aujourd'hui la plus pieuse imagination n'en saurait inventer de pareilles, telles enfin que la plume répugne à les décrire (1).

Du reste, en aucun temps la foi n'avait été plus vive, l'enthousiasme religieux plus exalté. L'on ne voit partout, dans les annales de cette époque, que prodiges et que saintes terreurs. Tantôt c'est la vieille tour d'Oudenbourg en Flandre, élevée par Dagobert, que le vent fait ployer, et qui, au bout de quatre ou cinq jours, se redresse miraculeusement au milieu d'une grande clarté; tantôt c'est une fontaine en Zélande, d'où pendant quinze jours continuels, s'écoule du sang au lieu d'eau; tantôt c'est la sainte Vierge qui, en la ville d'Arras, apparaît à deux jouvenceaux, et leur donne cette miraculeuse chandelle, laquelle guérit tant de maux, et, si souvent allumée, ne diminue jamais. Le 30 août de l'année 1088 on aperçut un dragon de feu volant par le milieu du ciel et vomissant des torrents de flammes de sa gueule entr'ouverte. A cette horrible apparition, succéda la maladie pestilentielle connue sous le nom de *mal des ardents* (2).

« Alors, dit un contemporain, de toutes les parties de la terre, des pays voisins et éloignés, d'outre-mer même, une foule immense des deux sexes, frappée de terreur, affluait en l'église de Tournai. Chacun, dans l'effroi de son âme, redoutait pour soi le malheur qui consumait les chairs d'autrui. L'église, remplie de malades, offrait un spectacle d'horreur et de désolation : les uns, en proie au feu brûlant qui les dévorait, poussaient des hurlements affreux ; chez d'autres,

---

(1) « Tous dis jeunoit et tous dis estoit en orisons, et siervoit cascun jour as povres et as mésiaus par son cors meismes ; si que maintes fois estoit-elle endaubée de leur sanc et de leur lièpre : et les lavoit et baignoit ; et quant il estoient baigniet, elle se baignoit en ces bains meismes. » — *Li estore des C. de Fl.*, f° 54 v°.

(2) *Arsura, ardentium plaga.*

les chairs consumées jusqu'aux genoux, et même jusqu'aux hanches, laissaient voir les os décharnés du pied et de la jambe. Ceux-ci gisaient çà et là semblables à des troncs brûlés ; ils ne pouvaient plus faire un pas, et l'on était obligé de les emporter (1)... »

Ce fut également pendant le voyage de Robert-le-Frison en Palestine, que son fils, investi, comme on l'a vu, de la souveraine autorité, nomma le prévôt de l'église de Saint-Donat de Bruges chancelier héréditaire de Flandre, en déterminant ses attributions et prérogatives. La cour des marquis flamands égalait, dès cette époque, en faste et en magnificence celle des plus puissants monarques. Elle était pourvue d'officiers grands et petits qui se transmettaient leurs charges par voie d'hérédité, base du système féodal. L'organisation de cette cour est assez peu connue pour mériter d'être ici sommairement décrite.

En tête des grands officiers paraît d'abord le chancelier. Il garde les sceaux du comte, les porte toujours avec lui, et suit son souverain partout où il lui plaît d'aller. Les attributions du chancelier sont fort étendues et lui rapportent beaucoup. Entre autres il a la maîtrise de tous les notaires ou écrivains, des chapelains et clercs servant en la cour, de tous les receveurs de Flandre qui tiennent leurs offices de lui. Il est chef du conseil, assemble et préside, en l'absence du souverain, la chambre des comptes appelée en vieux flamand chambre des *renynghes*. Quant à ses *droitures* ou émoluments, ils se composent par jour de vingt coupons de chandelles, un *tortin* de cire d'une longueur déterminée, deux pots de vin du meilleur, deux autres pots de moindre qualité, et douze sols de gages.

(1) *Balder. Chron. Suppl.*, 366.

Après le chancelier on voit le sénéchal ou dépensier. Ses fonctions sont à peu près identiques à celles que remplissaient le maréchal du palais ou le ministre de la maison du roi en la cour de France. Le sénéchal a droit à vingt coupons de chandelles, un *tortin* de cire, quatre pots de vin du meilleur, douze sols de gages, vingt-quatre aunes de drap à Noël, autant à la Pentecôte, deux fourrures de gros vair, et une fourrure ordinaire de manteaux. Il tient à ses ordres un sous-sénéchal, lequel reçoit trois sols de gages, l'avoine pour trois chevaux, etc. Le fief de sénéchal était héréditaire dans la maison des sires de Wavrin; celui de sous-sénéchal dans celle des seigneurs de Morselède.

Vient ensuite le connétable, dont les gages sont à peu près semblables à ceux du sénéchal mais un peu moindres. Les sires de Harnes ou de Boulers étaient investis de cette dignité. Après le connétable paraît le boutillier, ou échanson, aux mêmes émoluments que le sénéchal : cet office appartenait à la famille de Gavre. Outre le grand boutillier, il y avait encore, en l'hôtel du comte, deux boutilliers héréditaires pour le service ordinaire. Ils recevaient huit deniers de gages, l'avoine pour deux chevaux; et quand ils se trouvaient avec le seigneur, ils avaient en outre pour eux les vieux tonneaux y compris la lie qu'ils renfermaient.

Suit le chambellan. C'est une charge héréditaire en la maison de Ghistelles. Le chambellan doit se trouver à la cour du comte à Noël, à la Pentecôte, et chaque fois que son souverain le mande. Pour remplir son office, il est accompagné de deux chevaliers parés de cottes et de manteaux; c'est lui qui présente à laver au comte dans un bassin d'argent. Pendant qu'il est en cour, il a les mêmes gages que le sénéchal.

Enfin, au nombre des grands officiers héréditaires, il y a encore deux maréchaux, à savoir : les seigneurs de Bailleul et de la Vichte, et un panetier ou dépensier, de la maison de Bellenghien.

Parmi les officiers héréditaires subalternes, on distingue les huissiers, le *bankeman* ou chef des cuisines, le saucier, le charpentier, le lavandier qui lave les nappes et les draps de la chambre du comte, livre la laine dans les voyages, et qui, pour ce fief, doit au comte, tous les ans, à la Saint-Jean, un *touret* d'épervier en argent, et un *touret* d'autour en fer; le litier, le lardier, qui fournit à l'hôtel tourbes, anguilles, sel, œufs et poissons; le brise-celliers, qui enfonce les portes des caves quand besoin est. On trouve encore un officier chargé d'approvisionner l'hôtel, trois fois par semaine, de crème et de beurre, et qui, pour ce fait, a droit de manger en cour chaque fois qu'il y vient (1).

Tels étaient les offices existant dans la maison des comtes de Flandre. Leur cour plénière se composait en outre des comtes, barons et seigneurs de la terre, dont les principaux, au nombre de douze, étaient qualifiés pairs, et ne pouvaient être jugés que les uns par les autres. Parmi ces douze pairs, quatre, les sires de Pamèle, de Boulers, de Cysoing et d'Eyne, se distinguaient par le nom de *bers*, venant, selon certains philologues, du mot tudesque *werh;* en basse latinité, *werra* ou *guerra*, guerre. Les *bers* de Flandre étaient, en effet, les hommes de guerre par excellence, les défenseurs du chef. Les évêques, les abbés et les prévôts des chapitres figuraient encore dans les assemblées solennelles, selon leurs rangs et prééminences, assimilés aux di-

---

(1) Les détails ci-dessus sont puisés dans le *Cartulaire oblong* reposant aux Archives des comtes de Flandre à Lille.

verses dignités féodales : ainsi, les évêques prenaient place sur la même ligne que les comtes.

Lorsque le souverain flamand allait en guerre, il était escorté immédiatement par les *bers*, par les comtes et les barons, puis par les vicomtes ou châtelains. Derrière ceux-ci marchaient les chevaliers bannerets, c'est-à-dire portant à leurs lances la bannière carrée ; enfin les simples bacheliers ayant pour enseigne le pennon aux deux cornettes ou pointes.

Au fur et à mesure que la barbarie se dissipait, les institutions féodales allaient se développant ; les liens sociaux se consolidaient par l'hérédité, et, avec la puissance, le faste commençait à se montrer dans les cours souveraines. Mais le faste n'enrichit point. Au retour du long et dispendieux voyage qu'il avait fait en Orient, Robert trouva ses coffres vides. Pour les remplir, il crut nécessaire de remettre en vigueur une mesure très-oppressive contre le clergé. Elle portait le nom de *droit de dépouille* (1), et consistait à s'emparer des biens meubles de tous les ecclésiastiques qui mouraient sur le territoire flamand. Ce droit barbare qui avait appartenu jadis aux premiers marquis, était depuis longtemps tombé en désuétude. Robert le fit revivre, et ne négligea aucun moyen d'en assurer la rigoureuse exécution. Les héritiers ou les légataires qui ne voulaient point s'y soumettre, se voyaient impitoyablement chassés des maisons de leurs parents (2). Le clergé ne put supporter une tyrannie qui ne pesait même pas sur la classe des serfs, et il adressa d'humbles supplications au pape Urbain II.

---

(1) *Jus spolii*. V. Racpsaet. *Analyse des droits des Belges*, suppl. 31.

(2) «...heredes et familias ab eorum domibus pellebant.» *Liber floridus*, msc. de l'université de Gand, f° 104-105, cité dans l'*Hist. de la Fl.* par Warnkoenig.

Le pontife écrivit en conséquence à Robert-le-Frison :

« Urbain, évêque, serviteur des serviteurs de Dieu, à notre très-cher fils Robert, vaillant chevalier de toute la Flandre (1), salut et bénédiction apostolique. Souviens-toi, très-cher fils, de tout ce que tu dois au Seigneur très-puissant qui, *malgré la volonté de tes parents*, de petit t'a fait grand, de pauvre riche, de chétif t'a élevé à une principauté glorieuse, et, ce qui est rare entre les princes du siècle, t'a gratifié du don de la science des lettres et de la piété (2). N'oublie pas celui qui t'a fait ce que tu es, et travaille sans relâche pour n'être pas ingrat de tant de bienfaits. Honore le Seigneur dans ses temples. Garde-toi bien de vexer jamais les serviteurs de Dieu, quels qu'ils soient. Ne t'avise point après leur mort de t'approprier leurs héritages et d'enlever avec violence l'argent ou le patrimoine dont ils auraient disposé. Laisse-leur la faculté de servir Dieu, et de départir à qui bon leur semble les biens dont ils sont maîtres. Que si tu prétendais que tout cela t'est permis d'après une antique coutume, sache bien que ton Créateur a dit : «Ce n'est point l'usage et la coutume qui sont la vérité, c'est moi qui le suis (3). » Ainsi nous te mandons, très-cher fils, et, par la puissance des clefs apostoliques, nous te prescrivons d'observer ce qui vient d'être dit. Honore-toi en rendant honneur au Christ dans la personne des clercs. Le Seigneur, comme il l'a déclaré lui-même, saura bien honorer celui qui l'honore. Adieu. »

Robert demeura insensible à cette lettre remarquable, et

---

(1) « ...totius Flandriæ strenuo militi. » — *Ibid.*
(2) « Et quod maximum est inter sæculi principes rarum, dote litterarum scientia atque religiouis donavit. — *Ibid.*
(3) « Ego sum veritas, non autem usus vel consuetudo. » — *Ibid.*

n'en continua pas moins à user du droit de dépouille. Ce droit devait être en effet d'un rapport considérable ; car les clercs étaient aussi nombreux que riches, dans un pays où l'on voyait s'élever de tous côtés d'opulents monastères, de grandes et populeuses cités. Le clergé flamand ne s'adressa plus cette fois au pape, mais à l'archevêque de Reims, qui venait précisément de réunir un concile pour régler différentes affaires ecclésiastiques. Il fit de sa situation un tableau des plus sombres ; et ses plaintes, par l'audace même avec laquelle elles sont formulées, prouvent combien il devait souffrir.

« A son seigneur Rainaud, par la grâce de Dieu archevêque de Reims, et à tous les évêques du saint concile, le clergé de Flandre souhaite la grâce du Seigneur. Nous voici encore, très-saints pères, nous voici recourant de nouveau à notre mère la sainte église de Reims. Nous la supplions humblement d'avoir pour nous des entrailles de miséricorde, de considérer les pleurs que nous versons dans notre détresse. Frappés de consternation, nous venons pourtant nous jeter à vos pieds et répandre des larmes de sang en votre présence et devant ce sacré concile dont nous implorons le secours contre le marquis Robert, qui nous foule aux pieds comme un lion dévorant, et qui, semblable à un dragon, nous enlace de ses astuces envenimées. Mais celui qui chemine sur l'aspic et le basilic, celui qui terrasse le lion et le dragon saura bien, en vous munissant de sa force et de sa grâce, nous soustraire à tant de malheurs. Le bruit se répand-il que quelqu'un de nous est malade, on voit arriver soudain les appariteurs et les bourreaux du comte qui s'emparent de la maison et de tout ce qui, selon eux, appartient au pauvre patient. De cette façon, si le mourant veut léguer quelque chose pour l'honneur de Dieu, s'il veut faire une restitution ou laisser une faveur à ceux qui l'ont servi, on lui en interdit la faculté. Des espions circulent çà et là pour savoir si telle ou telle maison n'a point appartenu jadis à un clerc. S'il en est ainsi, elle est sur-le-champ dévolue au comte qui la considère comme sa propre chose. Et ce joug insupportable, ce nouveau et incroyable genre de servitude, on le déguise, on cache la férocité du lion, on assourdit ses farouches rugissements à l'aide d'un nuage d'hypocrisie. Le comte désire, dit-il, que tous les clercs soient honnêtes gens, qu'ils méprisent les choses d'ici-bas pour ne voir que celles de l'éternité. Il ajoute que les mauvais prêtres ne sont pas des prêtres : comme si l'on cessait d'être homme, parce que l'on est pécheur (1). Si le pécheur n'était pas un homme, le Seigneur Jésus aurait-il racheté les hommes? Le comte Robert a inspiré une terreur si grande, que nos pasteurs n'osent plus ouvrir la bouche pour se plaindre.... Non content d'exercer sur nous ses cruautés, cet homme s'insurge contre les droits du ciel lorsqu'il opprime votre clergé et qu'il considère vos églises comme siennes. S'il n'a pas le pouvoir de délier, il se donne au moins celui de lier, de ravir et de dépouiller. Armez donc vos mains et vos langues, très-saints-pères, du glaive invincible de l'Esprit saint. Tout affligés, tout humiliés que nous sommes, voyez en nous des brebis de votre troupeau, des membres de votre corps?.... »

Le concile fut vivement ému à la lecture de cette supplique. Sans retard l'on chargea le prévôt de Saint-Omer, Ar-

---

(1) « ...dicens se optare omnes clericos bonos esse, transitoria contemnere, tendere ad æterna; addens malos sacerdotes sacerdotes non esse, ac si peccator homo non esset homo. » — *Ibid.*

noul, Jean abbé de Saint-Bertin, Girald abbé de Ham, et Bernard prévôt de Watten, de se rendre auprès du vieux marquis retiré pour lors à l'abbaye de Saint-Bertin à cause du carême (1), et de lui déclarer, au nom du concile, que si pour le dimanche des Rameaux il n'avait pas restitué au clergé tout ce qu'il lui avait pris, la Flandre entière serait mise en interdit et privée complétement du service divin. Une telle menace fit enfin trembler Robert ; il se rendit à l'injonction du concile, en réclamant même, dit un historien, le pardon de sa faute (2).

Cette réparation permit au marquis des Flamands de sortir en paix d'un monde où il avait presque toujours été en guerre. Le 12 octobre 1093 il mourut au château de Winendale, âgé d'environ quatre-vingts ans. Son corps fut porté dans l'église de Cassel, fondée jadis par lui en commémoration de cette bataille après laquelle la Flandre victorieuse l'avait proclamé son chef.

(1) *Ibid.*
(2) « Veniam petiit et accepit. » — *Ibid.*

VII

ROBERT DE JÉRUSALEM. — BAUDUIN-A-LA-HACHE.

1093 — 1119

Publication de la première croisade dans les provinces belgiques. — Départ de Robert II et des seigneurs flamands. — Leurs exploits et leurs souffrances dans l'Orient. — Prise d'Antioche. — Bauduin, comte de Hainaut, périt assassiné. — Prise de Jérusalem. — Le comte Robert revient en Flandre. — Troubles à Cambrai. — Commune établie par les bourgeois. — Robert la protége. — L'empereur vient attaquer Robert. — La commune de Cambrai est détruite. — Retour de l'empereur en Allemagne. — Robert fait la paix avec lui. — Franchises accordées à diverses villes en Flandre. — Paix flamande. — Evénements en France et en Normandie. — Guerre entre le roi des Français Louis-le-Gros et Henri roi d'Angleterre et duc de Normandie. — Robert porte secours à Louis-le-Gros. — Il est tué au siége de Meaux. — Son fils Bauduin-à-la-Hache lui succède. — Rigueurs de celui-ci contre les nobles. — Son amour pour la justice. — Renouvellement de la paix flamande. — Bauduin reçoit un coup de lance au siége de la ville d'Eu. — Il meurt d'incontinence et d'indigestion.

Deux ans s'étaient écoulés depuis la mort de Robert-le-Frison, lorsque la publication de la première croisade vint exciter en Flandre un merveilleux enthousiasme. Éveillés par les récits des pèlerins, touchés des prédications de Pierre-l'Ermite, les barons, les gens des villes et le commun peuple s'étaient émus surtout d'une lettre écrite par l'empereur d'Orient, Alexis Comnène, au comte Robert de Flandre. Alexis faisait un lugubre tableau de la situation déplorable dans laquelle les Turcs avaient jeté l'empire grec. Il retraçait leurs débauches et leurs cruautés, de manière à soulever l'indignation et la pitié. Maîtres de tout le pays depuis Jérusalem jusqu'à la Propontide, ils allaient bientôt l'être de Constantinople même, si les chrétiens ne volaient au secours de leurs frères. « Je fuis de ville en ville, disait-il, et je reste dans chacune jusqu'au moment où je les voie près d'arriver. En vérité, j'aime beaucoup mieux me soumettre à vous autres Latins que d'être le jouet des païens. Accourez donc avant que Byzance tombe en leur pouvoir, et faites tous vos efforts pour les prévenir et vous emparer vous-mêmes de cette capitale, certains d'y trouver une ample et incroyable récompense de vos travaux. » Puis il décrivait longuement et complaisamment les reliques et les trésors que renfermait Constantinople, leur promettait ce précieux butin pour prix de leur courage; enfin, ne négligeant rien de ce qui pouvait exciter les passions humaines, il allait jusqu'à leur vanter les charmes des femmes de la Grèce.

Aussitôt que la croisade fut résolue au concile de Clermont, une incroyable activité se manifesta dans les provinces de l'ancienne Belgique. Nulle part le zèle n'était plus ardent; nulle part le désir de tout abandonner pour voler vers l'Orient ne fut plus général. Aux environs de Douai, sur les bords de la Scarpe, dans un lieu nommé Anchin, s'élevait un monastère fondé par deux nobles hommes long-temps ennemis (1), et qui au jour de leur réconciliation avaient fait vœu de se dévouer entièrement au service de Dieu. C'est là que convoqués par Anselme de Ribemont, seigneur d'Ostrevant et bienfaiteur de l'abbaye d'Anchin, les chevaliers wallons vinrent en grand nombre s'enrôler dans ce que le procès-verbal du tournoi fameux donné à cette occa-

(1) Sohier de Loos, sire de Courcelles près Douai, et Gautier de Montigni en-Ostrevant.

sion appelle la milice de la croix (1). Bauduin de Hainaut se trouvait à leur tête. De son côté, Robert de Flandre, se préparant au départ, nommait un conseil de régence, réunissait les principaux barons du pays et appelait sous son étendard les princes voisins jaloux de le suivre à la conquête de l'Orient. C'est ainsi que le comte Eustache de Boulogne aima mieux s'attacher à la fortune de Robert qu'à celle de Godefroi de Bouillon, son propre frère. Ce dernier cependant n'était pas le moins enthousiaste de tous ceux qui prenaient la croix. Afin de pouvoir soudoyer un plus grand nombre d'hommes d'armes, il vendait sa principauté de Stenay à l'évêque de Verdun, et sa terre de Bouillon à celui de Liége. Presque tous les croisés imitaient cet exemple; et l'on sait avec quelle chevaleresque imprévoyance la plupart d'entre eux abandonnaient leur fortune présente à des églises, à des monastères, à des parents, à des amis, assurés qu'ils étaient de gagner d'autres trésors ou les biens plus précieux encore du royaume céleste.

Nous ne parlerons point ici de l'organisation des armées de cette première croisade, de leur marche calamiteuse vers l'Orient, des chefs qui la commandaient. Il nous suffira de suivre le marquis des Flamands et ses généreux compagnons d'armes, de raconter leurs vicissitudes et de rappeler sommairement la part qu'ils ont prise aux travaux et aux dangers de la conquête.

Tandis que la majeure partie des croisés cheminait par l'Allemagne et la Hongrie ou par l'Italie, dévastant tout sur son passage, Robert s'embarqua suivi de presque toute la noblesse de Flandre. Dans ce cortége de barons on distin-

---

(1) « Se indictam crucis militiam hoc anno inituros. » — *Preuves de l'hist. de Cambrai*, par Carpentier, p. 14.

guait le neveu même du comte, Charles, fils de sa sœur Adèle, mariée à Kanut roi de Danemark. Adèle, après avoir vu massacrer son mari dans une sédition populaire, s'était réfugiée en Flandre en 1088 avec une partie de sa famille; et son fils aîné, qui plus tard posséda le comté de Flandre, allait en Palestine gagner les premières palmes du martyre qu'il devait un jour souffrir pour la cause de la justice et du bon droit. Au nombre des croisés flamands figuraient encore : Philippe vicomte d'Ypres, frère du comte Robert; Formold *préteur* d'Ypres, Bauduin fils de Winemar de Gand, avec Siger, Gislebert et Winemar ses frères; Burchard de Comines, Hellin de Wavrin, Gautier de Nivelles, Gérard de Lille, Gautier de Sotenghien, Enguerrand de Lillers, Jean d'Haveskerke, Siger de Courtrai, Walner d'Aldenbourg, Gratien d'Ecloo, Hermar de Zomerghem, Steppo gendre de Winemar de Gand, Josseran de Knesselaer, Guillaume de Saint-Omer, avec ses frères Gautier et Hugues et son gendre Bauduin de Bailleul, Gilbodon de Flêtre, Rodolphe de Liederzesle, Albert de Bailleul; Gautier avoué de Bergues, Folcraw châtelain de la même ville, Godefroi châtelain de Cassel, et son fils Rodolphe; Arnoul d'Audenarde, Rasse de Gavre, Robert de Lisques, Guillaume d'Hondschoote, Thémard de Bourbourg, Francio d'Herzeele, Eustache de Térouane, Erembold châtelain de Bruges, Albo de Rodenbourg, Adelard de Straten, Robert avoué de Béthune, Etienne de Boulers, Reingotus de Molembeke, Conon d'Eynes, Guillaume de Messines, Guillaume de Wervicq, Salomon de Maldeghem, Lambert de Crombeke, Servais de Praet, Thierri de Dixmude, Daniel de Tenremonde, Herman d'Aire, Alard de Warneton, Hugues de Rebecq; et une multitude d'autres chevaliers.

Le marquis des Flamands ne craignit donc pas d'affronter les périls de la mer à l'époque des vents et des tempêtes, et fit la traversée, dit l'historien Guillaume de Malmesbury, avec plus de bonheur que de prudence. Il arriva sans obstacle à Constantinople, où l'empereur Alexis lui réservait le brillant accueil qu'il avait fait naguère à son père Robert-le-Frison. Cependant le comte de Flandre lui refusa constamment l'hommage anticipé qu'en sa qualité d'empereur d'Orient Alexis réclamait des princes croisés pour les terres que ceux-ci devaient conquérir en Syrie et en Palestine.

Après avoir quelque temps intimidé l'empereur par sa présence, la formidable armée des croisés s'en alla mettre le siége devant Nicée, capitale de la Bithynie. Là, chacun fit des prodiges de valeur; mais on distingua surtout les gens de Normandie, de Vermandois et de la Flandre, qui attaquaient la partie orientale de cette grande cité. Soliman, chef des Turcs Seljoucides, venu avec des forces immenses au secours des assiégés, se retira vaincu. La ville se rendit au mois de juillet 1097, et, suivant les conventions, fut laissée à l'empereur Alexis. L'épouse de Soliman fut prise et envoyée à Constantinople avec ses deux fils. Les croisés poursuivirent Soliman et lui livrèrent un combat où périrent, dit-on, quarante mille barbares. Dans cette nouvelle affaire, trois chefs se signalèrent entre tous. Ce furent Hugues-le-Grand, frère du roi de France, Robert de Normandie et Robert de Flandre.

Quand l'armée victorieuse fut arrivée en Syrie, non loin d'Antioche, on tint conseil, et il fut convenu que le marquis des Flamands se porterait en avant avec un corps de mille chevaliers pour livrer l'assaut à l'ancienne Chalcis, appelée alors Artasie, qui n'était qu'à quinze milles d'Antioche. Robert remplit vaillamment et heureusement cette mission difficile (1). Lorsque les habitants de la ville aperçurent les étendards flamands se déployer sous leurs remparts, ils prirent les armes, massacrèrent les chefs de la garnison turque, et après avoir envoyé leurs têtes au comte Robert ils lui ouvrirent les portes. A la nouvelle de cette défection, les Turcs songent à venger le meurtre de leurs compatriotes. Pour prévenir l'arrivée de l'armée entière, ils s'établissent à peu de distance d'Artasie, se cachent dans des lieux couverts et de là envoient des éclaireurs qui, par des attaques partielles, devaient attirer les Flamands hors de la ville, et ensuite, par une fuite simulée, les entraîner au loin pour les exterminer. En effet, à peine les Flamands ont-ils aperçu les troupes ennemies, qu'ils font une sortie, se mesurent avec les éclaireurs, puis les suivent impétueusement jusqu'au lieu où l'embuscade était dressée. Alors, pressés par l'impérieuse nécessité, les Flamands se battirent avec un nouvel acharnement, car ils pensaient bien que la victoire seule les ferait recevoir à Artasie, qui ne manquerait pas de leur fermer ses portes s'ils étaient défaits. De leur côté, les habitants, qui avaient si mal traité la garnison turque, ne voyaient de salut pour eux que dans la victoire du comte de Flandre. Sortis en armes de la ville, leur apparition causa d'abord de la frayeur parmi les Flamands. Ceux-ci craignaient qu'ils ne voulussent expier leurs torts à l'égard des Turcs en massacrant à leur tour les Latins et en se soumettant de nouveau au joug musulman.

Cependant l'ennemi s'efforçait de couper la retraite des Flamands vers la ville, et déployait dans ce sens les deux

---

(1) Guillaume de Tyr, liv. v.

ailes de son armée. Tout à coup une grande clameur s'élève; les Artasiens s'élancent avec impétuosité et tombent sur les Turcs, qui déjà avaient pris à dos la chevalerie du comte de Flandre. Alors les Turcs se replient pour concentrer leurs forces ; et le comte Robert, qui voit ses chevaliers ardents à les poursuivre, fait sonner le rappel, de peur que de nouvelles troupes ne viennent d'Antioche l'appeler à de nouvelles luttes. En effet, la troupe légère des infidèles aurait eu dans ce cas trop d'avantage sur la lourde cavalerie flamande. Le comte avait raison. Les Turcs revinrent comme il l'avait prévu, et refoulèrent au dedans de la ville les Flamands qui en étaient sortis. Les chefs de l'armée chrétienne, informés de ce qui se passait, hâtèrent leur marche pour ne pas laisser plus long-temps en péril un si vaillant guerrier. Mais déjà avant leur arrivée l'ennemi avait disparu.

Vers le 20 octobre, on dressa les tentes sous les murs d'Antioche. Cette ville antique et fameuse était depuis seize ans au pouvoir des Turcs, qui l'avaient prise par famine. Défendue par un double mur d'enceinte et par trois cent soixante tours qui formaient autant de forteresses, protégée par une montagne dont le fleuve Oronte baigne la base, elle avait en outre une formidable garnison que commandait le célèbre Baghisian, nommé par d'autres Akhysyan et par les historiens français des croisades Cassien ou Accien. Le marquis des Flamands établit son camp à l'orient de la ville, ayant près de lui Bohémond, prince de Tarente, et Robert de Normandie. Godefroi de Bouillon, qui, en sa qualité de vassal de l'empire, commandait tout à la fois aux Lorrains, aux Saxons, aux Bavarois et autres tribus germaniques, prit place au midi. Cet investissement dura tout l'hiver. C'étaient des combats continuels contre la

ville, contre les assiégés, contre les troupes auxiliaires qui venaient au secours des Turcs; et, pour comble de misère, des pluies abondantes ne cessèrent de tomber durant cette triste saison. Au mois de février la disette était si grande que beaucoup de croisés moururent de faim. Quand les racines des herbages manquèrent, on se nourrit de la chair des chevaux; et quand la chair des chevaux fut épuisée, on en vint à dévorer les cadavres des ennemis qui succombaient (1). Un grand nombre de guerriers périrent par le fer dans les combats ; mais combien plus par la misère, la faim, l'inondation et le froid! Bientôt l'on compta à peine dans l'armée deux mille chevaux vivants, tout le reste avait disparu dans les attaques ou avait servi à la nourriture des malheureux croisés. Dans ce douloureux état de choses, le comte Robert de Flandre et Bohémond de Tarente prennent une grande résolution. Ils veulent aller au loin attaquer l'ennemi, lui enlever ses vivres, ou bien trouver une mort glorieuse dans cette noble entreprise. Robert assembla les siens, et leur parla en ces termes : « Mes amis, mes vail-
» lants compagnons d'armes ! si vous êtes des hommes,
» avant qu'il soit peu, moyennant l'aide de Jésus-Christ,
» nous aurons mis fin à cette grande misère. Mais c'est
» avec l'épée qu'il faut s'ouvrir le chemin. C'est notre bras
» qui doit nous fournir le nécessaire, c'est notre valeur qui
» doit chasser au loin la famine. J'ai tenu conseil avec Bo-
» hémond de Tarente, cet homme de grand courage, ce
» chef magnanime. Nous sommes résolus, au mépris de
» tout danger, et comme dernière espérance, d'aller vous

---

(1) « Et si Sarracenum noviter interfectum invenerant, illius carnes, ac si essent pecudis, avidissime devorabant. » — *Gesta Francorum expugnantium Hieros.*, cap. XI, p. 565.

« chercher des vivres sur le territoire ennemi, quelque éloi-
» gné qu'il soit, ou bien de périr glorieusement en accom-
» plissant cette œuvre généreuse. C'est moi, votre guide et
» votre seigneur, moi qui suis parti avec vous des confins
» de notre chère patrie, moi que d'un consentement una-
» nime vous avez proclamé votre chef, c'est moi qui viens
» vous faire cette proposition. C'est pour vous, mes amis,
» que je veux armer ce bras, et que je veux exposer cette
» tête à tous les hasards de la fortune (1). »

Et en entendant ces mots, les barons flamands s'écrièrent tous d'une voix : « Seigneur, nous voulons vivre et
» mourir avec vous. Nous vous suivrons tous, quand ce se-
» rait au bout du monde. Conduisez-nous donc en un lieu
» dans lequel nous puissions ou être soulagés de cette af-
» freuse misère, ou bien trouver sous le fer ennemi une
» mort glorieuse qui nous délivre des angoisses de la
» faim (2). »

Le comte choisit dans les rangs douze mille guerriers
déterminés. Bohémond en arme un pareil nombre. On se
met en marche, et, après une route assez longue, on parvient dans un canton riche et fertile d'où les habitants s'é-
taient enfuis sans emporter aucune provision. Robert et
Bohémond y trouvèrent en froment, en vins et en bestiaux
de quoi refaire et nourrir les croisés pendant deux mois; et
ce ne fut dans toute l'armée que louanges et bénédictions
pour les Flamands et les Tarentins. « Yo! Flandri! s'é-
criait-on; yo! Tarentini! » L'armée avait salué Robert
d'un glorieux sobriquet; elle le nommait le fils du grand
saint George, l'épée ou la lance des chrétiens.

(1) J. Meyer, *Annales rerum flandricarum*, ad ann. 1097.
(2) *Ibid.*

Ainsi réconfortés les Flamands donnèrent la chasse aux habitants de Damas et d'Alep, qui avaient tenté de ravitailler Antioche. On en tua deux mille ; et, à l'aide de machines, on lança les têtes d'un grand nombre dans l'intérieur de la ville. Peu de temps après, la flotte combinée des Vénitiens et des Génois vint chargée d'amples approvisionnements. Baghisian, le gouverneur d'Antioche, s'étant mis en mesure d'empêcher l'approche de ce convoi maritime, un grand combat s'engagea où Bakman, fils de Baghisian, périt avec cinq cents barbares. On fit sept mille prisonniers, parmi lesquels se trouvaient dix chefs de la plus haute distinction. Les Latins perdirent dans cette affaire douze cents hommes. Cependant, le gouverneur d'Antioche, frappé de la ruine des siens et réduit à l'extrémité, demanda et obtint une trêve. Il espérait qu'entretemps les Turcs et les Perses viendraient à son secours. Ce fut alors qu'un habitant d'Antioche nommé Phirous, qui professait le christianisme, conçut le projet de livrer la ville aux croisés. Il voulait ainsi se venger des Turcs à cause d'un outrage fait à sa femme par un de leurs chefs. Le rang qu'il tenait dans la ville lui fit confier la garde d'une tour qu'on appelait la tour des Deux-Sœurs. Après s'être concerté avec Bohémond de Tarente, il introduisit les croisés dans la ville au moyen d'une échelle de cuir adaptée aux parois de cette tour. Soixante chevaliers, en tête desquels était Robert de Flandre, s'y précipitèrent à la fois. Antioche tomba au pouvoir des chrétiens la veille des calendes de janvier. On y trouva un immense butin et des objets d'un grand prix ; en fait de vivres, il y avait peu de chose. A peine s'il y restait cinq cents chevaux. Baghisian prit la fuite ; mais, au moment où il croyait avoir trouvé un asile dans les montagnes, il fut mis à mort par les paysans (1).

Une partie des Turcs se réfugia dans la citadelle, l'autre fut massacrée. On dit qu'il en périt bien dix mille sous le glaive des croisés. Quant aux chrétiens d'Antioche, on les épargna excepté ceux qui mettaient trop d'acharnement à se défendre. Bientôt néanmoins on se vit de nouveau attaqué par une innombrable multitude de Turcs et de Persans, ayant à leur tête le fameux Kerboghâ. Antioche est assiégée encore une fois. Godefroi de Bouillon fait une sortie vigoureuse contre l'ennemi; mais il est obligé de rentrer précipitamment dans la ville. Nos Flamands se battirent durant toute une longue journée, depuis le lever du soleil jusqu'à la nuit sombre. Ils défendirent pied à pied une certaine forteresse construite naguère par eux pour le siége; mais enfin Robert se vit obligé d'abandonner ce point important, et ramena dans la ville sa troupe saine et sauve. Étroitement serrés dans les murs d'Antioche, les Latins étaient frappés de terreur. Ils ne comptaient sur aucun secours, aucun nouvel approvisionnement. Pour eux c'en était fait de la guerre sacrée! ils n'avaient plus qu'à mourir ensemble. Kerboghâ leur mandait insolemment que, pour toute grâce, il enverrait au roi de Perse les chefs et les généraux qui étaient venus ainsi se jeter sur l'Orient pour le dépouiller; et quant à la troupe elle-même et aux simples chevaliers, il en disposerait à sa volonté. Mais Dieu, qui veillait sur nous, dit le chroniqueur, ne voulut pas que l'impiété triomphât ainsi de la ferveur chrétienne. Il arriva une chose admirable et inopinée. Un prêtre du diocèse de

---

(1) V. Albert d'Aix, *Hist. hierosolymitanæ expeditionis, lib.* III et IV. — Guillaume de Tyr, liv. V. — Robert-le-Moine, *Hist. hieros*, lib. V et VI.

Marseille, nommé Pierre Barthélemi, vint dire qu'il avait été averti en songe de creuser dans l'église de son divin patron, et qu'il y trouverait, dans les profondeurs du sol, la lance sacrée qui avait percé le côté du Sauveur. Il lui avait été dit en outre que cette lance serait le salut des chrétiens. On écoute le prêtre inspiré, on fait ce qu'il dit ; on trouve la lance sacrée à l'endroit désigné, et il est impossible d'exprimer l'effet prodigieux causé par ce prodige. L'armée jeûna pendant trois jours ; puis, animée d'une confiance sans bornes, elle fit une sortie ayant à sa tête le légat du saint-siége, qui tenait en main le glaive miraculeux. Plus de cent mille barbares périrent sous les coups de l'armée enthousiaste ; on prit quinze mille chameaux chargés de toutes sortes de vivres, un grand nombre de chevaux, des tentes remplies du plus riche butin. Les chrétiens n'avaient perdu dans cette journée glorieuse que quatre mille hommes, qui furent mis au rang des martyrs (1).

Mais à ce bonheur inespéré succéda bientôt une calamité immense. La peste dévora cinquante mille croisés ; beaucoup de Flamands périrent, et l'on eut à déplorer la mort du saint et vénérable Adhémar, évêque du Puy, légat du souverain pontife. La prise d'Antioche et la défaite des Turcs ne mettaient pas fin aux travaux de la croisade. Il restait à combattre les Égyptiens, qui, sous prétexte d'alliance avec les Latins, s'étaient emparés de Jérusalem et de plusieurs villes de Syrie d'où ils avaient chassé les Turcs. On laissa à Antioche Bohémond de Tarente, tandis que les autres chefs se portaient sur Jérusalem et prenaient, chemin faisant, plusieurs villes dont la plus importante était Maarah.

(1) *Ibid.*

située entre Hamat et Alep, et dont le siège retint long-temps les croisés et leur coûta bien cher. Les assiégés, dans leur fureur, allaient jusqu'à lancer du haut des remparts sur les assaillants de la chaux vive et des ruches remplies d'abeilles (1). La disette devint bientôt si grande, au dire des historiens de la croisade, que les chrétiens furent réduits à manger, non-seulement des chiens, mais encore les cadavres des Turcs et des Sarrasins, comme au siège d'Antioche (2).

Durant la marche de l'armée vers Jérusalem, Robert de Flandre écrivit à sa femme, la comtesse Clémence, d'élever un monastère en l'honneur de saint André, qui avait révélé à Pierre de Marseille l'existence de la lance du calvaire. Clémence s'étant concertée sur le champ avec l'évêque de Tournai Baudri, l'archidiacre Lambert, et Régnier, puissant chevalier flamand resté au pays, fonda auprès de Bruges, dans le lieu nommé Bertferkerke, un monastère de bénédictins consacré à l'apôtre saint André (3).

Comme ces choses se passaient, le comte de Hainaut, qui, avec les seigneurs wallons croisés au tournoi d'Anchin, avait traversé la Hongrie, la Bulgarie, la Grèce et Constantinople, subissait la destinée cruelle réservée par la Providence aux fils de Bauduin de Mons et de Richilde. Le jour de l'arrivée des Latins devant Antioche, Bauduin fut désigné pour défendre l'arrière-garde de l'armée. Quand les chefs eurent dressé leurs tentes autour de la ville, suivant les diverses positions qu'ils devaient occuper, le comte

(1) « Lapides, ignem et plena apibus alvearia, calcem quoque vivam, quanta poterant jaculabantur instantia. — Guill. de Tyr, lib. vii, cap. ix.

(2) V. entre autres Albert d'Aix, lib. v, cap. xxix.

(3) V. la *Chronique de l'abbaye de Saint-André*, d'Arnold Goethals, édit. d'O. Delepierre, 21.

de Hainaut ne trouva plus de place convenable pour s'établir avec ses chevaliers. L'empereur Alexis avait envoyé au siége Tatice, son sénéchal, avec trois mille Grecs comme auxiliaires des croisés. Ce fut entre le camp de Tatice, qu'on soupçonnait de trahir les Latins, et les murailles mêmes d'Antioche que Bauduin alla intrépidement se poser. Dans cette situation périlleuse, il se trouvait en butte à deux ennemis à la fois : aussi l'armée fut-elle remplie d'admiration pour un si bel acte de courage et d'audace (1). Lorsqu'Antioche fut prise, l'armée envoya une ambassade à l'empereur d'Orient pour lui offrir, suivant des conventions respectives, de le remettre en possession de la ville. Les chefs désignés de cette ambassade furent Hugues-le-Grand et le comte Bauduin. Chemin faisant, ils tombèrent dans une embuscade dressée soit par les Turcs, soit par les Grecs eux-mêmes dont la perfidie se manifesta, du reste, si souvent pendant les croisades. Hugues-le-Grand eut le bonheur d'échapper et d'arriver sain et sauf à Constantinople; mais Bauduin ne reparut plus, et l'on présuma qu'il périt assassiné dans les montagnes aux environs de Nicée. Dès que la nouvelle en parvint au Hainaut, la comtesse Yda, femme de Bauduin, se rendit à Rome afin d'apprendre du pape la vérité tout entière; car le souverain pontife avait des relations fréquentes et suivies avec les chefs de la croisade. Malheureusement le pape ne put calmer les anxiétés de la comtesse, attendu que lui-même n'avait reçu que des avis fort incertains sur le sort de l'ambassade. A son retour et en traversant l'Allemagne, Yda connut que son infortune n'était que trop réelle. Elle rencontra Hugues et les gens de sa suite

---

(1) « Cujus nominis fama, pro tantâ animositate, per totum christianorum exercitum dilatata est. »— *Gilb. Mont. chron.* ap. *J. de G.*, xi, 244.

qui revenaient en France, et qui lui annoncèrent que Bauduin n'existait plus. Il était mort de la même manière, et peut-être plus misérablement encore, que jadis son frère aux champs de Cassel.

Le jour de la Pentecôte 1099, les Latins se trouvaient à Césarée de Palestine. De là ils se mirent en route pour Jérusalem. Lorsque la ville sainte leur apparut, ils se prosternèrent tous le visage contre terre et couvrirent d'un baiser d'adoration ce sol arrosé du sang divin. Des quarante mille Latins qui composaient l'expédition, la moitié seulement était alors en état de combattre. Une garnison innombrable occupait la ville. Il fut impossible de la cerner du côté de l'orient et du midi, à cause des hauteurs escarpées qui s'y trouvent. Godefroi de Bouillon se plaça au nord, ayant près de lui le comte de Flandre, puis les Normands et les Tarentins. Raymond, comte de Toulouse, alla s'établir vers l'occident. Ce fut le 4 de juillet que la ville sainte se rendit. Godefroi eut l'audace et la gloire de monter le premier de tous sur ses murailles avec son frère Eustache. Les deux frères Ludolphe et Guillaume de Tournai, selon les uns, Raimbaut Creton, sire d'Estourmel en Cambrésis, selon les autres, suivirent immédiatement. Après eux, celui qu'on aperçut l'épée à la main sur la brèche au haut des murs de Jérusalem, ce fut Robert de Flandre en compagnie du duc de Normandie (1).

Il se fit un grand carnage des assiégés. Nul Égyptien ne fut épargné; et l'on eut à déplorer des horreurs que le souvenir du Dieu dont on venait de conquérir le tombeau ne put empêcher, tant était grande l'ivresse de la victoire jointe au désir de la vengeance.

---

(1) V. Guillaume de Tyr, liv. vIII, ch. xvIII.— Orderic Vital, *Hist. eccles.*

On offrit le royaume de Jérusalem à Robert de Normandie, qui n'en voulut pas, et même, assurent des chroniqueurs, à Robert de Flandre, qui le refusa également. Enfin la royauté fut décernée à Godefroi de Bouillon. Ce valeureux chevalier l'accepta presque malgré lui ; mais il déclara que jamais il ne porterait la couronne d'or dans une ville où le Seigneur-Dieu avait porté la couronne d'épines. Les Égyptiens, qui croyaient venir cerner Jérusalem, furent de nouveau vaincus et défaits sous les murs d'Ascalon. On créa un patriarche latin pour le gouvernement spirituel de Jérusalem et de la Terre-Sainte. Ce fut Eurmer, né en Artois aussi bien que son successeur Arnoul. Tous deux avaient vu le jour au village de Choques. Le troisième patriarche fut encore un Flamand, Guillaume de Messines, qui eut pour successeur Achard autre enfant de la terre belgique. Parmi les seigneurs temporels qui reçurent en Syrie et en Palestine le prix de leur valeur, on distingue plusieurs barons flamands. Foulques de Guisnes devint gouverneur de Beyrouth, dont l'évêque fut Bauduin de Boulogne ; Hugues de Fauquembergue eut pour sa part Tibériade ; Césarée échut à Eustache de Beckham ; Hugues de Rebecq obtint la terre appelée le Camp-d'Abraham.

Le comte Robert, voyant la guerre sainte terminée par la prise de Jérusalem, ne voulut rien et se mit en route pour revenir dans ses états. De Syrie il passa à Constantinople afin de visiter l'empereur Alexis, puis il aborda en Pouille, où il vit sa sœur Adèle, épouse de Robert de Normandie. Là il rencontra un grand nombre de ses sujets flamands qui avaient survécu aux labeurs et aux misères de cette grande expédition. Enfin, il rentra en Flandre et fut accueilli par son peuple avec les démonstrations d'une joie inexprimable. Possesseur d'un bras de saint Grégoire qui lui avait été offert par l'empereur Alexis, il en fit don à Aymeri, abbé de ce monastère d'Anchin où la chevalerie wallone avait pris la croix, et avait préludé par de nobles exercices aux exploits de la guerre sainte.

Le comte Robert, arrivant en Flandre, n'eut pas le temps de déposer son armure. L'empereur d'Allemagne, au moment de partir pour la croisade, avait réclamé la possession du comté d'Alost, des Quatre-Métiers et des îles de Zélande. Les bourgs étant partout, dans le pays, bien fortifiés et bien garnis, les troupes impériales ne purent s'en emparer; d'ailleurs, à la publication de la croisade, elles se débandèrent pour s'enrôler sous la bannière des différents princes qui se disposaient à faire le voyage d'Orient. Cette défection servit à propos les intérêts du marquis ; mais il avait une revanche à prendre contre l'empereur, et les événements venaient en ce temps-là favoriser le désir que les souverains flamands nourrissaient toujours de se soustraire à la domination impériale. Excommunié par le pape, Henri IV s'obstinait à rester en lutte contre l'Église, sur les droits de laquelle il empiétait chaque fois qu'il en trouvait l'occasion. C'est ainsi qu'il voulait maintenir sur le siége épiscopal de Cambrai un de ses favoris du nom de Gaucher, que les chanoines de la ville avaient élu en remplacement de Gérard, successeur du bienheureux Liébert, mais que le pape Urbain II avait excommunié et déposé, et que les habitants répudiaient de toutes leurs forces, désirant avoir pour pontife un prêtre de leur choix appelé Manassès. Par suite des troubles qui survinrent à ce sujet, le peuple de Cambrai tenta d'ériger la ville en commune, c'est-à-dire de la gouverner en dehors du pouvoir épiscopal, comme ils l'avaient déjà essayé sous Liébert et Gérard dans les années 1064 et 1076. Quoi qu'on ait pu dire, ce n'était pas toujours de leur propre mouvement que les bourgeois cherchaient à s'affranchir. Sans doute ils en eurent souvent le désir, mais souvent aussi les insurrections communales de Cambrai furent suscitées par des influences et des ambitions étrangères. Quant à la tentative dont nous parlons, elle était encouragée en premier lieu par Manassès, qui, pour se maintenir à l'épiscopat, avait intérêt à augmenter la force du parti qui l'y portait, puis par le comte Robert, qui vint prêter aide et concours aux bourgeois pour se venger de l'empereur, et afin, s'il était possible, de soustraire Cambrai à son pouvoir.

Cependant Manassès, découragé par l'opposition qu'il rencontrait chez les chanoines, accepta en 1101 l'évêché de Soissons, qu'on lui offrait sans contestation. Gaucher, l'homme de l'empereur, n'en obtint pas plus de succès dans ses prétentions. L'archevêque de Reims refusait de le consacrer, les bourgeois continuaient à lui être hostiles, et le comte de Flandre favorisait plus que jamais la commune, promettant de la maintenir envers et contre tous, même contre l'empereur. Dans ces conjonctures, Robert reçut des lettres du pape Pascal II, successeur d'Urbain qui venait de mourir. Le pontife, après l'avoir félicité de ses succès en Palestine, l'exhortait à combattre de toutes ses forces l'empereur Henri, ennemi de Dieu et frappé des anathèmes de l'Église. C'était là, pour le comte Robert, un puissant motif d'encouragement à persévérer dans la ligne de conduite qu'il avait adoptée.

En 1102 l'empereur vint en Flandre, résolu de mettre fin à un état de choses si préjudiciable à son autorité. Le jeune comte de Hainaut, Bauduin III, fils de celui qui était mort en Palestine, se joignit à Henri, de même que plusieurs seigneurs lorrains restés fidèles à leur suzerain nonobstant l'excommunication qui le frappait, lui et ses adhérents. L'empereur prit successivement les châteaux-forts de Marcoing, Paluel, Jnchy, Bouchain et l'Ecluse. Dans ce dernier, enlevé d'assaut et livré aux flammes, furent tués ou brûlés grand nombre de soldats du comte Robert (1). Henri aurait voulu pénétrer alors plus avant dans les terres du marquis; mais l'on était au fort de l'hiver : les pluies et les neiges fondues détrempaient les terres de telle façon que la cavalerie ne pouvait avancer. Les troupes impériales se replièrent sur Cambrai, où Henri fit prévaloir son autorité jusqu'au moment où il dut regagner l'Allemagne. Robert, soit qu'il craignît de voir son pays dévasté bientôt par une nouvelle invasion, et qu'il voulût gagner du temps, soit qu'il eût réellement l'intention de conclure la paix, alla trouver l'empereur à Liége et entra en voie d'accommodement avec lui : là, il fut arrêté, entre autres choses, que la ville de Douai, sur laquelle les comtes de Hainaut élevaient sans cesse des prétentions, serait incorporée à la Flandre, mais que Robert donnerait à Bauduin un équivalent en terre ou en argent.

L'empereur était à peine rentré dans ses états, que reparurent à Cambrai les anciens éléments de discorde, réveillés par les prétentions de Gaucher d'une part, et de l'autre par les instigations du comte Robert. Les bourgeois, forts de leur alliance avec le souverain flamand, et plus que jamais

---

(1) « Mais li castiaus de l'Escluse fu pris par forche et par fu, et y ot occis plusieurs de la gent le conte. — *Chronique de Cambrai*, ap. Bouquet, XIII, 479 et suiv.

désireux de se soustraire au pouvoir impérial, repoussèrent définitivement Gaucher en élisant pour évêque un ami du comte, Eudes, abbé de Saint-Martin de Tournai. Gaucher s'empressa de porter ses plaintes à l'empereur Henri V, qui venait de détrôner son père, et eut le talent d'irriter vivement ce prince contre les Cambrésiens et le comte Robert, leur protecteur (1). Il s'était entendu avec Godefroi de Lorraine et Bauduin de Hainaut, qui, de leur côté, envoyèrent des ambassadeurs à Henri pour lui déclarer qu'ils ne pouvaient plus supporter les vexations du comte Robert, lequel avait, contre droit et justice, envahi les terres relevant de l'empire, et usurpé l'évêché de Cambrai (2). A cette époque la concorde régnait en Allemagne; ce qui permit au jeune empereur de punir ses vassaux rebelles. Il écrivit aux princes feudataires une lettre dans laquelle il leur enjoignait de venir avec leurs hommes d'armes le joindre près de Liége, vers la fête de tous les Saints (3). « Alors, dit une chronique de Cambrai, l'empereur s'appareilla en toute hâte pour venir en Flandre et y entra avec une grande armée et assiégea le château de Douai, qui étoit très-fort de murs et de fossés. Celui de Flandre fut très-épouvanté, et les soudoyers que le comte avoit mis pour garder Cambrai eurent grand'peur, quittèrent la cité et s'enfuirent. Lors entra le comte dedans Douai, en garnit les forteresses et les mit en bon état de défense et engagea les habitants à combattre vigoureuse-

---

(1) *Ibid.*

(2) « Advenerunt nobis nuntii ex parte Godefridi et Balduini comitis... intimantes eos diutius non posse sustinere molestias Roberti comitis qui regnum nostrum invasit, et ad ignominiam omnium qui in eo sunt, sibi nostrum episcopatum Cameracensem usurpavit. — *Lettre de l'empereur à Othon, évêque de Bamberg, ap. Pertz,* IV, 257.

(3) *Ibid.*

ment. Au troisième jour après, l'empereur fit un très-grand assaut ; et le comte merveilleusement bien se défendit, si qu'il y eut plusieurs chevaliers occis de la partie de l'empereur et ainsi laissèrent l'assaut. Dont eurent conseil tous les grands princes et l'empereur ensemble ; car ils voyoient que rien ne profitoit et que ne prendroient le château, et lui dirent qu'il reçut à amour le comte de Flandre. Alors l'empereur reçut le comte de Flandre à homme, et furent bons amis ensemble.

» Après ce, vint l'empereur à Cambrai très-terriblement ; mais devant sa venue s'enfuit Eudes, et grande partie du clergé et du peuple qui se sentoit coupable. Dont s'enfuirent plusieurs femmes avec leurs enfants dans les églises et les tours, et les pucelles s'effrayoient quand elles virent tant de chevaliers allemands, esclavons, lorrains, saxons. Alors la partie du clergé qui pas n'étoit contraire à l'évêque Gaucher reçut l'empereur à très-grand honneur, et l'évêque même se tenoit avec l'empereur, avoit son amour et sa grâce, et étoit compagnon de sa table. L'empereur fit crier que tous les habitants et les bourgeois vinssent en sa présence ; et ils vinrent très-émus, car ils craignoient de perdre la vie ou leurs membres. Cependant contredire ne l'osoient. Lors parla l'empereur très-durement à eux, et fortement les blâma, et demanda comment ils étoient si osés qu'ils avoient fait tant de choses contre les droits de l'empire, conjurations, commune, nouvelles lois, et, qui plus est, qu'ils avoient reçu nouvel évêque dedans la cité contre Dieu et contre la seigneurie de l'empire. Quand ils ouïrent l'empereur ainsi parler, ils furent trop épouvantés et ne savoient ce qu'ils pouvoient répondre. Et pour ce qu'ils se sentoient coupables, ils s'humilièrent durement et crièrent à l'empereur merci. Dont se prit le bon évêque Gaucher très-bénignement à prier pour ses sujets, et tomba aux pieds du roi, et disoit : « Très-doux empereur, ne détruisez pas nos bourgeois si cruellement et en si grande sévérité, car bien les pouvez corriger en plus grande douceur. » Dont prièrent aussi les princes de l'armée avec l'évêque, et disoient qu'il eût pitié de tant de larmes. Quand ce entendit l'empereur, se relâcha un peu de sa colère, et crut le conseil de l'évêque et des princes, et ne les punit pas, comme il se proposoit, par rigueur de justice. Cependant ne les épargna pas en tout ; car il commanda tantôt qu'ils apportassent en sa présence la charte de la commune qu'ils avoient faite, et eux ainsi firent, et l'empereur la défit, et leur fit jurer devant tous les princes que jamais autre ne feroient. Ainsi fut défaite cette commune, et leur fit l'empereur jurer féauté à lui par foi et par serment. Et pour ce qu'il les avoit trouvés peu stables, muables, et de léger courage, leur dit qu'ils donnassent otages et fissent seurté que à toujours demeureroient ses fidèles. Quand ce ouïrent les bourgeois, ils furent très-irrités, mais n'osèrent contester, et délivrèrent en otages à l'empereur les fils des plus grands de la cité. Le roi les ayant reçus ne les mit pas en prison ; il les bailla à plusieurs de ses princes, et les fit bien garder par divers lieux (1). »

Ce n'était pas seulement contre les Cambrésiens qu'était dirigée l'expédition de l'empereur. Ainsi il aurait vivement désiré reprendre le château de Gand et rentrer en possession de la Flandre impériale. Henri avait en outre plusieurs alliés dont il fallait contenter les prétentions. Le

---

(1) *Chron. de Cambrai, ap. Bouquet*, XIII, 476.

comte de Hainaut réclamait toujours Douai. On a vu que les tentatives faites sur cette ville au début de la campagne n'avaient point été heureuses. Les Hollandais, d'un autre côté, demandaient les îles de Zélande. Peut-être le duc de Lorraine attendait-il aussi quelque chose du démembrement de la Flandre, s'il eût pu s'effectuer. Après la soumission des bourgeois de Cambrai, la guerre continua bien quelque temps encore dans le marquisat flamand ; mais sans résultat pour l'empereur, qui, enfin découragé, se décida à reprendre le chemin de son pays.

Toutefois, ces invasions réitérées ne laissaient pas que de produire de grands maux. Afin de prévenir le retour d'une nouvelle armée, Robert alla trouver l'empereur à Mayence. Là, dans une diète tenue le dimanche jour de Noël de l'année 1108, Henri accorda au marquis des Flamands une paix très-avantageuse, moyennant quelques démarches de soumissions que, pour la forme, Robert voulut bien lui faire. Cette paix assurait la ville de Douai au comte de Flandre. De plus, la châtellenie de Cambrai et le riche domaine des évêques, nommé le Cateau-Cambrésis, étaient concédés au même prince jusqu'à ce qu'il y eût un prélat paisible possesseur du siége épiscopal (1). Les comtes de Flandre jouirent de ces beaux bénéfices même long-temps après que les troubles, qui recommencèrent lors du départ de l'empereur, eurent été complétement apaisés.

La commune de Cambrai, qui passe pour l'une des plus anciennes de toute la Belgique, était à peine organisée, qu'au sein même de la Flandre les souverains du pays donnaient des lois et des franchises à quelques localités.

---

(1) *Codex Watinensis ap. Meyerum*, f° 76.

Nous avons parlé déjà de celles que Bauduin de Mons avait concédées à la ville de Gramont.

En 1109, Gertrude, veuve de Robert-le-Frison, et mère du comte régnant, octroya une keure ou charte d'affranchissement à la ville de Furnes, qui faisait partie du domaine à elle attribué comme douaire après la mort de son mari.

Vers ce même temps, Robert de Jérusalem accorda des priviléges aux villes de Berquin et Steenwerck. Les habitants desdites villes doivent, aux termes de la charte promulguée à cette occasion, être libres de toute œuvre servile, et sont même exemptés du service militaire. Ils ont la liberté de se choisir un magistrat qui leur administrera la justice en présence du sénéchal du comte, et sauf le droit de ce dernier. — Si le ministre qu'ils ont élu gouverne injustement, ils ont le droit d'en nommer un autre. — Si le châtelain ou autre délégué du comte les opprime, ils peuvent appeler de ces vexations par-devant le souverain (1), etc. Ce n'était encore là que des éléments bien imparfaits sans doute d'amélioration politique et sociale. Nous verrons peu à peu ces institutions recevoir plus de développement. Du reste, avant que ces règlements locaux et particuliers fussent rédigés, le besoin de réprimer les excès du commun peuple et les brigandages dont les barons se rendaient si souvent coupables avaient déterminé les souverains à faire jurer aux nobles ce qu'on appelait la paix du pays. En l'année 1111, le 27 mai, Robert de Jérusalem réunit les seigneurs du comté, et notamment les châtelains, pour leur rappeler la paix arrêtée à Audenarde, en

---

(1) *Archives de Flandre à Lille. Chambre des comptes*, invent. n° 60.

1030, lors de la réconciliation de Bauduin de Lille avec son fils. Parmi les personnages qui la jurèrent, on cite Robert de Béthune, Alard de Tournai, Winemar de Gand, Gautier de Bruges, Roger de Lille, Guillaume de Saint-Omer, Gautier de Courtrai, et plusieurs autres.

Les rapports politiques, depuis long-temps interrompus entre les marquis flamands et leurs suzerains les rois de France, se renouèrent en cette même année 1111 : voici dans quelles circonstances. Guillaume-le-Bâtard, duc de Normandie, gendre de Bauduin de Lille, avait promis à ce dernier une rente annuelle de 300 marcs d'argent, payable aux marquis flamands à perpétuité, en reconnaissance des secours qu'il avait reçus en hommes, en munitions et en numéraire lors de l'expédition qu'il préparait contre l'Angleterre, et dont le résultat fut, comme on sait, la conquête de ce pays. De sa femme, Mathilde de Flandre, le vainqueur des Anglais eut trois fils, Robert, Guillaume et Henri. Guillaume régna sur l'Angleterre, et Robert sur la Normandie. Pendant que Robert combattait les infidèles en Syrie et en Palestine avec les autres princes croisés, le roi Guillaume vint à mourir. Alors Henri, le plus jeune des trois frères, qu'on surnommait *Sans-Terre*, parce qu'en effet le hasard de la naissance l'avait privé de tout héritage, Henri s'empara de l'un et l'autre pays, où il s'était fait de nombreux partisans. Quand Robert fut de retour, il chercha, mais vainement, à rentrer en possession de son duché. Son frère l'ayant vaincu et fait prisonnier dans un combat livré près du château de Tinchebray en Normandie, on l'enferma aux extrémités du pays de Galles, dans le fort de Cardiff, d'où il ne sortit jamais. Lors de sa défaite, Robert avait un jeune fils, appelé Guillaume, dont le roi Henri voulut s'emparer, mais qui, sauvé par un ami de son père, fut accueilli et adopté par le roi des Français, Louis-le-Gros. Ce monarque espérait pouvoir se servir de cet enfant pour effrayer et maintenir en obéissance le duc de Normandie, dont la puissance lui portait ombrage. Henri, en faisant hommage du duché à Louis-le-Gros, avait promis de démolir le château de Gisors, lorsqu'il en serait requis par son suzerain. Il se refusa néanmoins plus tard à l'exécution de cette promesse. Alors Louis lui déclara la guerre au nom du fils de Robert, pour mieux exciter la sympathie des Normands restés fidèles au prince légitime. Le roi des Français fit en même temps appel au comte Robert de Flandre, et celui-ci y répondit d'autant plus volontiers qu'il avait à venger sa propre injure aussi bien que celle du roi son suzerain ; car lorsqu'il avait réclamé de Henri la rente de 300 marcs dont nous avons parlé, Henri lui avait fièrement répondu que le royaume d'Angleterre ne saurait être tributaire des Flamands. Henri fut attaqué sur tous les points de la Normandie par Louis-le-Gros et ses alliés. Il perdit des villes et des châteaux, ayant à combattre tout à la fois les ennemis du dehors et les partisans du duc Robert qui, à l'intérieur, conspiraient contre lui (1). Cependant les ressources qu'il tirait de son royaume d'Angleterre l'aidaient à soutenir la lutte, et ses richesses lui faisaient trouver des alliés. Ainsi Thibaut IV, comte de Blois, de Troyes, de Meaux et de Brie, abandonna Louis-le-Gros et porta secours à Henri. Cette trahison irrita Louis, qui, pour se venger, conduisit son armée sur le territoire de Meaux, voulant mettre tout le pays à feu et à sang. Le marquis des Fla-

---

(1) Orderic Vital, 838. — Suger, *Vita Ludovici Grossi*, ap. Bouquet, XII, 44.

mands l'avait suivi devant Meaux, dont on résolut de faire le siége. Tandis que la ville était investie et serrée de près, les habitants essayèrent une sortie et furent refoulés. Emporté par son ardeur, Robert, l'épée à la main, les poursuivait en tête de ses chevaliers, lorsqu'arrivé sur le pont de Meaux, les solives, trop peu fortes pour supporter tant de monde, se rompirent, et le marquis tombant dans la Marne, y périt noyé ou écrasé (1). Son corps fut ramené à Arras, et magnifiquement inhumé dans l'église du monastère de Saint-Vaast.

Robert de Jérusalem fut le dernier des souverains flamands qui prit habituellement dans les diplômes le titre de marquis (2), ses successeurs ne s'intitulèrent désormais que comtes de Flandre ou des Flamands; c'est pourquoi nous n'aurons plus à les qualifier que par cette dénomination.

De Clémence, fille de Guillaume-Tête-Hardie, Comte de Bourgogne, Robert eut trois fils, Guillaume et Philippe, morts en bas âge, et Bauduin, qui lui succéda sous le nom de Bauduin dit à-la-Hache (3). Ce sobriquet lui fut donné, s'il faut en croire la plupart des historiens flamands, à cause de son rigoureux amour pour la justice, dont il se plaisait à prononcer et à exécuter lui-même les sentences. A la mort de son père, le roi Louis-le-Gros le présenta aux barons et au peuple, et le fit reconnaître en qualité de comte de Flan-

---

(1) *Ibid.*

(2) Son fils s'appela encore une fois *Flandrie marchisus* dans un acte de 1119, mais ce ne fut qu'accidentellement; car dans toutes les chartes de ce prince antérieures à cette année on ne voit jamais que *Flandrie*, *Flandrensis* ou *Flandrensium comes*. Le mot de *marquis* tomba tout à fait en désuétude après Bauduin-à-la-Hache.

(3) Les Flamands le nommaient *Baldwin Hapkin* ou simplement *graaf Hapkin*, le comte à la hache.

dre. Aussitôt après cette cérémonie, Bauduin convoqua les seigneurs flamands à Arras, et leur fit solennellement jurer sur les corps saints la paix du pays, à laquelle il ajouta de nouvelles dispositions. La violation du domicile d'autrui durant la nuit, l'incendie ou les menaces d'incendies sont punis de mort. — Personne ne peut porter d'armes s'il n'est bailli, châtelain ou officier du prince. — Les blessures et les meurtres volontaires sont compensés par la peine du talion. — Si le prévenu allègue le cas de légitime défense, il le doit prouver par le duel judiciaire avec son accusateur, ou par l'épreuve de l'eau ou du fer rouge. — Pour les délits punissables par les amendes, les baillis ou officiers du comte payent double. — Le noble ou le chevalier se justifie par le serment de douze de ses pairs; le non noble et le vilain par le serment de douze hommes également de sa condition, et en outre par celui du seigneur dont il est le vassal.

Ces paix, renouvelées fréquemment, n'étaient qu'une imitation des trêves de Dieu introduites en Flandre par plusieurs synodes d'évêques tenus durant le onzième siècle. Il est à regretter pour l'histoire de la législation, qu'il ne nous en soit resté que des fragments isolés, des articles imparfaits. Du reste on en retrouve l'esprit et les dispositions principales dans les statuts municipaux, surtout en ce qui concerne la punition des crimes ou délits.

Mais si l'on ne connaît plus aujourd'hui les ordonnances formulées au sein de la barbarie contre la barbarie elle-même, la tradition nous a du moins conservé le souvenir de faits qui prouvent avec quelle impartialité Bauduin-à-la-Hache savait distribuer la justice. Henri de Calloo, de la noble famille de Waes, avait, en compagnie de quelques chevaliers de ses amis, détroussé des marchands qui venaient à la foire de Tourhout. Il les fit saisir et emmener au château de Winendale, où, dit-on, il se plut à les suspendre lui-même par le cou aux gîtes du plafond (1). A Bruges, un jeune homme noble, fils du seigneur d'Orscamp, avait volé deux bœufs à une pauvre femme sur le chemin, et, malgré ses cris, les conduisait au marché pour les vendre. Le comte l'apprend, et aussitôt le voleur enlevé de dessus son cheval, est, sans autre forme de procès, jeté en même temps que deux faux monnayeurs dans la chaudière bouillante d'un teinturier (2). Infatigable et rude justicier, Bauduin-à-la-Hache parcourait les villes et les villages, écoutant les plaintes de chacun et punissant les coupables avec une sévérité et une promptitude qui rétablirent l'ordre dans le pays (3). Les magistrats prévaricateurs, les barons cruels et insolents surtout, ne trouvaient près de lui ni grâce, ni merci. Il fit démolir plusieurs des châteaux et forteresses servant de repaires à ces barons, et chercha toujours à faire prévaloir le droit sur la force.

Une telle œuvre devait rencontrer des obstacles. Gauthier, comte d'Hesdin, et Hugues-Champ-d'Avoine, comte de Saint-Pol, prirent les armes et se révoltèrent contre lui. Pendant deux ans Bauduin eut à lutter contre ces deux puissants seigneurs ; mais enfin il parvint à les mettre à la raison et enleva même à l'un d'eux le château d'Encre, qu'il donna à son cousin germain Charles de Danemarck. Peu après il maria ce prince avec Marguerite, fille de Renaut, comte de Clermont, qui lui apporta en dot le comté

---

(1) *Herimanni Tornacensis chron.*, ap. *Bouquet.* xii, 380.
(2) *Ibid.*— *Balder. chron.*, 378.
(3) « Terror ejus per omnes provincias malefactores fecit omnino quiescere. » — *Ibid.*

d'Amiens. Il avait sans doute des vues sur Charles, dont les belles qualités faisaient dès-lors l'admiration de chacun. En effet, Bauduin avait été obligé de se séparer, pour cause de parenté, de sa femme, Agnès, fille d'Alain comte de Nantes ou de Bretagne : aucun enfant n'était issu de cette union ; et Bauduin, qui aimait beaucoup sa première épouse, n'en voulant point prendre d'autre, Charles devenait son héritier.

Ce fut une succession qui ne tarda pas à s'ouvrir, car Bauduin devait rencontrer la mort dans cette même guerre où son père avait trouvé la sienne. La lutte s'était continuée avec des chances diverses entre les rois de France et d'Angleterre. Les raisons qui avaient armé Robert contre le duc de Normandie existaient également pour son fils. Vassal du roi de France, il lui devait sa foi et ses services ; le roi d'Angleterre persistait à refuser la rente dont on a parlé ; enfin le duc exilé, Guillaume Cliton, son parent, retiré près de lui en Flandre, le pressait de sollicitations : aussi, lorsque l'état de la contrée le permit, Bauduin-à-la-Hache conduisit ses hommes d'armes en Normandie. Il prit d'abord aux Anglais le Gué-Nicaise et les Andelys. On raconte que, dans ces circonstances, le roi Henri ayant, par un message, menacé le comte de Flandre de le poursuivre jusque dans Bruges, celui-ci partit, sur la fin d'août 1118, en tête de cinq cents chevaliers, et se présenta devant Rouen. La porte étant fermée, il y planta sa hache pour défier le roi au combat ; mais Henri ne jugea pas à propos de sortir. Alors Bauduin s'en alla mettre le siége devant la ville d'Eu. Malheureusement ce prince plein d'énergie y reçut à la tête un coup de lance que lui porta un seigneur appelé Hugues Botterel. Incapable de continuer la guerre, il se fit rapporter en Flandre au château de Roulers, où il envenima son mal par son incontinence. Il languit pendant près de dix mois, et devint paralytique des pieds à la tête. Ce fut alors qu'il fit reconnaître comme son successeur au comté Charles de Danemark, fils d'une sœur de Robert-le-Frison, ainsi qu'on la vu plus haut. Enfin, ayant eu la fantaisie de manger une oie grasse à l'ail, une indigestion l'emporta le 17 juin 1119 (1). Avec lui s'interrompit la descendance masculine de Bauduin-Bras-de-Fer, laquelle reparut plus tard dans ce pays, lorsque les comtes de Hainaut, issus de Bauduin de Mons, y régnèrent de nouveau par droit de succession.

(1) « Quia anserem allio sumpserit et venere non abstinuit...... » — *Chron. d'Adrien de But.*

VIII

CHARLES-LE-BON.

1119 — 1127

Opposition que Charles éprouve au début de son règne. — Il pacifie la Flandre et rétablit l'ordre. — Eclipse de soleil suivie d'une horrible famine. — Sollicitude de Charles pour les misères publiques. — Il refuse la couronne impériale d'Occident et le trône de Jérusalem. — Son grand amour du devoir. — Origine du prévôt Bertulphe et de sa famille. — Motifs de leur animosité contre Charles. — Ils préméditent la mort du prince et l'assassinent dans l'église de Saint-Donat. — Cruautés exercées à Bruges par les conjurés. — Gervais, camérier du comte, vient en tête d'une troupe nombreuse pour venger son maître. — Les bourgeois lui livrent l'entrée de leur ville et se joignent à lui. — Bertulphe et ses partisans se réfugient dans le bourg. — Des secours arrivent de tous côtés à Gervais. — Prise du bourg. — Les assassins se retranchent dans l'église de Saint Donat. — Tentatives infructueuses faites pour les y prendre. — Ils y restent bloqués et assiégés.

L'avénement de Charles de Danemark n'était pas seulement consacré par la loi fondamentale de l'hérédité ; il était encore sanctionné par la reconnaissance nationale. Élevé en Flandre dès son jeune âge, Charles avait pris part à la croisade, aux diverses entreprises guerrières de Robert de Jérusalem et de Bauduin-à-la-Hache, et s'y était toujours vaillamment conduit. Les chevaliers flamands virent donc en lui le compagnon de leurs travaux et de leurs périls, l'homme qui avait versé son sang pour la patrie, en un mot le digne successeur du prince qu'ils venaient de perdre. Une grande sagesse et les plus nobles qualités du cœur recommandaient aussi le fils du roi de Danemark à l'estime de tous. Malgré cette sympathie si bien méritée, Charles éprouva, au début de son règne, une opposition des plus sérieuses. Chose assez singulière, elle n'émanait pas du comte de Hainaut, qui cependant pouvait élever de légitimes prétentions à la principauté dont son père avait été naguère dépossédé, mais de la veuve même du comte défunt. Clémence de Bourgogne voulait faire passer le comté de Flandre sur la tête de Guillaume de Loo, châtelain d'Ypres, époux d'une de ses nièces, et fils illégitime de Philippe, second fils de Robert-le-Frison. Pour y parvenir et se créer un puissant auxiliaire, elle se remaria à Godefroi-le-Barbu, duc de la basse Lorraine, et forma une ligue dans laquelle, outre Bauduin de Hainaut, elle attira les comtes de Boulogne, de Saint-Pol, d'Hesdin et de Coucy, c'est-à-dire la plupart des anciens seigneurs wallons qui avaient combattu l'usurpation de Robert-le-Frison, et dont les sentiments d'hostilité contre les Thiois ne s'étaient point encore refroidis. Audenarde fut par Clémence prise et incendiée; grand nombre d'habitants périrent du dernier supplice. Le comte de Saint-Pol portait en même temps le fer et la flamme aux environs de Bruges et sur les côtes occidentales de la Flandre. Charles convoqua en toute hâte la chevalerie flamande à Saint-Omer : elle accourut à son appel avec l'empressement qu'elle avait mis jadis à se ranger sous l'étendard du Frison aux champs de Cassel; car la rivalité de race que la croisade avait sans doute un instant amortie s'était tout à coup réveillée plus vive que jamais. Charles, énergique et brave, ne tarda pas à détruire l'inquiétante coalition formée contre son pouvoir (1). Il assiégea la ville de Saint-Pol, la prit d'assaut, la livra aux flammes et en rasa les murailles; puis il poursuivit Clémence, la contraignit à solliciter humblement la paix, s'empara des châtellenies qui composaient son douaire, telles que Dixmude, Aire, Bergues, Saint-Venant et autres. Le comte de Boulogne déposa les armes après avoir vu ses frontières ravagées et brûlées par les troupes flamandes. Enfin, Eustache, avoué de Térouane, fut forcé d'abattre une forteresse qu'il avait élevée en opposition aux franchises de cette ville.

Après avoir ainsi pacifié le pays et fait reconnaître son autorité dans les provinces wallonnes, Charles s'appliqua à rétablir l'ordre partout et à remettre en vigueur les lois créées par ses prédécesseurs contre les oppressions des grands et les velléités turbulentes du menu peuple et des serfs dans les villes et les campagnes. Il défendit de porter des armes à travers les rues et marchés, sous peine d'être frappé par ses propres armes; rendit plusieurs ordonnances fort sages, et agit avec tant de prudence et d'habileté qu'au bout de quatre ans d'administration la tranquillité la plus parfaite régnait dans la contrée, à la grande satisfaction des bourgeois, marchands et artisans qui y trouvaient leur profit.

Ce bonheur goûté au sein du repos et de l'aisance devait être bientôt troublé par des calamités qu'on redoutait d'autant moins qu'elles étaient en dehors des prévisions humaines. Elles furent annoncées aux populations superstitieuses par une éclipse de soleil dont les phénomènes sont relatés

---

(1) « Omnium enim ille bellorum circumfrementium strepitus, quanta suscitatus fuerat superbiæ feritate, tanta in brevi repressus est victoriæ celeritate. » — *Vita B. Caroli Boni, auctore Gualterio, ap. Bouquet,* XIII, 337.

dans le récit d'un témoin oculaire. Elle eut lieu le 11 du mois d'août de l'année 1124, vers la neuvième heure du jour. D'abord la partie orientale du soleil s'obscurcit, et peu à peu des nuages s'étendirent sur la surface de l'astre sans que toutefois elle fût totalement voilée. Cette obscurité partielle parcourut le disque entier en le traversant d'orient en occident (1). Par une fatale coïncidence, l'hiver qui suivit cette éclipse fut très-rude et très-long. Une multitude d'hommes et d'animaux périrent de froid. Les blés et autres grains confiés à la terre furent gelés et ne levèrent point. De là survint en France et dans les provinces belgiques la plus terrible famine qu'on eût éprouvée. Le seigneur et le serf en étaient également frappés, et une effrayante mortalité décima les peuples. Un chroniqueur flamand raconte comme une chose inouïe, et pour donner une idée de la disette qui régnait partout, que les habitants des environs de Gand mangèrent de la viande même durant le carême, privés qu'ils étaient de pain et de toute autre nourriture (2).

Le comte Charles fut profondément affligé d'un état de choses aussi déplorable. On vit alors se révéler en lui pour les misères publiques une sollicitude qu'on n'était point habitué à rencontrer chez les princes de son temps. D'abondantes aumônes furent distribuées par ses officiers dans tous

---

(1) « In corpore solari, circa nonam horam diei, apparuit eclipsis, et luminis non naturalis defectus, ita ut solis orbis orientalis obfuscatus paullatim reliquis partibus ingereret nebulas alienas, non simul tamen totum solem obfuscans, sed in parte; et tamen eadem nebula totum pererravit solis circulum, pertransiens ab oriente usque ad occidentem, tantummodo in circulo solaris essentiæ » — *E Vita B. Caroli, auctore Galberto, brugensi notario, coævo*, ap. *Acta sanctorum Bolland.*, mense martio, p. 180.

(2) *Ibid.*

les châteaux qu'il possédait en Flandre. A Bruges, lieu de sa résidence habituelle, il soutenait chaque jour la vie de cent personnes, auxquelles il faisait octroyer du pain. Il avait pris ses mesures pour que de pareils secours fussent délivrés dans toutes les grandes villes. Sa table se réduisit au plus strict nécessaire, et il trouva moyen de substanter encore, par cette économie, cent treize malheureux. Des chemises, des tuniques, des peaux, des bonnets, des souliers et autres vêtements étaient donnés à ceux qui, dans leur détresse, avaient été obligés de se dépouiller pour assouvir leur faim. Bientôt il fit publier par tout le comté un édit d'après lequel quiconque devait ensemencer deux mesures de terre serait tenu d'en semer une de fèves et de pois, parce que, ces légumes étant plus précoces, le peuple aurait plus vite de quoi manger. Il était défendu de brasser de nouvelles bières pendant la famine, afin qu'on pût transformer en pain les orges et les avoines. Le vin fut en outre taxé à six écus le quart. Grâce à ces bienfaisantes dispositions, les accaparements cessèrent; on put obtenir les objets de première nécessité; la circulation du numéraire se rétablit; et peu à peu le peuple se sentit soulagé, jusqu'à ce qu'enfin, la récolte arrivant, la famine disparut tout à fait avec les horreurs qu'elle traîne à sa suite (1).

Cette sagesse que le comte de Flandre montrait depuis son avènement lui fit au loin une belle renommée. En 1125 l'empereur Henri V étant mort à Utrecht sans laisser d'enfant, plusieurs princes électeurs jetèrent les yeux sur Charles, qu'ils considéraient comme le prince le plus digne de porter le sceptre impérial, et, pour connaître ses inten-

(1) *Ibid.*

tions, lui envoyèrent en ambassade le chancelier de l'archevêque de Cologne et le comte Godefroi de Namur. Charles prit conseil de ses barons; mais ceux-ci, qui l'affectionnaient d'un sincère amour, le supplièrent de ne pas abandonner un pays aux destinées duquel il avait jusqu'alors si bien présidé. Il se rendit à leurs instances, et refusa le titre glorieux de roi des Romains.

Bientôt après Bauduin, frère de Godefroi de Bouillon et roi de Jérusalem, ayant été fait prisonnier par les Turcs, les croisés, privés de chefs, envoyèrent des lettres à Charles pour le prier d'accepter le trône : le vertueux comte repoussa ce nouvel honneur, préférant continuer l'œuvre que la Providence lui avait départie, et travailler à la paix et au salut de sa patrie (1).

Il poursuivit donc sa tâche avec plus d'ardeur que jamais, et s'appliqua surtout à consolider l'ordre social ébranlé sans cesse par la confusion des divers états de personnes. A cet effet, il fit soigneusement rechercher quels étaient les serfs de naissance, quelles étaient, d'un autre côté, les personnes de condition libre ne devant hommage à autrui (2). Il voulait par là ramener chacun à son devoir, car il arrivait souvent que des serfs opulents cherchaient à s'affranchir d'eux-mêmes; ou que des hommes libres refusaient de prêter aide et concours aux serfs malheureux de leur domaine, qu'ils devaient cependant protéger. Le comte aussi désirait, pour l'acquit de sa conscience et le maintien de ses droits, revendiquer ceux qui lui appartenaient. Aux

---

(1) *Ibid.*, 181.

(2) « Volens itaque comes pius iterum revocare honestatem regni, perquisivit qui fuissent de pertinentia sua proprii, qui servi, qui liberi, in regno.— *Ibid.*

débats et aux discussions souvent sérieuses qui s'élevaient lors de ces enquêtes, le comte intervenait avec exactitude, rendait scrupuleusement justice à chacun, non sans froisser quelquefois de grands personnages habitués jusqu'alors à obtenir toujours raison contre les pauvres et les infirmes. L'amour du devoir et une grande droiture d'esprit dirigeaient toutes ses actions, dictaient toutes ses paroles. Il tenait une fois sa cour à Bruges, le jour de l'Épiphanie. Jean, abbé de Saint-Bertin, se présenta devant lui pour se plaindre d'un chevalier qui voulait ravir une terre que l'abbaye possédait depuis soixante ans et plus. « Sire abbé, lui dit le comte, qui donc chante aujourd'hui la messe à Saint-Bertin? » L'abbé répondit qu'il y avait au couvent plus de cent moines pour remplir cette besogne. « Sire abbé, repartit Charles, dans un si grand jour c'était à vous de célébrer l'office, de rester avec vos frères au réfectoire, de les accompagner la nuit aux matines. Quant à l'affaire qui vous amène, vous me la pouviez mander par un sergent ; car à vous il appartient de prier le Seigneur, à moi de défendre les églises. » Alors il appela le chevalier pour l'entendre; et, comme il ne put donner bonne raison de sa conduite, le comte lui dit : « Taisez-vous, comme vos pères se sont tus ! Je vous jure, par l'âme de Bauduin-à-la-Hache, que si j'entends encore la moindre plainte sur votre compte, je ferai de vous ce que le comte Bauduin fit du baron, qu'il brûla dans une chaudière à Bruges. » Le chevalier se le tint pour bien dit (1).

Quand on reprochait à Charles de ne point assez favoriser les grands, et d'accorder presque toutes ses sympathies

---

(1) *Li estore des comtes de Fl.*, f° 58.

aux malheureux, il répondait : « C'est que je sais combien les pauvres ont de besoins, et les nobles d'orgueil. » — Il ne pouvait, en effet, supporter l'arrogance, et donnait lui-même en tout l'exemple de la douceur et de l'humilité.

En ce temps-là existait à Bruges une famille dont la puissance et la richesse n'avaient pu effacer la tache originelle. Elle était née serve du comte et devait rester serve. Cependant Bertulphe ou Bertoul, le chef de cette maison, occupait la plus haute dignité de Flandre, celle de prévôt de Saint-Donat, et se trouvait ainsi chancelier héréditaire du comté; mais il descendait d'une lignée dont la souche était impure et criminelle, ainsi qu'on va le voir. Sous le comte Bauduin de Lille vivait, dans cette même ville de Bruges, un châtelain appelé Boldran, ayant pour épouse une femme du nom de Dedda ou Duva, aussi belle que perverse. Dedda entretenait un commerce adultère avec Érembald, serf natif de Furnes et écuyer de son mari. Elle lui avait, disait-on, promis de l'épouser et de l'élever à la dignité de vicomte ou châtelain, aussitôt que Boldran serait mort. Érembald épiait toutes les occasions de tuer son maître et de combler ainsi les vœux les plus ardents de sa complice et les siens. Sur ces entrefaites, les chevaliers flamands reçurent l'ordre de s'armer en guerre pour une expédition au delà de l'Escaut. Tandis que, montés sur leurs barques, le châtelain Boldran, Érembald et beaucoup d'autres, traversaient le fleuve, tout armés et cuirassés, la nuit survint, et ils jetèrent l'ancre afin d'attendre le jour. Au milieu des ténèbres, et comme le châtelain se tenait debout sur le bord du navire pour quelque besoin, Érembald, arrivant à l'improviste par derrière, le précipita dans la profondeur des eaux. Chacun dormait à bord, et, hormis le coupable, personne ne sut ce qu'était devenu Boldran. Érembald épousa bientôt après l'adultère Dedda, qui n'avait pas d'enfants, et, au moyen des richesses amassées par Boldran, acheta la châtellenie de ce dernier. De cette union naquirent quatre fils : Bertulphe, qui devint prévôt de Saint-Donat et chancelier ; Haket, qui hérita de la châtellenie de Bruges ; Wilfrid Cnop, et Lambert Nappin. Serfs comme leur père, nonobstant les dignités que les deux premiers occupaient, les fils d'Érembald cherchaient tous les moyens de sortir d'une condition qui les humiliait. Le prévôt Bertulphe étant clerc n'avait pas de postérité ; mais il élevait chez lui les filles de ses frères. Il conçut le projet de les marier à des personnes nobles ; et la chose lui était d'autant plus facile qu'il les pouvait doter richement. Il espérait par là faire sortir un jour sa famille de la servitude. Il donna donc une de ses nièces à Robert, sire de Racskerka, aux environs de Dixmude ; mais, d'après les droits du souverain, l'homme libre qui épousait une serve du comte devenait serf lui-même au bout d'un an de mariage (1). Or, il arriva que Robert appela devant le comte, en combat singulier, un autre chevalier qui par sa naissance était libre. Le chevalier répondit fièrement à l'appelant qu'il ne pouvait se mesurer avec un homme ayant perdu la noblesse et la franchise par son union avec une serve.

Le comte fut obligé de donner raison à ce chevalier, et il ne le fit qu'après avoir, selon la loi, reçu le serment de douze témoins qui vinrent affirmer que la nièce de Bertulphe

---

(1) « Quicumque enim secundum jus comitis ancillam liber in uxorem duxisset, postquam annuatim eam obtinuisset, non erat liber ; sed ejusdem conditionis erat effectus, cujus et uxor ejus... » — *Ibid.*, 182

n'était pas libre, et que son époux avait lui-même perdu sa franchise.

Robert de Racskercka qui, paraît-il, avait été trompé sur la position de la famille de Bertulphe, entra contre ce dernier dans une grande colère. Cet événement éveilla l'attention publique, et l'on apprit dès lors que le prévôt et les siens, dont l'origine était d'ailleurs bien connue, n'avaient jamais été émancipés, ainsi que beaucoup le croyaient.

Le comte, en effet, s'était toujours refusé à les affranchir, persuadé qu'ils n'y avaient aucun droit. Ils conçurent contre lui une vive animosité. Déjà ils lui en voulaient parce qu'au temps de la disette il avait fait saisir les grains qu'ils avaient accaparés. A ce double grief vint bientôt s'en joindre un autre. Une longue inimitié régnait entre la famille du prévôt et celle des Van der Straeten de Bruges, dont le chef s'appelait Tancmar. Celui-ci s'était fortifié dans sa demeure, car il redoutait à chaque instant les violences de Bertulphe et des siens. Effectivement, ils vinrent un jour l'attaquer, tuèrent plusieurs de ses gens, brisèrent les portes de la maison, détruisirent tout ce qu'elle renfermait, et coupèrent les arbres fruitiers et les haies. Quoiqu'ayant tout dirigé, le prévôt agit et parla comme s'il eût été étranger à l'affaire, disant qu'il regrettait que sa famille se livrât à de tels excès. Il n'en continua pas moins ses menées, et bientôt plus de cinq cents hommes d'armes et une multitude de gens à pied soudoyés par lui et enhardis par l'espoir du pillage, se mirent à courir la campagne, à rançonner les vilains, à enlever les troupeaux et les bêtes de somme. Le comte était en ce moment à Ypres. Les malheureux paysans, au nombre de deux cents, allèrent en secret vers lui, et, se prosternant à ses pieds, le conjurèrent de leur venir en aide. Irrité de ces plaintes, Charles convoqua ses conseillers ainsi que plusieurs personnes appartenant au lignage de Bertulphe, et leur demanda quelle peine il fallait que la justice appliquât à de tels forfaits. On lui conseilla de faire immédiatement brûler la maison de Bordsiard, fils de Lambert Nappin, neveu du prévôt, et le chef le plus acharné des pillards (1). La sentence fut prononcée et exécutée sans délai. Peu après le comte revint à Bruges. Là plusieurs personnes reçues dans son intimité le conjurèrent de prendre des précautions; car elles craignaient que Bertulphe, son neveu Bordsiard et leurs complices ne finissent par tramer dans l'ombre quelque conspiration.

Cependant, le jour de son arrivée et après le repas, des intercesseurs venant de la part du prévôt et de ses parents demandèrent à être introduits en présence du comte pour réclamer grâce. Charles les reçut, et leur répondit avec bonté qu'il leur rendrait son amitié s'ils ne commettaient plus semblables crimes à l'avenir. Il ajouta même qu'il donnerait à Bordsiard une maison d'égale valeur à celle qu'on avait brûlée; mais il jura que tant qu'il vivrait Bordsiard ne relèverait les ruines de son ancienne demeure, parce que, trop voisine de celle de Tancmar, il en pourrait résulter de nouveaux malheurs. Alors on apporta le vin du départ. C'était le meilleur que le comte eût dans ses caves. Les envoyés du prévôt en burent à plusieurs reprises; l'excellent prince en fit même distribuer à tous ceux qui étaient là, de sorte que chacun s'en alla à peu près ivre (2).

---

(1) « At illi consilium dederunt ut sine dilatione domum Bordsiardi incendio destrueret. » — *Ibid.*

(2) « Quod cum ebibissent, sicut potores solent, rogabant semel sibi propinari, et abundanter adhuc, ut... quasi dormitum abirent. » — *Ibid.*

Tandis que cette scène avait lieu au palais du comte, la famille de Bertulphe et les principaux complices de ses déportements étaient réunis dans une grande salle au logis du prévôt. Bientôt arrivèrent les prétendus médiateurs ; et, comme la leçon leur avait été faite à l'avance, ils déclarèrent à tout ce monde qu'ils venaient de trouver le comte en fureur, et qu'il n'y avait aucune grâce à attendre de lui pour personne. Alors Bertulphe ferma lui-même soigneusement les portes; et, sans proférer une parole, on joignit les mains en signe d'alliance.

Parmi l'assemblée se trouvait un jeune homme nommé Robert, fils du châtelain Haket, et neveu du prévôt. Doué d'une âme généreuse et d'un esprit droit, il voulut fuir quand il vit cette mystérieuse alliance. On courut vers lui et on le ramena dans la salle, où le prévôt, à force de caresses et de menaces, l'engagea à mettre la main dans la main des personnes présentes. Après l'avoir fait, il demanda quel était le but de la conjuration : « Le comte Charles, lui répondit-on, a juré notre perte et prétend nous réduire tous en servitude... Nous voulons prévenir une telle trahison. » A ces paroles, le jeune homme, épouvanté et fondant en larmes, s'écria que jamais il n'attenterait aux jours de son seigneur, du père de la patrie ; qu'il irait plutôt lui découvrir, ainsi qu'au monde entier, le pacte atroce formé contre sa personne. Il essaya de fuir une seconde fois cette maison de malheur ; mais les conjurés, lui barrant le passage, l'empêchèrent de sortir : « Écoute, ami, lui dirent-ils, tout ceci n'est qu'un complot supposé pour voir si dans une circonstance grave l'on pourrait compter sur toi. Il ne s'agit pas du comte; nous avons d'autres projets, nous te les découvrirons plus tard. Mais ta foi nous est toujours engagée. Silence ! » Ayant ainsi donné le change sur leur dessein, et presque tourné la chose en plaisanterie, les conjurés sortirent un à un de la salle, et par divers chemins regagnèrent leurs logis.

Lorsqu'il fit nuit sombre, Isaac, homme-lige et camérier du comte, gagné au parti de Bertulphe, et qui venait d'assister au conciliabule tenu chez ce dernier, monta à cheval et se rendit chez Bordsiard, où déjà se trouvaient réunis ceux dont on avait fait choix pour l'expédition projetée. De là ils allèrent tous ensemble vers une maison située à l'écart et appartenant à un homme d'armes nommé Walter. Quand ils s'y furent introduits ils éteignirent soigneusement le feu et les lumières, et, au milieu du silence et de l'obscurité, s'entendirent sur l'exécution, arrêtée pour le lendemain au lever de l'aurore.

Contigu à la vieille église de Saint-Donat, le palais des comtes y communiquait par une galerie supérieure où se trouvait une chapelle en laquelle Charles avait l'habitude d'entendre la messe tous les matins. Le prince se levait de très-bonne heure, distribuait lui-même des aumônes aux pauvres, leur baisait les mains en signe d'humilité, après quoi il se rendait à l'église (1). La journée du 2 mars 1126 se leva sombre et chargée de brouillards si épais, qu'à peine y pouvait-on voir à la distance d'une pique. Charles, au dire de ses chapelains, avait passé une nuit très-agitée, se retournant dans son lit tantôt d'un côté, tantôt d'un autre, comme un homme que tourmentent de noires idées. Il resta

---

(1) « Sic quippe vitam suam ordinaverat, ut omnibus diebus operum suorum initia Domino dedicaret, ut, scilicet, antequam ad ecclesiam procederet, eleemosynam propriis manibus pauperibus dispensaret. » — *E Vita Car.*, auct. Gualterio, ap. B., 340.

couché un peu plus tard que de coutume ; mais enfin il se dressa en pied, se lava et sortit pour aller satisfaire ses pauvres, qui attendaient dans la cour (1). Lorsqu'il eut achevé cette œuvre de miséricorde, il monta vers la galerie suivi d'un petit nombre de serviteurs. Parvenu à la chapelle, ses gens le laissèrent et s'en allèrent séparément prier à divers endroits dans l'église. Quant au prince, il s'était mis à genoux devant la chapelle en attendant la messe. Il fit une courte prière pour se recommander à Dieu; puis il se prosterna sur les dalles, ouvrit un petit livre et commença les sept psaumes de la pénitence, tandis que le prêtre récitait les heures du jour (2). En ce moment une pauvre femme s'approcha et lui demanda l'aumône. Charles avait toujours treize deniers déposés sur son psautier, et il les distribuait tout en répétant les psaumes à haute voix. Il en prit un et le donna à la femme, qui se retira non loin de là.

Cependant les conjurés avaient épié toutes les démarches du comte, et des gens apostés dans l'église étaient accourus dire à Bordsiard que Charles venait d'y arriver. Bordsiard et ses amis attendaient aux environs, enveloppés de manteaux sous lesquels ils cachaient des épées nues. Ils entrèrent doucement, mirent des gardes aux deux portes du temple, puis montèrent dans la galerie supérieure, où Charles était en oraison. A leur approche, le prince, toujours incliné, ne bougea pas ; et, croyant sans doute que c'étaient quelques mendiants, il continua ses prières. Bordsiard

---

(1) *Ibid.*

(2) « Tandem pronum se in pavimento projecit, et septem pœnitentiales psalmos pro suorum ablatione peccatorum, libello suo apposito, supplex decantare incœpit. » — *Ibid.*

s'avança derrière lui, tira son épée et en toucha légèrement la tête du comte pour la lui faire dresser. Charles, en effet, sentant ce coup, releva le front. En ce moment la pauvre femme à qui il venait de donner l'aumône, s'écria effrayée : « Sire comte, gardez-vous! » Le prince tourna la face vers Bordsiard, qui aussitôt lui rabattit son épée sur le crâne de manière à faire jaillir la cervelle au loin. Les autres assassins, voyant Charles tomber en gémissant, se jetèrent sur lui et l'achevèrent (1).

Alors commença une série de cruautés que la famille et les alliés de Bertulphe, dont la vengeance n'était pas assouvie, exercèrent contre les officiers du prince. Ceux qui avaient accompagné leur malheureux maître à l'église furent poursuivis dans le saint lieu par Bordsiard et ses hommes d'armes. Les uns s'étaient cachés derrière les autels, d'autres sous des tapis, des bancs, des pupitres, et jusqu'au milieu des orgues. Ils furent presque tous découverts et égorgés. Les meurtriers se répandirent bientôt dans le palais du comte, puis dans la ville, où chacun, frappé de terreur à la nouvelle du forfait qui venait de se commettre, restait anéanti au fond de sa demeure. Tous les Van der Straeten avaient fui; leurs logis et leurs biens furent cruellement ravagés et pillés. Des marchands inoffensifs, qui se rendaient à la foire d'Ypres, furent même attendus au passage et détroussés par ces misérables, qui ne rentrèrent chez eux qu'à la nuit, ivres de sang et fatigués de brigandages.

Au milieu de l'effroi et de la consternation générale, le cadavre du comte gisait isolé à l'endroit où il était tombé. Les prêtres de Saint-Donat n'osaient y toucher, et l'on ne

(1) *Ibid.*

pouvait plus célébrer les offices dans une église souillée par un si grand crime. Enfin, il fut permis à Fromolde, l'un des officiers du comte échappé au massacre, d'envelopper le noble corps dans un linceul, de le placer sur une estrade au centre du chœur, et d'allumer quatre cierges alentour. Des femmes en pleurs veillèrent toute la nuit sur ces restes sanglants. Pendant ce temps-là, les meurtriers tenaient conseil avec le prévôt Bertulphe et le châtelain Haket pour savoir par quelle ruse ils enlèveraient le cadavre; car ils craignaient que si on l'inhumait à Bruges il ne devînt pour eux un sujet d'éternel opprobre. Ils mandèrent en toute hâte à l'abbé de Saint-Pierre de Gand de le venir chercher. L'abbé s'empressa de se rendre à cette invitation. On avait fait construire à l'avance une bière pour y placer le mort, qu'on devait transporter ensuite vers Gand à dos de cheval. Mais, quand il s'agit d'exécuter ce projet, il y eut un tel soulèvement parmi le peuple de Bruges, qu'on dut y renoncer. Ce qui avait surtout ému les bourgeois, c'était un incident merveilleux que chacun regarda comme une céleste manifestation. Tandis qu'on portait le cadavre chargé sur un brancard, un homme tout à fait perclus des jambes se mit à courir parmi la foule, en s'écriant que les reliques du très-pieux comte l'avaient guéri.

Le prévôt, effrayé des dispositions populaires, promit de conserver le corps. Il ordonna de le déposer dans la galerie supérieure de Saint-Donat, et fit même, le 4 du mois de mars, célébrer un service funèbre à l'église Saint-Pierre hors des murs de la ville, à l'intention du prince qu'il venait de faire égorger. Cependant, lorsque le calme fut un peu rétabli dans la ville, Bertulphe et ses adhérents commencèrent à réfléchir aux conséquences de leur forfait. Dans la crainte d'une agression de la part des bourgeois ou de quelque ennemi extérieur, ils songèrent à s'assurer pour refuge l'église de Saint-Donat. Bâtie et consolidée lors des invasions normandes, il n'y avait pas à Bruges de forteresse plus inaccessible. Le prévôt y plaça des hommes d'armes et des sentinelles afin de s'y retirer quand besoin serait (1). Il s'écoula quatre jours avant qu'on reçût dans la ville des nouvelles du dehors. La mort du comte et les massacres qui s'en étaient suivis avaient été pourtant annoncés dans le pays par deux serviteurs dévoués. Gervais, camérier de Charles, et que le bras de Dieu arma le premier pour venger sa mort, avait fui à cheval au milieu du tumulte et de la confusion, et était allé dans l'intérieur de la Flandre prévenir ses amis. D'un autre côté, un nommé Jean, l'un des domestiques que le prince aimait le plus, était également parti à cheval dès le matin, et, suivant des chemins détournés, avait gagné la ville d'Ypres, où vers midi l'on savait le crime affreux dont le souverain venait d'être victime.

Tandis que chacun était plongé dans la douleur, un personnage se réjouissait de la mort du comte de Flandre. Il n'y avait point participé, au moins d'une manière directe, mais il espérait en tirer un grand profit; aussi ne craignit-il pas, malgré les liens de parenté qui l'unissaient à Charles, de s'associer aux assassins de ce prince : c'était Guillaume d'Ypres, le protégé de la comtesse Clémence, lui qui, au début du règne de Charles, avait été si malheureux dans ses prétentions au suprême pouvoir. Son ambition se réveilla

---

(1) « Nocte verò subsequente, jussit præpositus ecclesiam undique armis et vigiliis præmuniri solarium et turrim templi, in quæ loca, si forté à civibus insultus fieret, reciperent sese et sui. » — Galbert, *loco citato*, 187.

soudain et, le sixième jour de mars, un de ses messagers, Godescalk Thaihals, vint d'Ypres à Bruges apporter ces paroles au prévôt : « Mon maître et votre intime ami, le seigneur Guillaume d'Ypres, vous envoie à vous et aux vôtres salut et amitié, avec l'assurance d'un prompt secours en tout ce qui peut vous être utile (1). » Il y eut des entretiens secrets entre Godescalck et les conjurés. Ceux-ci promirent de reconnaître Guillaume en qualité de comte de Flandre, et de lui composer un puissant parti. C'était le seul moyen pour eux d'obtenir l'impunité, et l'on ne tarda pas à voir l'audace et la joie rayonner sur leurs visages. Mais les gens sensés ne pouvaient s'empêcher de gémir d'une aussi monstrueuse alliance, et de persister à croire qu'elle ne pouvait amener rien de bon. Si Guillaume avait pris immédiatement les armes pour venger la mort de son prince, il eût été élu comte de Flandre par d'unanimes suffrages (2); au lieu que, se faisant le complice des malfaiteurs, il n'excitait que le dégoût et le mépris. Par leurs conseils, Guillaume força chacun à le reconnaître pour comte. Lorsque son envoyé fut de retour à Ypres, il fit arrêter tous les marchands flamands venus à la foire et les contraignit à lui jurer fidélité comme à leur suzerain. D'un autre côté, Bertulphe et son parti s'empressèrent, par dons et promesses, de se faire des créatures. Le prévôt écrivit à l'évêque de Tournai et de Noyon, qu'on l'accusait injuste-

---

(1) « Dominus meus et intimus amicus vester, Willelmus ex Iprâ, salutem et amicitiam et in omnibus promptissimum auxilium, quantùm in se est, vobis et vestris aperté demandat. » — *Ibid.*, 188.

(2) « Et quidem in consulatum sublimatus fuisset Willelmus eodem tempore, si statim Brugas descendisset ad faciendam vindictam domini sui. » — *Ibid.*

ment et qu'il n'avait trempé dans la conspiration ni de fait ni d'intention; que même ce serait avec la plus grande joie qu'il travaillerait à ramener l'ordre et la paix dans Bruges, et il priait l'évêque de vouloir bien, par son autorité et sa présence, absoudre et purifier Saint-Donat en y célébrant les saints offices. Un semblable message fut par lui dépêché à Jean, évêque des Morins. Il engagea les habitants de la ville de Furnes, où il avait de nombreux parents et alliés, à proclamer Guillaume, et invita les Flamands des bords de la mer, aux environs de Bruges, à lui venir en aide avec toutes leurs forces, si par hasard on s'insurgeait dans le comté pour venger Charles; enfin, il recommanda aux Brugeois de fortifier les alentours de la ville par des fossés et des palissades. Les citoyens exécutèrent cet ordre, mais dans une intention toute différente, comme on le verra bientôt (1).

L'heure de la vengeance approchait. Gervais, le fidèle camérier du comte, échappé de Bruges le matin même du meurtre, apparut aux environs de cette ville le septième jour de mars en tête d'une troupe considérable. C'étaient des gens que, sur son passage, il avait soulevés d'horreur et d'indignation au seul récit de la scène lugubre de Saint-Donat, et qui le suivaient armés jusqu'aux dents et avides du sang des assassins. Ils assiégèrent d'abord la petite ville de Ravenschot, située non loin de Bruges, et en la possession des rebelles, qui venaient d'y envoyer des émissaires. Dès le lendemain cette bourgade fut brûlée et détruite de fond en comble de même qu'un château appartenant à Wilfrid Cnop, frère du prévôt et l'un des chefs de la conspiration. Alors Gervais avec ses

---

(1) *Ibid.*, 189.

forces s'approcha du bourg de Bruges, c'est-à-dire de cette partie de la ville fermée de murailles, où les traîtres s'étaient retranchés, et coupa toute communication avec les dehors, afin de les serrer de plus près. Bertulphe et les siens ne s'attendaient pas à une aussi prompte et aussi fière agression. Depuis leur pacte avec Guillaume d'Ypres, ils étaient surtout pleins d'assurance et d'orgueil. Ils commencèrent donc à trembler et à craindre non seulement de n'être pas secourus de leur allié, mais encore de voir bientôt s'élever contre eux tous les bourgeois de Bruges enhardis par l'approche des vengeurs du comte. Ces prévisions ne tardèrent pas à se réaliser. Guillaume d'Ypres, honteux sans doute du pacte qu'il avait fait, ne le tint pas, et resta dans ses domaines. Quant au peuple de Bruges, voyant que la colère de Dieu allait enfin se déclarer, il en conçut une grande joie. Les plus sages et les plus âgés d'entre les bourgeois se mirent secrètement en rapport avec Gervais, et on promit de l'introduire dans les faubourgs et les fortifications. Toutefois on avait cru prudent de laisser jusqu'à nouvel ordre ignorer au peuple entier un arrangement que des indiscrétions pouvaient compromettre (1). En attendant, Gervais ne perdait pas le temps et trouvait moyen de punir déjà les coupables en brûlant les domaines qu'ils possédaient dans la campagne. Du côté de l'orient se découvraient trois des plus hautes maisons à eux appartenant, dont l'une entre autres à Bordsiard. Vers le soir on vit les flammes tourbillonner au-dessus de ces demeures proscrites. Bordsiard, n'y pouvant plus tenir et ignorant d'ailleurs les intelligences qu'avaient les insurgés parmi les ci-

---

(1) *Ibid.*

toyens de Bruges, sortit, accompagné de ses soldats, pour essayer de sauver sa demeure en feu. Isaac, l'ancien camérier du comte, devenu l'un des chefs du complot, le suivait à cheval. Arrivés devant la formidable armée du fidèle Gervais, ils s'aperçurent qu'il leur était impossible de lutter contre elle et d'aller plus loin. Ils s'enfuirent ; et Gervais, les poursuivant avec ardeur, entra dans la ville, dont les habitants lui avaient tenu les portes ouvertes. La nuit était venue, et la tranquillité régnait partout ; car la plupart des citoyens, qui n'étaient pas au courant de ce qui se passait, s'étaient mis à table pour souper (1). Tandis que les conjurés, tout troublés de leur course précipitée, se consultaient entre eux, voilà qu'à travers les rues et les places leurs ennemis se répandent la hache levée, la pique en arrêt, et les flèches ajustées aux arcs (2). Le tumulte, les cris, le fracas des armes font sortir les bourgeois, qui se précipitent, les uns pour seconder Gervais, les autres, ignorant le pacte conclu, pour défendre la place et les faubourgs. Les multitudes s'entendent vite quand elles sont mues par un même sentiment, et qu'il ne s'agit plus que de les diriger vers un même but. L'union de Gervais avec les principaux d'entre les bourgeois fut bientôt connue de tous ; et alors, d'un mouvement unanime, on se jeta contre le bourg, où les rebelles rentraient confusément pour y trouver un abri. Des luttes corps à corps, à coups d'épées et à coups de lances, s'engagèrent sur les ponts qui donnaient accès dans l'intérieur du bourg. Les assassins se défendirent avec fureur, parvinrent enfin à rompre les ponts, et à se mettre ainsi hors

---

(1) « Nam circà vesperam erat et consederant cives plurimi ad prandium. » — *Ibid.*, 190.

(2) « Hastis, lanceis, sagittis et universis armis impetebant illos. » — *Ibid.*

de danger pour le moment. Ils étaient exténués de fatigue et tremblants d'effroi ; car plusieurs de leurs hommes n'avaient pu les suivre, et se trouvaient au pouvoir de Gervais et des bourgeois. Un certain Georges, qui le premier après Bordsiard avait frappé le comte, fut d'abord rencontré par un homme d'armes qui le renversa de cheval, et lui coupa les deux poignets. Georges s'enfuit sanglant et terrifié ; mais, rejoint presque aussitôt par un autre soldat, il fut percé d'un coup d'épée, et traîné par les pieds dans un cloaque où il rendit l'âme. Robert, valet et coureur du châtelain Haket, périt égorgé au milieu de la place ; on jeta son cadavre dans un bourbier. Fromalde, un des plus cruels servants de Bordsiard, fut pris également. Déguisé en femme, il s'était réfugié dans une maison et blotti entre deux matelas. On le tira de là et on le conduisit sur la place, où, devant la multitude assemblée, on le pendit à une croix les jambes en l'air et le dos tourné du côté du bourg en signe de mépris (1). Les révoltés, du haut des fortifications et du palais comtal, dont ils avaient pris possession, purent voir alors de leurs propres yeux comment le courroux populaire préludait à ses vengeances.

Un siége régulier devenait nécessaire. Tandis que les Brugeois, aidés de Gervais et des soldats qu'il avait amenés, s'y préparaient, des secours leur vinrent des villes voisines. Le 10 mars, Siger, châtelain de Gand, et Iwan, frère de Bauduin, châtelain d'Alost, arrivèrent avec toutes leurs forces. Le lendemain, Daniel de Tenremonde, un des plus hauts barons du comté, qui, avant le meurtre du comte, avait été en grande amitié avec le prévôt et sa famille, Ri-

---

(1) *Ibid.*, 190

quard, sire de Woldman, Thierri, châtelain de Dixmude, et Walter, boutillier ou échanson du prince défunt, se joignirent de même aux assiégeants. Enfin, le samedi 12 mars au matin, les chefs firent proclamer que chacun eût à se préparer à une attaque générale du bourg par tous les endroits accessibles. A midi les citoyens et les bourgeois donnèrent l'assaut, mais confusément et sans ordre : tout ce qu'ils purent faire, ce fut de brûler une partie de bâtiment qui se trouvait près de l'hôtel du prévôt. Ils avaient jeté des monceaux de paille et de foin contre les portes, afin de les incendier aussi. Un soldat devait y mettre le feu ; mais les assiégés, du haut des murs, lancèrent une telle masse de pierres, de pieux aigus et de flèches, que les hommes, armés de casques et de boucliers, chargés de diriger l'incendie, furent en partie écrasés, en partie forcés de battre en retraite. Pendant ces attaques, la multitude faisait entendre mille clameurs de rage contre les assassins. La nuit seule mit trêve à ces combats inutiles. Le lendemain dimanche on ne se battit pas, parce que c'était un jour de paix ; seulement le bourg resta étroitement bloqué. Le 14 et le 15, les bourgeois de Gand se rendirent au siége. Comme ils avaient déjà été victorieux dans plusieurs expéditions de ce genre et connaissaient l'art de réduire les villes et les forts, leur châtelain les avait engagés à réunir leur commune et à s'armer en guerre. Ils prirent donc le chemin de Bruges, escortés de leurs ingénieurs et de trente chariots chargés d'armes et de machines. En même temps, des aventuriers et des brigands, comme il en existait beaucoup par les routes, accoururent de toutes parts, à pied et à cheval, dans l'espoir du pillage. Cette troupe tumultueuse étant arrivée aux portes des faubourgs voulut y entrer de force et comme en ville prise. Tous ceux qui étaient au siége furent obligés d'accourir afin de résister de front à ces audacieux auxiliaires. Un combat allait s'engager ; mais les hommes sages s'interposèrent des deux côtés. Il fut convenu que les Gantois seuls entreraient, et que les étrangers sans aveu seraient renvoyés. Entre-temps le grand boutillier de Flandre, Rasse de Gavre, vint aussi à Bruges avec ses hommes d'armes, et, le 16 mars, la comtesse de Hollande arriva accompagnée de son fils et d'une suite très-nombreuse. Le désir de venger la mort de Charles n'était pas le seul motif qui amena cette princesse, elle avait aussi l'espoir de faire élire son fils en qualité de comte de Flandre. Elle se montra fort affable à tout le monde, et n'épargna ni les promesses ni les présents pour gagner l'amitié des barons et des bourgeois (1).

Ainsi, la succession de Charles était à peine ouverte que déjà les prétendants se déclaraient. Tandis que le cadavre du prince gîsait sans sépulture dans la galerie de Saint-Donat au pouvoir de ses assassins, tandis que des sujets fidèles et dévoués se sacrifiaient et donnaient leur sang pour venger la mort d'un seigneur bien aimé, d'ambitieuses intrigues s'ourdissaient effrontément au milieu même des embarras du siége, parmi les combattants et les machines de guerre. Froolsus et Bauduin de Zomerghem, tous deux envoyés de Guillaume d'Ypres, marchant sur les pas de la comtesse de Hollande, vinrent faussement annoncer aux assiégeants que le roi de France avait reconnu Guillaume comme souverain de la Flandre. Ce mensonge avait pour but de retarder l'élec-

---

(1) « Habebat quippe magnas gratias eis comitissa, et laborabat omnium procerum animos convertere in amicitiam sui, dando et promittendo multa. » — *Ibid.*, 192.

tion, en mettant les chefs dans le trouble et l'indécision (1).

Cependant on travaillait à reprendre le siége avec plus de méthode et de sagesse. On construisit de nombreuses échelles armées de crocs et recouvertes d'épaisses cloisons d'osier et de branches entrelacées, afin d'être moins exposés aux projectiles des assiégés. Des pierres, de la terre et du fumier furent entassés dans les fossés depuis le bas jusqu'en haut; des matières combustibles furent déposées contre les portes. A l'intérieur du bourg, les rebelles ne restaient point oisifs. Ils avaient obstrué les entrées donnant sur les faubourgs, surtout celles du palais comtal, de la maison du prévôt, du couvent de Saint-Donat et de l'église : bâtiments contigus et formant à eux seuls une forteresse compacte et imposante. Leur projet était, le bourg une fois pris, de se retrancher dans l'hôtel du comte, puis dans celui du prévôt, le réfectoire et le couvent de Saint-Donat; enfin dans l'église elle-même, qui leur devait en effet servir de dernier refuge. A cette époque, l'église de Saint-Donat était de forme ronde et élevée, bâtie avec solidité, et recouverte en morceaux de terre cuite ou tuiles. A la partie occidentale de l'édifice se dressait une tour en brique des plus hautes et des plus fortes, surmontée de deux flèches élancées. Les chanoines de Saint-Donat, pendant les préparatifs du siége, avaient obtenu des deux partis la permission de pénétrer dans le temple afin d'en retirer les richesses qu'il renfermait. Ils transportèrent donc à l'église Saint-Christophe, les châsses, les reliques, les vases, les tapis, les tentures, les habits de laine et de soie, une quantité de livres et les objets les plus précieux. La vieille basilique de Saint-Donat se trouva dé-

(1) *Ibid.*

serte et vide ; il n'y restait plus que le cadavre du comte de Flandre.

Ainsi que le rapporte le témoin oculaire auquel nous devons les détails de toute cette histoire, les rebelles virent bien qu'ils auraient désormais à résister au monde entier (1). Ils se résignèrent à leur sort ; quelques-uns, toutefois, avaient déjà tenté de s'y soustraire. Dès le commencement du siége, Isaac, n'ayant pu rentrer dans le bourg avec ses complices, s'était réfugié et fortifié dans sa maison ; puis à la faveur des ténèbres il s'était sauvé à travers champs. Après une longue marche durant l'obscurité, se croyant arrivé près de Gand, il se trouva aux environs d'Ypres. Il prit immédiatement une autre route et alla se cacher, au village de Steenvoorde, chez Wydo, son beau-frère. Là on lui conseilla de gagner Térouane, où il se rendit en effet et endossa la robe monacale. Arnoul, fils d'Eustache, avoué de Térouane, qui le connaissait, l'aperçut blotti dans une cellule de l'église feignant de méditer les psaumes. Il s'empara de lui, l'attacha avec des cordes, le fouetta de verges, et, après lui avoir fait avouer son méfait et les noms de ses complices, le retint prisonnier pour le livrer en temps et lieu. Trois jours avant la prise du bourg, le prévôt Bertulphe, ayant fait passer une somme de quarante marcs d'argent au boutillier Walter, put s'échapper seul pendant la nuit à l'aide de cordes qu'il avait attachées au balcon extérieur de sa maison. Walter le conduisit dans les moëres ou marais environnant la ville de Bruges, et le laissa au milieu de cet endroit désert sans secours et sans guide. On verra plus tard ce qu'il devint. Du reste, Isaac et le prévôt

---

(1) « Pugnaturos se esse contra universum mundum amodo intellexerant. » — *Ibid.*, 193.

furent les seuls coupables qui pour le moment trouvèrent les moyens de se soustraire, sinon au châtiment, du moins aux cruelles vicissitudes du siége. Quelques honnêtes gens se trouvaient mêlés parmi tous ces criminels. C'étaient de braves hommes d'armes que leur ardeur à poursuivre les rebelles, lors de l'irruption de Gervais, avait poussés dans l'intérieur du bourg. Les chefs qui dirigeaient le siége, l'ayant appris, se consultèrent, et jugèrent que selon droit et justice ils devaient chercher à tirer leurs amis de cette pénible position. Ils s'approchèrent des murs, et, malgré leur répugnance, entrèrent en pourparlers avec les assiégés. Ceux qui n'avaient point participé au crime parurent sur les murailles : on leur permit de sortir s'ils le voulaient, et on promit la vie sauve à tous ceux qui pourraient prouver leur innocence. Mais il fut solennellement annoncé que les coupables ne devaient s'attendre à aucune grâce, et qu'ils seraient exterminés jusqu'au dernier.

Nonobstant cette déclaration, une lueur d'espoir se présenta aux yeux des rebelles. C'était la veille du jour où le prévôt s'échappa. A tout hasard il parut sur la muraille en compagnie du châtelain Haket, tous les deux humbles et consternés. Haket prit la parole, et s'adressant aux chefs des assiégeants : « Seigneurs et amis, s'il vous reste encore quelque souvenir de notre ancienne affection, vous devez prendre pitié de nous, et vous montrer miséricordieux autant que le permettra l'honneur. Nous vous prions donc et vous conjurons, ô chefs de ce pays (et rappelez-vous combien de témoignages d'amitié vous avez reçus de nous), nous vous conjurons, dis-je, de nous prendre en grâce, nous qui pleurons aussi la mort de notre seigneur comte, la regrettons amèrement, et vouons les coupables à la damnation. Nous les aurions même chassés, si, à cause de notre commune parenté, nous n'avions été entraînés à les aider contre notre gré. Cependant que votre bienveillance ne refuse pas de nous écouter dans notre intercession pour nos parents que vous dites coupables ; que la liberté de sortir du bourg leur soit accordée, et qu'ensuite l'évêque et les magistrats, leur infligeant la peine due à un crime aussi énorme, les envoient dans un exil perpétuel, pour qu'ils tâchent, par la pénitence et le repentir, d'apaiser Dieu qu'ils ont si gravement offensé. Quant au prévôt, au jeune Robert et à moi, avec nos gens, nous sommes prêts, chacun suivant son état et son rang, à subir un jugement pour prouver à tous que nous sommes innocents de la trahison, en œuvre et en volonté, si quelqu'un sous le ciel veut écouter nos raisons et notre défense (1). Le seigneur prévôt offre de donner, devant le clergé assemblé, la preuve, quelque difficile qu'on l'exige, qu'il est innocent ; car il a la conscience de la pureté de ses intentions. — Nous réclamons derechef que nos parents coupables et ceux qui ont été compris au nombre des traîtres aient la faculté d'aller en exil, sans crainte pour leur vie. Et quant à nous, qu'il nous soit permis de nous laver par jugement du crime dont on nous charge, savoir : les gens d'armes d'après le droit séculier, et les clercs d'après le droit divin. Si vous refusez ces conditions, nous préférons rester avec les coupables et partager leur sort plutôt que de nous livrer à vous pour souffrir une mort honteuse (2). »

(1) « Si quis sub cœlo hominum dignetur suscipere probationis nostræ argumenta. » — *Ibid.*, 193.

(2) « Quod si fieri abominaveritis, volumus melius sic obsessi simul cum reis vivere quàm ad vos exire et turpiter mori. » — *Ibid.*

Un chevalier nommé Walter se chargea de répondre au châtelain Haket : « Nous ne nous rappelons aucun de vos bienfaits, et nous n'avons plus souvenir de votre ancienne affection. Nous ne vous devons rien de ce côté, à vous qui nous avez violemment arraché notre comte trahi et mis à mort, pour nous empêcher de l'ensevelir et de l'honorer comme il en était digne. Vous avez dilapidé le trésor de l'État, envahi de force le palais du prince, vous traîtres et impies à qui désormais rien n'appartient plus, pas même votre vie; vous avez agi sans foi ni loi, et par là armé contre vous tous ceux qui portent le nom de chrétiens ; au mépris de la justice de Dieu et des hommes, vous avez assassiné le seigneur de ce pays, et pendant le saint temps de carême, et dans un lieu consacré, et au milieu de ses ferventes prières à Dieu. Nous abjurons donc pour l'avenir la foi et la fidélité que nous vous avions gardées jusqu'à ce jour. Nous vous condamnons, repoussons et anathématisons (1). »

Walter ayant prononcé ces paroles devant la multitude des assiégeants, on prit des fétus de paille que l'on rompit selon la coutume en signe d'exécration, et pour prouver que tout lien était désormais brisé entre les meurtriers du comte et ses vengeurs (2).

Le lendemain, c'est-à-dire le dix-huitième jour de mars, le siége du bourg recommença plus régulièrement. On amena les échelles sous les murailles aux cris et aux battements de mains de tout le peuple. Ces échelles, faites de bois vert et

---

(1) Il y a dans le texte *exfestucamus*, c'est-à-dire nous vous rejetons par le fétu.

(2) « Aderat huic collocutioni totius obsidionis multitudo, qui, statim finitâ responsione istâ, arreptis festucis exfestucaverunt illorum obsessorum hominum fidem et securitatem. » — *Ibid.*

très-humides, étaient fort lourdes à porter; les plus courtes n'avaient pas moins de soixante pieds de hauteur et douze de largeur. Pendant qu'on les dressait, il pleuvait une grêle de traits et de pierres lancés par les assiégés. Un jeune homme, plus fort et plus audacieux que les autres, se précipita le premier. Arrivé au sommet, il se disposait à sauter sur les remparts lorsque des rebelles, placés en embuscade, tombèrent sur lui à coups de haches, de bâtons et de piques. Il trébucha, les pieds encore embarrassés dans l'échelle, et, précipité du haut des murs, se fracassa la tête sur le sol. Personne alors ne fut plus assez hardi pour gravir les échelons, et l'on se mit, avec des coins, des leviers et des marteaux, à percer et à battre les murs. La nuit survint, et le combat cessa de part et d'autre.

Le 19, de grand matin, les assiégés, exténués de fatigue et rassurés d'ailleurs par le non-succès des tentatives de la veille, se reposaient dans différents quartiers du bourg; les sentinelles mêmes, engourdies par le froid, étaient entrées dans le palais du comte pour se chauffer. La cour du bourg était entièrement déserte. Les assiégeants, n'entendant plus aucun bruit, se hasardèrent, au moyen de petites échelles, à monter sur les murs du côté méridional, où l'accès était plus facile, et par où les chanoines avaient emporté les reliques des saints et les choses précieuses renfermées à Saint-Donat. Personne ne leur fit résistance : ils se comptèrent sans bruit, et, comme ils se trouvaient en nombre, envoyèrent les plus jeunes d'entre eux enlever silencieusement les amas de terre et de pierres qui obstruaient les portes. Tandis qu'au sein des ténèbres ils rôdaient à travers le bourg, ils trouvèrent une issue qui n'était pas encombrée comme les autres, mais seulement fermée par des clous et une serrure. Ils l'abattirent incontinent à coups de haches. Ce bruit éveilla l'attention des assiégeants restés en dehors ; et, aussitôt que la porte tomba, on les vit se précipiter par cette voie, les uns dans l'intention de se battre, d'autres pour piller, beaucoup surtout parmi les Gantois pour enlever le corps du prince et l'emporter dans leur ville, car ils attachaient un grand prix à cette noble relique. Les rebelles, plongés pour la plupart dans le sommeil, se réveillent alors en sursaut, saisissent leurs armes, et courent vers les portes pour en défendre l'entrée. Plusieurs, englobés dans une masse tumultueuse d'assaillants, sont obligés de se rendre à merci ; d'autres montent épouvantés sur les murailles, et se jettent en bas de désespoir. Un de ces conjurés nommé Giselbert fut ainsi ramassé, mourant à terre, par des femmes pieuses, et transporté dans une maison où elles se disposaient à l'ensevelir. Le châtelain de Dixmude, Thierri, s'en aperçut, entra dans le logis, prit le cadavre, et, l'attachant à la queue de son cheval, le traîna dans un bourbier. Le gros des assiégés avait pu se réfugier dans le palais du comte et en avait barricadé les portes. Les citoyens gravirent sur-le-champ les degrés l'épée à la main, enfoncèrent les clôtures, et, parvenus à l'étage où se tenaient les conjurés, forcèrent ceux-ci à battre en retraite à travers les salles du palais jusqu'à la galerie par laquelle le prince avait coutume de se rendre à l'église. Dans ce passage voûté les deux partis se trouvèrent en présence. Bordsiard était à la tête des assassins : sa haute stature, son œil louche et féroce intimidaient les plus courageux d'entre ceux qui le poursuivaient (1).

(1) « Erant quippe furibundi et ferocissimi vultus (Bordsiardus et Isaac), grandes in staturâ et torvi, et tales quos sine terrore aspicere nemo poterat. » — *Ibid.*, 185.

Néanmoins, après être restés un instant immobiles, les assaillants fondirent avec impétuosité sur leurs ennemis, qui, forcés de fuir encore, se jetèrent dans l'église, dont ils fermèrent aussitôt la lourde porte. On n'alla pas plus loin. Beaucoup de gens s'étaient joints à l'expédition pour piller. Ils se répandirent dans la maison du comte, dans celle du prévôt ou dans le couvent. Chacun alors imita cet exemple. Rien ne demeura intact au palais seigneurial ; on déroba tout, jusqu'au plomb des gouttières. Il en fut de même chez le prévôt et au monastère. L'enlèvement des meubles, du linge, des riches habits, des vases, des grains, des viandes, des tonneaux de vin et de cervoise dura toute la journée jusqu'à la nuit tombante.

Pendant que les pillards parcouraient ainsi le bourg en tout sens, emportant ce qu'ils avaient pu dérober, les rebelles, enfermés dans l'église et montés sur la tour, laissèrent choir sur eux de grosses pierres qui en écrasèrent beaucoup. Enfin, quand les pillards se retirèrent, il ne restait plus dans le bourg que des murailles.

A l'aube du jour, l'attaque recommença contre la tour. Un conjuré ne pouvait mettre la tête à l'une des hautes croisées que mille traits ne fussent décochés vers lui. La muraille paraissait hérissée de flèches. Tant d'efforts cependant n'aboutissaient à aucun résultat décisif; et les assiégés se défendaient toujours avec un courage inouï, employant tous les moyens imaginables pour faire le plus de mal possible. On dit qu'ils y étaient encouragés par des lettres attachées à des flèches et lancées dans la tour. Et puis durant la nuit qui suivit le meurtre du comte ils s'étaient réunis autour du tombeau, y avaient placé un pain et un vase plein de bière avaient bu et mangé ensemble sur le corps mort, et, suivant une vieille croyance, ils s'imaginaient que par cette horrible pratique les vengeurs devaient être frappés d'impuissance (1). Ils continuèrent donc à se défendre intrépidement, et cette fois jetèrent des brandons enflammés sur les toits des écoles attenant à l'église. En brûlant ces petits bâtiments, ils comptaient que le feu atteindrait les édifices contigus à la tour, car ils voulaient s'isoler tout à fait ; mais ils furent trompés dans leur attente. Alors ils continuèrent à occuper la tour et l'intérieur du temple, veillant bien armés aux portes et aux fenêtres pour empêcher qu'on n'y pénétrât.

Sur ces entrefaites, la discorde se mit entre les Gantois et les gens de Bruges. Les premiers prétendaient avoir le droit d'emporter chez eux le corps du comte, parce que leurs échelles avaient seules décidé de la prise du bourg. Les Brugeois répondaient que les échelles n'avaient été d'aucune utilité, que les gens de Gand avaient au contraire retardé le moment de la vengeance en donnant le signal du pillage. Un grand tumulte s'éleva, on tira les épées; et une lutte sanglante allait s'engager entre ces gens qu'une même pensée devait diriger, lorsque des hommes influents et sensés firent entendre des paroles conciliatrices. La paix rétablie, les assiégeants se préparèrent unanimement à donner l'assaut au temple. Ils firent une vigoureuse irruption par les portes qui communiquaient du couvent dans l'église, entrèrent enfin, et chassèrent les conjurés jusque dans la galerie élevée où se trouvait le cadavre du comte. De ce théâtre de leur crime, ayant sous les yeux l'objet de leur opprobre et

(1) *Ibid.*

de leurs remords, ils soutinrent de nouveau la lutte avec un tel acharnement qu'il fut encore impossible de s'en emparer. Le pavement de l'église disparaissait sous d'innombrables quantités de projectiles lancés par eux. Les cloisons et les vitrages des fenêtres, les stalles et les siéges des chanoines étaient brisés; l'édifice avait perdu son aspect solennel : ce n'était plus qu'un lieu de désolation et de carnage, retentissant de vociférations impies, souillé de sang, rempli de morts et de blessés (1). Il semble vraiment qu'une main surnaturelle et malfaisante soutenait ces grands coupables, quand on songe que pendant si long-temps ils surent échapper au châtiment terrible que tout un peuple indigné leur réservait.

(1) *Ibid.*

IX

GUILLAUME CLITON.

1127 — 1128

Situation de la Flandre à la mort de Charles-le-Bon. — Le roi de France Louis-le-Gros intervient dans les affaires du comté. — Incidents divers. — Les Flamands acceptent Guillaume Cliton pour comte. — Le roi et le nouveau comte viennent à Bruges. — Conditions imposées par les habitants d'Ardembourg à la reconnaissance du nouveau comte. — Reprise du siége de l'église de Saint-Donat. — Arrestation et supplice du prévôt Bertulphe. — Duel judiciaire. — Soulèvement des Brugeois contre le châtelain Gervais. — Prise de l'église de Saint-Donat. — Les assassins du comte Charles se réfugient dans le clocher. — Ils se rendent à merci. — Obsèques du comte Charles. — Réception de Guillaume Cliton à Saint-Omer. — Plusieurs prétendants au comté de Flandre se déclarent. — Supplice des meurtriers de Charles. — Violences et rapines du comte Guillaume. — Remontrances des Gantois. — Les principales villes de Flandre se révoltent contre l'autorité de Guillaume. — Arrivée de Thierri d'Alsace à Gand. — Il est reconnu en qualité de souverain par une grande partie des Flamands. — Guillaume Cliton a recours au roi de France. — Lettre de ce roi aux villes de Flandre. — Fière réponse des villes. — Le roi et Guillaume portent la guerre en Flandre. — Siége de Lille, combats de Thielt, d'Oostcamp et d'Alost. — Mort de Guillaume Cliton.

La confusion et le désordre ne régnaient pas seulement à Bruges ; la mort imprévue de Charles livra la Flandre entière à une anarchie que les chroniqueurs et les poètes déplorent amèrement. — « Hélas ! hélas ! dit une complainte de l'époque, tant que notre seigneur gouverna la Flandre, les chemins étaient sûrs, nul n'osait troubler le pays ; et maintenant voilà que nous sommes en proie aux brigands, qu'on nous pille de toutes parts. Le berger est mort, les brebis sont dispersées. Il n'y a plus de justice ; la paix est ensevelie dans le tombeau du prince. On a tranché la tête, et les membres ne sont plus d'accord entre eux. Pleure, pleure, ô Flandre! comme une fille pleure son père. Te voilà sans consolation!... O malheureuse Flandre, frappe ta poitrine, déchire ton visage avec tes ongles. Misérables meurtriers, dites, quelle furie vous a inspirés? Comme Judas, vous avez livré votre maître ; aussi le supplice de Judas vous attend. Encore votre trahison est-elle pire que la sienne, car il n'a fait qu'accomplir les prophéties et concourir à l'œuvre du salut des hommes ; mais vous, votre crime a fait le malheur de tous. Allez, et que dans les enfers on délivre Tantale, Ixion, et qu'on vous inflige leurs châtiments (1)...... »

Chaque fois qu'un grand malheur arrive, il est toujours, dans la pensée des peuples, précédé ou suivi de prodiges. Selon une tradition contemporaine, l'eau des fossés de Bruges parut ensanglantée aussitôt après le meurtre de Charles. Les habitants de Laon, en France, apprirent l'événement le soir même du jour fatal, et on le connaissait à Londres, en Angleterre, dès le commencement de la deuxième journée. Il était cependant impossible que la nouvelle parvînt avec tant de rapidité dans des lieux si éloignés. Il arriva encore une chose fort étrange, c'est que le duc de Bourgogne périt assassiné le même jour que Charles, et à peu près dans les mêmes circonstances.

Cependant le roi de France, Louis-le-Gros, ne tarda pas à intervenir dans les affaires d'un pays dont il était le suzerain. Le dimanche 20 mars, il écrivit d'Arras aux barons qui dirigeaient le siége. Il leur envoyait son salut, leur pro-

---

(1) *Balder chron.*, appendice ajouté par M. Le Glay, 382.

mettait secours et assistance, les remerciant d'avoir vengé son neveu Charles, le très-équitable comte de Flandre; puis il ajoutait : « Je ne suis pas maintenant en mesure de me rendre auprès de vous, parce que à l'annonce du crime je suis venu en toute hâte avec trop peu de monde; et ce ne serait pas agir sagement, ce me semble, que de risquer de tomber entre les mains des traîtres. Or je suis informé qu'il en est encore plusieurs qui plaignent les assiégés, défendent leur forfait, et travaillent de toutes manières à leur délivrance. D'ailleurs, votre contrée est pleine de troubles; déjà même on s'y est ligué pour donner par ruse ou par violence le comté à Guillaume d'Ypres, contre la volonté de presque tous les citoyens résolus à ne reconnaître nullement ce Guillaume pour seigneur: parce que c'est un bâtard, né d'un père noble, mais d'une mère de vile naissance, qui pendant sa vie était fileuse de profession. Je veux donc et ordonne que sans retard vous veniez vers moi et que, de commun accord, vous, élisiez un prince convenable et de votre rang pour gouverner le pays et ceux qui l'habitent (1). La Flandre ne saurait être privée de maître sans de grands et prochains dangers. »

Ces lettres venaient d'être lues en présence de tous, et l'on n'avait pas encore formulé de réponse, lorsque survint un autre message de la part d'un parent de Charles : Thierri d'Alsace, issu, comme le prince défunt, d'une des filles de Robert-le-Frison. Thierri commençait par saluer les barons flamands et leur offrir son amitié sincère ainsi qu'à tous les habitants du pays. « Vous devez être convaincus, disait-il

---

(1) « Volo et præcipio vobis sine dilatione coram me convenire et communi consilio eligere comitem utilem quem vobis æqualem et terræ et incolis præesse consenseritis. » — Galb., *loco citato*, 197.

ensuite, qu'après la mort de mon seigneur et comte, le gouvernement de la Flandre m'appartient par droit d'hérédité et doit m'être dévolu. Je désire donc que vous agissiez mûrement, avec prudence et réflexion, quant à l'élection de ma personne. Je vous avertis et vous prie de ne pas m'écarter du pouvoir sans égard pour mes droits. Si vous me choisissez, vous trouverez en moi un comte juste, pacifique, traitable, et qui s'empressera de pourvoir au salut et à l'utilité publique (1). »

On n'attacha pas d'abord grande importance à ce message envoyé d'Alsace par un parent inconnu du comte Charles. Trop d'ambitions étaient en jeu déjà pour qu'on s'occupât sérieusement de ce nouveau prétendant. On ne lui répondit même pas, et, sans y faire plus d'attention, l'on ne songea qu'à la missive du roi de France. Dans la situation périlleuse où était la Flandre, il devenait urgent d'aviser aux moyens de la soustraire à l'anarchie. Or, le parti le plus utile et le plus expéditif était d'aller s'entendre avec le monarque au sujet du prince que l'on devait élire. En conséquence, les barons désignés pour se rendre à Arras se préparèrent incontinent; et l'on ordonna toutes les dispositions nécessaires, afin que ce départ d'un grand nombre de chefs du siége ne pût faire concevoir aux assiégés l'espérance de s'échapper. L'on fit même contre les tours une attaque des plus sérieuses pour augmenter l'effroi des conjurés. Ceux-ci, en effet, ne se doutant aucunement de ce qui se passait, furent très-étonnés de voir qu'on avait pris les armes un dimanche, jour consacré jusque-là au repos et à

---

(1) « Comes futurus, justus, pacificus, tractabilis et utilitatis communis atque salutis provisor accurro. » — *Ibid.*

la prière. Le lundi et le mardi les députés se mirent en chemin pour Arras.

Durant leur absence, il se passa dans Bruges divers incidents qu'il est bon de rappeler. D'abord, le 24 mars, un certain Woltra Cruval vint répandre le bruit que le roi d'Angleterre avait fait alliance avec Guillaume d'Ypres, qu'il lui avait fourni beaucoup d'argent et promis trois cents soldats pour appuyer ses prétentions au comté de Flandre. Cette nouvelle, entièrement fausse, était semée dans le but de donner le change à l'opinion publique. Guillaume, que dès le principe on a vu s'associer aux meurtriers de son parent, avait reçu de ces derniers une somme de cinq cents livres de monnaie anglaise dérobée dans le trésor de Charles ; car Bertulphe et ses partisans ne s'étaient pas seulement contentés de tuer leur prince, ils l'avaient encore volé. En outre il trouvait moyen d'entretenir des intelligences secrètes avec les assiégés dont il cherchait à soutenir le courage, mais qu'il n'osait défendre ouvertement. Honteux, comme il devait l'être, d'une telle complicité, Guillaume cherchait à faire croire au peuple qu'elle n'existait pas : voilà pourquoi il propageait le bruit beaucoup plus honorable d'une alliance avec le roi d'Angleterre. On savait du reste qu'il n'en était rien, et personne ne pouvait plus avoir confiance en l'homme qui, avant le siége, n'avait pas craint d'offrir publiquement secours et amitié au prévôt et aux siens par lettres munies de sceaux (1).

Le lendemain vendredi, les Gantois, toujours désireux de s'emparer du corps de Charles, ourdirent une sorte de petite conspiration pour arriver à ce but. Le grand chantre

(1) *Ibid.*

de Saint-Pierre de Gand et un chevalier appelé Ansbold étaient les chefs de ce complot, pour lequel on avait même été obligé de requérir l'assistance des assiégés. Il avait été décidé qu'en la matinée du dimanche on entrerait dans le bourg, et que là les frères du couvent de Gand recevraient, par les fenêtres du jubé, le corps de l'illustre comte, que les rebelles devaient leur avancer, et qu'ils l'emporteraient enveloppé dans des sacs. A l'heure indiquée, deux moines se rendirent à leur poste, attendant le signal convenu. Pendant ce temps-là des gens armés se promenaient aux environs de l'église pour protéger l'enlèvement. Ces étranges allées et venues éveillèrent l'attention des gardes. Ils sonnèrent de leurs buccines ou trompes ; et bientôt le peuple, arrivant en armes, se rua sur le grand chantre, sur Ansbold et les gens du complot. Plusieurs furent blessés, et les autres, hués par la multitude, obligés de fuir ridiculement.

Le dimanche des Rameaux, qui cette année-là tomba le 27 mars, les bourgeois, que la pensée d'un nouveau seigneur à élire préoccupait vivement, se réunirent dans une plaine située près des faubourgs de la ville. Ils y avaient convoqué les Flamands des environs ; et des prêtres s'y étaient rendus porteurs de châsses et de reliques diverses. Quand tout ce monde fut rassemblé, les principaux d'entre les citoyens s'avancèrent vers les reliques et, les touchant de la main, firent serment en ces termes : « Moi, N., je jure de n'élire pour comte de cette terre que celui qui pourra régir utilement le domaine des comtes ses prédécesseurs, et défendre puissamment ses droits contre les ennemis de la patrie, affectueux et bienfaisant envers les pauvres, dévoué à Dieu, marchant dans le sentier de la droiture ; un homme tel enfin qu'il puisse et veuille servir les intérêts généraux du pays (1)! »

Trois jours après cette cérémonie, les députés envoyés auprès du roi de France, à Arras, rentrèrent dans Bruges au son des cloches; et le peuple vit bientôt à leur contenance qu'ils étaient satisfaits du résultat de ce voyage (2). En effet, les députés se rendirent aussitôt dans le champ où le peuple avait coutume d'être convoqué et annoncèrent que le roi et ses barons adressaient leurs salutations aux bourgeois et aux habitants de toute la Flandre, promettant surtout amour et gratitude à ceux qui se sacrifiaient avec tant de persévérance pour venger la mort de leur seigneur. Alors ils lurent une proclamation du roi ainsi conçue : « Le roi de France Louis, à tous les bons fils du pays de Flandre, salut et amitié ainsi que l'invincible appui de sa présence et de son pouvoir royal, soutenu par la protection de Dieu et la force des armes. A la nouvelle du meurtre de votre comte, prévoyant la triste ruine de la patrie, nous nous sommes affligé, et avons résolu, avec une rigoureuse sévérité, de punir le crime par un supplice inouï jusqu'à ce jour. Et afin que le pays soit pacifié et reprenne sa vigueur sous le nouveau comte que nous choisirons, obéissez à tout ce que contiennent ces lettres, et exécutez-le (3). »

A ces mots, la multitude redoubla d'attention; et le bou-

---

(1) « Ego Folpertus judex, juro me talem electurum comitem terræ hujus, qui utiliter recturus est regnum prædecessorum suorum comitum, jura potenter contra hostes patriæ obtinere poterit : affectuosus et pius in pauperes, Deo devotus, semitam gradiens rectitudinis, et talis fuerit, qui utilitati communiter patriæ velit et possit prodesse. »— *Ibid.*, 198.

(2) « Cum tali relatu læti et gaudentes. » — *Ibid.*

(3) « Et, ut deinceps terra suo consuli noviter electo concilietur et convaleat, quidquid in subsequenti litterarum serie audieritis, obedite et facite. » — *Ibid.*

tillier Walter, qui faisait partie de la députation, montrant les lettres marquées du sceau royal, en donna lecture. Après quoi il prit la parole de manière à être entendu par toute la foule du peuple qui se pressait dans la plaine. « Écoutez, ô nos concitoyens, ce qui s'est passé auprès du roi et de ses barons, et ce qui a été prudemment examiné et conclu. Les princes de France et les premiers de la terre des Flandres, par l'ordre et le conseil du roi, ont choisi, pour votre comte et celui de ce pays, le jeune Guillaume, né en Normandie, noble de race, élevé parmi vous dès sa tendre enfance, et devenu par là un homme plein de courage. Il lui sera facile de s'habituer à toute bonne coutume, et vous pourrez le plier comme vous le voudrez aux mœurs et usages établis, doux et docile comme il l'est. Moi-même je lui ai donné mon suffrage, et Robert de Béthune, Bauduin d'Alost, Iwan, son frère, le châtelain de Lille et les autres barons l'ont élevé au comté. Nous lui avons prêté l'hommage de foi et fidélité selon la coutume établie pour ses prédécesseurs les comtes de Flandre. Quant à lui, pour nous récompenser de nos travaux, il nous a gratifiés des terres et des propriétés des traîtres sur qui pèse la proscription, d'après le jugement porté par tous nos chefs, et qui n'ont plus rien à attendre qu'une mort cruelle au milieu d'affreux supplices. — En conséquence, je vous engage, vous recommande et vous conseille, en toute sincérité, à vous tous, habitants de Bruges, ou autres qui m'entendez, de recevoir Guillaume, nouvellement élu en qualité de comte, investi de la terre par le roi, et devenu votre seigneur et prince. — Du reste, s'il est quelque chose qu'il puisse, selon son pouvoir, vous remettre en don comme le droit de tonlieu et le cens des terres, il le fera volontiers ; je vous le déclare moi-même et de la part du roi et de la sienne. Ainsi il exemptera, franchement et de bonne foi, ceux qui le désirent, du droit de péage et de cens levé sur vos habitations sises en dehors des faubourgs (1). »

Les citoyens écoutèrent silencieusement le discours de Walter; car ils ne voulaient pas se prononcer et faire une réponse au roi touchant l'acceptation ou l'élection du nouveau comte sans en avoir mûrement délibéré. Toute la journée se passa donc en discussions et en pourparlers; et quand la nuit fut venue, on dépêcha des courriers dans toutes les directions pour prévenir les bourgeois des villes voisines qu'ils eussent, de leur côté, à aviser sur l'élection ou le rejet du nouveau seigneur. Il existait parmi les Flamands une telle conformité de sentiments nationaux, qu'ils n'auraient jamais voulu, dans une circonstance aussi grave surtout, agir les uns sans les autres. Les gens de Bruges tenaient beaucoup à ne rien faire sans être d'accord avec leurs voisins les Gantois. C'est pourquoi ils députèrent vingt nobles hommes d'armes, et douze des plus âgés et des plus sages d'entre les bourgeois, afin de s'entendre avec les personnages que la ville de Gand avait envoyés à Ravenschot pour aller à la rencontre du roi de France, qui était en chemin. En effet, d'Arras ce prince s'était rendu à Lille, accompagné du jeune Guillaume, auquel les habitants prêtèrent foi et hommage. De là, il s'en vint à Deinse, entre Courtrai et Gand, où il fut rencontré par les envoyés de Bruges et de Gand réunis; enfin le 4 avril, vers le soir, il entra dans le faubourg de Bruges, ayant à sa droite le nouveau comte.

Les chanoines de Saint-Donat étaient venus au-devant d'eux en procession, portant solennellement la croix et les

(1) *Ibid.*

reliques. Un grand cortége suivait, et l'on fit au monarque une réception aussi belle et honorable que le pouvait permettre la triste situation du pays. Le lendemain, le roi, le comte Guillaume, leurs chevaliers, les barons flamands, les bourgeois et une foule de gens de toutes les conditions se rendirent au champ des assemblées. On y plaça les châsses et coffrets renfermant les corps saints et les reliques, et, après avoir commandé le silence, on fit lecture de la charte des libertés de l'église Saint-Donat; les chanoines réclamèrent la faculté d'élire canoniquement le prévôt, comme il est indiqué dans le texte des priviléges. Ensuite on lut également la charte qui contenait l'exemption des droits de tonlieu et de cens demandée par les citoyens pour prix de leur consentement. Le roi et le comte jurèrent sur les reliques et en présence de tout le peuple, d'observer ces clauses et conditions franchement, de bonne foi et sans subterfuge, et alors les citoyens jurèrent, de leur côté, suivant la coutume, fidélité au comte, et lui promirent foi et hommage comme au seigneur légitime de la terre (1).

Ainsi fut élevé à la dignité de comte de Flandre ce jeune Guillaume, que le roi de France protégeait et mettait en avant moins peut-être par affection que pour s'en faire un puissant allié, et l'opposer un jour à Henri, roi d'Angleterre. On sait d'ailleurs qu'Henri avait dépouillé son frère Robert, père de Guillaume, du duché de Normandie; qu'il le gardait prisonnier, et que, par suite de cette spoliation, Louis-le-Gros avait pris à cœur les intérêts de l'héritier légitime, et tenté vainement jusque-là de reconquérir pour celui-ci l'héritage

---

(1) « Sub hâc ergo conditionis compositione juraverunt rex et comes super sanctorum reliquias in audientiâ cleri et populi; subsequenter quoque cives juraverunt fidelitatem comiti, sicut moris erat... » — *Ibid.*, 199.

que le monarque anglais détenait contre toute justice.

Cependant l'adhésion des Flamands n'était pas unanime. Une notable partie des barons et du peuple avait bien élu Guillaume, mais la nécessité plus encore que la sympathie avait dicté ce choix. Le jeune comte le comprit dès qu'il sut avec quelle froide réserve et au prix de quelles concessions les gens de Bruges et leurs amis consentaient à recevoir un nouveau maître. Pour s'attirer la bienveillance de sujets qui se donnaient à lui presqu'à contre-cœur, Guillaume promit de leur accorder le pouvoir et la faculté de modifier leurs lois et coutumes, et de les améliorer suivant l'opportunité des temps et des lieux (1).

Lorsque l'assemblée fut dissoute, le roi et le comte entrèrent en ville et vinrent au logis qui leur avait été préparé. Ils avaient à peine eu le temps de s'y installer, que de nouvelles demandes et de nouvelles exigences les y poursuivirent. Les plus puissants de la ville d'Ardembourg, qui en tête de leurs concitoyens assistaient au siége, se présentèrent devant les princes, porteurs d'une lettre contenant des réclamations de diverse nature : « Nous aussi, disaient-ils fièrement, nous aussi qui avons fait partie du siége, nous admettrons celui qui a été nouvellement élu comte de Flandre, à la condition toutefois que, nous délivrant des criminelles exactions de nos chefs, il condamnera, abolira et supprimera pour nous et nos voisins les droits nouveaux de tonlieu qui ont été récemment établis à Ardembourg par le conseil perfide du châtelain Lambert, et contrairement aux

---

(1) « Ut igitur benevolos sibi comes cives nostros redderet superaddidit eis, ut potestative et licenter consuetudinarias leges suas de die in diem corrigerent, et in melius commutarent, secundùm qualitatem temporis et loci. » — *Ibid.*

droits et coutumes de la terre (1); qu'ensuite nos paysans obtiennent la liberté de faire paître leurs troupeaux sur le terrain appelé *moëre*, sans payer la redevance inique imposée par Lambert.

» Nous voulons en outre que le roi et le comte mettent un terme à l'exorbitante redevance qui pèse sur les habitations à Ardembourg, de manière que les enfants, après la mort de leurs parents, puissent racheter pour douze écus ce pour quoi jusqu'à présent ils en devaient payer seize, d'après l'emplacement de leur demeure.

» Si une expédition est annoncée de la part de notre comte, celui qui sans excuse légitime refusera d'y participer payera audit comte une amende de vingt sols; nous nous en sommes fait une loi.

» Sur toutes ces choses, seigneur roi, nous demandons ton assentiment, ainsi que l'approbation du nouveau comte. Qu'il veuille donc confirmer par serment tout ce que nous avons inscrit dans cette charte, qui est d'accord avec ce qu'on a proclamé en présence de tous.

» Enfin nous supplions et conjurons, tant le roi que le comte et leur suprême puissance, de ne jamais souffrir par la suite que ni le prévôt Bertulphe, ni ses frères Wilfrid Cnop et le châtelain Haket, ni le jeune Robert, ni Lambert d'Ardembourg et ses fils, ni Bordsiard et les autres traîtres puissent avoir le droit d'hériter ou d'adhériter dans le comté de Flandre. »

Il fallut bien que Guillaume accédât aux demandes des habitants d'Ardembourg, comme à toutes celles qu'on lui

---

(1) « Nos quoque hujus obsidionis exactores electum novum Flandriarum consulem electuri erimus ex nostrâ parte, sub hâc conditione quidem, ut,... » etc. — *Ibid.*

avait déjà faites. Il craignait trop de voir s'échapper de ses mains un pouvoir que d'autres concurrents recherchaient avidement déjà, ainsi que nous le dirons tout à l'heure. Le reste du jour fut consacré à recevoir les hommages des barons, des principaux bourgeois et des anciens officiers du comte Charles maintenus dans leurs charges et prérogatives.—La cérémonie se faisait de la manière suivante : Le comte demandait si l'on voulait être franchement et sincèrement à lui, et l'on répondait : « Je le veux. »— Alors le souverain prenait les mains jointes du vassal dans les siennes, lui donnait l'accolade, et celui-ci était inféodé (1). Ceux qui déjà avaient prêté hommage au comte en présence de son prolocuteur ou avocat, le renouvelaient sur les reliques des saints. Enfin Guillaume donnait l'investiture à tous ceux qui lui avaient juré sûreté et fidélité, en les touchant d'une petite baguette qu'il tenait à la main (2).

L'importante affaire de l'élection avait pour un instant distrait l'attention des assiégeants de l'objet pour lequel ils s'étaient réunis. Il paraît même que la surveillance de l'église n'était plus aussi active, car divers conjurés parvinrent encore à se sauver. Ainsi, dans la semaine des Rameaux, Lambert d'Arche s'esquiva, on ne sait comment, durant la nuit et à l'aide d'un petit bateau s'enfuit vers le village de Michem. Ce Lambert était l'ami intime de Bordsiard. Enfermé dans le bourg, puis dans l'église, il n'y avait point

---

(1) « Comes requisivit si integrè vellet homo suus fieri. Et ille respondit: Volo; et junctis manibus amplexatus à manibus comitis, osculo confœderati sunt. » — *Ibid.*

(2) « Deindè virgulâ, quam manu consul tenebat, investituras donavit eis omnibus. » — *Ibid.*

d'homme plus acharné que lui à se défendre. Son adresse à tirer de l'arc et à lancer des javelots en faisait un puissant auxiliaire pour les meurtriers. Ils furent très-irrités quand ils apprirent sa fuite clandestine ; aussi Bordsiard cria-t-il lui-même aux assiégeants que son ami s'était sauvé, et leur montra de quel côté il avait dû porter ses pas. On entoura immédiatement le village où Lambert s'était caché ; il fut pris, enchaîné et renfermé dans la prison du bourg. On l'eût infailliblement pendu sur-le-champ, si les chefs, qui en ce moment se trouvaient à Arras, eussent été présents. Le dimanche suivant, le châtelain Haket réussit également à sortir du clocher, à gagner Liswege, et à se réfugier chez sa fille, qui avait épousé en ce lieu un chevalier très-noble et très-riche appelé Robert Krommeling. Du reste, la plupart de ceux qui s'étaient refusés de la sorte où autrement à partager jusqu'au bout le sort de leurs compagnons n'eurent pas une destinée plus heureuse que la leur. Ils furent même châtiés plus vite. C'est ce qui arriva notamment au traître Isaac, qui, le 23 mars, fut étranglé sur le marché de Bruges ; à Eustache de Steenvoorde arrêté à Saint-Omer, et brûlé vif dans les flammes de la maison où il avait cherché un asile ; enfin au prévôt Bertulphe, le chef et l'âme de toute la conspiration. On a vu que Bertulphe, après son évasion favorisée par le boutillier Walter, avait été abandonné de ce dernier dans les marais de Bruges. Il en fut tiré par le frère de Fulcon, chanoine de Saint-Donat, qui lui donna un cheval au moyen duquel il arriva près de Kaihem en deçà de Dixmude, où Bordsiard avait une habitation. Comme on était à sa piste, il s'enfuit la nuit avec un seul guide vers Furnes, et de là passa à Warneton, sur les frontières de la Flandre wallonne. Il marchait volontairement sans chaussure en expiation de ses péchés, dit la chronique (1) ; et quand enfin il tomba aux mains de ceux qui le cherchaient, il avait les pieds tout en sang, écorchés et meurtris qu'ils étaient par les pierres du chemin durant ses courses nocturnes. L'homme le plus acharné à la perte du prévôt était ce Guillaume d'Ypres, qui, naguère encore allié aux assassins, comptait sur eux pour faire valoir ses prétentions au comté de Flandre, leur donnait des encouragements, en recevait de l'argent volé dans le trésor même de la noble victime. Ce furent les émissaires de Guillaume qui arrêtèrent Bertulphe et l'amenèrent à leur maître, heureux d'avoir maintenant une occasion de se réhabiliter dans l'opinion publique. En annonçant qu'il avait pris lui-même le prévôt de Bruges, Guillaume espérait rétablir sa réputation et sa puissance. Il résolut donc d'infliger un châtiment terrible à celui dont tout le monde disait hautement qu'il était le complice.

Le prévôt fit son entrée dans Ypres au milieu d'une multitude immense, remplissant l'air de ses vociférations et avide d'ajouter aux tortures dont le criminel allait être accablé. En effet, on le dépouilla de ses vêtements, à l'exception des haut-de-chausses, et on lui lia autour du corps, des bras et des jambes, de longues cordes que chacun voulut tenir. On le conduisit en cet état à travers les rues de la ville, en le huant, en lui jetant des pierres et le couvrant de boue. Le visage immobile, les yeux tantôt baissés vers la terre, tantôt levés au ciel, il semblait se conformer à son triste sort et invoquer l'assistance divine. Dans le trajet, un serf s'en approcha et, le frappant

(1) *Ibid.*

d'un bâton au visage, lui dit : « O le plus orgueilleux des hommes ! pourquoi dédaignes-tu de lever la tête et d'implorer la compassion des seigneurs et la nôtre, puisque ta vie est entre nos mains (1) ? » Il ne parut faire aucune attention à ces paroles, et garda le silence. Quand ce cortége de mort fut arrivé sur la place où se dressait le gibet, on mit le prévôt tout à fait nu pour augmenter l'ignominie de son supplice. Ses bras furent étendus en croix sur le gibet, et sa tête passée dans une ouverture pratiquée à la partie supérieure de la potence, de manière qu'elle eût à supporter seule tout le poids du corps. Au moment où il était dans cette position, cherchant à prolonger sa vie en raidissant ses pieds et en se soutenant sur leur extrémité, voici que Guillaume d'Ypres sort de son logis, fend la presse, impose silence à ses vassaux, et, se plaçant en face de Bertulphe, l'interpelle en ces termes : « Dis-moi, ô prévôt ! dis-moi, par le salut de ton âme, quelles sont, outre toi-même, Isaac et les traîtres déjà connus, les autres personnes coupables de la mort du seigneur comte Charles, et qui demeurent encore ignorées ? » Le patient fit un effort sur lui-même, releva la tête, et s'écria d'une voix forte devant tout le peuple assemblé : « Toi-même, aussi bien que moi ; tu le sais (2). » Guillaume pâlit de rage à ces mots, donna l'ordre de lui jeter des pierres et des immondices, et de l'achever. Aussitôt grand nombre de gens qui étaient venus sur le marché d'Ypres pour vendre du poisson s'approchèrent du gibet et frappèrent Bertulphe de leurs crocs de fer et de leurs bâtons,

---

(1) « O superbissime hominum, cur dedignaris respicere et loqui principibus et nobis, qui habent potestatem perdendi te? » — *Ibid.*, 200.

(2) « Et ille coram universis respondit : Æque tu sicut et ego; nosti. » — *Ibid.*

l'empêchant de s'appuyer sur l'extrémité de ses pieds. D'autres en même temps prirent un chien qui passait, l'éventrèrent, en tordirent les boyaux autour du cou du patient, et placèrent la gueule de l'animal contre sa figure au moment où il exhalait le dernier soupir.

Quand la foule se fut rassasiée de cet affreux spectacle, elle se rendit en un autre endroit de la ville où l'attendaient de nouvelles émotions. Un duel judiciaire allait avoir lieu, et ici encore du sang allait être répandu : un homme devait, condamné par le jugement de Dieu, succomber sous les étreintes cruelles de son adversaire ou entre les mains du bourreau. Wydo, chevalier plein de valeur, et qui, du vivant de Charles, était un des principaux conseillers de ce prince, n'avait pas été étranger à la conspiration, parce qu'il avait pour femme une nièce de Bertulphe, sœur d'Isaac. Après la mort de Charles, un autre chevalier de grand courage, Herman, surnommé au Corps-de-Fer, accusa publiquement ce Wydo d'être l'un des assassins de son maître. Wydo déclara l'accusation fausse et calomnieuse, en annonçant qu'il était prêt à se défendre par les armes devant le vicomte d'Ypres. Herman soutint son dire, et Guillaume arrêta que le duel aurait lieu aussitôt après le supplice du prévôt. Arrivés dans la lice qui avait été préparée à l'avance, Herman et Wydo, armés de toutes pièces, s'attaquèrent d'abord la lance en arrêt, et se battirent avec beaucoup de vigueur. Cependant Herman au Corps-de-Fer finit par vider les arçons et tomba de cheval. Étendu à terre, chaque fois qu'il voulait se relever Wydo le terrassait d'un coup de lance. Il parvint néanmoins à blesser le cheval de Wydo; l'accusé, démonté à son tour, tira l'épée et se précipita sur Herman. Alors des coups violents et répétés retentirent sur les écus des deux champions jusqu'à ce que, lassés l'un et l'autre du poids de leurs armes, ils les jetèrent au loin d'un commun mouvement, et s'enlacèrent corps à corps avec fureur pour hâter le combat. Dans cette lutte Herman fut renversé et Wydo tomba sur lui, le frappant au visage de ses gantelets de fer. La victoire paraissait assurée pour l'accusé, car l'accusateur, terrassé et immobile, semblait prêt à rendre l'âme. Chacun, immobile de stupeur et d'anxiété, contemplait cette scène, n'osant croire encore au triomphe de l'injustice et prêt à blasphémer contre la Providence, si Herman succombait aux attaques du traître Wydo. Tout à coup ce dernier paraît éprouver une violente secousse; il pousse un cri, et tombé lourdement à côté d'Herman. Il venait d'avoir le bas-ventre ouvert et déchiré par l'homme de fer. Celui-ci se releva triomphant. On traîna le vaincu sur une claie aux applaudissements du peuple, et Guillaume d'Ypres le fit accrocher au gibet où déjà pendait le prévôt mort (1).

Quand Wydo eut expiré, les deux cadavres furent placés sur une roue de chariot fixée à l'extrémité d'un mât très-élevé. On leur avait croisé les bras autour du cou l'un de l'autre, et en cet état, dit l'historien Galbert, ils paraissaient encore se consulter sur le meurtre de leur glorieux seigneur, le très-pieux comte Charles (2).

Pendant que tout ceci se passait à Ypres, le roi de France était occupé dans Bruges des moyens de reprendre le siége

---

(1) « Jussit eumdem Wydonem juxta præpositum jam mortuum suspendi in eodem patibulo. » — *Ibid.*, 201.

(2) « Brachiaque mutuis quasi amplexibus ad colla jactantes, imaginem tradendi et consulendi de morte domini et gloriosi ac piissimi consulis Caroli... insignibant. » — *Ibid.*

et de réduire enfin les conjurés à se rendre. Il avait nommé Gervais vicomte ou châtelain de Bruges pour le récompenser de son zèle ; et Gervais continuait à diriger les vengeurs du comte Charles par ses conseils et par son expérience. Un héraut d'armes vint alors annoncer au peuple de Bruges le supplice infligé à Bertulphe et à Wydo, qu'il avait vus tous deux suspendus sur la place. Cette nouvelle ranima le courage des assiégeants. Afin de décourager les meurtriers, ils leur firent savoir de quelle manière leur chef, le prévôt, avait été pris et mis à mort. Les assiégés furent effectivement frappés d'une grande terreur. On les entendit gémir et se lamenter ; mais ils n'étaient pas moins résolus à se défendre en désespérés jusqu'à la fin, et ils le déclarèrent. En conséquence, Gervais fit démolir par les charpentiers une grande tour de bois qui avait été construite pour assaillir l'église, et qui ne pouvait plus servir. Une des plus grosses poutres de cette tour fut disposée en bélier pour battre en brèche les murs de Saint-Donat, car il n'y avait pas d'autre moyen de pénétrer dans l'édifice, dont les ouvertures et les fenêtres étaient bouchées et rendues inaccessibles. On travailla en même temps à confectionner de nouvelles machines de siége, telles que balistes, catapultes, échelles et autres.

Malheureusement, parmi cette masse turbulente de peuple rassemblée à Bruges, il s'élevait souvent des dissensions et des querelles. Au moment où l'on s'occupait ainsi des préparatifs du siége, il survint un nouvel incident qui faillit encore une fois tout retarder. Le roi et les barons avaient, dans un but fort sage, porté un décret qui défendait de s'approcher de la tour et de parler aux ennemis, afin qu'ils ne pussent découvrir quels moyens on mettait en œuvre pour les combattre. Celui qui contreviendrait à cet ordre devrait être jeté en prison, jugé et puni sévèrement par les chefs. Or il arriva qu'un bourgeois, qui avait épousé la sœur d'un des assiégés, s'approcha furtivement de la tour, avec l'intention de redemander à son beau-frère des habillements et des vases qu'il lui avait prêtés. Un des hommes d'armes de Gervais l'aperçut, et, quand il passa sur la place du bourg, il le saisit, d'après l'ordre formel qu'il avait reçu, et le conduisit de force au palais comtal, où l'on déposait tous les prisonniers. Cette arrestation causa une grande rumeur parmi les gens du peuple. Ils s'écriaient que jamais on ne les verrait souffrir la tyrannie de personne, et qu'à eux seuls appartenait le droit de punir une telle contravention. Bientôt ils coururent aux armes et se précipitèrent vers la maison du comte, qu'ils assaillirent pour en tirer le captif. Gervais s'y était enfermé avec ses hommes. Il se défendit courageusement; et quand il vit le tumulte se calmer un peu, il descendit au milieu des insurgés et leur parla de la sorte : « Vous n'ignorez pas, concitoyens et amis, que sur votre demande le roi et le comte m'ont institué châtelain de ce lieu, vous savez aussi que c'est en conformité des ordres du roi et des principaux barons qu'un de mes hommes a pris votre concitoyen en flagrant délit; nonobstant ce, vous avez méconnu ma dignité et insulté ma personne; vous avez assailli le palais du comte et ma famille, qui s'y trouvait; enfin vous vous êtes précipités déraisonnablement et à main armée jusqu'en présence du roi. Maintenant, si vous le désirez, je résigne mon office de vicomte à cause de l'injure que vous m'avez faite; je romps le pacte de foi et de sécurité qui existait entre nous, afin qu'il soit évident pour chacun que je ne prétends ni ne cherche à avoir de l'autorité sur vous. Ainsi déposons les armes si cela vous plaît : rendons-nous par-devant le roi, et que ce prince décide entre vous et moi (1). » Le peuple en effet suivit Gervais au logis du monarque, et là, moyennant quelques concessions réciproques, la paix fut rétablie, et l'on put enfin agir d'un commun accord.

Le 12 avril, Louis-le-Gros, ses conseillers, et les plus expérimentés parmi les barons flamands, montèrent au dortoir du couvent pour examiner par quel endroit on pourrait attaquer l'église avec le plus de succès. Précisément ce dortoir était accolé aux parois extérieures de Saint-Donat, et correspondait à la galerie supérieure où le comte avait été tué. On décida que le bélier y serait porté, et qu'on tâcherait de percer le mur de ce côté. En attendant on lança d'en bas, pendant deux jours, une multitude de projectiles contre la tour dans le but de fatiguer les conjurés. Ceux-ci commençaient à perdre courage, et, en désespoir de cause, essayaient de fléchir la colère de leurs ennemis par tous les moyens possibles. Pendant que le roi était au couvent, le jeune Robert, que l'on a vu entraîné si malheureusement dans la conjuration, mit la tête en dehors de l'une des fenêtres et cria merci au prince ; mais Louis-le-Gros ne voulut pas se laisser attendrir. Peu après, les assiégés, espérant encore le fléchir, firent une histoire mensongère sur la mort de Bordsiard. Ils disaient qu'une querelle s'étant élevée entre lui et Robert ce dernier lui avait passé son épée au travers du corps, et ils proféraient mille injures contre Bordsiard. Ces ruses ne produisirent aucun effet (2).

(1) « Si ergo placet, coram rege, sepositis armis, conveniamus, ut judicetur inter nos et vestros. » — *Ibid.*

(2) *Ibid.*, 202.

Le 14 avril, vers midi, on enleva la cloison de bois du dortoir, laquelle touchait aux murs de l'église, et l'on commença à dresser le bélier. C'était une énorme poutre armée à son extrémité d'une pointe de fer très-solide et suspendue par de grosses cordes. Dès qu'il fut en état de jouer on l'attira par des crampons à la plus grande distance possible, et alors on le laissa retomber de tout son poids contre la muraille. A ce premier choc un amas considérable de pierres s'écroula. Cependant les assiégés, pressentant qu'une brèche ne tarderait pas à s'ouvrir et à livrer entrée dans leur refuge, ne savaient plus quel moyen de défense employer. Ils imaginèrent de mêler des charbons ardents à de la poix, de la cire et du beurre, et de lancer le tout sur le toit du dortoir. Ces matières grasses et incendiaires s'attachant aux tuiles, les flammes se développèrent bientôt sous le souffle de l'air, et, en un instant, le toit brûlait de toutes parts sur la tête des gens occupés à mouvoir le bélier. En même temps, du haut de la tour, les assiégés laissaient tomber perpendiculairement de grosses pierres qui écrasaient et renversaient beaucoup de monde. Le bélier n'en continuait pas moins de battre la muraille, et, après bien des chocs qui ébranlaient l'édifice entier, une brèche s'ouvrit enfin... Mille clameurs de joie s'élevèrent du sein de la multitude. Les hommes d'armes du roi, les chevaliers flamands, les bourgeois et les gens du menu peuple se précipitèrent tous à l'envi contre cette ouverture. Ce fut une horrible confusion. Les uns se heurtaient aux débris de la brèche et étaient foulés aux pieds; les autres, étouffés par la presse, poussaient des cris déchirants; d'autres, plus forts et plus audacieux, passaient comme sur un pont au-dessus de cette masse compacte d'assaillants. Bientôt l'église fut pleine de monde, ainsi que la cour et les bâtiments du bourg ; beaucoup étaient entraînés par le désir de la vengeance, mais beaucoup aussi par celui du pillage. Les premiers qui arrivèrent dans la galerie virent un étrange et désolant spectacle : le corps du comte Charles était là tristement éclairé par un seul flambeau de cire que les traîtres avaient eu cependant la pudeur d'entretenir sans cesse allumé à l'endroit de la tête (1). Autour de ces vénérables reliques gisaient à terre des fragments de comestibles, des légumes et de la farine ; car sans doute les meurtriers, dans leur terreur superstitieuse, avaient renouvelé souvent le festin sacrilége dont nous avons parlé plus haut. Le roi de France, ayant pu enfin pénétrer dans l'église de Saint-Donat, vint s'agenouiller auprès de son malheureux parent. Il pleura sa mort, chargea les chanoines de veiller et de prier nuit et jour autour de la tombe ; puis il se releva jurant d'exterminer jusqu'au dernier des assassins.

Cependant ceux-ci, lorsqu'ils virent l'église et la galerie supérieure au pouvoir de leurs ennemis, s'étaient tous retirés dans la tour, dont ils avaient empêché l'accès en enlevant les premières marches de l'escalier et en barricadant la porte. Enfermés et investis dans ce dernier refuge, ils ne voulurent point encore se rendre ; et, comme s'ils espéraient obtenir quelque commisération en agissant avec fierté, ils ne cessaient de sonner de leurs buccines. Deux jours se passèrent ainsi. Ces misérables, exténués de fatigues, bourrelés de remords et de crainte, éprouvaient en outre de grandes douleurs physiques. Les aliments et la boisson leur répugnaient ; tout était pour eux sans aucune saveur : de sorte qu'ils

---

(1) « Stabat itaque cereus ardens ad caput consulis, quem posuerant in honorem et venerationem domini sui traditores illi. » — *Ibid.*, 203.

éprouvaient les tourments de la faim et de la soif au milieu des provisions de toute espèce dont ils étaient environnés.

Le 19 avril, Louis-le-Gros, irrité de rencontrer une telle obstination chez les conjurés, ordonna à ses hommes d'armes d'attaquer la tour par sa base et de la démolir, quoiqu'il lui en coûtât beaucoup de détruire cet antique et beau monument. Les soldats se mirent aussitôt à l'œuvre. Ils travaillèrent toute la journée; et le lendemain ce travail de destruction était très-avancé et la ruine imminente, car, à chaque coup de marteau ou de pioche, l'ébranlement se faisait sentir jusqu'au sommet de l'édifice. Alors les assiégés, voyant la tour sur le point de s'écrouler, prirent la résolution de se remettre aux mains du roi plutôt que d'être écrasés sous les ruines de leur dernier asile. Ils crièrent qu'ils se rendaient : les sapeurs cessèrent de frapper. Aussitôt ils descendirent, et on les vit arriver dans la galerie où des hommes d'armes, armés jusqu'aux dents, les attendaient. Les conjurés n'étaient plus qu'au nombre de vingt-sept. Rien de hideux comme leur aspect pâle, livide et criminel (1). On les fit passer un à un dans la maison du prévôt, par une fenêtre donnant sur l'escalier de la tour, et on les enferma, liés et garrottés, dans une étroite prison en attendant leur supplice. Quand la tour fut vide, beaucoup de gens y montèrent pour s'emparer des objets que les rebelles y avaient laissés. On y saisit d'excellent vin et de l'hypocras qui appartenaient au comte défunt; grand nombre de pièces de lard salé, vingt-deux mesures pleines de fromage, des légumes, de la farine de froment, des ustensiles servant à cuire le pain, des vases et des meubles de di-

---

(1) « Exierunt tandem pallidi illi miseri, signa traditionis in facie portantes, livore et inedia deformiter signati. » — *Ibid.*, 206.

verse nature. On espérait y trouver aussi le trésor du comte, toutes recherches à cet effet furent inutiles.

« Dans cette journée, dit l'historien qui nous a laissé tant de particularités curieuses, le Seigneur, par le brillant éclat du soleil et la douceur de l'air, avait pour ainsi dire donné autour de nous une nouvelle face au monde, parce que ceux dont la présence souillait l'église étaient chassés de ce saint lieu, et réduits en captivité (1). » Les prêtres s'empressèrent de purifier, par de nombreuses ablutions, le pavé du temple, de restaurer les murs, de réédifier les autels, dont les tables, par une sorte de miracle, étaient demeurées intactes. Ils décorèrent la basilique de nouveaux ornements, et y remirent tout ce qui était nécessaire pour célébrer les saints offices. Le lendemain, on prépara une peau de cerf qui devait servir, selon la coutume du temps, à envelopper le corps de l'auguste défunt (2). Le jour suivant, on fit solennellement la levée de ce corps. On craignait que, depuis sept semaines qu'il était là, il ne se fût décomposé; et, afin de détruire l'odeur infecte que chacun s'attendait à voir s'exhaler du cercueil, on avait fait préparer des réchauds pour y jeter de l'encens et des parfums. Mais, la tombe ayant été ouverte, il n'en sortit aucune mauvaise senteur. Alors on plaça le corps, cousu dans la peau de cerf, sur une estrade au centre du chœur. Une grande foule de peuple était déjà réunie dans la basilique, et le roi de France s'y trouvait entouré de ses barons et des principaux seigneurs de la Flandre. L'évêque de Tournai, accompagné de trois abbés et de tout le clergé de Bruges, portant processionnellement

---

(1) Ibid.
(2) « Consutum est corium cervinum, in quo corpus comitis imponeretur. » — Ibid., 207.

les châsses de saint Donat, de saint Basile et de saint Maxime, arriva bientôt sur le pont du bourg, où on lui fit la remise des saintes dépouilles, lesquelles furent, au milieu des larmes et des sanglots, transférées à l'église de Saint-Christophe. Là fut célébrée la messe des morts, en présence du roi, des barons et du peuple, qui avaient suivi le triste convoi.

Des hommages plus grands encore étaient réservés à la mémoire de ce vertueux personnage, ses contemporains lui donnèrent le nom de Charles-le-Bon; et la postérité lui conserva cette qualification, qu'il avait si bien méritée. Plus tard, l'Église le mit au rang des saints martyrs. Sa fête fut célébrée en Flandre le 2 mars, jour de sa mort, et, chaque année, jusqu'à la fin du siècle dernier, on lisait, à la porte de l'église de Saint-Donat, l'anathème fulminé contre ses bourreaux.

Tandis que ces événements se passaient, Guillaume surnommé Cliton, ou le Normand, nouvellement élu à Bruges, et institué par Louis-le-Gros en qualité de comte de Flandre, fut reçu à Saint-Omer, comme on avait coutume de le faire pour les princes ses prédécesseurs. De jeunes garçons portant des arcs et des flèches s'avancèrent en troupe au-devant de lui, feignant de vouloir s'opposer à son entrée dans la ville. Guillaume ne savait pas ce que signifiait une pareille démonstration. Alors un des petits archers lui dit : « Seigneur, il est juste que nous obtenions pour nous le privilége qu'avaient nos aïeux de courir par les bois et forêts aux fêtes des saints, d'errer çà et là pendant le printemps pour prendre les oiseaux, tuer à coup de flèches les renards, les écureuils et autres semblables bêtes, enfin de prendre toutes les récréations de notre âge. Jusqu'à présent nous l'avons fait en pleine liberté,

et, sauf votre agrément, nous le voulons faire toujours (1). »
Le comte Guillaume, qui lui-même était encore jeune, rit
beaucoup de ce joyeux badinage, feignit d'accorder à regret
de telles franchises ; puis, amusé des battements de mains
et des cris de joie de tous ces enfants, il leur enleva en plaisantant le drapeau qu'ils portaient. Escorté par ces turbulents compagnons, il fit son entrée dans la ville au milieu
des bourgeois et du clergé, qui étaient venus à sa rencontre
portant des flambeaux allumés, répandant autour de lui des
nuages d'encens, psalmodiant des cantiques d'allégresse et
réjouissant l'air d'une belle musique (2). Quand le seigneur
eut fait ses prières à l'église, il reçut, suivant l'usage, le
serment de foi et hommage de la bourgeoisie et, à cette occasion, octroya une confirmation solennelle des droits et franchises existant déjà, et auxquels sans doute il ajouta quelques dispositions nouvelles. Cette charte de Guillaume-Cliton
est la première sanction écrite que l'on connaisse des libertés communales de Saint-Omer.

Mais, élu et reconnu comme souverain par une notable
partie des Flamands, le protégé du roi de France était loin
pourtant de posséder tout le territoire ; car on sait que plusieurs prétendants avaient dressé leurs bannières en divers
endroits du pays. Guillaume d'Ypres, le premier, s'était
rendu maître par la violence d'un grand nombre de lieux
fortifiés, entre autres de Formesèle, de Furnes, de Cassel,
d'Aire, de Bergues-Saint-Winoc, et de tous leurs alentours.
Dès son arrivée à Bruges, Louis-le-Gros était allé trouver

---

(1) « Hoc ergo licenter egimus hactenus, et volumus eadem a te licentia ludorum nostrorum mores deinceps renovare. » — *Ibid.*, 204.

(2) *Ibid.*

ce Guillaume au château de Winendaele, afin d'établir la paix.et la concorde entre lui et le nouveau comte; mais le vicomte d'Ypres refusa d'entrer en arrangement, disant qu'il n'y avait pas d'autre descendant direct des anciens comtes que lui, et qu'il méprisait l'étranger qu'on voulait imposer aux Flamands (1). Louis-le-Gros, occupé alors du siége de Saint-Donat, fit attaquer Guillaume aux environs d'Aire par deux chevaliers, Hugues Champ-d'Avoine et Walter de Frorerdeslo : il paraît que ce combat n'eut pas de résultats. Quand les obsèques du comte Charles furent terminées, que le roi eut remis un peu d'ordre dans la ville, et nommé un nouveau prévôt de Saint-Donat, il partit en compagnie du châtelain Gervais et d'un grand nombre de gens d'armes réunis à Bruges, et s'avança vers Ypres pour mettre Guillaume à la raison. Le 26 avril, Louis, que Guillaume-Cliton avait rejoint, ordonna le siége de cette ville. L'attaque et la résistance furent de part et d'autre très-opiniâtres. Le prétendant sortit avec trois cents hommes d'armes pour lutter contre son rival, le jeune Guillaume. Pendant ce temps, des bourgeois d'Ypres, gagnés en secret par le roi, introduisirent ce prince dans la ville ainsi que toute son armée. Lorsque le vicomte rentra, ignorant la défection des habitants, il fut investi par les gens du roi et du comte. Ne pouvant se tirer de ce mauvais pas, il se rendit prisonnier, et on l'envoya pour être détenu au château de Lille.

Après en avoir fini de la sorte avec l'homme dont les coupables antécédents ne méritaient pas une aussi douce punition, Louis-le-Gros se dirigea vers Audenarde occupée par un autre aspirant au comté de Flandre. C'était Bau-

---

(1) « Quia eum despectui habebat... » — *Ibid.*, 200.

duin IV, dit le Bâtisseur, comte de Hainaut, arrière-petit-fils du marquis Bauduin de Mons et de la fameuse Richilde. Lors de la venue du roi à Arras, Bauduin l'avait été trouver en tête des hommes nobles du pays de Hainaut, le priant de le réintégrer dans ce qu'il appelait son héritage, et s'offrant de prouver contre tout venant, par le duel judiciaire, qu'il était le légitime seigneur de la Flandre (1). Louis-le-Gros accueillit Bauduin avec bienveillance, l'appela son cousin, et parut d'abord disposé à le prendre sous sa protection ; mais cédant aux raisons politiques que nous avons énoncées plus haut, et aussi, dit-on, aux instances de sa femme, Adélaïde de Savoie, dont Guillaume avait récemment épousé la sœur Jeanne, il l'abandonna tout à fait pour mettre en avant Guillaume-Cliton (2). Bauduin, irrité, s'était alors jeté dans Audenarde avec ses chevaliers, et ravageait le pays d'alentour. A l'approche du monarque français, il brûla la ville et les faubourgs ; l'église de Sainte-Walburge fut dévorée par cet incendie avec cent personnes qui y avaient cherché un refuge (3). Le comte de Hainaut ne resta pas plus long-temps dans un pays où de si puissants ennemis cherchaient à le combattre. Il rentra dans ses domaines, et ne reparut plus en Flandre qu'à la mort de Guillaume-Cliton et quand il s'agit de faire valoir ses droits héréditaires, qui certes n'étaient pas les moins fondés, nonobstant la renonciation au comté de Flandre que son aïeul avait jadis consentie.

D'Audenarde le roi retourna à Bruges sans le jeune

(1) « Et quod nullus se propinquior vel rectiori ac majori jure hæres Flandriæ esse deberet armis et duello sui proprii corporis probaturum subjunxit. » — *Herimanni Tornacensis chron. in Spicil. Acheri*, ed. in-f°, II, 88.

(2) *Ibid.*

(3) *Ibid.*

comte, qui ne revint que le jour suivant vers midi. Les chanoines de Saint-Donat reçurent Louis-le-Gros en procession et le conduisirent à l'église, où il fit ses dévotions et donna de riches offrandes, selon la coutume des princes ses prédécesseurs. Il se rendit ensuite, en grand cortége de barons, au palais du comte Charles, qui avait été dignement réparé pour cette réception, et y dîna. Pendant le festin on entendit au dehors des voix confuses et un étrange tumulte. C'était le peuple qui s'était assemblé pour savoir ce qu'on allait faire des prisonniers. La place du bourg et les lieux environnants se couvraient d'une foule immense. On lui dit qu'il fallait attendre l'arrivée du comte Guillaume avant de prendre une décision. La foule s'écoula, et le lendemain elle revint aussi nombreuse et aussi empressée que la veille. Le comte ne fut pas plutôt entré en son logis, que déjà les appartements étaient encombrés de gens de toute espèce. Le roi eut beaucoup de peine à pénétrer jusqu'à lui. Ils avisèrent aux moyens d'éloigner la populace. A cet effet, le comte sortit accompagné de quelques serviteurs et hommes d'armes. La multitude curieuse le suivit. Lorsque le bourg fut ainsi débarrassé, le comte y rentra seul avec son monde, ordonna de fermer les portes, et monta au palais du roi pour tenir conseil. Le sort des conjurés fut alors décidé. Ils devaient être tous précipités du haut de la tour élevée qui dominait l'hôtel du comte Charles, où logeait maintenant le roi des Français. Lorsque tout fut disposé pour cette exécution, le roi et le comte Guillaume envoyèrent des soldats armés à la prison afin d'y prendre les criminels un à un et séparément. Le premier qu'on fit sortir fut Wilfrid Cnop, frère du prévôt Bertulphe; on lui annonça, avec une cruelle ironie, que le roi voulait lui donner des preuves de sa clémence (1). Wilfrid le crut ainsi que les autres prisonniers, et se livra joyeux aux mains des soldats. Ceux-ci l'emmenèrent à travers les corridors intérieurs du palais jusqu'au sommet de la tour. Là, tandis que d'un œil étonné il regardait en bas dans la place, ils le poussèrent; et Wilfrid trébuchant tomba du haut de la tour sur le pavé, où il se brisa la tête. Après lui les soldats allèrent chercher Walter, fils de Lambert d'Ardembourg, et le conduisirent également sur la plate-forme. Walter prévit bien son sort en apercevant le corps fracassé de Wilfrid; il supplia les soldats, pour l'amour de Dieu, de lui laisser le temps de faire une courte prière. Lorsqu'il l'eut achevée, on le précipita de la même manière et il expira aussitôt. Le troisième qui fut ainsi lancé de l'extrémité de la tour, s'appelait Éric. Son corps rebondit sur un escalier de bois dont il arracha et rompit une marche, bien qu'elle fût attachée avec cinq clous (2). Arrivé à terre, et vivant encore, il eut la force de faire le signe de la croix; ce qui émut quelques bonnes femmes, qui voulurent s'approcher de lui. Mais un servant d'armes de la maison du comte leur jeta une grosse pierre et les força de s'éloigner. Bref, tous les conjurés, au nombre de vingt-huit, subirent le même sort. Borsiard n'était point parmi eux. On ne dit pas comment il avait trouvé moyen de s'échapper; quoi qu'il en soit, le dimanche qui précéda le jour où ses complices furent suppliciés il fut pris dans la ville de Lille. Ayant été lié et garrotté sur une roue au haut d'une forte perche, il vécut ainsi pendant un jour et une nuit, priant, gémissant et demandant comme une grâce

---

(1) « Quod rex misericorditer acturus foret cum ipsis. » — *Galb. de Vita Car. Boni*, 208.

(2) *Ibid.*

qu'on voulût bien lui couper les deux mains avec lesquelles il avait frappé son seigneur à mort (1).

Cette éclatante vengeance, obtenue après tant de peines et de travaux, devrait former la péripétie naturelle d'un drame commencé par du sang ; mais la mort de Charles-le-Bon eut des conséquences politiques dont il faut poursuivre le récit inachevé. Une fois les meurtriers punis et l'autorité du nouveau comte reconnue presque partout, la présence du roi en Flandre n'était plus nécessaire. Il partit donc de Bruges le sixième jour de mai, emmenant avec lui le jeune Robert captif, qu'on n'avait pas voulu justicier avec les autres, car il était fort aimé des gens de la ville ; à plusieurs reprises on avait même demandé sa grâce au roi, mais il n'avait pas voulu l'accorder. Robert en partant vit la compassion qu'il inspirait à chacun : « Mes amis, dit-il aux bourgeois, il n'a pas dépendu de vous que j'eusse la vie sauve ; au moins priez Dieu qu'il ait pitié de mon âme (2). » Quand on fut à quelque distance du bourg, le roi ordonna qu'on lui liât les pieds sous le ventre du cheval qu'il montait ; et bientôt il l'envoya à Bruges, où le bourreau lui coupa la tête.

Guillaume Cliton, après avoir escorté le roi jusqu'à la limite du comté, revint à Bruges, où il ordonna de faire des enquêtes pour connaître tous ceux qui, directement ou indirectement, auraient participé à la conjuration, et afin d'apprendre aussi ce qu'était devenu le trésor de son prédécesseur. Ces recherches ne produisirent pas de grands résultats. Guillaume s'occupa ensuite de consolider son pouvoir et de rétablir la paix dans le pays. Le dimanche de la

(1) *Ibid.*
(2) *Ibid.*

Pentecôte, il tint une cour plénière et reçut les serments des seigneurs flamands qui avaient été convoqués à cet effet. Dans la crainte que Guillaume d'Ypres ne parvînt à s'échapper de Lille et à lui causer par là de nouveaux embarras, il le fit amener à Bruges et enfermer dans la plus haute chambre de cette tour du haut de laquelle les meurtriers de Charles avaient été précipités. Une garde nombreuse veilla sur ce dangereux personnage ; le comte redoutait même tellement ses intrigues qu'il lui fit défendre de regarder par les fenêtres.

Quelque temps se passa sans événements sérieux ; et Guillaume, dont l'autorité ne semblait plus aussi gravement contestée, crut pouvoir en faire sentir le poids à ceux-là même qui la lui avaient donnée. Soit qu'il songeât à reconquérir la Normandie, soit plutôt qu'il voulût se mettre en mesure de repousser de nouvelles entreprises contre la Flandre, dès le mois d'octobre il eut besoin d'argent et réclama des habitants de Bruges les droits de cens et de tonlieu, auxquels il avait cependant renoncé, comme on sait, lors de son élection. On ne dit pas si les bourgeois se soumirent à cette taxe ; il est probable que non. Dans tous les cas, ils surent fort mauvais gré au comte de l'avoir réclamée et commencèrent à prendre en haine un seigneur sur la parole duquel on pouvait si peu compter (1). Guillaume, de son côté, chercha moins à se faire aimer de ses nouveaux sujets qu'à s'en faire craindre. Au lieu de les traiter doucement, et de manière à s'attirer peu à peu leur confiance et leur amitié, ce jeune homme sans expérience se plut au contraire à exercer contre eux mille vexations. Au mois

---

(1) « Undè concitata est invidia maxima inter cives illos et comitem ità, ut deinceps sibi suspecti utrinquè starent. » — *Ibid.*, 211.

d'août, à la fête de Saint-Pierre, pendant qu'avait lieu la foire de Lille, Guillaume, se trouvant dans cette ville, voulut faire saisir sur le marché, par ses hommes d'armes normands, un serf qui lui déplaisait. Les bourgeois s'indignèrent de ce nouvel acte de tyrannie, prirent les armes d'un commun accord, et, se portant au logis du comte, le forcèrent à fuir ainsi que tous ses gens, dont plusieurs furent maltraités et jetés dans les marais qui se trouvaient alors en dehors des faubourgs. Guillaume, furieux, revint bientôt investir le bourg de Lille, et força les citoyens à lui payer, à titre de composition, une somme de mille quatre cents marcs d'argent. Le troisième jour de février suivant, les bourgeois de Saint-Omer, qui avaient naguère accueilli Guillaume si honorablement, s'insurgèrent contre lui parce qu'il favorisait outre mesure leur châtelain, homme dur et rapace, qui volait et dilapidait les revenus publics, et se livrait à d'odieuses cruautés. A la nouvelle de cette rébellion le comte vint aussi mettre le siége devant Saint-Omer, avec une forte armée.

Les bourgeois furent, comme à Lille, obligés de se racheter du sac et du pillage par une forte somme d'argent. En quittant Saint-Omer, le comte dut se porter en toute hâte vers Gand, où venait également d'éclater une insurrection; car le mécontentement était devenu général. Ici encore, la révolte était motivée sur les violences du châtelain institué par Guillaume et agissant d'après ses ordres. Quoiqu'on eût déjà pris partout le comte étranger en grande haine, les Gantois voulurent cependant essayer de lui faire entendre raison et de le ramener à de meilleurs sentiments. Ils avaient choisi pour chefs deux chevaliers, Daniel de Tenremonde et Iwan d'Alost, l'un et l'autre de la famille des anciens châtelains de Gand. Iwan fut chargé d'adresser des remontrantes à Guillaume au nom de tout le peuple assemblé sur la place (1) : « Seigneur comte, lui dit-il, si vous aviez voulu traiter avec justice nos concitoyens, vos bourgeois et nous, leurs amis, vous n'auriez pas dû nous faire souffrir d'iniques exactions et des violences, mais au contraire nous défendre contre nos ennemis et nous traiter honorablement. Maintenant donc, au mépris du bon droit et des serments, vous avez rompu le pacte juré entre nous touchant la remise du tonlieu, la conjuration de la paix, et autres choses justes que les habitants de ce pays avaient obtenues de vos prédécesseurs, les bons comtes de cette terre, surtout au temps du seigneur Charles et même de vous; ainsi vous avez violé votre foi et trompé la nôtre, car nous sommes engagés par le même serment que vous. Tout le monde sait quelle violence et quelle rapine vous avez exercées à Lille, et avec combien d'injustice et de méchanceté vous avez traité les habitants de Saint-Omer (2). A présent, si vous pouviez, vous persécuteriez de même les citoyens de Gand. Mais, puisque vous êtes notre seigneur et celui de toute la Flandre, il convient que vous agissiez envers nous d'après la raison, sans colère et sans haine. Que votre cour soit tenue à Ypres, s'il vous plaît, et que là, au centre de votre comté, les seigneurs des deux partis et nos pairs se réunissent, ainsi que les plus sages d'entre le clergé et le peuple; qu'on s'assemble en paix, sans armes, avec réflexion et tranquillité, sans ruse ni mauvaise intention, et qu'on

---

(1) « Et convocatis universis in Gandavo, Iwan prolocutor civium statutus est. » — *Ibid.*

(2) « Manifestum est quantam violentiam et rapinam in Insulis fecistis, et quantum cives in S. Audomaro persecuti sitis injustè et perversè. » — *Ibid.*

prenne une décision. Si vous pouvez désormais gouverner le comté sans déshonneur pour le pays, nous voulons bien que vous le gardiez. S'il en est autrement, si vous n'avez ni foi ni loi, si vous êtes trompeur et parjure, quittez le comté; nous le confierons à quelque homme (1) capable et digne de le régir, car nous sommes les médiateurs entre le roi de France et vous pour que vous ne fassiez rien d'important dans le comté sans prendre notre avis et sans consulter l'honneur du pays. Et voilà cependant qu'au mépris de la bonne foi et des serments, tant du roi que de nous, et conséquemment de nos seigneurs les barons de la terre, vous nous traitez iniquement, aussi bien nous vos cautions auprès dudit roi que tous les bourgeois de la Flandre. »

Guillaume avait écouté impatiemment ce discours ; à peine fut-il achevé qu'il s'élança en avant d'un air furieux ; et, s'il eût osé, il aurait insulté Iwan en face du peuple ; mais il se contraignit et dit, avec une rage concentrée : « Iwan, je rejette l'hommage que tu m'as prêté ; je veux devenir ton égal, et te prouver sans délai, par un combat singulier, que j'ai bien et loyalement agi en toutes choses dans le pays (2). » Iwan, calme et impassible devant ce défi, répondit qu'il n'y avait pas lieu de combattre, mais de se réunir paisiblement à Ypres; et il assigna le comte à y comparaître pour le cinquième jour du carême.

---

(1) « Si potueritis comitatum salvo honore terræ deinceps obtinere, volo ut obtineatis. Sin verò tales estis, scilicet exlex, sine fide, dolosus, perjurus, discedite a comitatu et cum nobis relinquite idoneo et legitimo alicui viro commendandum. » — *Ibid.*

(2) Et ait : « Volo ergò, rejecto hominio quod mihi fecisti, parem me tibi facere, et sine dilatione bello comprobare in te, quia bene et rationabiliter adhuc per omnia in comitatu egerim. » — *Ibid.*

Ce qui donnait tant d'assurance et de fierté à cet orateur du peuple, c'était d'abord le bon droit de la cause qu'il défendait, puis la protection que le roi d'Angleterre avait promise en secret aux principales villes flamandes contre leur oppresseur. Ce prince, en effet, n'avait pu voir sans dépit Guillaume Cliton devenir possesseur de la Flandre, et ne négligeait rien pour fomenter une révolution dans la contrée.

Après avoir été obligé d'entendre les paroles sévères d'Iwan, le comte, plein d'émotions pénibles, se rendit à Bruges, où il s'empressa de réunir le plus de gens de guerre qu'il put trouver. Ensuite il convoqua les bourgeois, se plaignit à eux de l'insolence d'Iwan et des Gantois qui, disait-il, le chasseraient volontiers de la Flandre, s'ils le pouvaient, et les engagea fortement à lui rester fidèles. Avant le jour indiqué il se porta vers Ypres avec ses troupes, et remplit la ville de soldats et de serfs armés. Iwan et Daniel, d'un autre côté, ne restaient pas inactifs ; ils envoyaient dans les villes de Flandre des députés pour faire alliance avec les habitants et leur dire : « Promettons-nous mutuellement, par des otages, si nous voulons vivre sans honte dans notre pays, que, si le comte recommence à user de violence envers nous, nous volerons réciproquement à la défense les uns des autres (1). »

Lorsqu'arriva le cinquième jour de carême, Iwan et Daniel, pour tenir leur parole, s'approchèrent d'Ypres jusqu'à Boulers, et de là envoyèrent à Guillaume des hérauts porteurs de cette déclaration : « Seigneur comte, le

---

(1) « Obsides et fidejussores dabimus ad invicem, si vos vultis vivere cum honore in terrà, ut si violenter velit comes irruere super vos vel nos, undique ad mutuam nostram defensionem concurramus. » — *Ibid.*

jour de la réunion ayant été fixé dans le saint temps du jeûne, vous auriez dû venir en paix, sans fraude, et non armé. Comme vous ne l'avez pas fait; que, bien plus, vous êtes disposé à combattre nos compatriotes, Iwan, Daniel et les Gantois vous font savoir par notre bouche qu'ils renoncent dès à présent à l'hommage qu'ils vous ont prêté, et retirent la fidélité qu'ils vous avaient inviolablement gardée jusqu'à ce jour, parce que vous êtes venu pour les perdre par malice et méchanceté (1). » Cela dit, les hérauts brisèrent les fétus de paille en signe de retrait d'hommage et s'en allèrent (2).

Les choses en étaient à ce point entre le comte et ses sujets, quand on apprit que Thierri d'Alsace, le même qui dès le principe s'était mis sur les rangs pour obtenir le comté, venait d'arriver à Gand. En même temps, les habitants de Saint-Omer introduisaient dans leurs murs un autre prétendant, Arnoul de Danemarck, neveu de Charles-le-Bon. Ces deux seigneurs attendaient chacun de leur côté que la marche des événements leur permît de se faire proclamer comte de Flandre en place de celui dont on ne voulait plus. Ainsi la position de Guillaume devenait très-périlleuse; il fit, pour en sortir, d'énergiques efforts. D'abord, ne pouvant se mesurer contre les deux concurrents à la fois, il se porta en toute hâte vers Saint-Omer avec de nombreuses troupes; car bien des gens n'osaient pas encore abandonner celui qui avait été légitimement consacré par le vœu national, et les bourgeois entre autres lui avaient envoyé des renforts conduits par leur châtelain Gervais. Guil-

---

(1) « Quia dolose ipsos interficere venistis. » — *Ibid.*

(2) « Et exfestucaverunt ex parte dominorum suorum internuntii illi et abierunt. » — *Ibid.*

laume entra de force à Saint-Omer, poursuivit Arnoul, et le chassa jusque dans l'église du monastère de Saint-Bertin, à laquelle il voulait mettre le feu. Obligé de se rendre à merci, Arnoul abjura ses prétentions sur la Flandre (1), moyennant quoi il lui fut permis de s'embarquer et de retourner en Danemarck. Délivré de ce rival, Guillaume avait encore à repousser Thierri d'Alsace, et à soumettre la Flandre entière, où l'insurrection faisait de rapides progrès. De tous côtés l'on prenait les armes. Gand, où Daniel et Iwan étaient revenus, avait proclamé Thierri : Bruges ne tarda pas à le reconnaître également; et le châtelain Gervais, se conformant au vœu populaire, se sépara tout-à-fait du Normand et devint l'homme-lige de Thierri. Ainsi les nobles et les bourgeois désertaient en foule la cause de Guillaume. Ceux d'entre les barons qui ne se trouvaient point dans son armée, mais qui jadis lui avaient prêté foi et hommage, allaient le trouver et rompaient la paille devant lui. Dans cette extrémité, le comte mit en liberté Guillaume d'Ypres et tenta de s'en faire un auxiliaire. Ce moyen ne réussit pas; Guillaume, à peine revenu dans sa châtellenie d'Ypres, en fut chassé par les habitants, qui ne voulaient déjà plus reconnaître d'autre maître que le seigneur Thierri d'Alsace. Alors Guillaume Cliton, auquel il ne restait que les hommes d'armes normands, se trouva comme un étranger au milieu de la Flandre en révolte. Abandonné par tout le monde, il n'eut plus d'autre alternative que de recourir au roi de France sous les auspices duquel il était arrivé à ce pouvoir souverain qu'il ne savait pas garder. Il se rendit à Compiègne auprès de Louis-

---

(1) « Coegitque ut Arnoldus ille abjuraret prorsùs Flandriam. »—*Ibid.* 212.

le-Gros, et lui exposa sa détresse. Le roi avait intérêt à ne point délaisser son protégé. La facilité avec laquelle il l'avait fait comte de Flandre lui donnait à penser que les Flamands ne devaient rien lui refuser, et n'oseraient d'ailleurs résister jamais à ses intentions et à son autorité. En conséquence il vint à Arras, et dépêcha aux principales villes cet impérieux message : « Je veux que le dimanche des Rameaux huit des plus prudents d'entre vous se rendent auprès de moi à Arras. Je désire voir expliquer devant eux et devant tous mes barons ce dont il s'agit entre vous et votre comte Guillaume, et connaître ainsi la raison de vos dissensions (1). »

Les citoyens délibérèrent mûrement et sagement sur cet ordre du roi, comme ils avaient coutume de le faire dans toutes les circonstances graves, puis ils s'exprimèrent avec une fierté à laquelle Louis-le-Gros ne s'attendait pas sans doute. Après avoir exposé les griefs qu'ils avaient contre Guillaume Cliton, et déduit les motifs de leur préférence en faveur de Thierri d'Alsace, ils terminaient par cette déclaration : « Nous faisons donc connaître à tous, tant au roi qu'à ses barons, tant à nos compatriotes qu'à leurs descendants, que rien n'appartient au roi de France dans l'élection et dans l'élévation du comte de Flandre, qu'il meure avec ou sans héritier (2). Les pairs du pays et les citoyens ont seuls le droit d'élire le plus proche héritier, et le pouvoir de l'élever au comté. Quant au tribut dont il est redevable pour les pays qu'il tient en fief du roi, le comte, à la

---

(1) « Volo ut in dominicâ Palmarum octo viros discretos à vobis mihi in Atrebato transmittatis, » etc. — *Ibid.* 214.

(2) « Quod nihil pertinet ad regem Franciæ de electione vel positione comitis Flandriæ. » — *Ibid.*

mort de son prédécesseur, est seulement tenu de donner un certain nombre d'hommes au roi pour tout droit de fief. Le comte du pays de Flandre ne doit rien de plus au roi de France, qui n'a nul motif de vouloir nous imposer un chef (1). »

Ce langage fit voir à Louis-le-Gros qu'il s'était trompé en comptant sur l'obéissance passive des Flamands. Il employa d'abord l'autorité de l'Eglise, qui souvent alors était si efficace pour mettre les peuples à la raison ; et, par son ordre, l'évêque de Tournai lança l'interdit sur la Flandre, et excommunia tous ceux qui avaient dépossédé Guillaume. Ce moyen n'ébranla point l'obstination des Flamands, qui croyaient pouvoir sans scrupule défaire ce qu'ils avaient fait. Alors le roi et le comte Guillaume n'eurent plus d'autres ressources que d'agir par la force des armes. Louis s'en vint assiéger Lille, où Thierri d'Alsace s'était enfermé ; mais au bout de quatre jours, après avoir livré plusieurs assauts infructueux, il se replia sur Arras, puis rentra en France, car le comte de Champagne, d'intelligence avec le roi d'Angleterre qui favorisait toujours en secret les Flamands, s'était porté jusqu'à Epernay sur la Marne, et menaçait de pénétrer au cœur de la France. Quant à Guillaume, il resta en Flandre, soutenant la lutte avec les hommes d'armes que le roi lui avait laissés. Comme il n'était plus capable d'attaquer les bourgs importants de ce pays, les hostilités se bornèrent d'abord à des agressions contre les châteaux et au pillage des campagnes. Mais bientôt la fortune sembla le favoriser. Le duc de Louvain, sui-

---

(1) « Nihil ulterius debet consul terræ Flandriæ regi Franciæ, neque rex habet rationem aliquam aut potestatem, seu per coemptionem, seu per pretium, nobis superponat consulem aut aliquem præferat. » — *Ibid.*

vant les uns, redoutait d'avoir Thierri d'Alsace pour voisin, et, suivant les autres, était mécontent d'avoir vu échouer son projet de faire reconnaître Arnoul de Danemarck, auquel il aurait donné sa fille en mariage; aussi prêta-t-il son concours à Guillaume. Celui-ci, plein d'ardeur et de courage, chercha dès-lors toutes les occasions de se trouver face à face avec son compétiteur, et de se mesurer avec lui. Le 21 juin 1128, Thierri d'Alsace étant venu, en tête d'une innombrable quantité de Flamands, assiéger, aux environs de Thielt, le château-fort d'un chevalier nommé Folket qui était resté fidèle au parti de Guillaume, ce dernier vola au secours de son allié. Bien que les forces de Thierri fussent beaucoup plus grandes que les siennes, il résolut cependant de le combattre et de délivrer Folket; car il aimait mieux mourir que de supporter un tel outrage (1). Vers le matin, il confessa ses péchés à l'abbé d'Oldenbourg, reçut dévotement la communion, et promit sur l'autel que dorénavant il serait le défenseur des églises et des pauvres. Ses hommes d'armes firent le même vœu, se coupèrent les cheveux, se dépouillèrent de leurs chlamydes, délacèrent leurs haubers ou cuirasses, et prirent des armes plus légères. Arrivés sur le sommet d'une colline qui dominait l'armée de Thierri d'Alsace et le manoir de Folket, ils se préparèrent à livrer bataille. Un combat acharné à coups de piques et d'épées ne tarda pas à s'engager. Le corps où se trouvait Guillaume fut contraint à reculer, puis à faire volte-face et à fuir. Guillaume se vit entraîné dans cette déroute; mais il avait eu soin de tenir une troupe en réserve. Elle se jeta intrépidement sur les gens d'armes de Thierri qui pour-

---

(1) « Elegerat namque priùs emori quàm tantum opprobrium sui sustinere » — *Ibid.*, 216.

suivaient les fuyards, et les arrêta brusquement. Guillaume rallia aussitôt ses gens, reprit l'offensive, et, par une attaque vigoureuse, porta le désordre et la confusion chez ses ennemis. A leur tour ceux-ci se sauvèrent épouvantés, abandonnant leurs armes, se dépouillant de tout ce qui les gênait. Dix hommes d'armes seulement restèrent auprès de Thierri, que Guillaume, sautant à cheval, se mit à chasser l'épée dans les reins. Thierri eut grand' peine à échapper, et arriva presque seul à Bruges vers le milieu de la nuit. La consternation et le désespoir s'emparèrent des habitants, et l'on crut que tout était perdu. Quand on apprit que Guillaume avant de se battre s'était confessé et avait, par esprit de pénitence, coupé ses cheveux et dépouillé ses ornements guerriers, ainsi que tous ses chevaliers, Thierri voulut aussi se couper les cheveux, et cet exemple fut immédiatement suivi par les hommes d'armes de son parti. Chacun se purifia par le jeûne et les mortifications (1); on porta processionnellement les croix des églises et les châsses des saints; le clergé de Bruges excommunia le normand Guillaume; enfin l'on fit promettre au comte Thierri qu'il se montrerait toujours bon et miséricordieux envers ses nouveaux sujets (2).

Quelques jours après ce désastre Thierri se mit en mesure de reprendre les hostilités contre Guillaume, qui assiégeait en ce moment-là une forteresse au village d'Oostcamp. Il ne fut pas plus heureux dans cette expédition que dans l'autre et fut obligé de se réfugier encore à Bruges, où les paysans d'alentour, effrayés qu'ils étaient des succès de Guillaume, le suivirent en foule et y enfermèrent leurs ef-

(1) *Ibid.*, 217.
(2) *Ibid.*

fets et leur bétail. « Alors, dit un témoin oculaire déplorant les malheurs de la guerre, les épouses pleurèrent leurs maris, les enfants leurs pères, les serviteurs et les servantes leurs maîtres, que la guerre avaient moissonnés ; et le découragement les saisissait au milieu des pleurs et des sanglots (1). »

Il fallut pourtant que Thierri, battu dans les deux rencontres, reprît les armes sans délai ; car ses ennemis ne lui laissaient aucun repos, surtout depuis que la fortune était venue accroître leur espoir et leur audace. Ils menaçaient Alost, une des principales bourgades de la Flandre impériale, située entre Bruxelles et Gand. Thierri courut s'y enfermer avec Iwan, Daniel et les plus braves d'entre ses chevaliers. A peine y avait-il pénétré que Guillaume Cliton et le duc de Louvain arrivèrent sous les murs en tête de forces considérables. Le sort de la Flandre dépendait de ce siége : si le seigneur qu'elle avait choisi était contraint à se rendre, elle retombait infailliblement sous le joug de celui qu'elle venait de répudier ; et Dieu sait par quelles représailles Guillaume aurait vengé le sanglant-affront qu'il avait reçu des Flamands. Rempli d'orgueil et de bravoure, sûr peut-être de la victoire, le jeune Normand se porta, le 27 juillet, au-devant des ennemis, près des retranchements, au moment d'une attaque. Du haut de son cheval il frappait bravement d'estoc et de taille, quand un trait d'arbalète, décoché par un homme d'armes nommé Nicaise Borlut, le renversa par terre. Guillaume, blessé peu grièvement, se releva et porta la main droite à sa dague pour combattre à pied. Un servant d'armes, qui avait aperçu ce mouvement, se précipita

(1) *Ibid.*

sur lui la pique en arrêt, lui perça la main, la fixa au milieu du bras, et lui enfonça le fer dans la poitrine (1). Guillaume trébucha, blessé à mort, entre les bras de ses chevaliers, qui le transportèrent à l'écart le plus secrètement qu'ils purent. Le servant d'armes avait été tué avant de pouvoir prendre la fuite, de sorte que les assiégés ignoraient l'événement. Il n'en était pas de même parmi les Normands et tous ceux qui ne se battaient que pour Guillaume. Ils surent bien vite la fatale nouvelle, et comprirent aussitôt que la guerre devait cesser puisque celui en faveur de qui seul on la faisait n'existait plus. Le duc de Louvain, sans perdre de temps, réclama une entrevue du comte Thierri, et le pria d'accorder à Guillaume Cliton la faculté de se retirer tranquillement du siége avec les siens. Thierri fut surpris de cette proposition ; mais elle ne lui déplut pas, car elle le tirait d'un grand embarras. Il y accéda de tout cœur ; et quand le duc de Louvain eut reçu la parole de son ennemi, il lui dit : « Seigneur Thierri, te voilà seul comte de Flandre. Guillaume de Normandie, cet adversaire que ton courage poursuivit avec tant d'acharnement, vient d'expirer des suites d'une blessure mortelle (2). »

(1) « Lancea eamdem dexteram consulis in palmâ perfigens, medium brachii quod adjunctum manui cohæserat, perfodit et lethali vulnere infecit.» — *Ibid.*, 218.

(2) « Ecce quem in tantùm virtus tua pe sequitur hostem Willelmus comes e vulnere lethali expiravit. » — *Ibid.*

X

THIERRI D'ALSACE.

1128 — 1168

Thierri d'Alsace pacifie la Flandre. — Guerre avec Bauduin, comte de Hainaut. — Voyage de Thierri en Palestine. — Coalition contre la Flandre. — Démêlés entre les princes lorrains. — Guerre dans le pays de Liége. — Guerre en Brabant. — Combat des Trois-Fontaines. — Saint Bernard en Flandre. — Thierri prend la croix avec le roi de France et l'empereur. — Malheurs de cette expédition. — Thierri rapporte en Flandre la relique appelée le saint sang de J.-C. — Expéditions flamandes contre les Slaves et contre les Maures d'Espagne. — Fondation du royaume de Portugal. — Sibylle, comtesse de Flandre, est attaquée par Bauduin de Hainaut durant l'absence de son mari. — Courage de cette princesse. — Bravoure du sire Rasse de Gavre. — La paix est rétablie. — Guillaume d'Ypres se réconcilie avec Thierri d'Alsace. — Faits et gestes de Guillaume durant son exil en Angleterre. — Troisième voyage du comte de Flandre en Asie. — Philippe, son fils, fait la guerre à Florent III, comte de Hollande. — Expédition en Cambrésis. — Retour de Thierri d'Alsace. — Situation prospère de la Flandre. — Quatrième pèlerinage de Thierri à Jérusalem. — Thomas, archevêque de Cantorbéry, visite dans son exil l'Artois et la Flandre. — Premier soulèvement populaire à Gand. — Philippe d'Alsace assiste à la translation du corps de Charlemagne. — Retour du comte Thierri. — Reprise de la guerre contre Florent de Hollande. — Traité de paix et de commerce avantageux aux Flamands. — Naissance de Philippe-Auguste.

La mort de Guillaume fut considérée par les Flamands comme un effet de la colère de Dieu. « Le Seigneur, dit l'historien Galbert, frappa cet homme puissant, parce qu'il ne s'était servi de sa puissance que pour dévaster le pays, provoquer ses habitants à la guerre civile, fouler aux pieds les lois de Dieu et celles des hommes (1). » Thierri d'Alsace se garda bien d'imiter l'exemple de son prédécesseur. Quand il eut rangé sous son obéissance les amis de Cliton, qui tenaient encore la campagne dans la crainte de ne pas trouver grâce auprès du nouveau prince, il s'occupa des moyens de se concilier les différents partis politiques que le meurtre de Charles-le-Bon avait fait éclore. Il s'attacha les barons par la concession de plusieurs fiefs, et la bourgeoisie en lui octroyant ou en lui promettant des priviléges et immunités. Dès le 22 août, c'est-à-dire moins d'un mois après la mort de son rival, il confirma la charte que celui-ci avait donnée à la turbulente cité de Saint-Omer, et y fit quelques additions. Déjà il avait été ordonné à tous les bannis de revenir à la cour; plusieurs prouvèrent qu'ils n'avaient point trempé dans la conspiration; entre autres Lambert d'Ardembourg, qui se justifia par le fer rouge; plusieurs aussi rentrèrent en Flandre, mais sans se soumettre à aucun jugement. Ils n'étaient inquiétés que dans le cas où les parents de ceux qui naguère avaient péri pour la cause de Charles-le-Bon les accusaient publiquement et en appelaient au duel judiciaire. Du reste Thierri désirait ardemment que toute dissension vînt à cesser, et que son autorité pût enfin s'affermir au sein de la paix. Les Flamands n'étaient pas moins avides de repos après tant de luttes et de fatigues.

Les parties wallones du comté ne connaissaient pas encore Thierri, qu'elles avaient cependant adopté à l'exemple de la Flandre tudesque. Il alla les visiter, et se montra tour à tour aux villes d'Arras, de Térouane, de Saint-Omer, d'Aire et de Lille, où le peuple et le clergé le reçurent avec

---

(1) Galbert. *loco citato.*

de grandes marques de joie et lui jurèrent foi et hommage, ainsi qu'on avait coutume de le faire à chaque nouveau souverain. Mais le peuple savait déjà parfaitement que tout lien de sujétion féodale pouvait se rompre lorsque le seigneur manquait à sa parole; et ce dernier n'ignorait pas non plus qu'il suffisait d'un fétu de paille brisé en sa présence pour lui enlever de dessus la tête sa couronne comtale. Les droits et les devoirs de chacun se trouvaient donc maintenant reconnus et déterminés de manière à ne plus s'y méprendre à l'avenir.

Thierri se rendit ensuite auprès des rois de France et d'Angleterre, jugeant qu'il était de bonne politique de se concilier la bienveillance de ces puissants monarques. Ils l'accueillirent fort honorablement, lui donnèrent l'investiture des fiefs que ses prédécesseurs possédaient déjà ; et le roi d'Angleterre, heureux de se voir débarrassé d'un neveu dont l'existence l'importunait ; poussa la complaisance, à l'égard de Thierri, jusqu'à contraindre le comte de Boulogne et d'autres seigneurs qui possédaient des terres en Flandre, à lui prêter le serment de vasselage (1).

A part une irruption de l'Océan, qui, en 1135, inonda une bonne partie de la Flandre, de la Hollande et de la Frise, il ne se passa rien de remarquable dans le comté jusqu'à l'année 1137, époque à laquelle Bauduin de Hainaut essaya une attaque vers les frontières méridionales de la Flandre. Il avait toujours des vues sur la ville de Douai, dont son bisaïeul avait jadis été dépossédé pour n'avoir pas voulu épouser la fille de Robert-le-Frison. Thierri, prévenu à temps, se porta rapidement sur le château de Roucourt, situé entre Pecquencourt et Arleux, aux confins du Cambré-

---

(1) Orderic Vital ap. Bouquet, XII, 746.

sis, et d'où l'armée du comte de Hainaut se préparait à marcher contre Douai. Cette forteresse était défendue par un vaillant chevalier nommé Gilles de Chin, seigneur de Berlaimont, dont les exploits merveilleux, transmis par la tradition, sont encore aujourd'hui en Hainaut l'objet des récits populaires. Thierri fit le siége du château de Roucourt, le prit, et dispersa les hommes d'armes du comte de Hainaut. Gilles de Chin périt dans ces circonstances; et Thierri eut la générosité de renvoyer sans rançon à Bauduin le corps du valeureux chevalier, auquel on fit de belles obsèques dans l'église de Saint-Ghislain, qu'il avait naguère choisie pour le lieu de sa sépulture, en la dotant de grands biens.

La paix ayant été rétablie, et le pays jouissant d'un repos que rien ne semblait devoir troubler, Thierri se disposa à entreprendre le voyage d'Orient. En 1134, après avoir perdu sa première épouse nommée Swanechilde, que mal à propos certains historiens confondent avec Marguerite de Clermont, veuve de Charles-le-Bon, il avait pris à femme Sibylle, fille du comte Foulque d'Anjou, lequel venait de monter sur le trône de Jérusalem. Soit qu'il fût entraîné vers les lieux saints par ses propres inspirations, soit qu'il eût reçu de son beau-père une demande de secours, toujours est-il qu'il partit accompagné des chevaliers flamands qui voulurent bien le suivre. Mais, avant de se mettre en route, il avait tenu à Ypres, le 19 février, une cour plénière, où la paix flamande, établie par ses ancêtres, fut confirmée et jurée en présence des évêques de Tournai, d'Arras, de Térouane, de Cambrai, de la comtesse Sibylle, et de tous les officiers et dignitaires de la Flandre. Entre autres dispositions de cette paix qui devaient assurer la tranquillité publique pendant l'absence du prince, on remarque celles-ci :

« Quiconque violera la paix sera retranché de la communion de la sainte Église.

» L'homicide sera puni par le dernier supplice; les blessures, par le talion ou la confiscation des biens.

» Que les brigands et les voleurs nocturnes soient tués en quelque lieu qu'on les trouve, par tous les gens du voisinage. Celui qui dans la nuit refusera de les poursuivre, payera une amende de soixante sols (1). »

A l'arrivée de Thierri en Palestine, la discorde régnait dans les états et jusque dans la maison du roi de Jérusalem. Comme si les agressions sans cesse renouvelées des infidèles ne suffisaient plus à la fougue guerrière des barons chrétiens, ceux-ci se livraient entre eux à des dissensions déplorables. Zengui, prince de Mossoul, en profita pour attaquer quelques forteresses au pouvoir des croisés; mais il fut bientôt détourné de cette entreprise par le projet de s'emparer de la principauté de Damas. Pour résister à Zengui, le chef musulman à qui cette principauté appartenait ne trouva pas d'autre moyen que de réclamer l'assistance des chrétiens. Cela suspendit les démêlés; et le roi de Jérusalem, s'étant fait donner des otages et de fortes sommes d'argent, se mit en campagne pour protéger et défendre Damas. Le comte de Flandre se joignit à son beau-père dans cette expédition, mais il n'eut pas l'occasion d'y montrer sa bravoure; car Zengui, redoutant de se mesurer avec les chrétiens, n'approcha point de Damas. Suivant un traité préliminaire, il avait été convenu que les Francs rentreraient en possession de Panéas, appelée aussi Césarée de Philippe, qui peu de temps auparavant était tombée au pouvoir des

---

(1) Meyer, *Annales rerum Flandicarum ad ann.* 1138.

Turcs. Les infidèles de Damas et les soldats de Jésus-Christ unirent donc leurs étendards, et marchèrent ensemble contre cette ville, située aux sources du Jourdain, près du mont Liban. Thierri d'Alsace fit partie de cette nouvelle entreprise, et se comporta vaillamment au siège de Panéas, qui au bout de quelques jours capitula et se rendit au roi de Jérusalem (1). On ne connaît pas les autres actions du comte de Flandre en Asie ; tout ce qu'on sait, c'est qu'en 1139 il revint en Flandre, où sa présence était alors très-nécessaire.

Bien que le comte de Hainaut eût vu jusque-là échouer tous ses projets contre la Flandre, il en avait néanmoins formé de nouveaux, et s'était allié avec Hugues Champ-d'Avoine, comte de Saint-Pol, et Étienne de Blois, comte de Boulogne, lequel occupait le trône d'Angleterre depuis environ cinq ans. Cette confédération était toujours le résultat de la vieille inimitié qui régnait entre les pays de langue franque et ceux de langue tudesque. Le roi d'Angleterre y entra d'autant plus volontiers qu'il avait intérêt à ce que la puissance de son voisin sur le continent fût diminuée. En outre, Guillaume d'Ypres, après une tentative infructueuse faite sur les côtes et sur la ville de L'Écluse pour soulever le pays, avait été expulsé de L'Écluse et s'était réfugié auprès d'Étienne, qui l'avait accueilli favorablement et auquel il rendait d'importants services dans la guerre et dans le conseil; car c'était un homme actif, entreprenant et audacieux. Il est probable que Guillaume, plein de ressentiment contre Thierri, excitait encore le monarque anglais à combattre ce dernier. Il n'est pas resté de données

---

(1) Guill. de Tyr, liv. XV, c. 6.

sur les suites de cette coalition; mais l'on peut croire qu'elles ne furent pas sérieuses, et que Thierri d'Alsace repoussa facilement ses ennemis: car, en 1140, ce prince eut le loisir d'aller porter ses armes en Brabant.

Cette contrée, qui depuis long-temps s'appelait aussi le comté de Louvain, avait été, en 1106, réunie au duché de Basse-Lorraine, et donnée en fief, par l'empereur Henri V, à Godefroi-le-Barbu, avec le titre de duc de Lothier, pour lui et ses successeurs. Lors des dissensions occasionnées dans l'empire par la mort de Henri, Godefroi embrassa le parti de Conrad, duc de Franconie, contre Lothaire. Ce dernier l'emporta, et, pour punir Godefroi de son opposition, le déclara déchu de sa dignité de duc. Mais, il faut le dire, l'autorité impériale s'était bien affaiblie, et le lien féodal qui unissait les vassaux au suzerain avait singulièrement perdu de sa force. En Belgique surtout, les grands feudataires, que la présence des empereurs, presque toujours occupés en Germanie ou en Italie, ne maintenait plus dans le devoir, s'étaient habitués à considérer comme leur propre domaine les provinces qui primitivement ne leur avaient été confiées qu'à titre de bénéfice viager. Ils prêtaient bien encore hommage à l'empire, mais ce n'était plus qu'une vaine formalité; et la suprématie des césars avait perdu tout ce qu'elle possédait primitivement de sérieux et de réel, c'est-à-dire la levée des impôts en argent et en hommes de guerre. En retirant à Godefroi la dignité de duc de Lothier, Lothaire la conféra à Waleran, fils de Henri, comte de Limbourg; et Godefroi, bravant l'empereur, conserva son titre de duc et l'autorité que ce titre conférait. Le duc de Lothier était héréditairement avoué ou protecteur de l'abbaye de Saint-Trond au pays de Liége, et Gislebert, comte de Duras, en était le sous-avoué.

Or il arriva que, pour faire acte de pouvoir, Waleran voulut enlever cette charge à Gislebert. Alexandre, évêque de Liége, et Rodolphe, abbé de Saint-Trond, tenaient le parti de Waleran. Afin de les en punir, Godefroi et Gislebert résolurent d'attaquer le pays de Liége et le territoire de Saint-Trond. A cet effet, ils prièrent, en 1130, le comte Thierri d'Alsace de se joindre à eux. Thierri accéda facilement à cette demande, car la paix régnait alors en Flandre; les confédérés commencèrent à porter le fer et le feu chez leurs ennemis. De son côté, l'évêque de Liége vint avec Waleran mettre le siége devant Duras. Godefroi et Thierri d'Alsace accoururent au secours de cette ville. A la nouvelle de leur approche l'évêque quitta le siége, et, plein d'une belliqueuse ardeur, se porta à leur rencontre. La bataille s'engagea le 20 juillet, non loin de Duras. Elle fut vive, meurtrière pour les deux armées, mais sans résultats décisifs. Néanmoins l'évêque et Gislebert furent contraints à lever le siége de Duras. Godefroi recomposa son armée, et reparut bientôt aux environs de cette ville. Waleran de Limbourg était venu pour combattre lui-même en tête des Liégeois contre son rival; et, dès le 7 août suivant, l'on en vint de nouveau aux mains dans la plaine qui entoure le village de Wildre, à une lieue de Saint-Trond. Godefroi fut alors vaincu complétement, et perdit même dans la mêlée un étendard magnifiquement brodé que la reine d'Angleterre lui avait donné et qu'il faisait porter sur un char tout doré traîné par quatre bœufs.

Cependant l'empereur Lothaire mourut en 1137; et l'empire fut dévolu à Conrad, son ancien compétiteur. Godefroi fut alors réintégré dans son duché de Lothier; et son fils, Godefroi II, lui succéda peu après, non sans contestation de la part de Henri de Limbourg, qui voulait revendiquer les droits jadis conférés à son père Waleran par Conrad. Godefroi II, forcé de prendre les armes, emporta la ville de Saint-Trond d'assaut, passa la Meuse, entra à Aix-la-Chapelle, que n'avait pu défendre son rival en fuite, et, par ces actes de vigueur, obligea Henri à réclamer la paix et à reconnaître son autorité. Atteint d'une maladie mortelle, Godefroi confia la tutelle de son fils et la régence de ses états à quatre seigneurs brabançons en qui il avait toute confiance. C'étaient Henri de Diest, Gérard de Wesemale, Jean de Bierbeke et Arnoul de Wemmel (1). Il existait en ce temps-là dans le duché une famille considérable qui fut violemment froissée d'une telle préférence. Les Berthold, sires de Grimberghe et de Malines, croyaient que personne dans le Brabant ne les surpassait en noblesse et en opulence; et ils avaient raison, car, descendant d'une souche fort ancienne, ils possédaient une immense étendue de territoire. Mais cette double et redoutable puissance de la naissance et de la fortune était peut-être ce qui avait effrayé le duc. Du reste, quels que soient les motifs de cette exclusion, les Berthold n'en purent supporter la pensée, et résolurent de s'affranchir d'abord de tout lien de vassalité envers le duc. Godefroi, malheureusement pour son fils, mourut sur ces entrefaites et ne put arrêter le mal à sa source. A peine était-il mort que les deux frères chefs de la maison de Berthold, Gautier et Gérard, convoquèrent tous les seigneurs du pays qui leur étaient attachés, soit comme parents ou alliés, soit comme vassaux, et entrèrent

(1) *Brab. gest.*, ms., *lib. VI*, cap. 25; cité par Desroches, *Epitom. hist. belg.* 95.

en guerre ouverte contre les régents. Ils s'emparèrent d'abord de Vilvorde et du territoire voisin, et menacèrent bientôt tout le Brabant (1). Les tuteurs, se sentant trop faibles pour résister aux Berthold, appelèrent à leur secours Thierri d'Alsace; et c'est alors que ce prince, qui venait d'en finir avec la coalition formée par le comte de Hainaut, s'avança vers le duché de Lothier en forte compagnie de chevaliers et de sergents d'armes. Thierri d'Alsace avait une revanche à prendre dans le pays où ses armes n'avaient pas été heureuses, lorsque, dix ans auparavant, il les avait mises au service de Godefroi Ier. Toutefois ce n'était pas le seul motif qui le guidât : l'intérêt y entrait aussi pour quelque chose, car Thierri exigeait que le duc à sa majorité se reconnût vassal du comte de Flandre. C'était là une dure condition. Néanmoins les régents l'acceptèrent; forcés qu'ils étaient de se créer un auxiliaire à tout prix, sous peine de voir le duché tomber au pouvoir des rebelles. Les seigneurs du Lothier restés fidèles au jeune Godefroi, troisième du nom, se réunirent en la ville de Bruxelles à la chevalerie flamande amenée par Thierri. Ces troupes combinées se répandirent aux environs de Grimberghe et de Malines, où elles dévastèrent les campagnes par le pillage et l'incendie. Bientôt les deux armées se trouvèrent en présence sur le territoire de Ransbeck, hameau dépendant de Vilvorde et situé près d'un lieu nommé les Trois-Fontaines. Avant de commencer le combat, les tuteurs envoyèrent le sire de Horn proposer aux Berthold des moyens de conciliation : les engageant à ne pas rester en guerre ouverte contre un jeune prince innocent de tout ce qui avait été fait

---

(1) *Auct. Gembl.* — *Brab. gest. et chron. Grimberg.* — *Ibid.*

et que ne devait point tacher le sang qu'on allait répandre. Les Berthold, enflés d'un orgueil qu'augmentait encore la démarche pacifique tentée auprès d'eux, répondirent qu'il ne s'agissait pas d'entrer en arrangement, mais d'aiguiser les épieux et de lacer les heaumes pour le lendemain matin. Alors les tuteurs, voyant qu'on ne devait rien attendre de ces insolents barons, se préparèrent à livrer bataille; et, afin d'accroître le courage des leurs, ils firent apporter le petit duc, le présentèrent aux hommes d'armes, puis suspendirent son berceau aux branches d'un saule de manière que chacun pût l'avoir sous les yeux durant le combat. On lutta de part et d'autre avec un grand acharnement, et la nuit seule suspendit les hostilités. Mais elles recommencèrent le lendemain et le troisième jour avec une fureur nouvelle. Enfin les Flamands et les Brabançons, défenseurs de Godefroi, remportèrent la victoire. Elle leur coûta beaucoup de monde et n'anéantit pas la puissance des Berthold, car ils poursuivirent la guerre contre leur seigneur pendant long-temps encore. Thierri d'Alsace ne semble pas avoir continué d'y prendre part, et il n'intervint plus dans les affaires du Brabant que pour réclamer de Godefroi l'hommage de vassalité que les tuteurs de ce prince avaient jadis consenti en faveur du comte de Flandre.

Après cette guerre du Brabant il ne se passa en Flandre pendant plusieurs années que des événements de peu d'importance, et sur lesquels d'ailleurs les historiens ne donnent presque pas de détails. Mais un fait qui mérite d'être signalé, c'est l'apparition de saint Bernard en Belgique au mois de janvier 1147. Cet illustre personnage était parti l'année précédente pour l'Allemagne, où il avait prêché la croisade et embrasé les peuples d'un belliqueux enthousiasme, comme Pierre l'Ermite l'avait fait plus de cinquante ans auparavant. A son retour, il passa par Cologne, Aix-la-Chapelle, Maestricht, Liége, Huy, les abbayes de Gembloux et de Villers en Brabant, Fontaine-l'Évêque, Binche, Mons, Valenciennes et Cambrai. On accourait, on se pressait de toutes parts pour voir et entendre cet homme fameux dont les actions étaient des miracles, dont les paroles semblaient émaner de Dieu même. Il fonda et réforma plusieurs monastères, tant en Hainaut et en Cambrésis qu'en Flandre. Ainsi il fit adopter la règle de Citeaux aux religieux des Dunes, et leur donna pour abbé Robert, Brugeois de naissance, lequel se rendit si célèbre par sa science et par sa piété qu'il fut jugé digne de succéder à saint Bernard dans le poste éminent d'abbé de Clairvaux. Déjà, lorsque Thierri, en 1138, était revenu de la Terre-Sainte, Bernard l'avait engagé à élever l'abbaye de Clairmarais, aux environs de Saint-Omer, et celle de Loos près de Lille.

Tout en ravivant le zèle religieux en Belgique, l'illustre réformateur sut aussi entraîner l'esprit des barons et du peuple vers le principal objet de ses prédications. Les milliers de chrétiens morts depuis près d'un demi-siècle pour la conquête du Saint-Tombeau réclamaient une vengeance, et ceux qui restaient en Syrie n'avaient jamais eu un plus pressant besoin d'être secourus. Le royaume de Jérusalem tombait en décadence sous les faibles successeurs de Godefroi de Bouillon, et la ville d'Édesse, avant-poste de la Syrie, venait d'être prise par Zengui et Noureddin. Les récits transmis d'Orient rapportaient que trente mille chrétiens avaient été massacrés et vingt mille réduits en servitude. La voix éloquente de Bernard et le prestige qui entourait toute sa personne insinuaient dans les cœurs le feu dont il était animé. « Épuisé par les jeûnes et les privations, dit un de ses contemporains, pâle et respirant à peine, il persuadait par sa présence autant que par ses discours (1). »

L'année même où saint Bernard parcourut la Belgique, Thierri d'Alsace prit la croix avec le roi de France et la plupart des grands feudataires du royaume. L'empereur Conrad était déjà parti en tête d'une armée de cent cinquante mille hommes. Des malheurs plus grands encore, peut-être que ceux qui avaient signalé la première croisade, attendaient cette nouvelle expédition. Quand les croisés arrivèrent à Attalie, sur la côte de la Pamphilie, ils étaient diminués de moitié par les combats, la famine et les trahisons des Grecs. Il ne leur restait plus de vivres, plus d'armes, plus de moyens de transport. Il y avait quarante jours de marche d'Attalie à Antioche par terre ; par mer, trois jours suffisaient pour y arriver. Mais les Grecs, sur lesquels on comptait, ne fournirent qu'un très-petit nombre de vaisseaux. Le roi de France s'y embarqua avec les chevaliers. Quant au reste de l'armée, composé des gens de pied, de femmes, d'enfants, tous plongés dans le plus affreux dénûment, et que décimait chaque jour la misère ou la faim, on le laissa sur le rivage à la garde du comte de Flandre et d'Archambaud de Bourbon. Ces deux valeureux seigneurs essayèrent de conduire vers Antioche ces bandes malheureuses ; plusieurs fois ils repoussèrent les Turcs, et ranimèrent le courage de leurs compagnons d'infortune. Mais, vaincus eux-mêmes par le désespoir, et ne songeant qu'à éviter une mort certaine, ils se jetèrent dans un vais-

(1) *Épitres de l'abbé Wibald*, ap. Marten. *Ampliss. Collect.*, II, 153.

seau qui devait rejoindre la flotte de Louis VII. Le plus horrible désordre se mit alors parmi les débris de l'armée chrétienne. Tous périrent sous le fer des musulmans ou furent réduits en esclavage par les Grecs. Quatre cent mille pèlerins étaient partis d'Europe pour la croisade, dix mille à peine arrivèrent dans la Terre-Sainte. Cependant les croisés n'auraient pas cru leur vœu accompli s'ils n'avaient point versé le sang des Sarrasins. Le roi Louis VII, l'empereur Conrad, le roi de Jérusalem, les ducs d'Antioche, de Bavière, de Souabe, les comtes de Flandre et de Champagne se réunirent à Ptolémaïs, et résolurent d'assiéger Damas. Ils espéraient ensuite porter leurs conquêtes au delà du Liban, et s'emparer des territoires qui offraient aux vainqueurs un riche butin, des campagnes couvertes de moissons, de riantes habitations, un ample dédommagement enfin à leurs travaux et à leurs misères. Tout ce que les chrétiens avaient souffert depuis leur arrivée en Orient ne les avait pas rendus plus prudents et plus sages. À peine le siége de Damas était-il commencé, que de déplorables discordes s'élevèrent parmi les princes croisés. Chacun briguait la possession de cette ville, et Thierri d'Alsace plus qu'aucun autre; aussi, ses sollicitations auprès du roi de France et de l'empereur d'Allemagne finirent par prévaloir. Cette préférence excita la jalousie et découragea les chefs de l'armée. Ils avaient été jusque-là pleins de zèle et d'ardeur; mais, quand leurs ambitieuses espérances se trouvèrent déçues, ils restèrent dans l'inaction, et l'entreprise échoua. On devait dès-lors désespérer du succès de la guerre sainte. L'enthousiasme était refroidi, les courages abattus. Le roi et l'empereur revinrent en Europe. Le comte de Flandre les suivit, et arriva le 7 avril de l'année

1150 dans ses états. Le seul fruit qu'il retira de cette expédition fut une relique d'un haut prix que lui donna le roi de Jérusalem en récompense de son zèle religieux. Parmi les trésors renfermés dans l'église du Saint-Sépulcre se trouvait une petite fiole de cristal contenant quelques gouttes du sang de Jésus-Christ, que Joseph d'Arimathie et Nicodème avaient, dit-on, exprimées de l'éponge avec laquelle ils essuyèrent le corps du Fils de Dieu quand on le descendit de la croix. Cette fiole était renfermée dans un étui de velours lamé d'or, et suspendu à une chaîne de même métal. Au moment où Thierri allait partir pour revenir en Flandre, Bauduin III, aidé du patriarche de Jérusalem, lui passa solennellement au cou cette précieuse relique en présence du roi et de l'empereur. Mais Thierri, se croyant indigne de la porter, la remit à Leonius, abbé de Saint-Bertin, qui avait suivi son suzerain en Orient, et le chargea d'en prendre soin et de ne la quitter ni le jour ni la nuit durant le voyage. La renommée avait annoncé aux populations flamandes l'arrivée du prince porteur du sang divin. On oublia les désastres de la guerre, on oublia les parents et les amis dont les os blanchissaient sans sépulture dans les plaines de la Judée; et ce fut au milieu des acclamations de joie et de bonheur que le comté fit son entrée à Bruges, précédé par l'abbé de Saint-Bertin ayant à son cou la fiole sacrée. Elle fut déposée à la chapelle Saint-Basile-sur-le-Bourg, où, jusqu'à ce jour, elle est restée pour les peuples un objet de culte et de vénération.

Toutes les forces de la seconde croisade n'avaient pas été dirigées contre l'Asie. Environ cent cinquante mille hommes de la Saxe et du Danemarck commandés par Henri de Saxe, plusieurs princes et un grand nombre d'évêques et d'archevêques s'étaient portés contre les peuples slaves des bords de la mer Baltique encore plongés dans les ténèbres de l'idolâtrie, et qui faisaient une guerre incessante aux chrétiens. Cette expédition ne produisit pas de résultats ; mais d'autres croisés, auxquels l'Europe chrétienne ne prêtait pas grande attention, opéraient en ce temps-là une entreprise plus heureuse sur les bords du Tage.

Lors de la publication de la croisade par saint Bernard, un prédicateur flamand nommé Arnoul avait, à l'exemple du célèbre abbé de Clairvaux, parcouru diverses provinces de la France et de l'Allemagne en exhortant les fidèles à s'enrôler dans la pieuse milice. C'était un homme également remarquable par l'austérité de sa vie, par la singularité de son habillement, et par la puissance de sa parole(1). Comme il ne connaissait pas d'autre langue que le latin et le flamand, il s'était fait accompagner en France par un moine appelé Lambert, qui reproduisait ses discours en roman, seul idiome alors compris des bourgeois et des habitants de la campagne. Ses prédications eurent un prodigieux succès : beaucoup de gens le suivirent, surtout parmi les Flamands, et bientôt une flotte et une armée, commandées par le sire d'Arschot, se portèrent vers l'Espagne, où naguère Robert-le-Frison avait été vainement chercher la gloire et la fortune. L'Espagne, envahie depuis plusieurs siècles par les Maures ou Sarrasins, renfermait dans son sein deux peuples rivaux, qui se disputaient le territoire au nom de Jésus-Christ et de Mahomet. Vaincus à diverses reprises par le Cid et par ses compagnons,

(1) *Sig. Gembl. chron. ad ann.* 1147.

les Maures avaient été expulsés de plusieurs provinces ; et, quand les croisés survinrent, les Espagnols, victorieux mais affaiblis par de longues guerres, assiégeaient la ville de Lisbonne. Les Flamands, les Brabançons et tous les hommes de guerre qui, à la voix du prédicateur Arnoul, s'étaient rangés sous la bannière du sire d'Arschot, débarquèrent dès leur arrivée, placèrent leurs tentes dans la campagne, et, se mêlant à toutes les opérations du siége avec les Espagnols, décidèrent la prise de cette cité, qui tomba au pouvoir des chrétiens le 21 octobre 1147 (1). On attaqua ensuite plusieurs autres villes qui furent enlevées aux Maures. Alphonse, prince de la maison de Bourgogne, commandait les Espagnols. Il prit bientôt le titre de roi de Portugal ; et c'est ainsi, comme le remarque un illustre historien, que fut fondé un royaume qui jeta plus d'éclat et dura plus long-temps que celui de Jérusalem (2).

Pendant que Thierri d'Alsace combattait en Asie, et que la plupart des barons flamands abandonnaient le pays afin de participer aux lointaines entreprises dont nous venons de parler, la comtesse Sibylle, demeurée à Bruges, se vit attaquée par Bauduin de Hainaut ; cet infatigable prétendant au comté de Flandre. Toujours soutenu de ses anciens alliés les comtes de Saint-Pol et de Boulogne, il porta soudain le ravage dans les environs d'Arras. Cette conduite manquait tout à la fois de loyauté et de courtoisie. Bauduin enfreignait d'abord la trêve de Dieu, qui défendait d'envahir le domaine d'un ennemi tandis qu'il voyageait en Terre-Sainte ; puis il savait la comtesse Sibylle en couches,

---

(1) *Lettre d'Arnoul à Milon, évêque de Térouane*, ap. Martenne et Durand, *Ampliss. Collectio*, I, 800.

(2) Michaud, *Hist. des croisades*, II, 201.

et par conséquent incapable de rassembler une armée. Cependant cette femme courageuse, à qui le gouvernement de la Flandre avait été confié par son mari, se mit en tête de ses chevaliers aussitôt qu'elle fut relevée; et, pour contraindre Bauduin à cesser les hostilités, elle fit une brusque irruption en Hainaut. Samson, archevêque de Reims, qui, en qualité de métropolitain, avait une grande influence sur les deux pays de Flandre et de Hainaut, et devait d'ailleurs veiller à l'exécution de la trêve de Dieu, interposa son autorité, et la paix fut momentanément rétablie.

Mais Thierri, à son retour de Palestine, apprenant l'infraction de la trêve par ses ennemis et leur obstination à lui faire la guerre, jura de s'en venger. Le comte de Hainaut prévit l'orage; et, comme il ne pouvait compter en ce moment-là sur l'appui du roi d'Angleterre retenu dans la Grande-Bretagne par des embarras politiques de plus d'un genre, il requit l'assistance de son suzerain l'évêque de Liége et de Godefroi de Namur, son beau-père. Ils se donnèrent rendez-vous avec leurs troupes à Bouchain, capitale de l'Ostrevant, canton dépendant du Hainaut, enclavé entre cette province et la Flandre, et qui, depuis le temps de Robert le Frison, était devenu comme le champ de bataille des Hainuiers et des Flamands. Jamais le comte Bauduin ni ses ancêtres n'avaient eu à leur disposition une aussi forte armée. Aussi fit-elle des courses jusqu'à Orchies et Lille au sein de la Flandre wallone. Thierri d'Alsace ne tarda guère à user de représailles en se portant sur l'Ostrevant, où il causa beaucoup de dommages. Tandis qu'il était occupé vers un point du territoire, Bauduin de Hainaut fit subitement investir le château de Roucourt, que les Flamands lui avaient pris en 1137. Le grand boutillier de Flandre, Rasse de

Gavre, chevalier brave et expérimenté, défendait cette forteresse. Quoiqu'il eût fort peu de monde avec lui, il ne voulut pas se rendre. Les assiégeants firent brèche aux murailles et sommèrent une dernière fois le sire de Gavre d'amener son étendard; mais il n'y voulut pas consentir, et préféra succomber au sommet de la brèche, les armes à la main. Bauduin de Hainaut, enhardi par ce succès, se dirigea incontinent vers Douai, le continuel objet de sa convoitise. Mais le comte de Flandre s'était avancé pour couvrir cette ville. Bauduin alors résolut d'en venir à une action décisive. La lutte fut longue et acharnée. On s'attaqua d'abord à coups d'arc et d'arbalète, et les traits volaient si nombreux en l'air que le ciel en était obscurci. Bientôt on s'aborda à la pique; puis, lassés de la pique, les combattants se prirent corps à corps pour se terrasser. Ce fut une boucherie. A la fin les Flamands, gens robustes et habiles par-dessus tout à manier la dague et le couteau, restèrent maîtres du champ de bataille. Bauduin se replia sur Bouchain avec les débris de son armée, et peu de temps après demanda une entrevue au comte Thierri pour conclure la paix. Elle était ardemment désirée de chacun. Il fut convenu que les choses resteraient sur le pied où elles étaient: les deux princes jurèrent de ne plus faire d'entreprises sur leurs possessions respectives, et, en gage de bonne réconciliation, Thierri d'Alsace promit de donner sa fille Marguerite en mariage au jeune Bauduin, fils du comte régnant. Cette paix et cette alliance mirent fin aux haines qui depuis si long-temps divisaient deux peuples destinés à vivre un jour sous le même sceptre.

Une autre réconciliation eut lieu vers cette époque : ce fut celle du comte de Flandre avec Guillaume d'Ypres, qui avait agi d'une manière si étrange à la mort de Charles-le-Bon et participé si énergiquement aux démêlés résultant de cette catastrophe. Voici comment un contemporain de Guillaume retrace les faits et gestes de ce seigneur, depuis le moment où le comte Thierri l'avait chassé de la Flandre : « Il s'en alla en Angleterre ; et le roi Étienne le reçut volontiers et le retint ainsi qu'il convenoit à tel gentilhomme. Il se comporta si bien à la cour, et fit tant de prouesses et de chevaleries, que le roi l'eut merveilleusement cher ; et ce ne fut pas étonnant, car il défendoit le roi contre tous ses ennemis. Il advint que le comte Robert de Glocester, fils du roi Henri, guerroya contre le roi Étienne et lui vouloit enlever le royaume ou la vie du corps. Pourquoi ferai-je long conte? Ils s'assemblèrent avec toutes leurs gens à bataille, et le comte de Glocester prit le roi et le mit en garde. Quand Guillaume de Loo le sut, il prit ses chevaliers et alla tant autour et fit tant qu'il appela Robert à bataille. Il le prit et le fit mettre en prison. Ensuite les princes et les barons du royaume s'entremirent, et on rendit l'un pour l'autre. Le roi n'oublia pas le bienfait de celui qui l'avoit délivré et lui octroya toute une terre, laquelle a nom Kent (le comté de Kent), et l'honora par-dessus tous les princes de son pays. Tandis que ce Guillaume étoit si honoré et craint par toute l'Angleterre, la verge de Dieu le frappa pour le punir, et il devint aveugle de ses yeux. Mais il ne fut pas aveugle du cœur ; car la grâce l'illumina et il commença à pourvoir à son salut. Alors il ouvrit tous ses trésors, les donna aux pauvres ou en fit refaire les églises. En ce temps advint qu'à Saint-Omer, en l'an de l'incarnation MC et LII, y eut une si douloureuse pestilence de feu qu'elle brûla toutes les maisons et toutes les églises ; et le moutier Saint-

Bertin et toutes les officines furent consumés, de quoi le religieux abbé Léonius fut fort affligé et désespéré. Il s'en alla à Guillaume de Loo, qui étoit commandeur d'Angleterre, et lui conta la chose en pleurant. Quand celui-ci l'ouït, il fut très-dolent de la destruction de si honorable lieu et donna grande masse d'argent, d'or et de bois pour réédifier l'abbaye où la commémoration de Guillaume sera faite perpétuellement. Après un peu de temps mourut le roi Étienne; et Henri-le-Jeune, petit-fils de Henri le plus grand, tint la terre ensuite; et celui-ci, au commencement de son règne, haït fort ceux de Flandre. Il leur abattoit à terre leurs maisons et leurs châteaux, et les chassoit hors d'Angleterre; et Guillaume de Loo chassa-t-il lui-même hors de son domaine. Alors le hardi prince Guillaume s'en revint en Flandre et y reposa environ sept ans. Il donna beaucoup de son avoir aux églises et aux pauvres, ainsi que nous-même le vîmes, et mourut à son châtel à Loo et fut enseveli honorablement en l'église Saint-Pierre l'apôtre, le sixième jour devant février (1). »

Henri, qui venait de succéder à Étienne sur le trône d'Angleterre, était fils de Geoffroy Plantagenet, comte d'Anjou, et de Mathilde, fille de Henri Ier, roi d'Angleterre. Il se trouvait par conséquent frère de Sibylle, comtesse de Flandre. Appelé en Angleterre par les barons normands après la mort d'Étienne, il fut sacré, le 19 décembre 1154, à Westminster, par Théobald, archevêque de Cantorbéry. Le comte de Flandre et sa femme Sibylle, suivis d'un illustre cortége, avaient passé la mer pour assister à cette cérémonie, où fut déployée la plus grande pompe. Henri tra-

---

(1) *Li estore des C. de Fl.*, f° 68 v°.

vailla dès son avénement à détruire tout ce qui s'était fait du vivant d'Etienne, usurpateur d'une couronne appartenant à Mathilde par droit d'hérédité. Il chassa d'Angleterre les Flamands qui s'y étaient établis après avoir servi la cause d'Étienne contre Mathilde, et réunit à son domaine les châteaux et les terres que ces auxiliaires étrangers avaient enlevés aux possesseurs normands durant la guerre civile, ou qu'Étienne leur avait donnés en reconnaissance de leurs services. Ce fut alors que Guillaume de Loo, vieux, aveugle et incapable désormais d'être bien dangereux, revint en Flandre avec l'assentiment de Thierri d'Alsace.

Comme son prédécesseur Robert-le-Frison, Thierri semble avoir été dominé par la passion des voyages lointains. Le souvenir des belles contrées de l'Asie, qu'il avait déjà visitées deux fois, revenait sans cesse à son esprit; peut-être rêvait-il encore la principauté de Damas ou quelqu'autre domination grande et glorieuse au sein de ce pays que les croisés avaient si souvent arrosé de leur sang, mais qui offrait toujours un vaste champ aux espérances et aux illusions. Avant de s'embarquer de nouveau, Thierri maria son fils aîné Philippe avec Élisabeth, fille de Raoul, comte de Vermandois, et lui confia l'administration de ses états. Ce jeune prince eut, durant l'absence de son père, à déployer pour la première fois sa valeur guerrière. Voici à quelle occasion : Florent, fils de Thierri, comte de Hollande, avait reçu, à titre de fief, de l'empereur Frédéric, un certain impôt ou droit de port au lieu appelé Gheersvliet, sur la vieille Meuse. Non content du tarif de cet impôt, il l'augmenta arbitrairement, et vexait surtout les marchands flamands qui négociaient avec l'Allemagne et les pays du Nord, leur extorquant des droits énormes et leur faisant quelquefois violence. Philippe, belliqueux et plein d'ardeur, s'en irrita, et résolut d'attaquer les Hollandais par mer et par terre en même temps. Il équipa dans les ports de la Flandre de nombreux navires qui cinglèrent vers les bouches de la Meuse, tandis que lui-même, avec ses chevaliers et sergents d'armes, envahit le pays de Waes que les Hollandais possédaient alors. Il battit Thierri de Beveren, un des plus puissants seigneurs de cette contrée, brûla son château, et, après avoir mis Florent de Hollande à la raison, rentra en Flandre chargé de butin et suivi d'une multitude de captifs.

Sans déposer les armes, Thierri se porta vers le Cambrésis, où sa présence était réclamée par l'évêque Nicolas de Chièvres, que tourmentait Simon d'Oisy, châtelain de Cambrai. Simon, à l'exemple de ses prédécesseurs, se tenait en hostilité continuelle contre l'autorité épiscopale. Thierri réprima l'orgueil de ce vassal, assiégea et prit son château d'Inchy, et par là rétablit la paix. Afin de la rendre plus efficace et plus durable en ôtant à Simon la facilité de se rebeller encore, il fut convenu que le comte de Flandre recevrait en fief du prélat la seigneurie d'Oisy et la châtellenie de Cambrai, qu'il donnerait ensuite en sous-fief à Simon pour les tenir immédiatement de lui.

A peine de retour en Flandre, Philippe y vit, au mois de septembre, arriver son père Thierri revenant de la Palestine, où il avait séjourné très-peu de temps; car la désorganisation qui avait suivi les désastres de la seconde croisade ne permettait plus qu'on y fît sérieusement la guerre. Thierri fut reçu par les Flamands avec de grandes démonstrations de joie, auxquelles cependant se mêla bientôt un sentiment de tristesse, lorsqu'on sut que la comtesse Sibylle était restée pour toujours en Palestine. Partie avec son époux dans l'intention de visiter son père Bauduin, roi de Jérusalem, cette princesse, dont les historiens du douzième siècle s'accordent à faire un bel éloge, avait, à force de larmes et de supplications, obtenu de son époux qu'il la laissât terminer sa vie dans la prière et la pénitence au couvent de Saint-Lazare à Jérusalem.

Les lointaines expéditions d'Orient, les guerres fréquentes avec les princes voisins, les dissensions intestines n'avaient pu empêcher la Flandre de prendre, vers le milieu du douzième siècle, un remarquable accroissement de force et de prospérité. Elle le devait surtout à la fertilité du sol, à l'esprit industrieux de ses habitants, enfin à sa position géographique, qui en faisait le centre des relations commerciales entre le midi et le nord de l'Europe. Les événements qui suivirent l'assassinat de Charles-le-Bon nous ont déjà révélé toute l'importance politique des villes flamandes. Leurs échevins agissent de concert avec les barons pour punir les meurtriers, pour élire le nouveau comte, pour le déposer, et rendre ensuite hommage à un seigneur plus légitime. L'organisation municipale et la puissance de la bourgeoisie se montrent alors pour la première fois dans notre histoire d'une manière incontestable. Ce n'est pas un problème facile à résoudre que de savoir comment les villes de Flandre s'élevèrent ainsi au rang de corps politiques pour ainsi dire indépendants, et cela sans luttes violentes contre les seigneurs sous l'omnipotence desquels elles étaient primitivement placées. Peut-être faut-il chercher la cause de ce phénomène historique dans le développement progressif de vitalité qu'on observe en Flandre depuis l'origine du comté, développement dû aux raisons qu'on a déduites ci-dessus, et qui aura dénoué sans secousses, et comme à l'insu des seigneurs, quelques-uns de ces liens féodaux qu'en d'autres lieux le peuple se vit obligé de rompre si violemment.

S'il n'est pas possible aujourd'hui d'établir une statistique exacte du pays pour cette époque reculée, il est du moins curieux de trouver dans les annales flamandes la preuve de cette exubérance de population, de cette vigueur de sève, qui déjà fait présumer les destinées futures de la Belgique. Peu après la conquête de l'Angleterre par Guillaume-le-Bâtard, une multitude de Flamands et de Brabançons allèrent s'établir en divers endroits de cette contrée; et ce n'était pas la pauvreté de leur propre patrie qui les faisait ainsi passer la mer; mais bien l'appât d'une nouvelle fortune à tenter, d'aventures et de chances nouvelles aussi à rencontrer dans des régions inconnues. Ce furent les mêmes motifs joints à un sentiment de dévotion qui depuis plus de cinquante ans, et à diverses reprises, entraînaient tant de barons flamands et tant de gens du menu peuple vers l'Orient, l'Espagne, ou même les contrées du nord de l'Europe.

En 1160, malgré toutes ces causes de dépopulation, de nombreuses colonies de Flamands se dirigèrent vers la Vandalie, d'où Henri-le-Bon, duc de Saxe, venait de chasser les indigènes, peuple encore sauvage et idolâtre. En même temps les villes s'agrandissaient en Flandre, et il s'en établissait de nouvelles. C'est ainsi que, peu après son troisième voyage en Palestine, le comte Thierri bâtit sur les bords de la mer, dans le village de Saint-Willebrod, une ville qui s'appela d'abord Neuport, et ensuite Gravelines. Son fils Philippe, sur qui reposait l'administration du comté, donna bientôt après à Neuport des lois et franchises en harmonie avec sa destination future ; car il y avait nécessité d'ouvrir de nouveaux débouchés au commerce maritime dès lors très-étendu et très-prospère.

Et, en effet, des relations suivies existaient déjà avec les côtes de Hollande, d'Allemagne, de France, d'Espagne, de Portugal, et surtout avec l'Angleterre, que les bateaux flamands pouvaient aborder en quelques heures de traversée. Depuis l'établissement de la puissance normande dans ce dernier pays, les rapports de toute nature avec la Flandre étaient d'autant plus faciles qu'il existait une sorte d'alliance offensive et défensive entre les monarques anglais et les comtes de Flandre. Elle avait pour origine et pour cause le concours prêté par Bauduin de Lille à son beau-frère Guillaume-le-Bâtard lors de la conquête. Cette convention, dont un acte authentique avait été dressé le 17 mai 1101, entre Henri Ier et Robert-le-Frison, stipulait que le roi paierait au comte, tous les ans et à titre de fief, une somme de quatre cents marcs d'argent, et qu'en raison de ce fief le comte serait tenu d'envoyer cinq cents hommes d'armes au service du roi. Ils s'engageaient en outre à se donner aide et secours quand besoin serait (1). Peu de temps avant de retourner pour la quatrième fois en Palestine, Thierri renouvela ce traité en son nom et en celui de son fils Philippe qui tenait presque toujours les rênes du gouvernement ; car son père ne faisait plus en Flandre que des séjours d'assez courte durée. Thierri partit vers 1163, et Philippe resta désormais seul sur la scène politique.

Tandis que le vieux comte voguait vers l'Asie, un illus-

---

(1) Rymer, *Fœdera*, I, 6.

tre exilé visitait l'Artois et la Flandre. C'était Thomas Becket, archevêque de Cantorbéry, que poursuivaient la haine et les ressentiments de Henri II, roi d'Angleterre. Il paraît que la réputation de sainteté du prélat banni l'accompagnait dans les contrées flamandes. Il y fut reçu en grande vénération; et de nos jours on montre encore à Lille la maison qu'il habita. Les églises de Beaucamps et de Radinghem, aux environs de cette ville, conservent, dit-on, précieusement des ustensiles qui furent à son usage. Le village de Wismes, en Artois, l'honore comme son patron; et depuis sept cents ans les pèlerinages institués à sa gloire ne sont pas encore totalement tombés en désuétude. Il est probable que les malheurs de Thomas Becket touchèrent le comte Philippe, puisqu'en 1166 il se rendit à Rouen pour essayer de fléchir la colère du monarque anglais, et de faire cesser le scandale qui affligeait la chrétienté.

Au mois de janvier 1164, il y eut à Gand un soulèvement populaire. On ignore le véritable motif de cette émeute excitée par les tisserands, les foulons, les poissonniers et les bouchers, corps de métiers alors assez puissants pour remuer la ville à eux seuls. Ce fut là le prélude lointain des insurrections si fréquentes et si terribles qui s'élevèrent durant tout le cours du moyen âge dans la cité de Charles-Quint. La fermeté du comte Philippe réprima bientôt cette tentative de rébellion; et à la fin de la même année, aux fêtes de Noël, il put se rendre à Aix-la-Chapelle, où l'avait convié l'empereur Frédéric. Il s'agissait d'une grande et noble cérémonie. L'anti-pape, Pascal III, venait de prononcer la canonisation de Charlemagne; et l'empereur voulait que la translation des restes du plus illustre de ses prédécesseurs se fît avec solennité. Le comte Philippe, qui comptait Charlemagne parmi les aïeux de sa famille, se rendit à l'invitation de l'empereur avec les principaux barons flamands. Dans cette circonstance, le roi de Germanie, pour donner un témoignage de gratitude au comte, lui accorda la châtellenie de Cambrai à tenir directement en fief de l'empire, et octroya à tous les flamands la faculté de circuler librement et de négocier en Allemagne (1).

Après avoir prêté hommage à l'empereur, Philippe revint en Flandre pour y recevoir son père arrivant d'Asie. Thierri n'avait pas fait long séjour en Palestine, où régnaient plus que jamais parmi les croisés cette division et ce découragement qui devaient amener bientôt la ruine totale du royaume de Jérusalem. Thierri, accablé de vieillesse et d'infirmités, ne prit plus aucune part aux affaires, et laissa son fils intervenir seul dans une guerre qui éclata en 1165 entre la Hollande et la Flandre. C'était la suite de celle que l'on a vue commencer, en 1157, à propos du péage de Gheersvliet et des rigueurs exercées par le comte de Hollande, Florent III, sur les marchands flamands. Philippe équipa une flotte nombreuse, et, avec Matthieu, comte de Boulogne, et Godefroi, duc de Brabant, pénétra en Hollande. Florent s'était déjà porté vers les frontières de Flandre. Tandis qu'il était occupé au siége d'Arnsteim, Philippe et ses alliés l'investirent et lui ôtèrent tout espoir de salut. Néanmoins, Florent se défendit courageusement. Après un combat de sept heures, durant lequel il perdit plus de sept mille hommes, il se rendit prisonnier. On le conduisit à Bruges, où il fut étroitement gardé au couvent de Saint-Donat. Il y resta jusqu'au 27 février 1167, époque à laquelle intervint par la médiation

---

(1). *Auctarium Aquicinct.* ad ann. 1164.

de Thierri d'Alsace, père de Philippe, et par celle des comtes de Boulogne, de Clèves et de Gueldre, un traité de paix et de commerce tout à l'avantage des Flamands. La partie de la Zélande comprise entre l'Escaut et Héedensée, tenu en fief de la Flandre par Florent, fut abandonnée à Philippe ; et le vaincu se vit en outre obligé de sceller le traité avec un sceau sur lequel on avait fait graver le mot DISCORDIA aû-dessous du ventre d'un cheval.

Pendant que le comte Philippe augmentait ainsi sa renommée d'homme de guerre et le patrimoine qui allait bientôt lui être dévolu, il naissait au roi de France un fils dont l'existence devait être un jour bien fatale à la puissance flamande. Louis VII était déjà vieux. Ses deux premières femmes, Éléonore de Guienne et Constance de Castille, ne lui avaient donné que des filles. Depuis quatre ans que le monarque s'était uni en troisièmes noces avec Adèle de Champagne, rien ne faisait présager l'accomplissement de ses plus chères espérances. La reine enfin devint enceinte ; et c'est alors que Louis VII, dans ses préoccupations de père et de roi, eut une étrange vision. Ainsi qu'il le raconta lui-même, son fils tant désiré lui était apparu tenant en sa main droite une coupe d'or pleine de sang humain. L'enfant y buvait, et ses barons la vidaient avec lui (1). Philippe-Auguste naquit le 22 août 1165 ; et quarante-sept ans plus tard la vision de la coupe d'or se vérifiait pour la Flandre sur le champ de bataille de Bouvines.

(1) *Les Grandes Chroniques de France*, édit. P. Paris, IV, 2.

XI

PHILIPPE D'ALSACE.

1168 — 1191

Philippe d'Alsace hérite du Vermandois. — Il marie sa sœur au comte de Hainaut, Bauduin V. — Particularités sur la vie et les mœurs de Bauduin. — Le comte de Flandre prend part à la guerre du roi de France contre l'Angleterre. — Jalousie furieuse de ce prince. — Etroite alliance de Philippe avec Bauduin de Hainaut. — Meurtre de Robert, chancelier du comte de Flandre. — Guerre contre Jacques d'Avesnes. — Philippe désigne le comte et la comtesse de Hainaut pour ses héritiers. — Il part pour la Terre-Sainte. — Prétendue origine des armes de Flandre. — Le comte de Flandre assiste au sacre de Philippe-Auguste et porte l'épée de Charlemagne. — Il marie sa nièce, Isabelle de Hainaut, au roi de France. — Louis VII, en mourant, l'institue régent du royaume. — Ligue contre le pouvoir de Philippe d'Alsace. — Il tombe en disgrâce auprès du roi. — Guerre au sujet du Vermandois. — Tableau de la Flandre. — Détails sur la guerre. — Démêlés entre le comte de Hainaut et le duc de Brabant. — Intervention de Philippe d'Alsace. — La lutte recommence entre le roi et le comte de Flandre. — Incidents divers. — Bauduin de Hainaut se brouille avec le comte de Flandre. — Ressentiment de ce dernier. — Il se remarie. — Le Hainaut est ravagé par Philippe d'Alsace et ses alliés. — Paix avec le roi de France et le comte de Hainaut. — Le comte de Flandre se croise en compagnie des rois de France et d'Angleterre. — Il arme des navires pour l'Orient. — Part et meurt de la peste au siége de Saint-Jean d'Acre. — Développement des institutions communales sous ce prince.

Thierri d'Alsace mourut à Gravelines-sur-Mer, le 17 janvier 1168, et fut enterré au bord de l'Aa, dans le monastère de Watten. Il était âgé de soixante-huit ans, et en avait régné quarante depuis le trépas de Guillaume-Cliton. L'historien flamand Meyer fait en peu de mots le panégyrique de ce prince : « Toute sa vie bon, pieux, magnifique, dit-il, il se distingua en outre dans les arts de la guerre et de la paix ; il se fit un nom glorieux par son courage, sa justice et la grandeur de ses actions (1). "

De sa femme, Sibylle d'Anjou, morte en odeur de sainteté à Jérusalem, Thierri avait eu trois fils et quatre filles. L'aîné des fils s'appelait Philippe, comme on le sait déjà, et se trouvait associé au comté de Flandre depuis l'année 1157, exerçant l'autorité souveraine et prenant même, du consentement de son père, le titre de comté dans les actes publics. Quant à ses frères et sœurs, nous aurons occasion d'en parler plus tard.

Le premier soin de Philippe d'Alsace fut de faire jurer, à l'exemple de ses prédécesseurs, l'observation de la paix du pays. Il en régla la forme d'une manière plus complète et plus stable ; et nous le verrons bientôt donner toute sa sollicitude à l'administration de ses États sans négliger les relations extérieures, dans lesquelles cependant il ne fut pas toujours heureux. A peine avait-il hérité du comté de Flandre qu'une nouvelle succession vint agrandir ses États et augmenter sa puissance. Par sa femme Isabelle, sœur de Raoul-le-Lépreux, mort sans enfants, le comté de Vermandois passa sous sa domination ; et il se vit alors le plus grand et le plus redoutable des vassaux de la couronne de France.

On se rappelle qu'après une série d'hostilités non interrompues depuis cent ans entre les comtes de Flandre et les comtes de Hainaut la paix avait été faite, et que, pour la cimenter, Thierri d'Alsace avait promis sa fille aînée

---

(1) " Theodoricus omni vitâ pietate insignis, religione illustris, munificentiâ clarus, belli pacisque artibus nobilis, fortitudine, justitiâ, ac rerum gestarum magnitudine inclytus, summâ in gloriâ Gravelingis super mare moritur " — Meyer, *Ann. rer. Flandr. ad ann. M. C. LXVIII.*

Marguerite au fils de Bauduin III. Le mariage eut lieu en 1169. Avec la main de sa sœur, Philippe d'Alsace donna au jeune Bauduin cinq cents livres, monnaie d'Artois, à lever tous les ans à perpétuité sur le vinage de Bapaume, c'est-à-dire sur l'octroi payé dans cette ville par tous les vins qui y passaient venant de Bourgogne, de France ou de la Guienne pour entrer en Flandre. Il était dit que deux cents livres de la somme énoncée plus haut étaient données en dédommagement de la ville de Douai, qui depuis si long-temps formait un sujet de discorde entre les deux pays, et que le prince flamand tenait à conserver. Philippe et Bauduin-le-Jeune, dont le père vivait encore, firent à la même occasion un traité par lequel ils s'engageaient mutuellement à se prêter secours contre tout venant, à l'exception de leurs suzerains respectifs, à savoir le roi de France et l'évêque de Liége (1). Cette alliance du sang et des armes établit entre les deux pays un lien solide, et finit même par les réunir sous un même sceptre, comme on le verra bientôt. Désormais leurs intérêts et leur histoire se confondent; et il n'est pas hors de propos d'entrer dans quelques détails sur ces princes de la maison de Hainaut descendant de Robert de Jérusalem, et qui, à la mort de Philippe d'Alsace, viendront reprendre en Flandre le rang suprême que leurs ancêtres y avaient occupé depuis Bauduin-Bras-de-Fer.

Bauduin V, dit le Courageux, était fils de Bauduin IV, arrière petit-fils de Bauduin de Mons, tué à la bataille de Cassel, et de la célèbre Richilde. Il avait vingt et un ans lorsqu'il épousa la sœur du comte de Flandre; et c'était

---

(1) *Gilb. Mont. chron. ap. J. de G., XII*, 184.

un jeune homme que recommandaient divers genres de mérite ; s'il faut en croire Gilbert de Mons, qui avait été son secrétaire et qui se fit ensuite son historiographe. Dès sa plus tendre jeunesse, il ne fournit aucun sujet de plainte à son père, et se montra sans cesse pour lui plein d'obéissance et de docilité. Il professait également une grande vénération pour le maître chargé de l'instruire dans la science et dans les bonnes mœurs. Après avoir été fait chevalier, on raconte qu'un jour de jeûne, se trouvant en compagnie de barons et ayant chevauché toute la matinée, il mordit dans un morceau de brochet. Son maître se mit à tousser; et Bauduin alors, sentant sa faute, rejeta tout honteux le morceau qu'il avait à la bouche, en disant : « Ce poisson ne me vaut rien (1). » Il quitta la salle et jeûna jusqu'au lendemain.

Avec son précepteur proprement dit, il y avait auprès de sa personne, pour lui apprendre l'art de chevalerie, un vieux et brave chevalier fort pauvre. Partout, à l'hôtel, à l'église, à table, dans les fêtes et les divertissements, il le tenait toujours à ses côtés. « Il avait sans cesse, dit le biographe Gilbert, l'œil droit fixé sur son maître de morale, et l'œil gauche sur le vieux chevalier ; jusqu'à leur mort il les garda en grand honneur auprès de sa personne (2). » A ces qualités du cœur Bauduin joignait aussi les qualités de l'esprit. Il était assez versé dans la grammaire, dans la rhétorique et surtout dans la poésie. Il savait, dit-on, par cœur le *Traité de la Consolation* du philosophe Boèce, ainsi que plusieurs autres ouvrages Sa mémoire enfin était si bonne qu'elle lui tenait souvent lieu de livres. Peu de

---

(1) Iste piscis non est mihi sanus. »— *Ibid.*, 185.
(2) Semper oculum dextrum ad magistrum moralem, et sinistrum ad antiquum militem habebat. — *Ibid.*

temps après son mariage, son père tomba malade; et, comme il arrive toujours lorsque le souverain n'est plus en état de réprimer les désordres, l'anarchie se mit dans le pays. Il n'en était pas du Hainaut comme de la Flandre, où la paix publique jurée par les barons, et un commencement d'organisation donnée aux cités les plus populeuses, maintenaient plus facilement chacun dans l'obéissance. Les seigneurs du Hainaut, maîtres absolus chez eux, et se croyant indépendants aussitôt que le comte était au lit, se livraient avec fureur à mille brigandages. Répandus à travers les campagnes et dans les forêts dont le pays était couvert à cette époque, ils surprenaient, rançonnaient et mettaient à mort les marchands et les pèlerins, enlevaient les bœufs, les vaches, les porcs, les brebis, les chevaux, et jusqu'aux vêtements et aux meubles des pauvres paysans; dont souvent encore, pour surcroît d'opprobre, ils violaient les femmes et les filles (1). Bauduin-le-Jeune ressentit une vive douleur en apprenant de tels méfaits; sachant bien que son père vieux et languissant était incapable d'en arrêter le cours, il résolut, malgré sa jeunesse, de dompter à lui seul cette noblesse barbare. Il convoqua donc au château de Mons les barons et les pairs du Hainaut. Lorsqu'ils furent tous assemblés, il dépeignit avec force devant eux les excès dont le peuple avait à se plaindre; et comme ils ne faisaient qu'une réponse vague et indécise, espérant qu'un si jeune homme s'apaiserait facilement, il leur adressa des paroles pleines de sagesse : « Seigneurs barons, je vous entends, dit-il, mais écoutez, je vous prie, ce qu'on a dû vous enseigner à d'autres écoles. A quoi sert l'illustration de la naissance

---

(1) « Aliqui vaccas et boves, aliqui porcos et oves, aliqui equos et vestes assumebant, et virgines opprimebant. » — *Ibid.*, 178.

pour celui que ternissent des mœurs impures? Et qu'importe qu'un homme soit de bas lieu si sa conduite l'honore? Celui qui place toute sa confiance et tout son orgueil dans son lignage fait bien voir par là qu'il n'a pas d'autres biens. Quoique l'or sorte de la terre, sa valeur et celle de la terre sont bien différentes. L'or est soigneusement recueilli ; la terre est dédaignée. De même l'étain est extrait de l'argent, et n'est point de l'argent. On conserve l'argent purifié, on rejette l'étain. Il est plus beau de s'illustrer en provenant d'une naissance abjecte. La gloire et l'éclat de celui qui vient d'une noble origine n'appartiennent pas à lui seul, ne lui sont point personnels ; tandis que l'homme qui se distingue malgré la bassesse de son origine, peut dire que son illustration est à lui tout entière. Si vous êtes issu de bas lieu et que vous restiez bas, la honte n'en retombera pas sur vous seul; car on fera la part de votre naissance. Si au contraire vous êtes né dans une condition élevée et que vous soyez bas, votre bassesse alors appartient à vous seul. Il vaut donc mieux que nos parents aient à s'enorgueillir de nous, que nous à nous glorifier de nos parents. Ainsi ne soyez pas si fiers en disant : Nous sortons de nobles aïeux ; mais rougissez plutôt de ce qu'étant leurs fils, vous imitez si peu leurs exemples (1). » Le jeune Bauduin ne s'en tint pas à cette sage admonition. Il fit faire le procès aux coupables ; et par ses ordres les uns eurent la tête tranchée, d'autres furent pendus, d'autres enterrés vivants, d'autres attachés à des roues. Un tel acte de justice et de rigueur rétablit la paix en Hainaut, où le comte ne fut plus

(1). « Sic et vosnolite gloriari dicentes : Ex parentibus nobilibus sumus; sed
» magis erubescite quod filii eorum estis et mores eorum non sequimini. » —
Ibid., 180.

connu dès lors que sous le surnom de *Bauduin-le-Courageux*. Il l'était en effet, et ce ne fut point dans cette seule occasion qu'il le prouva ; car il savait allier à la sagesse et à la vertu toutes les qualités d'un chevalier accompli, payant bravement de sa personne dans les guerres et dans les tournois à outrance, où on le vit maintes fois déployer sa vigueur et sa bravoure.

L'union de Bauduin de Hainaut avec Marguerite de Flandre fut bénie en 1170 et en 1171 par la naissance d'une fille d'abord, puis par celle d'un fils, dont la princesse accoucha dans la ville de Valenciennes, résidence alors habituelle des souverains du comté. La fille, nommée Isabelle, devait s'asseoir sur le trône de France à côté de Philippe-Auguste; et le fils, appelé Bauduin comme son père, était également destiné à une haute fortune, ainsi que le démontrera la suite de cette histoire. Son berceau fut entouré de joie ; mais bientôt le deuil succéda à tous les témoignages de l'allégresse publique. En effet, dans le même mois, un affreux incendie dévora la ville de Valenciennes presque tout entière. Plus de mille maisons furent réduites en cendres durant une seule nuit. Beaucoup de gens trouvèrent dans la naissance de Bauduin et dans cette grande calamité une coïncidence de sinistre augure.

Les dix premières années du règne de Philippe d'Alsace, le virent mêlé aux grands événements politiques qui s'accomplissaient en France. L'an 1172, au retour d'un pèlerinage qu'il avait fait à Saint-Jacques en Galice, il s'entremit avec succès pour opérer un accommodement entre Louis VII et Henri II, roi d'Angleterre, lesquels étaient en guerre depuis long-temps à cause de la Bretagne, qu'Henri voulait faire passer au pouvoir de sa famille par l'union de son fils Geoffroi Plantagenet avec la fille de Conan IV ; à cause aussi du meurtre de Thomas Becket, forfait dont toute l'Europe s'était vivement émue. L'année suivante, Philippe se déclara pour le jeune Henri Plantagenet, révolté contre son père, et entra dans cette ligue formidable dont Louis VII était l'âme, et qui avait pour objet de renverser le monarque anglais du trône pour y substituer son fils. Tandis que les Ecossais attaquaient l'Angleterre, le roi de France dirigeait ses forces vers la Normandie. Son allié, Philippe d'Alsace, pénétra dans la même province à la tête des hommes d'armes flamands. Son frère Matthieu, comte de Boulogne, second fils de Thierri d'Alsace, l'accompagna avec les barons de son pays. Ils firent ensemble le siége du château d'Aumale, qu'ils prirent en peu de temps ; puis, ayant joint le jeune Plantagenet, ils allèrent au siége de Driencourt, dont ils se rendirent maîtres par trahison. Quelques jours après, Matthieu de Boulogne tomba, sur la route d'Arques, frappé à mort d'un coup de flèche parti d'une embuscade. Ce fut un grand sujet de désolation pour le comte de Flandre. Il se dirigea vers Paris, où déjà Louis VII était rentré ; car ses armes n'avaient pas été fort heureuses. Là, Philippe d'Alsace, devant le roi et devant toute sa cour, jura sur les saintes reliques que dans la quinzaine après la Saint-Jean prochaine il ferait une descente en Angleterre, et emploierait toutes ses forces à soumettre le royaume au jeune Henri. Encouragé par cette promesse, Plantagenet s'avança, le 4 juin 1174, jusqu'au port de Widsant, d'où il envoya en Angleterre Raoul de La Haye avec des troupes. D'un autre côté le comte de Flandre fit embarquer trois cent dix-huit chevaliers d'élite et de nombreux sergents d'armes sous la conduite de Hugues du Puiset, comte de Bar-sur-Seine. Ils débarquèrent au port d'Airewel le 14 juin, et quatre jours après prirent et pillèrent Norwich. Cependant le roi d'Angleterre, qui était alors occupé à se défendre en Normandie, apprenant cette invasion, se hâta de repasser la mer. Il tomba sur les Flamands, et, après leur avoir fait essuyer un rude échec à Saint-Edmond, les contraignit à rejoindre leurs vaisseaux. Henri II revint aussitôt en Normandie afin de secourir la ville de Rouen, assiégée depuis le 22 juillet par le roi de France, le jeune Henri et Philippe d'Alsace. Les assiégés prirent courage à la nouvelle de son arrivée. Ils firent plusieurs sorties heureuses ; Henri, d'un autre côté, affama le camp des assiégeants par l'enlèvement des convois : de sorte que bientôt l'on fut obligé de lever le siége. Quelque temps après, Philippe d'Alsace assista à la conférence où Henri et Geoffroi Plantagenet conclurent la paix avec leur père, en présence du roi de France et de ses principaux barons, et renonça aux conquêtes qu'il avait pu faire durant cette guerre, c'est-à-dire, à quelques places et châteaux en Normandie qu'il lui aurait été fort difficile de conserver. Enfin, le 22 avril 1175, il alla trouver à Caen le roi d'Angleterre et son fils, remit à ce dernier le traité qu'ils avaient souscrit ensemble, et renouvela les alliances existant entre les comtes de Flandre et les souverains de la Grande-Bretagne (1).

Là se borna pour le moment l'intervention de Philippe d'Alsace dans les affaires de France et d'Angleterre. Il revint en son pays, où un événement qui causa beaucoup de scandale signala son arrivée. Durant les fréquentes absences du comte, la comtesse Isabelle, sa femme, séjournait d'habi-

---

(1) Jean Bromton.

tude en l'hôtel que les princes flamands avaient à Saint-Omer. Philippe, à son retour de Caen, soit qu'il eût des soupçons sur la fidélité d'Isabelle, soit qu'il voulût lui faire une agréable surprise, ou pour tout autre motif, entra sans se faire annoncer dans l'appartement de sa femme. Il y trouva un jeune chevalier flamand nommé Gautier des Fontaines, lequel devisait avec la princesse. Il n'en fallut pas davantage pour exciter dans son cœur un violent accès de jalousie. Ne prenant conseil que de sa fureur, il fit saisir et fustiger Gautier, puis ordonna qu'on le pendît par les pieds au-dessus d'un cloaque infect, où il expira au bout de quelques heures (1). Le malheureux Gautier appartenait par les liens du sang aux plus hautes familles de la Flandre et de l'Artois. Elles se soulevèrent d'indignation quand elles surent avec quelle injustice et surtout avec quelle ignominie Philippe avait traité un de leurs membres. Elles prirent les armes et formèrent une coalition tellement menaçante, que, pour les apaiser et leur donner satisfaction, le comte de Flandre fut contraint d'avouer sa faute et de réhabiliter la mémoire de Gautier des Fontaines par tous les moyens alors en usage.

Outre Matthieu, comte de Boulogne, tué dans la guerre de Normandie, Philippe avait un frère appelé Pierre, et qui était le troisième fils de Thierri d'Alsace. Pierre avait été choisi pour succéder à Nicolas de Chièvres dans l'évêché de Cambrai, bien qu'il n'eût pas même reçu les ordres inférieurs du sacerdoce ; mais le comte de Flandre, se voyant sans héritier, l'engagea à renoncer à son siége épiscopal et à se marier. C'est ce que fit Pierre en 1174, et l'année sui-

---

(1) *Benoît de Peterborough, ap. Bouquet, XVII,* 437-460.

vante il épousa la comtesse de Nevers. Peu de temps après il mourut empoisonné. Philippe eut grand regret de cette mort du dernier rejeton mâle de sa famille, et dut alors porter ses vues sur sa sœur aînée, Marguerite, et sur Bauduin de Hainaut, qui devenaient héritiers présomptifs du comté de Flandre. A partir de cette époque, Bauduin et Philippe se rapprochèrent et s'unirent plus étroitement que jamais. Il intervint même un traité qui, sans préjuger la question d'hérédité, confirmait et resserrait l'alliance de deux princes dont les intérêts devenaient dès-lors presque communs. Ils jurèrent de se défendre l'un l'autre envers et contre tous, excepté contre le roi de France de la part du comte de Flandre, et contre l'évêque de Liége de la part du comte de Hainaut; de ne bâtir aucune forteresse sur les confins de leurs domaines respectifs; de ne retenir d'un côté ou de l'autre les gens qui auraient été expulsés de leurs terres. Enfin les hommes du comté de Hainaut ne pouvaient jamais porter les armes contre le comte de Flandre et réciproquement (1).

L'engagement de se prêter mutuellement assistance reçut bientôt son application. A Pierre d'Alsace avait succédé sur le siége épiscopal de Cambrai Robert, prévôt d'Aire et chancelier du comte. Dès son entrée en fonctions, Robert s'était fait présenter les chartes des biens de l'évêché ; et comme plusieurs de ces biens situés en Hainaut se trouvaient injustement détenus par divers seigneurs, il ordonna des recherches et des enquêtes pour se les faire réintégrer. Ces investigations déplurent aux détenteurs, et entre

(1) *Archives des comtes de Flandre à Lille, prem. cartul. de Hainaut, pièce III.*— Marten. *Thes. anecd.* 1., col. 585:

autres à Jacques d'Avesnes. Jacques nourrissait déjà contre Robert une grande animosité ; car le chancelier s'était permis jadis, au siége de Rouen, et tandis qu'ils combattaient ensemble, des propos injurieux sur son compte (1). Robert connaissait la haine que lui portait Jacques d'Avesnes, et en redoutait les effets. Aussi, étant près d'Ath dans une terre de l'évêché, et voulant se rendre à Cambrai, il réclama prudemment un sauf-conduit du comte Bauduin pour traverser le Hainaut. Bauduin lui donna Louis de Frasne, chevalier, pour l'escorter et le défendre. Arrivé à Condé-sur-l'Escaut, dont le château appartenait à Jacques d'Avesnes, Robert fut assailli par les vassaux de ce dernier, qui, tombant sur son escorte et sur lui à la descente d'Écaupont, le massacrèrent sans pitié. A la nouvelle de cet attentat, Bauduin cita Jacques d'Avesnes à comparaître devant lui et, sur son refus, lui confisqua les terres de Leuze et de Landrecies ; il fit même, dit-on, mettre le feu à la ville et au château de Condé, dont il renversa les tours et les murailles. De son côté, le comte de Flandre prévenu par son beau-frère, et non moins désireux que lui de venger la mort de l'évêque de Cambrai, qu'il aimait beaucoup, s'empara de toutes les seigneuries que le sire d'Avesnes possédait en Vermandois du chef de sa femme. Cependant Jacques, attaqué par ces deux puissants ennemis à la fois, et menacé d'excommunication par l'archevêque de Reims, ne voulait pas se soumettre, prétendant n'avoir pris aucune part à l'assassinat, de fait ni d'intention. Bauduin alors marcha sur Avesnes ; et comme cette ville était entourée d'une forêt assez épaisse, nommée la haie d'Avesnes, il y

---

(1) « Timebat enim dominum Jacobum de Avesnes ratione quorumdam verborum minùs cautè prolatorum. » — *Gilb. Mont. chron. ap. J. de G.*, XII, 230

fit pratiquer un chemin assez large pour que cent hommes pussent y passer de front. En même temps le comte de Flandre, agissant toujours de concert avec Bauduin, assiégea la ville de Guise et la prit. L'obstination de Jacques d'Avesnes allait peut-être lui coûter cher ; il s'en départit, réclama grâce, et, sur le serment qu'il prêta de n'être point l'auteur ou le complice du meurtre de Robert, on la lui accorda.

Cette guerre terminée, Philippe d'Alsace se disposa à partir pour la Terre-Sainte ; voyage qu'il avait depuis long-temps projeté, et qu'avaient seules retardé les affaires de France, d'Angleterre et de Hainaut. Rien ne le retenait plus en Europe, et la Flandre n'avait jamais été plus paisible et plus prospère. Pour se préparer dignement à ce pieux pèlerinage, Philippe se rendit, vers la mi-janvier 1177, au tombeau de saint Thomas de Cantorbéry, qu'il avait connu, aimé et estimé durant sa vie, et qu'après sa mort il vénérait comme un martyr et comme un saint. Le roi d'Angleterre l'y vint trouver, et lui donna cinq cents marcs d'argent pour son expédition. S'étant rembarqué pour la Flandre, il y attendit la fin de la quinzaine de Pâques et s'occupa alors de régler l'importante affaire de sa succession pour le cas où elle viendrait à s'ouvrir durant son absence. A cet effet, il convoqua une assemblée générale de ses barons à Lille et, là, institua le comte Bauduin et sa femme ses héritiers propres et naturels, et leur assura par serment le comté de Flandre, attendu la mort de Matthieu, comte de Boulogne, et celle de Pierre son frère (1).

(1) « Anno Domini MCLXXVII°, Philippus, comes Flandriæ, assumpsit crucem ut transiret ad Terram Sanctam, et assecuravit juramento Balduinum comitem et Margaritam, ejus uxorem, de comitatu Flandriæ, et constituit ipsos

Philippe se mit enfin en route pour la Palestine avec un nombreux cortége, et aborda au port d'Acre vers le 1er août (1). Informé de sa venue, Bauduin, roi de Jérusalem, lui envoya une ambassade d'honneur qui l'escorta jusqu'à la capitale de la Judée. Bauduin était en ce moment atteint de la lèpre, qui, faisant de rapides progrès, l'empêchait de veiller aux intérêts de son royaume. Ils étaient cependant plus que jamais compromis, et il devenait fort nécessaire de remettre les rênes du gouvernement entre des mains fermes et solides. Bauduin avait jeté les yeux sur le comte de Flandre, homme nouveau en Palestine, et par conséquent étranger aux jalousies ambitieuses et aux haines fatales qui depuis si long-temps divisaient les princes croisés, et ébranlaient le trône de Jérusalem en augmentant la force et l'audace des musulmans. Mais Philippe, qui connaissait la situation désastreuse du royaume, ne répondit pas aux vœux et aux prières du malheureux prince. Il allégua humblement qu'il n'était pas venu en Terre-Sainte pour y régner, mais bien pour s'y liver aux œuvres de piété ; qu'il voulait, d'ailleurs, retourner en Europe quand ses affaires l'y appelleraient, et qu'ainsi il ne pouvait accepter des fonctions qui le fixeraient en Asie. Bauduin le pria ensuite de prendre le commandement de l'armée qu'il dirigeait vers l'Égypte. Le comte refusa ce nouvel honneur et consentit seulement à passer dans la principauté d'Antioche, où il fit le siége d'Harenc de concert avec le prince Bohémond et le comte de Tripoli. Ils apportèrent à cette entreprise peu de vigueur et de résolution ; de sorte qu'elle échoua, et qu'on

---

hæredes proprios et naturales, quia Matthæus, comes Boloniæ, et Petrus, frater ejus, defuncti erant » — *Gilb. Mont. chron. ap. J. de G.*, XII, 228

(1) Guill. de Tyr., l. XXI, p. 1005.

fut obligé de lever le siége au bout de six mois. S'il faut en croire Guillaume de Tyr, l'historien des croisades, Philippe n'aurait pris part à l'expédition que malgré lui, et par sa mollesse et son indifférence aurait jeté le découragement parmi les croisés. Quoi qu'il en soit, le comte de Flandre, s'étant rendu à Jérusalem, y célébra les fêtes de Pâques, puis il alla rejoindre les vaisseaux qu'il avait fait équiper au port de Laodicée. Il partit, dit le même historien, ne laissant nullement sa mémoire en bénédiction dans le pays (1).

Certains chroniqueurs font remonter l'origine des armes du comté de Flandre, qui sont d'*or au lion de sable*, à ce voyage du comte Philippe. Ils racontent que le prince, assailli à son retour par Nobilion, roi d'Albanie, homme d'une stature colossale, le tua et lui prit son écu, qu'il adopta comme sien en souvenance de cet exploit merveilleux; c'est là une fable. Comme toutes les armoiries, celles des comtes de Flandre remontent sans doute aux premières croisades; et ils n'ont choisi un lion noir sur un fond d'or que pour se distinguer de leurs compagnons d'armes, et se faire plus facilement reconnaître de leurs vassaux au milieu des grandes et tumultueuses armées qui se précipitèrent sur l'Asie à la fin du onzième siècle.

Philippe était revenu en Flandre dès le mois d'octobre 1178. Ce prince actif et intelligent avait eu hâte de quitter la Palestine; car il pressentait qu'un grand rôle politique lui était réservé tôt ou tard en France, et il ne voulait pas s'exposer par son éloignement à y faire défaut. Le comte avait tenu le fils du roi de France sur les fonts baptismaux, et

---

(1) « Iter arripuit, in nullo relinquens post se in benedictione memoriam. » — Lib. XXI, cap. XXV.

lui avait donné son nom. Ces liens de consanguinité spirituelle appelaient Philippe d'Alsace à exercer un patronage sur l'héritier de la couronne ; et probablement depuis longtemps Louis VII avait songé à donner à son fils un protecteur dans la personne du plus puissant et du plus digne de ses vassaux. Au retour de Philippe d'Alsace, la paralysie dont le roi de France était atteint avait fait de nouveaux progrès. On racontait alors partout les prodiges opérés au tombeau de saint Thomas de Cantorbéry. Louis VII et le comte de Flandre y allèrent de compagnie ; mais cette dernière ressource ne produisit pas d'effet sur la santé du roi. Alors il résolut de faire sacrer son fils le jeune Philippe, et de l'associer à la couronne. La cérémonie eut lieu en grand appareil dans l'église métropolitaine de Reims ; et ce fut le comte de Flandre qui porta devant son auguste filleul, Joyeuse, la célèbre épée de Charlemagne, et qui servit en outre les mets au festin royal en qualité de comte de Vermandois (1).

L'année suivante, le roi, aux portes du tombeau, fit son testament et institua Philippe d'Alsace tuteur du jeune prince et régent du royaume pendant la minorité. Philippe comprit tout ce qu'une pareille mission avait de difficile au milieu d'une cour où la haute faveur dont il venait d'être gratifié excitait déjà les haines jalouses et les intrigues. Pour accroître son influence et son autorité, le comte négocia très-habilement le mariage du jeune Philippe avec sa nièce, Isabelle, fille de Bauduin de Hainaut. Il rencontra

---

(1) « Philippus itaque rex in coronatione suâ tam in gladio præferendo, quàm in regiis dapibus apponendis Philippum Flandriæ comitem privilegiatum habuit ministerialem, utentem duplici jure, paterno videlicet et uxorio. » — *Radulphus de Diceto*, ad ann. 1180.

d'abord de sérieux obstacles à l'exécution de ce projet. Le comte Bauduin, le premier, s'y opposait, malgré tout ce qu'une pareille alliance pouvait avoir d'honorable pour sa maison, parce qu'il avait fait naguère avec Henri, comte de Champagne, une convention par laquelle l'aîné des fils du comte de Champagne devait épouser Isabelle, et le fils aîné de Bauduin la fille du comte Henri. Il s'y refusait encore parce que Philippe d'Alsace avait promis des terres considérables en faveur de cette union, et qu'un semblable démembrement ne pouvait s'opérer qu'au préjudice de l'héritage que la maison de Hainaut avait en expectative. De son côté, le comte de Champagne, irrité de voir ses desseins avortés et ses espérances détruites, mécontent aussi de la prépondérance du comté de Flandre dans les affaires du royaume, employait tous les moyens possibles pour empêcher le mariage. Il fut décidé cependant après de longues conférences, dans lesquelles Philippe d'Alsace eut le talent de vaincre toutes les répugnances en résolvant toutes les difficultés. L'on convint au contrat que le roi recevrait du comte de Flandre, comme dot assignée par ce dernier à sa nièce Isabelle, les villes d'Arras, de Saint-Omer, d'Aire, d'Hesdin, de Bapaume, et tout le pays au delà du Fossé-Neuf, c'est-à-dire toute la province d'Artois; que si Isabelle n'avait point d'enfant mâle ces terres retourneraient à Bauduin son frère, fils aîné du comte de Hainaut, et que si Bauduin mourait sans postérité elles retourneraient aux héritiers du comté de Flandre (1).

Le lundi après la Quasimodo de l'année suivante le roi Philippe vint à Bapaume, où la jeune Isabelle avait été con-

---

(1) Gilb. Mont. chron. ap. J. de G., XI', 233.

duite par son père et par le comte de Flandre. Le mariage fut célébré dans cette ville au milieu des démonstrations de joie de chacun, et surtout des nobles flamands et hainuiers. Après les noces, Philippe conduisit sa jeune épouse à Saint-Denis et la fit couronner, le jour de l'Ascension, dans la vieille basilique dont les caveaux s'étaient depuis peu fermés sur les restes mortels de Louis VII.

Au décès de ce prince, et surtout après le mariage du nouveau roi avec Isabelle, toute l'influence politique était passée aux mains du comte de Flandre. Les actes de la suzeraineté royale ne s'exerçaient plus en France que sous son autorité. C'est lui qui accordait les concessions de fiefs, qui ordonnait la levée des impôts, les *montres* ou revues des hommes d'armes, enfin qui réglait tout ce qui se rattachait alors aux attributions du souverain pouvoir. La reine-mère, Adèle de Champagne; ses frères Henri, comte de Champagne, et Guillaume, archevêque de Reims, conçurent une violente jalousie de cette omnipotence. Il se forma dès-lors à la cour deux partis bien distincts et bien opposés, celui du comte de Flandre et celui de la reine-mère. On n'attendit plus qu'un motif pour entrer en lutte ouverte : il fut bientôt trouvé. A la mort du roi les villes, châteaux et domaines qui formaient le douaire de la reine devaient lui être délivrés suivant la coutume. Il paraît que Philippe d'Alsace fit quelques difficultés au sujet de cette délivrance, et ce fut prétexte à rupture. La reine-mère et ses frères quittèrent brusquement la cour, et allèrent implorer l'assistance du duc de Normandie, Henri, roi d'Angleterre, contre ce qu'ils appelaient l'usurpation du comte de Flandre. Henri II, qui avait plusieurs griefs envers le roi de France, leur promit son concours et les hostilités allaient commencer, lorsque, sur les instances du cardinal de Saint-Chrysogon, légat du saint-siége, les deux monarques se réconcilièrent et firent même entre eux un traité d'alliance offensive et défensive dans lequel le régent n'intervint en aucune façon. Le roi commençait à prendre de l'âge et à vouloir agir par lui-même ; il était entouré de serviteurs qui l'engageaient en secret à se confier à la sollicitude maternelle plutôt qu'à celle d'un prince étranger et ambitieux, et puis son amour pour Isabelle s'était un peu refroidi. Or, la jeune reine, entièrement dévouée à son oncle, avait puissamment contribué jusque-là au maintien du crédit de ce dernier : de sorte que, par toutes ces causes réunies, la faveur dont jouissait Philippe d'Alsace décrut peu à peu ; et il se vit à son tour obligé de quitter la cour, où il n'éprouvait plus que des dégoûts et des humiliations, après avoir perdu tout empire sur l'esprit du roi. Le titre de régent du royaume n'était plus pour lui qu'un titre illusoire, puisque la reine-mère s'en arrogeait déjà les prérogatives. Il partit donc en emmenant sa nièce Isabelle, qui voulut le suivre dans sa disgrâce.

Mais le comte de Flandre avait résolu de se venger. Il suscita contre le roi Philippe bon nombre de barons français, publiant que ce prince avait l'intention de raser leurs châteaux ou d'y envoyer tôt ou tard ses chevaliers pour s'en emparer. Il fit alliance avec le duc de Bourgogne, le duc de Brabant, les comtes de Namur et de Sancerre, et d'autres seigneurs jaloux de l'autorité royale et désireux de reconquérir leur indépendance politique. Il s'entendit avec le comte de Hainaut, sur l'aide duquel il pouvait toujours compter ; enfin il organisa une ligue formidable, et se prépara à entrer en guerre aussitôt qu'une cause quelconque amènerait un conflit. Or, à cette époque, comme de tout temps, il suffisait de vouloir la guerre pour l'avoir. Le comte de Sancerre avait enlevé le château de Saint-Brice sur l'un des vassaux du roi de France. De là premier sujet de querelle. D'autre part, Philippe d'Alsace élevait des prétentions de suzeraineté sur les terres de Marle et de Vervins, dans le Vermandois, appartenant au sire de Couci, et sur le château de Breteuil qui était à Raoul, comte de Clermont. Les sires de Couci et de Clermont avaient le plus contribué à ruiner le crédit du comte à la cour de France. Il paraît même que la seule influence de ces deux seigneurs avait suffi pour perdre Philippe dans l'esprit du roi (1). On comprend que le comte de Flandre devait les tenir en haine, et choisir de préférence leurs domaines pour le but de ses réclamations et de ses attaques. Il menaça de les forcer par les armes à reconnaître sa suzeraineté ; mais ceux-ci, forts de l'appui du roi de France, ne voulurent point accéder à ses prétentions. Le roi comprit que la guerre avec le comte de Flandre devenait inévitable; mais, entouré de vassaux rebelles et orgueilleux, disposés à prendre fait et cause contre lui, il eut recours à son allié le roi d'Angleterre. Henri II lui envoya ses trois fils avec de nombreux barons anglais et dix mille routiers ou Brabançons, comme on les appelait alors, gens nomades, vivant de brigandages le plus souvent, et se mettant à la solde des princes qui voulaient bien les employer. Aidé de ce renfort, Philippe-Auguste envahit d'abord les terres du comte de Sancerre, qu'il n'eut

---

(1) Instigantibus ad hoc regem comite Claromontense et Radulfo de Conchiaco, qui prosperitati comitis Flandriæ invidebant, quique regem juvenem ad nutum suum velut arundinem agitabant. — *Johan. Iperii chron. ap. B. XVIII*, 594.

pas de peine à faire rentrer sous son obéissance ; puis il attaqua le duc de Bourgogne, Hugues III, contre lequel il avait de graves sujets de plainte, car, outre son alliance récente avec le comte de Flandre, Hugues, très-jaloux de ses droits et non moins avide d'étendre son domaine, se livrait à de continuelles vexations contre les seigneurs voisins de la Bourgogne, ne respectant pas même les propres terres du roi. Philippe prit sans efforts Beaune et Flavigni; ensuite il vint assiéger Châtillon-sur-Seine défendu par Eudes, fils aîné du duc, et retint prisonnier le jeune prince après avoir emporté, saccagé et livré aux flammes la ville que Hugues regardait comme la plus forte de ses états. Des succès aussi prompts décidèrent la soumission du duc de Bourgogne. Mais restait le comte de Flandre, à lui seul si puissant et si redoutable. Le roi et son conseil auraient bien voulu éviter la guerre avec ce prince; et l'on tenta même des moyens de conciliation.

Ils échouèrent tous devant l'obstination de Philippe d'Alsace. Il est vrai que, d'un autre côté, le roi montrait des prétentions exorbitantes. Ce n'était rien moins que le Vermandois tout entier qu'il voulait faire rentrer sous sa souveraineté immédiate. L'historien-poète Guillaume-le-Breton, lequel, comme on sait, composa en vers latins un long panégyrique de Philippe-Auguste, expose sous forme de dialogue le sujet de la guerre qui allait s'allumer.

« Le roi ajouta la menace à ses paroles royales et pacifiques, s'écriant qu'il ne pourrait être l'ami de celui qui voudrait ravir à son domaine un bien qui lui appartenait en propre.

— Ton père m'a donné ce pays, répondait le comte, et toi même, tu dois t'en souvenir, tu as confirmé ce don de ton sceau royal. Tels sont les titres qui ont fondé mon droit sur la chose que tu réclames. Ne cherche donc pas à troubler la paix du royaume, afin que ceux qui sont tes fidèles ne deviennent pas tes ennemis.

— Mon père ne t'a cédé ces terres que pour un temps. Une si courte prescription ne peut perpétuer cette propriété entre tes mains; et quant à ce que tu te vantes que j'ai moi-même confirmé ce don, la concession accordée par un enfant n'est d'aucune force.

— Sire roi, il ne serait pas convenable que la promesse du suzerain fût si peu solide, que sa parole pût être ainsi reprise à volonté. Quand même je n'aurais aucun droit ancien sur ces choses, je les possède cependant par ton fait et celui de ton père. Un juste titre fonde donc mes droits et me disculpe de tous reproches. Tu ne devrais pas ignorer que nul ne doit perdre ce qu'il tient de son suzerain, s'il n'a point commis de faute.

— Comte, un vassal demandait naguère devant ta cour, et par tes propres conseils, la restitution d'un fief paternel. Le possesseur répondait que ce fief lui avait été cédé par le réclamant dans sa jeunesse : tu jugeas que la donation faite pendant l'enfance était de nulle valeur, de sorte que ton homme s'en alla remis en possession. Aurais-tu la prétention d'avoir deux règles : une pour toi, une pour les autres? Cesse donc tes propos. Veux-tu restituer le Vermandois à mon domaine, je te reçois en amitié; autrement, je m'avance en armes et l'on verra ce que la force peut donner de supériorité au suzerain qui demande une chose juste.

— Jeune roi, je n'ai pas peur, j'attends tes hommes et tes batailles (1). »

---

(1) *Wilhelmi Armorici Philippeidos* chant 2ᵉ, vers 25 et suiv.

En effet, le comte de Flandre s'était, de longue main, disposé à engager et à soutenir la lutte vigoureusement.

« L'amour de la guerre fermente dans tous les cœurs ! » s'écrie le chantre de Philippe-Auguste ; et à cette occasion il trace un tableau poétique et animé de la Flandre et de ses habitants. « La commune de Gand, fière de ses maisons ornées de tours, de ses trésors et de sa population, donne au comte, à ses propres frais, deux fois dix mille hommes habiles à manier les armes. Après elle, vient la commune d'Ypres, non moins renommée, dont le peuple est célèbre pour la teinture des laines et qui fournit deux légions à cette guerre exécrable. La puissante Arras, ville très-antique, remplie de richesses, avide de gain et se complaisant dans l'usure, envoie des secours au comte avec d'autant plus de zèle qu'elle est la capitale et la principale ville de Flandre et le siége du gouvernement ; Arras, qui déjà obéissait à Comius lorsque Jules-César porta ses armes contre les peuples de la Gaule. Au milieu de tant de fracas, Bruges ne manqua pas non plus d'assister le comte de plusieurs milliers d'hommes choisis entre les plus vigoureux de ses enfants ; Bruges, qui fabrique des bottines pour couvrir les jambes des puissants seigneurs ; Bruges, riche de ses grains, de ses prairies et du port qui l'avoisine. Dam aussi, ville funeste, Dam véritablement et de fait et de nom (1), Dam qui devait par la suite être fatale à nos vaisseaux, aida nos ennemis selon ses moyens. Après toutes ces cités, Lille déploie pareillement ses armes ennemies, et ce n'est pas pour envoyer à la guerre un petit nombre de phalanges ; Lille, ville agréable, dont le peuple poursuit sans cesse

---

(1) L'auteur joue ici sur le mot *dam*, qui, dans le langage du temps, signifiait *dommage*, de *damnum*.

la fortune; Lille, qui, se parant de ses marchands somptueux, fait briller dans les royaumes étrangers les étoffes qu'elle teint et en rapporte les richesses dont elle s'enorgueillit. Le peuple qui révère saint Omer, lié aussi par serment à la cause du comte, lui donne également plusieurs milliers d'hommes, jeunes gens illustres par leur valeur. Hesdin, Gravelines, Bapaume et Douai, Douai ville riche et puissante par ses armes, remplie de citoyens célèbres, envoyèrent chacune des bataillons armés. Leurs antiques querelles ne séparent plus les Isengrins et les Blavotins (1); les fureurs intestines qui les divisent et les déchirent tour à tour ne les empêchent pas de rester fidèles à leurs serments et de se précipiter à la guerre. Pour combattre les enfants de la France, ils sont heureux de suspendre leurs vieilles inimitiés. — Mais pourquoi m'arrêter ainsi à désigner chaque ville par son nom? La Flandre entière lança spontanément au combat ses belliqueux enfants; car ils détestaient en secret les Français, et la récente colère du comte les avait indignés contre le roi. — La Flandre abonde en productions variées et en toutes sortes de biens. La population, fatale à elle-même par ses querelles intestines, est facile, expansive, sobre pour la nourriture et la boisson; elle brille par ses vêtements, possède une taille élevée et une grande beauté de formes; elle porte une riche chevelure, a le teint coloré et la peau blanche (2). Le pays est

(1) Deux factions qui en ce temps-là se faisaient la guerre en Flandre.
(2)   Flandria gens opibus variis et rebus abundans,
    Gens intestinis sibimet damnosa ruinis,
    Parca cibis, facilis, expensa, sobria potu,
    Veste nitens, membris procera, venusta decore,
    Splendida cæsarie, vultu rubra, candida carne.
                                            Ibid.

couvert d'un grand nombre de rivières poissonneuses, et d'une quantité de fleuves et de fossés qui obstruent tellement les routes que l'accès en est fort difficile à l'ennemi ; aussi la contrée serait-elle suffisamment garantie des invasions, si à l'intérieur elle renonçait à ses discordes civiles. Ses champs l'enrichissent de grains, ses navires de marchandises, ses troupeaux de lait, son gros bétail de beurre, l'Océan de poissons. Sa terre la plus aride est réchauffée par les herbes marines desséchées dont on la couvre. De rares forêts répandent l'ombre dans les plaines, et nulle vigne ne s'y trouve. A la place du vin, les indigènes se font une boisson avec un mélange d'orge et d'eau préparé à grand'peine. — Les bataillons resplendissent couverts de richesses et d'ornements aux diverses couleurs ; les bannières flottent au vent ; les armes, frappées des rayons du soleil, doublent l'éclat de sa lumière. Le terrible hennissement des chevaux porte l'effroi dans les oreilles ; sous leurs pieds les coursiers broient la terre poudreuse, et les airs sont obscurcis par les flots de poussière qu'ils soulèvent (1)... »

Le comte de Flandre commença les hostilités en parcourant le pays de Noyon le fer et la flamme à la main, et en brûlant tout jusque sous les murs de la ville (2). Ensuite, ayant fait sa jonction avec Bauduin de Hainaut, qui lui amenait deux cent vingt chevaliers et cent sergents à cheval, il se rendit à Montdidier pour attendre les représailles du roi de France. Celui-ci, à la nouvelle de l'agression du comte, avait rassemblé son armée à Senlis, et se disposait à

---

(1) *Ibid.*

(2) « Comes autem Flandriæ primos regi Francorum inferens guerræ insultus Noviomum civitatem feria sexta ante Adventum Domini (1181), usque ad muros igne succendit. » — *Gilb. Mont. chron. ap. J. de G.*, XII, 252.

entrer dans le Valois, pays appartenant alors à Philippe d'Alsace. Avant qu'il se fût mis en marche, Hellin de Wavrin, sénéchal de Flandre, qui était à Crespy avec un corps de chevaliers flamands, pilla et brûla le pays d'alentour comme pour braver l'armée française. Il entra à Dammartin-en-Goële, y mit le feu, fit prisonniers un grand nombre de chevaliers et d'hommes de guerre, et, par cette audacieuse expédition, jeta l'épouvante jusque dans Paris (1). Cependant le comte de Flandre, laissant à Montdidier le comte de Hainaut avec des forces suffisantes pour garder la ville, partit lui-même à la tête de son armée, et, passant par son château de Choisy-au-Bac et par celui de Pierrefond, dont le seigneur, Hugues d'Oisy, était dans son alliance, il arriva au château de Crespy. Bientôt il y fut rejoint par le jeune Henri, fils de Godefroi, duc de Brabant, que son père envoyait avec trente chevaliers et autant de sergents à cheval pour renforcer l'armée flamande. Tandis que Philippe d'Alsace se portait ainsi en avant, Bauduin de Hainaut, pour ne pas rester inactif à Montdidier, incendiait la terre de Saint-Just, domaine de l'évêque de Beauvais, et celle de Breteuil, appartenant, comme on l'a dit, au comte de Clermont. De son côté, le roi Philippe, qui avait en sa compagnie le jeune Henri, duc de Normandie, et une grande partie de la noblesse française, s'avançait pour combattre le comte de Flandre. L'ayant appris par ses éclaireurs, ce dernier manda en toute hâte au comte Bauduin de venir le trouver. Bauduin se mit en route aussitôt; mais à Touret il fut arrêté par une inondation. Il eut beaucoup de peine à passer l'eau; il y réussit enfin, alla coucher le même soir à Choisy, et le

(1) *Ibid.*

lendemain matin il arriva à Crespy, où Philippe d'Alsace l'attendait. L'armée du roi s'approchant, les deux princes se préparèrent à livrer bataille ; et il fut convenu que Bauduin commencerait l'attaque avec les chevaliers du Hainaut. Bauduin se revêtit de ses armes, se confessa, et donna sa bannière à porter au sire Hugues de Croix, sage et intrépide chevalier.

Les armées restèrent en présence pendant deux jours sans que l'attaque eût lieu. Du côté du roi, on paraissait redouter d'en venir aux mains ; du moins les gens de son conseil le détournaient-ils d'engager une lutte qui allait être décisive et peut-être funeste, car, s'il perdait la bataille, il se trouvait dans le cas de subir la loi d'un vassal. On finit par entamer des conférences ; mais le comte de Flandre était encore trop irrité pour qu'elles pussent aboutir à un bon résultat. On conclut toutefois une trêve à cause des fêtes de Noël, qui approchaient. La trêve devait durer jusqu'après l'octave de l'Épiphanie, c'est-à-dire environ quinze jours. Lorsqu'elle fut expirée, les hostilités recommencèrent ; mais, le roi s'étant replié vers Paris, il n'y eut point d'action sérieuse. Les comtes de Flandre et de Hainaut se bornèrent à faire des courses sur les terres du roi, brûlant tout ce qu'il y avait à brûler, pillant tout ce qu'il y avait à prendre. C'est ainsi qu'ils portèrent la terreur jusqu'à Compiègne et Beauvais, où ils détruisirent même une maison royale de fond en comble. Philippe d'Alsace trouvait plaisir à se venger enfin du roi et des seigneurs dont il avait eu tant à se plaindre ; et sa colère s'exhalait d'autant plus volontiers qu'elle avait été plus long-temps comprimée : « Il n'y a rien de fait, disait-il, si je ne brise les portes de Paris avec mes hommes d'armes flamands, si je ne plante leurs étendards sur le Petit-Pont et ma propre bannière dans la rue de la Calandre (1).

Néanmoins, vers le carême, une nouvelle trêve suspendit les hostilités jusqu'après Pâques. Elles allaient probablement se continuer avec une fureur nouvelle, lorsque Bauduin de Hainaut dut se séparer d'avec le comte de Flandre pour veiller à la défense de ses propres états envahis par le duc de Brabant. Cette diversion avait été habilement suscitée, à ce que l'on crut, par le roi de France. Bauduin partit donc, emmenant ses chevaliers, et rentra en Hainaut. Philippe d'Alsace ne tarda pas à l'y suivre, ne voulant point que la guerre s'allumât si près de ses frontières, et entre deux princes qui jusque-là avaient été ses alliés et ses amis, sans y intervenir lui-même en armes. Il s'avança vers Enghien pour secourir en apparence le comte de Hainaut, mais en réalité avec l'intention d'opérer un accommodement s'il était possible. Un armistice eut lieu à son arrivée; aussitôt qu'il fut expiré, les troupes entrèrent en campagne de part et d'autre. La chevalerie du Hainaut se rassembla près de Lembeck, témoignant la plus vive ardeur d'en venir aux mains avec les Brabançons qui campaient non loin de là. Pendant ce temps le comte de Flandre s'était rendu à Mons, où il avait de fréquents entretiens avec Bauduin et sa sœur Marguerite. Toute sa crainte était de voir s'engager sérieusement une lutte dont le bénéfice eût été en définitive pour le roi de France; car le comte de Flandre ne pouvait songer à

---

(1) Nil, ait, est actum, nisi Flandro milite portas
Parisias frango, nisi Parvo-Ponte dracones,
Ac medio vici vexillum pono Calandri.
Philippide, chant 2.

continuer la guerre à lui tout seul. Il redoutait aussi de voir le duc de Brabant écrasé par le comte Bauduin, dont les forces étaient beaucoup plus considérables. Il parla, sinon d'une paix définitive, au moins d'une suspension d'armes jusqu'à ce que le duc Godefroi, père de Henri, fût revenu de Jérusalem, où il était en ce moment-là. Le comte de Hainaut, plein de confiance dans le succès de l'entreprise, n'était pas disposé à écouter cette proposition, et il fallut que le comte de Flandre le menaçât de prendre immédiatement le parti du Brabançon pour qu'il consentît à ne pas engager le combat et à rappeler ses chevaliers.

Tandis que ceci se passait, la comtesse de Flandre tomba malade à Arras et y mourut pendant la Semaine-Sainte. Ce fut un grand sujet de deuil pour son mari (1). Outre la perte d'Isabelle, Philippe d'Alsace se vit bientôt menacé de perdre aussi le Vermandois qu'il tenait du chef de cette princesse. En effet, Éléonore, sœur d'Isabelle, ne tarda pas à faire valoir des prétentions sur le domaine de ses pères. Éléonore, fille puînée du comte de Vermandois, avait été la seconde épouse de Matthieu de Boulogne, frère de Philippe d'Alsace; mais, après la mort de Matthieu, elle s'était remariée au comte de Beaumont-sur-Oise. Depuis long-temps elle intriguait de concert avec son mari auprès du roi pour obtenir la possession du Vermandois après la mort de sa sœur qui n'avait pas d'héritiers directs, comme on le sait. Elle avait même fait avec Philippe-Auguste un traité secret par lequel elle abandonnait au roi la moitié de cette province, en cas qu'elle mourût elle-même sans enfants. Au décès de la comtesse de Flandre, Philippe-Auguste réclama

(1) « Pro cujus morte comes Flandriæ timens terram Viromandiæ perdere, plurimum doluit. » — *Gilb. Mont. chron. ap. J. de G.*, XII, 276.

derechef la restitution du Vermandois; et ce devint nouveau motif de guerre, car, si le roi montrait de l'obstination dans ses exigences, le comte ne mettait pas moins de persévérance à défendre ses droits. Philippe d'Alsace manda Bauduin de Hainaut à son château de Beauquesne ; et là les deux princes concertèrent leurs moyens. Tout ce que la Flandre et le Hainaut possédaient alors de chevaliers et d'hommes capables de porter les armes vint se ranger sous la bannière des deux comtes. Les plaines du Vermandois, du Valois, de l'Ile-de-France et des pays adjacents furent le théâtre d'une nouvelle guerre non moins désastreuse que la première. Elle dura quatre ans pendant lesquels il n'y eut pas une seule bataille décisive, mais plusieurs incidents dont il convient de parler.

Le roi Philippe-Auguste, irrité des secours que Bauduin de Hainaut, son beau-père, prêtait à Philippe d'Alsace, en conçut contre sa femme Isabelle un tel ressentiment qu'il fut sur le point de la répudier. Les princes de la maison de Champagne, excitant de leur mieux la colère du monarque, l'y engageaient fortement. Jaloux de la puissance des comtes de Flandre et de Hainaut, ils ne pardonnaient pas à ce dernier d'avoir donné sa fille au roi de préférence à un des leurs qui avait eu d'abord Isabelle pour fiancée. Il fallut l'influence des plus sages prélats du royaume pour empêcher Philippe-Auguste de renvoyer tout à fait sa jeune épouse reléguée comme en exil à la maison royale de Senlis. Cependant Bauduin de Hainaut se tenait presque à contrecœur dans le parti flamand, surtout depuis que Philippe d'Alsace l'avait menacé à Mons de tourner ses armes contre lui, s'il ne se pliait pas à sa volonté; mais Bauduin craignait d'offenser son beau-frère qui l'avait naguère institué héritier du riche et beau comté de Flandre, et qui pouvait en se remariant anéantir l'effet de ce legs. Le roi d'Angleterre s'étant rendu médiateur des différends entre Philippe-Auguste et le prince flamand, Bauduin accompagna celui-ci aux conférences qui eurent lieu près de Rouen dans le temps pascal de l'année 1184 et durant l'intervalle d'une trêve. Les pourparlers n'eurent aucun résultat, au grand déplaisir du comte de Hainaut, homme sage et prudent, quoique plein de vaillance, comme on a pu s'en convaincre, mais dont toute la joie eût été de rester en paix avec sa famille. Il ne se rebuta point, et tenta personnellement de nouvelles démarches pour rétablir la concorde. Il alla d'abord trouver le roi son gendre au château de Béthisy; puis se rendit auprès de la reine, sa fille, qui était alors à Pontoise : « La reine, dit Gilbert de Mons, supplia son père, les larmes aux yeux, d'avoir pitié d'elle et de lui-même en cessant de favoriser le comte de Flandre; ce qui fournissait contre elle des armes aux envieux. Bauduin répondit à sa fille qu'il ferait pour lui complaire tout ce qui dépendait de lui, sauf la foi qu'il devait à son allié; et la chose en resta là (1). »

En quittant sa fille, le comte de Hainaut, sans abandonner la cause de Philippe d'Alsace, retourna dans ses états. Il avait alors un prétexte sérieux pour déposer son armure. Henri comte de Namur, prince vieux et aveugle, n'ayant pas d'enfants et n'en espérant point, avait institué son neveu Bauduin héritier de ses domaines. Or le comté de Namur était fief d'empire, et il fallait que la transmission fût confirmée par l'empereur. Bauduin la réclama de Frédéric Ier, qui portait alors le sceptre des césars. Frédéric promit de lui délivrer cette confirmation d'une manière solennelle dans

(1) *Ibid.*

la prochaine diète qu'il devait tenir à Mayence aux fêtes de la Pentecôte. C'était pour se préparer à figurer dignement à cette cérémonie que Bauduin revenait en Hainaut. A l'époque indiquée, il partit avec une suite de dix-sept cents chevaliers. La diète fut tenue par l'empereur avec le plus magnifique éclat, sous des tentes dressées au bord du Rhin, dans une prairie vis-à-vis Mayence. On y comptait soixante dix mille chevaliers, sans parler d'une foule prodigieuse de prélats, d'ecclésiastiques et de personnages de tout état. Le jour de la fête, le comte de Hainaut reçut de Frédéric l'insigne honneur de porter l'épée devant la majesté impériale; ce à quoi tout le monde applaudit, bien que le comte fût nouveau à la cour et qu'il s'y trouvât beaucoup de princes du sang de l'empereur. Mais la renommée de Bauduin l'avait déjà devancé en Allemagne, et l'on se plaisait à reconnaître qu'il n'y en avait point alors de plus pure et de plus belle parmi tant de barons fameux (1).

Il reçut des mains de l'empereur le diplôme confirmatif de la donation que son oncle Henri de Namur lui avait faite, et repartit pour le Hainaut le vendredi après la Pentecôte.

Pendant que Bauduin était de l'autre côté du Rhin, le comte de Flandre avait eu avec Philippe-Auguste une entrevue, entre Compiègne et Chauny, où ils étaient convenus d'une trêve, en nommant chacun de son côté des auxiliaires pour en assurer l'exécution. Philippe d'Alsace choisit pour sa caution Étienne comte de Sancerre, et Philippe-Auguste

---

(1) « Dominus imperator gladium illum comiti Hannoniensi gestandum commisit, cui nemo contradixit, cum ipse vir magni nominis esset ubique terrarum famatus et in curia novus videretur, et in eadem curia principes multos haberet consanguineos præpotentes. » — *Gilb. Mont. chron. ap. J. de G.*, XII, 282.

prit comme garant le comte Bauduin de Hainaut, et cela dans la vue de le rendre suspect au comte de Flandre et de le détacher de sa cause. La ruse produisit tout l'effet que le roi en attendait; et le comte de Flandre entra dans une grande colère lorsqu'il sut que le roi venait de prendre pour auxiliaire son propre allié, le mari de sa sœur et le successeur futur au comté de Flandre. Il soupçonna dès lors quelque trahison, et ne dissimula pas son courroux. La nouvelle de cet artifice employé par le roi et des résultats qu'elle produisait parvint au comte de Hainaut tandis qu'il traversait les Ardennes en revenant de Mayence. Toujours fidèle à son alliance, et ne songeant nullement à s'en détacher, il avait ordonné à ses troupes de se tenir prêtes en son absence, afin qu'il pût, au retour, aller comme de coutume assister le comte de Flandre. Il fut fort affligé de ce qu'il venait d'apprendre, et, sans plus tarder, dépêcha vers Philippe d'Alsace un message par lequel il lui demandait une entrevue prochaine, soit sur les limites du Hainaut, soit en Flandre, soit en Vermandois, au lieu qu'il lui plairait d'indiquer. Mais le comte, sous l'influence de son emportement, refusa de lui répondre. Il fit mieux : il résolut de se marier et de tâcher d'obtenir une progéniture, afin de frustrer son beau-frère de toutes ses espérances. C'était, en effet, la plus grande vengeance qu'il pût en tirer. Sans plus tarder, il envoya à grands frais une ambassade solennelle au roi de Portugal, Sanche Ier, qui avait plusieurs sœurs à marier, afin de lui demander la main d'une de ces princesses. Après les formalités d'usage, le roi lui accorda la jeune Thérèse, nommée depuis Mathilde, laquelle s'embarqua immédiatement pour la Flandre. Dans la traversée, le navire qui la portait fut attaqué par des pirates normands. Ils lui enlevèrent tous ses joyaux et ce qu'elle possédait de plus précieux. Philippe, à cette nouvelle, envoya contre les corsaires une flotte qui les prit et les amena en Flandre, où ils furent pendus au nombre de quatre-vingts. Au mois d'août de la même année, les noces de Philippe d'Alsace et de Mathilde de Portugal furent célébrées à Bruges avec une royale magnificence. Le comte donna en douaire à sa femme dix-sept villes de Flandre ; ce qui causa un vif chagrin à Bauduin de Hainaut et à Marguerite d'Alsace, qui n'avaient pas perdu tout espoir d'hériter un jour de leur frère.

Sur ces entrefaites, Godefroi duc de Brabant, revint d'outre-mer, et la trêve conclue par la médiation de Philippe d'Alsace se trouva expirée. Bauduin rassembla donc ses troupes pour marcher contre Godefroi. En vertu de son traité d'alliance offensive et défensive avec le comte de Flandre, il requit l'assistance de ce dernier ; mais Philippe la refusa formellement, et enjoignit à Bauduin de proroger la trêve, puis de lui amener ses hommes d'armes en Vermandois, où il continuait la guerre contre Philippe-Auguste. Bauduin n'avait plus à garder de ménagements envers son beau-frère. Il n'accorda pas la trêve, et se mit aussitôt en guerre ouverte avec Godefroi de Brabant. Lorsqu'il fut arrivé à Tubise, où son armée était campée, prête à entrer en campagne, Jacques d'Avesnes vint de la part du comte de Flandre faire de nouvelles instances pour une suspension d'armes. Pendant la négociation et au moment où les Hainuyers attendaient le résultat des pourparlers, Hellin de Wavrin, sénéchal de Flandre, envoyé secrètement par Philippe d'Alsace avec trois cents chevaliers au secours de Godefroi, se jeta sur la ville de Lembeck, appartenant à Bauduin, et y mit le feu. Étonnés d'une telle agression,

Bauduin et ses barons coururent aux armes. Se précipitant avec rage sur les Flamands et les Brabançons, ils en firent un grand massacre et retinrent prisonniers beaucoup de chevaliers et d'écuyers (1). Le comte de Hainaut vit bien alors que non-seulement il ne devait plus compter sur l'appui du comte de Flandre, mais même encore que celui-ci se déclarait ouvertement son ennemi. Il alla sans délai trouver le roi Philippe-Auguste à Paris et de là se rendit, comme il en était convenu avec le roi, au parlement de Soissons, où fut conclu dans l'abbaye de Saint-Médard un traité d'alliance envers et contre tous (2). Informé de ce traité, Philippe d'Alsace se mit en mesure de déclarer la guerre à son beau-frère et jura de tout exterminer en Hainaut par le fer et le feu (3).

A cette fin, il attira dans son parti plusieurs princes et seigneurs puissants : tels que Philippe, archevêque de Cologne ; le duc de Brabant et son fils ; Jacques d'Avesnes, qui promit de livrer à ses hommes d'armes toutes les places qu'il possédait en Hainaut; et d'autres encore. De son côté, Bauduin prépara ses villes et châteaux pour une vigoureuse défense ; comptant fermement sur les secours du roi de France, son récent allié. Il mit en état de défense la ville de Valenciennes, les châteaux de Bouchain, Villers, Lalaing, Raismes, Beaufort, Solre, Binch et toutes les forteresses du pays. Il envoya à Thuin ses trois fils, Bauduin, Philippe et Henri, afin qu'ils fussent en sûreté dans cet imprenable donjon. Sur les frontières du Cambrésis, Bau-

(1) *Gilb. Mont. chron. ap. J. de G.*, XII, 298.
(2) *Ibid.*
(3) « Ad finem ut Balduinum et ejus terram consumeret ac vastaret. » — *Jacques de Guise*, XII, 304.

duin de Walincourt gardait avec ses vassaux Walincourt et Prémont, Gérard de Saint-Aubert les châteaux de Saint-Aubert et de Busignies, Eustache de Rœux et son fils celui de Morlanwez. Quant au comte de Hainaut, il se tenait dans Mons avec trois cents chevaliers éprouvés. Bientôt le comte de Flandre et Jacques d'Avesnes, après s'être emparés successivement en Cambrésis de Viesly, Solesmes, Saint-Pithon, Haussy, dont ils avaient renversé les murailles et les fortifications, pénétrèrent dans le Hainaut et s'avancèrent jusqu'au Quesnoi, ne laissant derrière eux qu'une longue traînée de flammes (1). D'autre part, l'archevêque de Cologne, le duc de Brabant et son fils faisaient leur entrée en tête de dix-sept cents chevaliers, dont treize cents avaient été amenés par le prélat, et de soixante-dix mille hommes de pied. Cette puissante armée traversa la forêt Charbonnière ou de Mormal, brûla Rœux, et, passant ensuite auprès de Binch, incendia Brai, Lestines, tout le pays environnant, et s'approcha de Maubeuge; là elle fit sa jonction avec le comte de Flandre, qui venait d'arriver sous les murs de cette ville. Tandis que le Hainaut était en proie à la plus redoutable agression qu'on eût vue depuis l'envahissement des barbares du Nord, le comte Bauduin, obligé de se tenir sur la défensive, ne perdit pas ce calme et ce sang-froid dont il avait puisé le secret dans les études philosophiques de sa jeunesse. Il était un jour accoudé à une des fenêtres du château de Mons, raconte un historien du temps ; pensif, il regardait les flammes s'élever au loin dans les campagnes du Hainaut et les troupes ennemies se développant sur une vaste étendue. Eustache de Rœux s'ap-

---

(1) « Et progressi sunt comburendo usque ad Quercetum. »—*Ibid.*

procha de lui et lui dit : « Sire, que pensez-vous ? Ne vous émouvez pas de voir ainsi votre terre brûler, mais reconfortez-vous à vos prud'hommes qui sont autour de vous. » Le comte le regarda et lui répondit : « Apprenez, Eustache, que je ne m'émeus pas. Je sais bien que les seigneurs qui sont entrés en ma terre en avaient le pouvoir, et ce n'est pas une honte pour moi si je ne les combats point; tous ensemble contre moi, ils sont les plus forts. Mais je vais vous dire à quoi je songeais. — Je vois là-bas le comte Philippe de Flandre, qui est mon voisin : de celui-là j'espère me venger; je n'ai qu'à entrer de ma terre dans la sienne. Il en est de même du duc de Louvain. De monsieur Jacques d'Avesnes, je ne m'en occupe pas ; car c'est un pauvre homme qu'il me sera toujours facile d'écraser. — Je me demandais comment je pourrais atteindre ce prêtre de Cologne. Il demeure si loin de moi que je n'ai pas encore trouvé la voie par où je l'aborderai, et voilà ce à quoi je réfléchis à cette heure (1). »

En ravageant le Hainaut, les confédérés ne s'étaient établis dans aucune place importante; et, comme ils avaient tout brûlé et que l'hiver approchait, ils ne trouvèrent bientôt plus de quoi subsister. Ils furent alors forcés de songer à la retraite. D'ailleurs le but que se proposait le comte de Flandre n'était-il pas complétement atteint? L'archevêque de Cologne se retira le premier avec tout son monde. Puis le duc de Brabant retourna à Louvain avec son fils; enfin Philippe d'Alsace revint à Bruges auprès de sa jeune

(1) « Mais je pensoie à ce prestre de Couloigne, comme je m'en pusse vengier : car il maint si loing de moy, que je n'ai pas encore trouvé la voie par quoi je i puisse aler; et à ce pensoie-je orendroit. » — *Chron. manuscr. de la Bibl. de Saint-Germain-des-Prés*, n° 139; cité dans l'*Art de vérifier les dates*.

épouse, dont il avait presque toujours été séparé par les événements depuis son mariage.

Il n'y resta pas long-temps, les hostilités avec la France n'étant suspendues que par une trêve. Quand elle fut expirée, la guerre recommença de plus belle. Après s'être vu abandonné de son beau-frère le comte de Hainaut, Philippe s'adressa, pour la continuer avec des chances de succès, à l'empereur Henri VI, fils de Frédéric Ier. Henri lui avait promis un renfort de troupes; mais ce renfort n'arrivait pas, car Bauduin de Hainaut s'opposait à ce qu'il passât sur ses terres. Le comte de Flandre s'avança donc au-devant du roi de France avec ses propres hommes d'armes, et ceux que le duc de Brabant et Jacques d'Avesnes lui avaient fournis. Il se présenta d'abord devant Corbie et emporta le faubourg d'assaut; il ne put prendre la ville, et ne fut pas plus heureux quelques jours après au siége de Béthisy entre Senlis et Compiègne. Le roi s'approchant avec des forces considérables, Philippe d'Alsace crut prudent de repasser la Somme, de rassembler ses gens et de se tenir dans l'expectative. Déjà le roi envahissait l'Amiénois, qu'il voulait conquérir. Il attaqua le château de Boves, donjon très-fort situé à une lieue et demie d'Amiens. Le sire de Boves tint bon contre l'armée royale, et donna ainsi le temps au comte de Flandre de venir à son aide. Philippe d'Alsace se trouvait alors avec tout son monde et capable de résister au roi. Il envoya défier aussitôt le monarque français. Une action décisive allait s'engager, quand Guillaume, archevêque de Reims, qu'on appelait aussi le cardinal de Champagne, l'évêque d'Albe, légat du saint-siége, et Thibaut, comte de Blois, supplièrent le roi de ne pas accepter un défi d'où le sort de la monarchie devait dépendre. Par leur entremise, un armistice fut décidé; et l'on négocia, sur-le-champ, pour obtenir enfin la paix. Le comte de Flandre ne la désirait pas moins que les Français, surtout depuis que son allié le plus solide, c'est-à-dire le comte de Hainaut, l'avait délaissé. Il n'était pas non plus sans crainte pour la Flandre, que Bauduin pouvait envahir d'un moment à l'autre durant son absence. Enfin il commençait à se fatiguer d'une guerre ruineuse qui le tenait éloigné de ses états, et l'empêchait de veiller aux intérêts plus positifs et plus sacrés du domaine paternel. Il consentit donc à faire sa soumission au roi et à lui remettre le Vermandois, qui, depuis plus de quatre ans, servait de prétexte aux hostilités entre l'oncle et le neveu. La ratification de la paix eut lieu le 10 mars 1186, entre Senlis et Crépi, dans une assemblée solennelle où figuraient tous les princes qui avaient pris part à la guerre, et entre autres le comte Bauduin de Hainaut. Aux termes du traité, Philippe d'Alsace garda en jouissance viagère les villes de Péronne et de Saint-Quentin avec le titre de comte de Vermandois, qu'on rencontre dans ses diplômes jusqu'à l'époque de sa mort. Une réconciliation eut lieu dans la même circonstance entre Philippe d'Alsace et le comte de Hainaut; mais leur amitié ne fut plus jamais aussi vive qu'auparavant.

Deux années s'écoulèrent sans événements remarquables. La tranquillité intérieure de la Flandre n'avait pas été troublée un seul instant pendant tout le temps que son souverain, la plupart de ses barons et les milices de ses villes guerroyaient soit en France, soit en Hainaut, et sa prospérité commerciale et industrielle allait toujours croissant.

En 1188, les rois de France et d'Angleterre, auxquels

de nombreux démêlés mettaient sans cesse les armes à la main, suspendirent tout à coup leurs querelles et assignèrent un parlement à Gisors. Une fatale nouvelle venait de jeter la terreur en Europe. Jérusalem était tombée au pouvoir des infidèles. Convoqué par Philippe-Auguste, ainsi que les autres grands feudataires de la couronne, le comte de Flandre se rendit à Gisors. Guillaume, archevêque de Tyr, prélat aussi célèbre par sa sainteté que par son savoir, et qui avait quitté l'Orient pour solliciter en Europe le secours des princes chrétiens, arriva bientôt à l'assemblée et y prêcha la guerre sainte. Il lut devant les rois et les seigneurs réunis sous un orme, dans la campagne, une relation détaillée de la prise de Jérusalem par Saladin, et de la situation désastreuse où se trouvaient les lieux saints; puis il fit un éloquent appel à leur courage et à leur piété. « Un royaume chrétien, leur dit-il, a été fondé par vos pères au milieu des nations musulmanes. Une foule de héros, une foule de princes nés dans votre patrie, sont venus le défendre et le gouverner. Si vous avez laissé périr leur ouvrage, venez du moins délivrer leurs tombeaux (1). » Les deux rois, implacables ennemis jusqu'alors, s'embrassèrent en pleurant; ils prirent la croix, et leur exemple fut à l'instant suivi par tous les seigneurs présents.

Mais cette belle résolution formée, dans un moment d'enthousiasme, ne fut pas exécutée sur-le-champ comme on l'avait juré; la guerre recommença entre Philippe-Auguste et le roi d'Angleterre, et retarda les préparatifs d'une nouvelle croisade. Pour ce qui concerne le comte de

---

(1) Michaud, *Hist. des croisades*, II, 316.

Flandre, il ne partit que deux ans plus tard ; c'est-à-dire en 1190. Durant cet espace, il avait été obligé d'intervenir souvent dans les dissensions sans cesse renaissantes du comte de Hainaut et du duc de Brabant. Puis d'autres affaires nécessitaient sa présence en Flandre.

En 1187, Bauduin avait marié son fils aîné, pour lors âgé de treize ans, à Marie, sœur du comte de Champagne, laquelle atteignait sa douzième année. C'était encore un des résultats de la paix générale, conclue entre les princes l'année précédente. Le roi de France et le comte de Flandre assistèrent à ce mariage, qui fut solennellement célébré à Valenciennes devant une foule de dames, de chevaliers et de personnes de toute qualité. Philippe-Auguste alla ensuite visiter Tournai, dont les habitants se mirent sous sa protection et auxquels il accorda des franchises très-étendues; sans opposition de la part de l'évêque souverain ni des princes voisins, chose qui parut fort étonnante à tout le monde.

Du reste, le comte Philippe d'Alsace n'avait pas attendu qu'il pût se mettre lui-même en route pour envoyer des secours en Orient; à son retour des conférences de Gisors, il avait fait équiper dans les ports de Flandre trente-sept navires sur lesquels s'étaient embarqués pour l'Orient de nombreux chevaliers flamands, brabançons et hainuyers sous la conduite de Jacques d'Avesnes alors réconcilié avec le comte de Hainaut. Ce seigneur conquit dans la guerre sainte une illustration qui rejaillit pendant des siècles sur sa famille. A la bataille d'Antipatride, mutilé, haché par les Sarrasins, sur lesquels il avait chargé trois fois, il brandissait encore son épée du seul bras qui lui restât, et criait, expirant, à Richard Cœur-de-Lion : Brave roi, viens venger ma mort !

Ce fut au mois de septembre que Philippe d'Alsace, pour employer l'expression d'un vieil historien, prit la besace et le bâton (1) dans la ville de Gand, en présence de toute la noblesse flamande dont une grande partie le suivait, du comte de Hainaut, de la comtesse Marguerite et de leurs enfants. Il confia la garde et protection de ses états à Mathilde son épouse; et prenant dans son trésor cinquante mille marcs d'argent, il en remit quarante mille à la comtesse de Flandre et garda le reste pour les besoins de l'expédition (2). Lorsque Philippe arriva en Orient, les débris des armées chrétiennes assiégeaient Ptolémaïde ou Saint-Jean-d'Acre avec les renforts qui leur étaient envoyés d'Europe. Cent mille hommes de diverses nations se pressaient autour de cette place qui depuis long-temps résistait à leur courage mal ordonné, à leur zèle plus enthousiaste que bien entendu. La famine et les maladies les décimaient. Le comte de Flandre prit sa part de toutes ces misères et de toutes ces gloires; mais, le 1er juin 1191, il mourut atteint de la peste qui infectait l'armée, et qui emporta également les plus braves et les plus valeureux d'entre ses compagnons d'armes flamands.

Philippe d'Alsace a été diversement jugé. Des uns, il a reçu d'emphatiques éloges; des autres, les plus amers reproches. Il convient de lui rendre ici la justice qui lui est due, en jetant un rapide coup d'œil sur ce qu'il a fait de bien et de mal. L'abandon du vaste comté de Vermandois, tout regrettable qu'il est, fut encore moins fatal à la puissance flamande que la cession de l'Artois accordée par Philippe

---

(1) « Cum autem... peram et baculum accepisset. » — Gilb. Mont. chron. ap. J. de G., XIII, 28.

(2) Ibid.

au roi de France, quand il lui donna sa nièce en mariage, et surtout que le douaire assigné à Mathilde de Portugal, lequel comprenait la majeure partie de la Flandre wallonne et plusieurs villes de la Flandre tudesque. La donation de l'Artois, province intégrante, pour ainsi dire, du comté de Flandre, est un véritable démembrement ; le douaire de Mathilde pouvait en opérer un second. Ce sont là deux grandes fautes politiques. Il semble que Philippe, n'espérant pas d'enfants, ne se souciait point de conserver intacte une domination qui ne devait plus appartenir à sa race. Un tel acte d'égoïsme a été flétri par les historiens, et il méritait de l'être. La renommée de Philippe d'Alsace en restera toujours un peu ternie. D'autre part, on doit dire à la louange de ce prince que, durant sa vie si laborieuse et si agitée, il trouva le moyen d'accroître encore la prospérité de ses états et de travailler d'une manière efficace au bonheur des Flamands. Son règne est, sans contredit, le plus important dans l'histoire politique du pays. L'organisation municipale, commencée sous ses prédécesseurs, fut par lui continuée avec sollicitude et succès. Il abolit la servitude en plusieurs endroits, comme à Courtrai et Alost ; accorda leurs premières institutions communales aux villes d'Orchies, de Dam, de Biervliet, de Dunkerque et d'Hulst, confirma et accrut celles d'Ypres, de Gand, d'Aire, d'Audenarde, de Bruges et de Grammont. Enfin, il apporta tous ses soins à l'extension du commerce ; comme le prouvent les traités qu'il fit en 1173 avec l'empereur Frédéric, afin d'obtenir pour les marchandises flamandes l'entrée des marchés de Duisbourg et d'Aix-la-Chapelle, et en 1178 avec l'archevêque de Cologne pour la libre navigation du Rhin en faveur des Gantois.

XII

MARGUERITE D'ALSACE ET BAUDUIN-LE-COURAGEUX.

1191 — 1195

Bauduin-le-Courageux apprend la mort de Philippe d'Alsace et se met en possession de la Flandre.— Conduite prudente de ce prince. — Intrigues de Mathilde, veuve de Philippe d'Alsace.— Conférences d'Arras.— Guerre en Brabant.—Mauvaises dispositions de Philippe-Auguste à l'égard du comte de Flandre.— Ce dernier se prépare à la guerre.— Entrevue de Péronne.— La paix se rétablit.— Succession du comté de Namur. — Difficultés à ce sujet.— Le comte de Flandre accompagne le roi au siége de Rouen.— Mariages des enfants de Bauduin avec ceux du comte de Nevers.— Rébellion de quelques seigneurs flamands. — Reprise des hostilités contre le duc de Brabant.— Troubles à Gand.— Bataille de Noville-sur-Mehagne.— Mort de la comtesse Marguerite.— Son fils aîné Bauduin est investi du comté de Flandre.—Bauduin-le-Courageux tombe malade à Strasbourg. — Il se fait ramener à Mons et y languit long-temps. — Il règle ses dispositions dernières et meurt.— Sa postérité.

Philippe d'Alsace n'eut point d'enfants de Mathilde, sa seconde épouse, et emporta au tombeau le regret de voir sa succession dévolue à des collatéraux pour lesquels son ancienne affection s'était singulièrement refroidie. Ainsi les descendants directs de Bauduin Bras-de-Fer, expulsés cent ans auparavant du trône de Flandre par Robert-le-Frison, y remontaient en la personne de Bauduin de Hainaut (1), tandis qu'une restauration du même genre s'opérait en France. Isabelle de Hainaut, arrière-petite-fille de Judith, en devenant l'épouse de Philippe-Auguste faisait rentrer

---

(1) « Sicque comitatus reversus est ad justum hæredem Balduini Hasnoniensis. » — *Ex ann. Aquicinctensis monast. ap. Bouquet, XVIII,* 547.

la couronne royale de France dans la famille de Charlemagne (1).

Mais ce ne fut pas sans peine que Bauduin de Hainaut et Marguerite d'Alsace, sa femme, se mirent en possession de ce nouvel héritage. Le roi de France l'avait, dit-on, convoité, et, aussitôt la prise de Saint-Jean-d'Acre, s'était hâté de dépêcher plusieurs seigneurs flamands pour annoncer à Mathilde la mort de son mari, et s'entendre avec elle afin de s'emparer à leur profit commun de tout le comté de Flandre dont elle avait déjà une bonne partie à titre de douaire. Le hasard voulut qu'au même temps Giselbert ou Gilbert, chancelier de Hainaut et secrétaire du comte, passant par la ville de Borgo-San-Donino, en Italie, où il allait trouver l'empereur de la part de son maître pour traiter diverses affaires, apprit de certains croisés qui revenaient d'Orient le trépas malheureux du comte Philippe d'Alsace. En homme bien avisé, Gilbert dépêcha sur l'heure même un courrier vers le Hainaut; et celui-ci fit si grande diligence que Bauduin connut la nouvelle huit jours avant les Français et les Flamands (2). Le comte et la comtesse de Hainaut se rendirent alors sans délai en Flandre, où ils se firent reconnaître par les principales villes; telles que Courtrai, Audenarde, Ypres, Bruges, Grammont, Alost et d'autres encore. Gand toutefois ne leur voulut point ouvrir ses portes; car Mathilde, veuve de Philippe d'Alsace, l'avait garnie d'armes et de troupes. Mathilde nourrissait une arrière-pensée de domination absolue, comptant sur la protection du roi de

---

(1) « Coronata est nova regina... gloriantibus Francis Magni Caroli imperatoris sanguinem per eam fœminam ad reges suos rediisse. » — Meyer, *Ann. rer. fland. ad ann.* 1180.

(2) *Gilb. Mont. chron. ap. J. de G.*, XIII, 58.

France et l'appui du duc de Brabant irréconciliable ennemi de Bauduin. Elle avait même déjà cherché à nuire le plus possible à Bauduin dans l'esprit de Guillaume, archevêque de Reims, qui gouvernait le royaume en l'absence de Philippe-Auguste, et dans celui des principaux seigneurs de France. Cependant les sympathies publiques étaient acquises au comte de Hainaut, dont on connaissait l'origine nationale, et à son épouse, propre sœur du prince défunt. Les villes d'Arras, d'Aire, de Saint-Omer et tout le comté d'Artois, récemment concédé au roi Philippe, l'auraient même reconnu pour leur seigneur légitime s'il eût voulu agréer leurs propositions (1). Il s'en garda bien, car c'eût été fournir au roi un prétexte de guerre; il ne toucha pas même au douaire de Mathilde, laquelle pourtant cherchait à soustraire Gand, sinon la Flandre entière, au pouvoir de l'héritier du sang. Tandis que Bauduin s'occupait ainsi de faire constater son droit sur la Flandre en provoquant l'adhésion des barons et du peuple, son armée prenait position près de Grammont pour défendre les deux comtés contre le duc de Brabant, allié secret de Mathilde. Par cette mesure il en imposa au duc, qui se préparait à se porter sur Gand avec toutes ses forces. Déconcertée dans ses vues et désormais réduite à l'impuissance, Mathilde porta ses réclamations à l'archevêque de Reims; il ajourna les deux parties à Arras pour le mois d'octobre suivant. Le comte de Hainaut, sa femme Marguerite et la comtesse Mathilde, qui prenait le nom de reine parce qu'elle était fille du roi de Portugal, se présentèrent simultanément devant le pré-

---

(1) « Cives itaque Atrebatensis et burgenses Arienses, et Sancti-Audomari et multi alii, comiti Hannoniensi adhæsissent tanquam domino hæreditario, si ipse comes eos suscipere voluisset. » — *Ibid.* 60.

lat au jour indiqué. Mathilde réclama la Flandre entière, ni plus ni moins. Le comte Bauduin repoussa énergiquement cette prétention, soutenant avec justice que la comtésse ne devait avoir d'autre douaire que celui qui lui avait été accordé par son contrat de mariage. Après de nombreuses discussions, la paix fut enfin établie aux conditions suivantes : le comte de Hainaut eut la capitale de la Flandre et le comté, savoir : Bruges, Gand, Ypres, Courtrai, Audenarde, le pays de Waës, Alost, Grammont et les fiefs de l'empire, c'est-à-dire les villes appelées les Quatre-Métiers, et les îles de Zélande, dont une partie était inféodée au comte de Hollande qui en faisait hommage à celui de Flandre. Mathilde garda son douaire tel qu'il avait été primitivement constitué, c'est-à-dire qu'elle retint Douai, L'Écluse, Orchies, Lille, Cassel, Furnes, Dixmude, Bourbourg, Bergues-Saint-Winoc et le château de Nieppe; mais elle abandonna, pour en jouir après sa mort, au jeune Louis, fils du roi de France, les villes d'Aire et de Saint-Omer. Louis prit dès ce moment le titre de comte d'Artois.

Bauduin consentit à cet abandon sans lequel la paix n'aurait pu se conclure, car l'archevêque ne prétendait pas que sa médiation restât infructueuse. Déjà l'Artois appartenait à la France : il ne fallait pas que les deux principales villes de ce comté revinssent à la Flandre avec le douaire de la comtesse. Des conférences d'Arras, Bauduin se rendit avec sa femme à Gand ; cette fois il y fut reçu par les ordres mêmes de Mathilde, et les habitants lui prêtèrent avec acclamations le serment de fidélité (1).

Le duc de Brabant n'était pas intervenu au traité d'Ar-

---

(1) *Ibid.*, 72.

ras, Mathilde n'ayant point osé avouer ses intelligences avec lui. Bauduin avait donc moins que jamais de ménagements à garder envers ce prince qui saisissait toutes les occasions de lui faire du mal. Débarrassé des préoccupations dont nous venons de parler et voyant sa puissance bien affermie, il jugea le moment favorable pour tirer vengeance des insultes récentes dont le duc s'était rendu coupable à son égard. Il entra en Brabant et mit tout le pays à feu et à sang (1). Il prit et rasa les châteaux de Tubise, d'Hambruge, d'Oostkerque, et mit ensuite le siége devant le château d'Enghien, qui appartenait au duc de Brabant, tandis que la ville était au sire d'Enghien, comme cela se voyait souvent alors. Ce château ne pouvait être pris sans l'aide de machines, à cause de ses hautes murailles et de ses fortes tours. Le comte de Flandre ordonnait de préparer les béliers, mangonneaux et balistes, quand les assiégés, désespérant de la défense, firent demander conseil au duc leur seigneur. Le duc répondit que puisqu'on ne le pouvait défendre, il fallait le rendre à la condition que le sire Engelbert d'Enghien en aurait la possession et qu'il ne s'en servirait pour nuire ni au comté de Hainaut ni au duché de Brabant. Bauduin consentit à cet arrangement de même qu'à une trêve que le duc, effrayé du ravage de ses terres, réclama en même temps ; puis il revint en Flandre. Là, il reçut, d'une manière plus complète et plus régulière, l'hommage de ses vassaux et s'occupa de réorganiser l'administration un peu ébranlée depuis la mort de Philippe d'Alsace. Il régla plusieurs différends, et se montra bon justicier pour tout le monde : car la

---

(1) « Terram... prædis et igne devastans. » — *Ibid.*

Flandre, comme le dit un contemporain, est un pays où la tranquillité ne peut être maintenue qu'à ce prix, et elle a besoin d'être gouvernée par un prince actif et sévère (1). Bauduin possédait ces diverses qualités, il y joignait en outre la prudence et l'adresse.

Après la reddition de Saint-Jean-d'Acre, le roi Philippe-Auguste, qui lui aussi avait ressenti les influences de la peste et dont la santé s'était gravement altérée, revint en France. On dit encore que son retour avait été hâté par l'espoir de s'emparer du comté de Flandre (2). Quand il eut appris l'arrivée de son suzerain à Paris, le comte de Flandre et de Hainaut s'empressa de l'aller trouver afin de lui prêter hommage. Philippe avait vu de mauvais œil l'arrangement conclu sous les auspices de l'archevêque de Reims, et regardait comme trop minimes les avantages que la France en retirait. Il ne considérait pas avec quelle fidélité le comte s'était conduit au sujet de l'Artois dont il aurait très-bien pu s'emparer lors de son avénement, quand les villes de ce pays voulaient se donner à lui: Bauduin ne trouva donc ni équité ni bienveillance auprès de son gendre, auquel il avait cependant rendu tant de services en hommes et en argent (3). Dans un premier mouvement de colère, le roi manifesta l'intention de faire ar-

---

(1) « Cum ipsa terra vix a maleficiis unquam posset refrænari, sed semper principem vividum et in justitia austerum ipsam regionem Flandrensem oporteat habere. » — *Gilb. Mont. chron. ap. J. de G.*, XIII, 74.

(2) « Intemperiem transmarini aëris sustinere non valens quia valde infirmabatur; vel, ut quidam dicunt, pro adipiscenda terra quæ per mortem prædicti comitis, cujus neptem habuerat uxorem, sibi obvenerat, statim in Franciam revertitur. » — *Ex Andrensis monast. chron. ap. Bouquet*, XIII, 571.

(3) « Rex autem nec humane nec benigne eum suscepit. » — *Ex ann. Aquicinctensis monast. ap. B.* XVIII, 543.

rêter le père de sa femme au milieu même de son palais et en violation de toutes les lois de l'hospitalité. Le comte fut averti secrètement par des officiers de la maison du roi qui lui étaient attachés, et s'enfuit le soir de Paris accompagné d'un seul chevalier et de deux valets. Le lendemain, il était sur ses terres, et se préparait à résister vigoureusement au monarque dans le cas où celui-ci aurait voulu faire quelque démonstration hostile. Tous les vassaux, grands et petits, des deux comtés, qui détestaient Philippe-Auguste, jurèrent de soutenir Bauduin de toutes leurs forces, et de venir se ranger sous sa bannière au premier appel, tant ils étaient impatients de recommencer la guerre contre un prince qui depuis plus de dix ans leur avait déjà fait tant de mal (1).

Mais le roi de France se ravisa. Le temps et la réflexion dissipèrent son ressentiment, et il manda par lettres au comte Bauduin qu'il pouvait en toute sécurité se rendre auprès de lui à Péronne. Le comte y alla avec toutes les précautions nécessaires, et la paix se rétablit sans difficulté. Bauduin promit de payer au roi dans l'année une somme de cinq mille marcs d'argent pur au poids de Troyes, pour le droit de relief de la Flandre; car en France, dit un chroniqueur, la loi, sinon l'affection, oblige tout vassal à donner à son seigneur, pour le relief de son fief-lige, autant que ce fief peut produire dans une année (2). Quant à la réception de l'hommage, le roi assigna au comte et à la

---

(1) « Cui homines Flandriæ, tam majores quam minores, auxilium vividum promiserunt, laudantes domino comiti contra regem bellum aggredi. » — *Gilb. Mont. chron ap. J. de G., XIII*, 90.

(2) « Cùm juris sit, sed non amoris, in Francia, ut quilibet homo pro relevio feodi sui ligii tantum det domino suo quantum ipsum feodum infra annum valeat. » — *Ibid.* 94.

comtesse rendez-vous à Arras pour le second dimanche de carême. La cérémonie s'y fit avec l'appareil usité ; et Philippe-Auguste reçut en même temps l'hommage des comtés de Boulogne et de Guines, qui devaient revenir au comte de Flandre du chef de Matthieu frère puîné de Philippe d'Alsace.

Désormais réconcilié avec le roi de France, Bauduin s'attacha à conserver les bonnes grâces de l'empereur qui en mainte occasion lui avait donné des témoignages d'estime et d'amitié. Il se rendit en Allemagne, et lui prêta serment de vassalité pour les fiefs qu'il tenait de lui. Peu de temps après, l'empereur et Bauduin se rejoignirent de nouveau à Maëstricht, où le duc de Brabant avait été également convoqué, et il s'opéra un accommodement temporaire entre le duc et le comte depuis tant d'années ennemis.

Ainsi le comte de Flandre travaillait de toutes ses forces à la consolidation de la paix. Mais des ferments de discorde sans cesse renaissants l'empêchaient de déposer les armes pour long-temps. Tranquille sur le compte du roi de France et du duc de Brabant, il avait un autre sujet de souci qui provenait de l'accroissement même de son pouvoir. Nous avons dit que Bauduin avait été jadis institué héritier du comté de Namur par son oncle Henri-l'Aveugle. La naissance d'une fille qu'Henri, contre son attente, eut en 1186, changea ses dispositions à l'égard du comte de Hainaut. Bientôt il fiança cette enfant à Henri II, comte de Champagne, en promettant de lui laisser tous ses domaines. Bauduin se vit par là frustré de la donation que son oncle lui avait faite, et agit auprès de l'empereur Frédéric, dont le comte de Namur relevait directement, pour qu'il annulât l'effet des nouvelles volontés de Henri-l'Aveugle. Frédéric n'eût pas de peine à se rendre aux vœux du comte de Hainaut, et déclara formellement qu'il ne souffrirait jamais que le comté de Namur, fief d'empire, passât aux mains d'un prince français; il voulut, en outre, faire annuler le mariage projeté. Henri-l'Aveugle s'y refusa d'abord; et le comte de Champagne, étant venu à Namur, emmena même sa fiancée âgée d'un an. Il y eut pendant plusieurs années des pourparlers et des conférences entremêlés d'hostilités. Souvent le comte de Namur prêta secours aux ennemis de son neveu, et surtout au duc de Brabant; tant et si bien qu'une guerre sérieuse éclata entre Henri et Bauduin, lequel se rendit maître d'une partie des états de son oncle.

La paix s'était enfin rétablie par l'entremise de l'archevêque de Cologne; et l'empereur, confirmant la donation précédemment faite, avait érigé le comté de Namur en marquisat. Depuis lors Bauduin prenait les titres de comte de Flandre et de Hainaut, et marquis de Namur. Mais le vieillard, chagriné de n'avoir pu transmettre à sa fille le fief impérial dont Bauduin était désormais investi, conservait toujours rancune à ce dernier, et le tourmentait chaque fois qu'il en trouvait l'occasion.

La guerre s'était rallumée entre Philippe-Auguste et les Anglais. Le roi de France, toujours avide d'augmenter sa puissance, avait appris avec une joie extrême la captivité de Richard-Cœur-de-Lion : ce prince, à son retour de la croisade, avait été retenu prisonnier par le duc d'Autriche; il profita de cette circonstance pour s'allier avec Jean, comte de Mortagne, frère de Richard, qui cherchait à soulever les barons anglais et normands et à se faire proclamer roi. Ce que Philippe voulait c'était la Normandie, dont les monarques français convoitaient depuis long-temps la possession. Le comte de Mortagne céda toute la partie de cette province en deçà de la Seine vers Paris excepté la ville de Rouen. Philippe en fit le siége. Le comte de Flandre, comme vassal de la couronne, et aussi en vertu de son traité d'alliance avec le roi, fut appelé à concourir à cette guerre. Il s'y rendit en grand cortége de chevaliers et sergents d'armes. Les efforts combinés du roi et de ses alliés furent inutiles contre Rouen; toutefois l'on s'empara de plusieurs châteaux-forts et l'on ravagea le pays. Durant cette expédition, Philippe-Auguste, satisfait de l'aide que son beau-père lui prêtait, conçut le projet de marier avantageusement deux des enfants de Bauduin. Yolende de Hainaut fut donnée à Pierre, comte de Nevers, fils de Pierre de Courtenai, oncle du roi; et la fille unique de Pierre de Courtenai, Mahaut, âgée pour lors de cinq ans, fut promise à Philippe troisième fils du comte de Flandre (1). Mais ce mariage n'eut pas lieu, quoique Philippe se fût rendu avec sa jeune fiancée dans le comté de Nevers, où il avait même reçu par anticipation l'hommage des seigneurs, chevaliers et bourgeois (2).

Revenu en Flandre, le comte dut reprendre les armes contre des vassaux rebelles que son absence et sans doute aussi les suggestions du duc de Brabant et du comte de Namur avaient poussés à la révolte. Roger de Warcoing, fils de Roger, châtelain de Courtrai, élevait plusieurs prétentions exorbitantes. Le comte lui offrit justice sur ce qu'il y

---

(1) Le traité préliminaire passé à cette occasion repose aux *Archives de Flandre à Lille*, 2e cartul. de Fl., pièce 241.

(2) Philippus cum uxore sua in terram Nivernensem transivit, et ibi ab aliis nobilibus et militibus et burgensibus fidelitates accepit. — *Gilb. Mont. chron. ap. J. de G.*, XIII, 120.

avait de fondé dans ses demandes, mais refusa de satisfaire à ce qu'il ne croyait pas raisonnable. Roger dédaigna ces offres et se mit à faire mille insultes à son seigneur et à ses gens (1), de telle sorte que Bauduin fut obligé de brûler le château de Warcoing et de ravager les terres de Roger. Bientôt après, Thierri de Beveren, châtelain de Dixmude, réclama la terre d'Alost, à cause d'Adèle sa mère, fille de Bauduin d'Alost et tante de Thierri, sire d'Alost, mort sans postérité en 1165, après avoir institué héritier son cousin-germain, Philippe d'Alsace, comte de Flandre. En vain le comte chercha-t-il à l'apaiser : Thierri osa le défier au combat et se ligua avec Roger de Warcoing et un autre seigneur mécontent appelé Guillaume de Sthinke. Ils parcoururent le pays et commirent de nombreux excès. Ils ne tardèrent pas à s'allier avec le duc de Brabant, auquel ils promirent de le rendre maître de Gand, du pays de Waes et de la terre d'Alost (2). Le duc fournit des secours à ces traîtres qui mirent tout le pays à feu et à sang et s'emparèrent même du château de Rupelmonde, appartenant au comte de Flandre. Les comtes de Hollande et de Namur les favorisaient aussi, mais sans leur donner aide ouvertement. Bauduin fit avancer la chevalerie du Hainaut contre le duc de Brabant; car, pour les seigneurs flamands, il n'en pouvait réunir qu'un très-petit nombre, les uns ne voulant pas quitter leurs terres à cause des attaques incessantes des insurgés, les autres parce qu'ils étaient séduits par les rebelles et aimaient mieux rester neutres et attendre pour se déclarer le résultat de la révolte (3). Le comte de Flandre saccagea

---

(1) *Ibid.*
(2) *Ibid.*
(3) Paucosque Flandrenses in auxilium suum habere potuit: quidam enim,

tout le Brabant et brûla les campagnes jusqu'aux environs de Nivelle. Il avait dépêché des messagers auprès du roi de France, qui ordonna à ses hommes d'armes d'Arras, de Bapaume, de Saint-Omer et d'Aire de se rendre immédiatement à l'armée de Brabant. Eudes III, duc de Bourgogne, qui venait d'épouser Mathilde, veuve du comte Philippe d'Alsace, arriva également avec ses chevaliers. Ces ressources permirent à Bauduin d'agir avec plus de vigueur encore. D'un autre côté, les Gantois, voyant la puissance de leur seigneur augmenter, voulurent lui envoyer des combattants; mais Bauduin dédaigna l'assistance de ces fiers bourgeois qui primitivement avaient eu l'audace de la lui refuser. Le comte attaqua Nivelle : il était sur le point de s'en emparer, quand survint tout à coup, pendant la nuit, une pluie si abondante que les hommes et les chevaux pouvaient à peine la supporter, et qu'ils s'enfonçaient dans l'eau et les terres détrempées (1). Dès l'aube du jour on s'aperçut que la majeure partie des troupes du roi de France et de celles du comte, tant chevaliers qu'écuyers et servants de pied, s'en était allée sans bruit et clandestinement. Cela fut considéré comme un prodige qu'on attribua à l'intercession de sainte Gertrude, patronne du lieu. Ainsi le comte Bauduin, n'ayant plus que la septième partie de ses forces, fut obligé de se replier vers le Hainaut.

Sur ces entrefaites l'empereur Henri, fils de Frédéric Ier, vint à Saint-Trond, où il manda le comte de Flandre et le

---

pro guerris a Theoderico et sociis ejus motis, terram suam sane exire non poterant; quidam vero, ex suggestione illorum, fidem nullam domino suo observabant. — *Ibid.*, 128.

(1) Tanta supervenit pluvia, quod homines vel equi vix sustinere poterant. — *Ibid.*, 130.

duc de Brabant, afin de renouer la paix entre eux. Il n'y réussit qu'à demi : les deux antagonistes ne voulurent entendre parler que d'une trêve jusqu'après l'Assomption.

Pendant que son mari défendait ses droits et son autorité, la comtesse Marguerite tomba gravement malade en Flandre, au point qu'on désespéra de sa vie. Elle se fit transporter en barque jusqu'à Mons, ville renommée pour la pureté de l'air qu'on y respire, et y recouvra bientôt la santé. Ce fut une grande joie pour le comte et ses enfants : mais il était dit que Bauduin devait avoir son existence troublée par de continuelles agitations. Sa querelle avec le duc de Brabant était suspendue pour un instant, et un autre sujet d'alarmes naissait pour lui au sein même de la Flandre. La ville de Gand était alors en proie à des dissensions déplorables. Ses habitants, que le commerce et l'industrie avaient rendus égaux en fortune et puissance aux plus hauts barons du comté, se livraient entre eux des combats journaliers, soit dans les rues de la ville, soit du haut des tours dont leurs maisons étaient presque toutes surmontées (1). Mille rivalités remuaient cette opulente bourgeoisie; et grand nombre de tués et de blessés attestaient déjà combien l'anarchie faisait de progrès. Au mois de juillet, avant l'expiration de la trêve, le comte vint à Gand dans l'espoir d'apaiser ce soulèvement. Ce ne fut pas sans peine qu'il y parvint. Tandis que les uns se montraient disposés à écouter les avis de leur seigneur, d'autres méconnaissaient son autorité et agissaient comme s'il n'eût pas été là, se battant même en sa présence avec un

---

(1) Tempore illo, homines multi in Gandavo et potentes parentela et turribus fortes inter se discordabant et sæpius ad arma conveniebant. — *Ibid.*, 134.

acharnement aveugle (1). Ces querelles se calmèrent fort à propos, car une coalition plus redoutable encore que les précédentes se machinait alors contre Bauduin. Outre le duc de Brabant, le comte de Hollande et les seigneurs flamands révoltés, le vieux comte de Namur, Henri-l'Aveugle, se disposait aussi à prendre les armes et n'attendait pour cela que l'expiration de l'armistice. En effet il était convenu d'agir de concert avec ces princes. Le comte de Namur avait acheté l'alliance du duc Henri de Limbourg et de ses deux fils Henri et Waléran, de Simon élu évêque de Liége, d'Albert comte de Dagsbourg et de Moha, de Frédéric comte de Vienne, de Gérard père du comte de Juliers, et de plusieurs chevaliers lorrains et brabançons (2). Dans leur belliqueuse ardeur, et avant même les fêtes de l'Assomption, ils pénétrèrent en Namurois, dont le comte de Flandre avait dès-lors la jouissance presque complète, et vinrent mettre le siége devant Namur, où se tenait une garnison flamande. Le comte Bauduin avait reçu avis de cette invasion pendant qu'il était à Gand; mais de peur que l'événement, s'il était connu des Gantois insurgés, n'augmentât l'arrogance de ceux-ci, il avait recommandé aux messagers de n'en parler à personne dans le pays. On l'ignora complétement, et il eut le temps d'achever la pacification et de prendre même des otages pour la rendre plus sûre. Après quoi il courut en Hainaut, où il donna des ordres afin qu'une armée se trouvât au comté de Namur le dimanche premier jour d'août. Il partit en avant avec ses chevaliers flamands et les seigneurs français restés auprès de lui pendant la trêve. Le lendemain de son arrivée, et

---

(1) Præsente domino comite, sæpius ad arma convenichant. — *Ibid.*
(2) *Ibid.* 135.

sans attendre l'armée du Hainaut, Bauduin, indigné de voir ses ennemis répandus dans son comté de Namur, se précipita sur eux au village de Noville-sur-Mehagne. Quoique leurs forces fussent de beaucoup supérieures aux siennes, il se battit néanmoins avec tant de courage et de résolution qu'il les mit dans une déroute complète. Henri, duc de Limbourg, et Henri son fils furent faits prisonniers, ainsi que cent huit chevaliers et un nombre considérable d'écuyers et de gens de pied. Tous les princes coalisés se sauvèrent de leur mieux, et dans la débâcle quinze chevaliers se noyèrent en traversant un marais. Le jeune Bauduin, fils aîné du comte, Nicolas de Rumigny et Robert de Wavrin, sénéchal de Flandre, se couvrirent de gloire dans cette action, où, avec dix mille hommes de pied et cent soixante chevaliers, le comte de Flandre n'avait pas craint de se mesurer contre une armée plus nombreuse du double (1). Après la bataille Bauduin vint à Namur, où il fit enfermer le duc de Limbourg et son fils. Il alla ensuite incendier le fief de Moha, qui appartenait au comte de Dagsbourg, puis retourna en Hainaut et y fit transférer le duc de Limbourg dans son château d'Ath, sous la garde de plusieurs hommes d'armes sûrs et fidèles (2).

Cette victoire de Noville rendit la paix au comte de Flandre. Il eut avec le duc de Brabant une entrevue de trois jours près de Halle; et là des conventions réciproques furent stipulées, et les anciennes difficultés résolues au grand contentement de chacun. Il fut cependant décidé que le traître Thierri de Beveren serait exclu de tout accord : Roger de Warcoing avait déjà abandonné Thierri et s'é-

(1) *Ibid.*
(2) *Ibid.*, 138.

tait réconcilié avec son seigneur. Quant à Guillaume de Sthinke, il était mort antérieurement, assassiné dans une église par un sergent qui le haïssait d'ancienne date (1). Thierri n'osa pas rentrer en ce pays de Waes où se trouvait son château de Beveren dont le comte s'empara et qu'il fit garder. Il se retira dans les îles de Zélande, où il était fort difficile de l'atteindre, et tenta même encore quelques excursions au pays de Waes : mais il finit aussi par se tenir en repos (2).

Revenu joyeux en Flandre, le comte trouva sa femme dangereusement malade à sa résidence de Mâle près de Bruges. Elle y mourut le 15 novembre 1194, et fut enterrée en l'église de Saint-Donat, près du bon comte Charles, massacré dans cette même église soixante-dix-huit ans auparavant (3). Cette mort changeait la position du comte Bauduin en ce que la Flandre sortait de ses mains pour entrer dans celles de son fils aîné Bauduin, ainsi que la chose était réglée par le testament de Philippe d'Alsace. Philippe, en effet, avait voulu que son beau-frère tînt le comté de Flandre du chef de sa femme seulement, et que le souverain pouvoir passât au fils de celle-ci. Bauduin fit alors briser le sceau qu'il avait adopté pour la Frandre, le Hainaut et Namur, et reprit celui dont il usait avant d'être comte de Flandre et qu'il avait abandonné. Il portait pour inscription : *Marquis de Namur, comte de Hainaut* (4).

(1) *Ibid.*, 142.

(2) In mansione sua prope Brugas, quæ Mala dicitur, graviter ægrotavit. — *Ibid.*

(3) Margareta moritur et in templo sancti Donatiani juxta Carolum comitem Brugis sepelitur. — *Ex Ann. Aquicinctensis monasterii ap. B., XVIII*, 547.

(4) Sigillogue suo quod habuerat... sicut decuit, confracto. · *Gilb. Mont. chren. ap. J. de G., XIII*, 150.

Il ne s'en servit pas long-tems, car un an après il suivit sa femme au tombeau. Le courageux comte Bauduin employa en bonnes œuvres cette année d'intervalle entre la paix du monde et la paix du ciel. Il commença par conclure un traité d'alliance avec le duc de Brabant (1), auquel il prêta même secours contre le duc de Limbourg et le duc de Gueldre qui l'avaient attaqué. Ensuite il se rendit, accompagné de son fils Bauduin comte de Flandre, de l'archevêque de Cologne et du duc de Brabant, auprès de l'empereur afin de solliciter pour son fils la faveur d'être investi sans difficulté des fiefs relevant de l'empire. Ces princes trouvèrent l'empereur à Strasbourg, et le jeune Bauduin reçut l'investiture avec tous les témoignages d'affection que Frédéric avait autrefois prodigués à son père. Tandis qu'ils séjournaient sur les bords du Rhin, les chaleurs de l'été jointes à la corruption des eaux firent naître dans la contrée une épidémie fort dangereuse. On était au mois d'août, et les habitants, effrayés de la mortalité qui se propageait autour d'eux, quittaient leurs villes et leurs maisons pour se réfugier dans les montagnes et y vivre en plein air. La contagion atteignit le comte de Hainaut, l'archevêque de Cologne et un grand nombre de chevaliers et de sergents de leur suite; plusieurs de ces derniers succombèrent. Parmi les princes, le comte de Hainaut, dont les travaux de la guerre et les agitations politiques avaient altéré la santé, fut le plus dangereusement malade. Il retourna dans ses états et arriva très-languissant à Mons,

---

(1) Le traité, sous la date du 20 août 1194, existe aux archives de Flandre à Lille, Ier cart. de Hain., pièce 152. Il a été en outre imprimé dans le Thes. anecd. du P. Martène; I, col. 655.

capitale du Hainaut. Il manda son fils près de lui; et là, en présence des abbés de Cambron et de Saint-Ghislain, de Guillaume de Hainaut son frère et de Nicolas de Barbançon, son fidèle compagnon d'armes et vieil ami, il lui fit jurer sur les saints Évangiles d'observer et exécuter religieusement toutes les dispositions qu'il aurait faites pour distributions d'aumônes, payements de dettes et de legs pieux ou autres. Il régla diverses affaires de famille, et entre autres la succession du comté de Namur, laquelle, du consentement de ses enfants, fut dévolue à Philippe, l'un d'eux, à condition de tenir cette terre en fief-lige du comte de Flandre, mais relevant de l'empire (1). Il laissa aussi des biens aux enfants qu'il avait eus de dames nobles hors de son mariage (2), et distribua des récompenses à la plupart de ses serviteurs. Il voulut que sa fortune mobilière estimée à douze cents marcs d'argent, et consistant en récoltes, chevaux, vêtements, etc., fût remise aux mains des quatre personnes vénérables susnommées pour être convertie par elles en aumônes et œuvres de charité. Les comtes de Hainaut avaient dans le comté un certain droit de nourriture pour les ours et leurs gardiens (3); car l'usage existait déjà chez les princes de tenir par curiosité des bêtes étrangères près de leurs hôtels. Ce droit en faveur des ours était très-onéreux et très-nuisible pour les gens pauvres, et fort désagréable aux riches. Bauduin, par esprit de bien-

---

(1) *Ibid.*, 174.

(2) Puerisque suis, quorum quosdam non de uxore sua, sed de mulieribus nobilibus genuerat, bona quædam assignavit. — *Ibid.*, 178.

(3) Jus erat in Hannonia quoddam de ursis pascendis et ipsorum custodibus, quod quidem in detrimentum et gravamen hominum pauperum, et idem quoque in tædium hominum divitum vertebatur.— *Ibid.*

veillance, en fit remise à ses vassaux et l'abolit tout à fait. Il abandonna également divers priviléges incommodes ou humiliants, et exempta les abbayes de l'obligation de fournir le gîte et le manger à ses chiens et veneurs (1). Il n'oublia pas ses conseillers et ses anciens compagnons de guerre qu'il enrichit presque tous, et auxquels il légua de beaux présents en chevaux, armes, habits et fourrures (2). Enfin il accorda de grands biens à plusieurs églises et monastères en Flandre et en Hainaut afin d'obtenir miséricorde pour ses péchés.

Le 18 décembre de l'année 1195, Bauduin-le-Courageux, après avoir long-temps souffert, mourut à Mons au milieu de sa nombreuse famille et de ses barons assemblés. Ce prince avait gouverné le Hainaut avec puissance et vigueur l'espace de vingt-quatre ans et six semaines. Il posséda le marquisat de Namur pendant sept ans, et le comté de Flandre pendant trois ans seulement. Sa mémoire resta vénérée des peuples; prudent et sage, il aimait la justice et chérissait de la même affection les grands et les petits (3).

De sa femme Marguerite d'Alsace, il eut sept enfants :

Bauduin qui lui succéda aux comtés de Flandre et de Hainaut, et devint ensuite empereur de Constantinople;
Philippe, comte de Namur;
Henri, successeur de Bauduin, son frère, à l'empire;
Eustache, mort en Orient;

---

(1) *Ibid.*, 189.
(2) *Ibid.*, 216.
(3) Princeps prudentissimus, bonusque justiciarius et ab hominibus suis tam majoribus quam minoribus amatissimus. — *Ibid.*, 220.

Ysabelle, reine de France ;

Yolende, impératrice de Byzance par son mariage avec Pierre de Courtenai ;

Sibylle mariée à Guichard IV, comte de Beaujeu.

XIII.

BAUDUIN DE CONSTANTINOPLE.

1194 — 1204

Alliance de Bauduin avec Richard roi d'Angleterre.— Hostilités contre la France. — Le comte reprend à Philippe-Auguste une partie de l'Artois. — Armoiries de Gand.— Paix avec le roi de France. — Développement intellectuel dans les provinces belgiques.—Trouvères et ménestrels.—Amour de Bauduin pour les lettres. — Il donne des lois nouvelles au comté de Hainaut. — Sages ordonnances de ce prince.— Bauduin prend la croix dans l'église de Saint-Donat, avec sa femme et la plupart de ses chevaliers.— Préparatifs pour la croisade.— Fondations pieuses du comte de Flandre.— Ambassade de Quênes de Béthune à Venise.— Départ de Bauduin.— La comtesse Marie s'embarque, après ses couches, sur la flotte flamande, mais ne rejoint pas son mari.— Les croisés à Venise. — Siége de Zara — Arrivée des ambassadeurs d'Isaac.— Le comte de Flandre se prononce pour l'expédition de Constantinople. — Les croisés arrivent dans le Bosphore. — Etonnement des hommes d'armes de Flandre en apercevant Byzance.— Assauts.— Prise de Constantinople.— Rétablissement d'Isaac sur le trône.— Inimitié des Grecs et des Latins.—Éloquence et courage de Quênes de Béthune, vassal du comte de Flandre.— Nouvelle révolution. — Isaac et son fils sont mis à mort par le tyran Murzulphe.— Second siége de Constantinople. — Valeur du comte de Flandre et de ses hommes d'armes. — André, sire de Jurbise en Hainaut, plante le premier l'étendard flamand sur les murs de Byzance. — Pillage de la ville. — Destruction des monuments d'art.— Élection d'un empereur. — Le comte de Flandre est revêtu de la pourpre impériale.

Bauduin, neuvième du nom, arriva aux comtés de Flandre et de Hainaut dans toute la force de l'âge et de la raison. Marié à quatorze ans à Marie de Champagne, il avait depuis lors participé aux guerres et aux démêlés politiques que son père eut si souvent à soutenir ou à résoudre. Son esprit s'était donc mûri de bonne heure, et il apportait à l'exercice de son pouvoir nouveau une expérience acquise tout à la fois sur les champs de bataille et dans les conseils. Cette expérience ne tarda pas à être mise à l'épreuve. Depuis la mort de Bauduin-le-Courageux, la paix avec le roi Philippe Auguste était devenue fort difficile à maintenir ; et le jeune comte se trouvait dans l'alternative d'encourir ou la haine du roi de France ou le mépris et l'indignation de ses propres sujets. En effet, les Flamands, aigris déjà contre Philippe par les guerres que ce prince leur avait faites sous les deux règnes précédents, commençaient à réfléchir sur les desseins du monarque déjà possesseur de deux belles provinces appartenant jadis à leur seigneur : le Vermandois et le comté d'Arras. De ces démembrements, ils tiraient un mauvais augure pour l'avenir du pays ; et ils redoutaient beaucoup de voir leur patrie tomber sous le joug de la domination française. Les esprits se portaient alors naturellement vers une alliance avec l'Angleterre qui offrait au commerce flamand des débouchés nombreux et faciles, et dont les princes avaient toujours été les parents ou les amis des comtes de Flandre.

Bauduin cependant, vassal de Philippe-Auguste, n'avait pu s'empêcher de prêter foi et hommage à son suzerain, et de lui payer le droit de relief, montant, comme on sait, à une année des revenus que le fief produisait. Il ne s'était soumis à cette formalité que sur l'injonction du roi, qui, pour le décider à obéir, lui avait promis le château de Mortagne avec le Tournaisis. Mais cette promesse était illusoire ; et Bauduin eut le regret de se voir trompé et de subir les reproches des barons et des villes de son comté. L'antipathie contre les Français devint alors plus vive que jamais, et cette fois Bauduin la partagea complétement. Quoique ses finances fussent épuisées par le payement du relief, et que le pays eut besoin de repos et de tranquillité, le comte n'hésita pas à venger son honneur et à maintenir avec énergie l'intégrité de ses droits inséparables de ceux de la nationalité flamande. Le roi d'Angleterre était toujours en guerre avec la France; et pour avoir un auxiliaire aussi puissant que Bauduin, il était disposé à faire certains sacrifices. D'ailleurs l'intérêt bien entendu de chacun réclamait en ce moment une telle alliance. Elle se conclut sans délai.

« Soit connu de tous, dit la charte promulguée à cette occasion, qu'il est intervenu un pacte et une convention entre Richard, roi d'Angleterre, et son cousin Bauduin, comte de Flandre et de Hainaut, de façon que le roi d'Angleterre ne pourra faire ni paix ni trêve avec le roi de France sans la volonté et l'assentiment du comte, et que le même comte ne fera non plus ni paix ni trêve avec le roi de France sans la volonté et l'assentiment du susdit roi d'Angleterre.

» Si, par la volonté et l'assentiment de l'une ou l'autre des parties, la paix et la concorde se rétablissaient entre elles et le roi de France, et si ledit roi venait ensuite à prendre les armes contre l'une des deux, le roi d'Angleterre et le comte seraient tenus de se porter mutuellement aide et assistance de leur mieux et de la même manière qu'à l'époque où ce pacte a été contracté entre eux.

» Et il faut savoir que cette alliance doit durer non-seulement en temps de guerre, mais à perpétuité entre eux et leurs héritiers qui tiendront leurs terres après eux, soit qu'il y ait paix, soit qu'il y ait guerre. Si le roi d'Angleterre ne l'observait pas, ceux qui l'ont jurée avec lui se rendront, dans le mois, à partir du jour où ils le sauront de bonne foi, à la prison du comte, et sans attendre la sommation de ce dernier. Si le comte ne l'observait pas, ceux qui l'ont jurée avec lui se soumettront de la même manière au pouvoir du roi d'Angleterre.

» Jean, comte de Mortagne, a juré cet accord de bonne foi pour le roi d'Angleterre, son frère, et sur l'âme de celui-ci; le comte l'a juré pour lui-même et sur son âme (1). »

La charte fut souscrite par les principaux barons d'Angleterre, de Flandre et de Hainaut, et la guerre s'engagea dès-lors avec ensemble et unanimité. Le roi d'Angleterre poursuivit la lutte commencée depuis long-temps en Normandie. Le comte de Flandre se jeta sur le Tournaisis, et, après avoir forcé les habitants de Tournai à rester neutres et à lui payer une forte somme d'argent (2), il alla mettre le siége devant Douai, s'en empara, courut ensuite les terres appartenant au roi sur les confins du Vermandois, prit successivement Bapaume, Péronne et Roye; puis se replia sur l'Artois, dont il attaqua la capitale. Arras fit une longue résistance, et donna le temps à Philippe-Auguste de s'avancer contre Bauduin.

Effrayé des progrès du comte de Flandre, Philippe, pour opérer une diversion, avait déjà excité Thibaud, comte de Bar, à entrer dans le comté de Namur. Il arriva bientôt lui-même devant Arras. Bauduin, à son approche, leva le siége, et feignit de rentrer précipitamment en Flandre, comme s'il avait peur. Le roi, trompé par cette tactique, le suivit, et Bauduin manœuvra si adroitement qu'il l'attira

---

(1) Rymer, Fœdera, etc., I, 67.
(2) Martène, Thes. anecd. I, col. 667.

dans la contrée marécageuse qui s'étend à l'ouest d'Ypres. A peine Philippe-Auguste y avait-il assis son camp que le comte fit lâcher les écluses, et l'armée française se trouva tout à coup entourée d'immenses nappes d'eau. Afin de sortir de ce mauvais pas, le roi consentit à des propositions pacifiques que Bauduin accepta, mais dont il eut bientôt à se repentir ; car le roi, de retour à Paris, fit déclarer nulles par son conseil toutes les conditions du traité, comme émanant d'un vassal insurgé. Cette perfidie nouvelle ne fut pas aussi désavantageuse au comte de Flandre qu'on aurait pu le penser. Il reprit les armes, revint en Artois et enleva la ville d'Aire presque sans coup férir, la bourgeoisie préférant la domination de ses anciens maîtres à celle du roi de France. Les gens de Saint-Omer ne montrèrent pas la même disposition d'esprit. Ils se rappelaient avoir été naguère rudement châtiés par Philippe-Auguste pour avoir voulu prendre le parti de Bauduin père du comte régnant. Ils résolurent donc de se défendre de leur mieux pour qu'on ne pût, le cas échéant, leur faire un crime de s'être rendus. Le siége fut mené par Bauduin avec une courageuse énergie. Le comte Arnould de Guisnes vint l'y trouver avec les milices de Bourbourg et d'Ardres, et le seconda vigoureusement. C'est même à ses efforts qu'on dut la réduction de Saint-Omer. Il avait amené une grande quantité de balistes et autres machines de guerre. Du haut d'une tour en bois aussi élevée, dit un historien, que celles de Babylone (1), il assaillait les mu-

---

(1) Bellici machinamenti turrim Babyloniæ turri in altitudine coæquatam... ædificavit et per eam et ex ea quantis potuit viribus in Audomarenses muros... mirifice lacessivit, assalivit et insultavit. — *Ex Lamb. Andrensis presbyteri hist. com. Ghisnesium, ap. B. XVIII,* 585.

railles avec ses gens, et lançait dans la ville d'énormes blocs de pierre.

Quand Saint-Omer fut prise, le comte Bauduin, enchanté des services d'Arnoul de Guisnes, lui donna spontanément des tonneaux pleins d'or et d'argent que le roi d'Angleterre venait de lui envoyer pour les frais de la guerre contre la France (1). Dans le même temps, les Gantois, qui avaient aidé leur seigneur de toutes leurs forces, et qui, pour combattre les Français, ne refusaient plus de quitter leurs logis et leurs métiers, reçurent une récompense qu'ils ambitionnaient beaucoup. Le comte plaça dans les armes de Gand plusieurs pièces nouvelles, à savoir un collier d'or et un lion d'argent. Au sujet de ce privilége, il s'éleva une contestation entre les fières communes de Flandre et le comte Bauduin. Le comte portait, sur la première face de son écu, les armes de Hainaut, et sur la seconde les armes de Flandre. Les communes exigèrent qu'il portât le lion seul, ou du moins que le lion fût placé sur la première face. Il fut obligé d'accéder à ce vœu du reste tout patriotique (2).

La guerre contre la France se continua pendant près de deux ans avec des alternatives diverses. Le roi Richard d'Angleterre était mort, et l'alliance conclue en 1197 fut renouvelée entre le comte de Flandre et Jean-sans-Terre, frère et successeur de Richard. Mais enfin, fatigué d'une lutte qui aurait pu devenir interminable, Bauduin entra en voie d'arrangement avec Philippe-Auguste. Le roi, pour

---

(1) « Adeo ut in tantam comitis incideret gratiam, ut idem comes Flandriæ de doliis auro et argento plenis, ad guerriandum regem Franciæ sibi ab Anglorum rege collatis... ei distribuit. » — *Ibid.*

(2) « Coegerunt eum quatenus solum leonem, vel saltem leo in prima facie poneretur scuti. — *Jacques de Guise,* XIII, 240.

gage de ses dispositions bienveillantes, lui rendit tous les prisonniers faits depuis la guerre, et l'on convint d'une conférence à Péronne pour le mois de janvier de l'an 1199. Le monarque y vint avec toute la cour; et, de son côté, Bauduin amena la comtesse sa femme et les principaux barons des deux comtés. Les préliminaires de la paix ne furent pas longs; car Philippe Auguste la désirait plus ardemment encore que Bauduin, et tenait surtout à détacher ce dernier de l'alliance anglaise. On régla dans les conférences les véritables limites de la Flandre, éternel sujet de querelles depuis Philippe d'Alsace. Tout avide qu'il était de domination, le roi de France consentit alors à des sacrifices notables et qui firent voir aux Flamands qu'ils avaient eu raison de tenir tête au monarque. Une partie de l'Artois fut réintégrée au comté de Flandre; et le Fossé-Neuf, creusé autrefois par Bauduin de Lille pour arrêter l'invasion de l'empereur Henri III, servit de limite entre les possessions du roi et celles du comte. Ce qui se trouvait au delà fut déclaré appartenir au domaine royal, et tout ce qui était en deçà forma la part de Bauduin. Ce prince recouvra donc pour lui et ses successeurs Douai, Ardres, Lillers, La Gorgue, Richebourg, Aire, Saint-Omer, l'avouerie de Béthune et l'hommage du comté de Guisnes; le roi retint Arras, Lens, Bapaume, Hesdin et le pays environnant (1).

C'était là un résultat fort satisfaisant, et dont l'habileté

---

(1) « Nos dimittimus ei Sanctum Audomarum cum pertinentiis suis et Aryam... et feodum comitis Ghisnarum, et feodum de Ardea, et feodum de Lileirs et Rikebourg, et Gorgam, et aliam terram, quam advocatus Bethuniensis tenet ultra Fossatum et omnia alia de quibus contentio erat inter nos et comitem. » — *Traité de Péronne* ap. Matten. *Thes. anecd*, I, 1021, et *a ras*.

de Bauduin et le courage des Flamands peuvent revendiquer toute la gloire. Il régna désormais entre le prince et les sujets un accord et une sympathie que la suite des événements ne fit qu'augmenter. Après s'être montré guerrier valeureux et sage, le comte de Flandre, à l'exemple de son père, s'appliqua aux soins de l'administration intérieure et s'occupa, dans le loisir de la paix, d'une œuvre qui dénote en lui l'amour du pays joint à l'amour des lettres. Il fit composer des histoires sous une forme abrégée, à partir de la création du monde jusqu'au temps où il vivait; il en fit rédiger d'autres relatives à la Flandre et au Hainaut, et contenant la généalogie de ses ancêtres. Ces chroniques furent, par ses ordres, translatées en langue française et prirent de lui le nom d'*Histoires de Bauduin* (1). Du reste, à cette époque, un développement intellectuel très-prononcé se manifeste au sein des provinces belgiques. Tandis que dans la Flandre tudesque le peuple s'égaie aux facétieux récits du *Reinaert te vos* et d'autres productions satiriques ou galantes, la langue romane, parlée depuis long-temps dans les parties méridionales du comté, en Hainaut, en Artois et en Cambrésis, se formule en longs poèmes où sont racontés, sous une forme rude et grossière à la vérité, mais souvent pleine de naïveté et d'énergie, les faits et gestes des anciens preux; en fabliaux et chansons remplis de malice et de verve; en complaintes et légendes empreintes d'une foi vive jusqu'à l'enthousiasme, sincère jusqu'à la superstition. Les jongleurs et ménestrels vont chantant, à la porte des châ-

---

(1) « Fecit historias a mundi creatione abbreviatas usque ad tempora sua recolligi atque conscribi, et specialiter historias quæ tangere videbantur patrias... quas in gallicano idiomate redigi fecit, quæ ab ipso *historiæ Balduini* nuncupabantur » — *Jacques de Guise*, XIII, 246.

teaux ou sur les places publiques, leurs vers improvisés. Et ce ne sont pas toujours des trouvères de profession comme Adam-le-Bossu ou Audefroi-le-Bâtard, qui se font les interprètes de cette littérature naissante; ce sont aussi quelquefois de grands et riches seigneurs, tels que Hugues d'Oisy, châtelain de Cambrai, ou le sire Quènes de Béthune, qui maniait aussi bien l'épée dans les croisades que le luth et la mandore à la cour de Flandre ou à celle de Philippe-Auguste(1). Le comte Bauduin lui-même cultivait la poésie, et, qui plus est, la poésie provençale. En 1202, se trouvant dans le palais de Boniface, marquis de Montferrat, avec lequel il devait partir pour Venise, il riposta en vers au troubadour Folquet de Romans, qui, dans un tenson, s'avisait de traiter les princes et les barons avec trop de familiarité (2). A dix-huit ans il montrait déjà sa prédilection pour les œuvres du *gai savoir*, et se plaisait à récompenser dignement les jongleurs et jongleresses qui chantaient devant lui aux fêtes de Spire, où l'empereur l'avait armé chevalier (3).

Comme législateur, Bauduin se fit un renom tout particulier dans l'histoire. Jusqu'à son règne, le Hainaut était dépourvu de lois régulières et n'obéissait qu'à des coutumes fort anciennes et fort confuses qu'il devenait très-nécessaire de coordonner. Le comte fit rédiger deux grandes chartes, l'une traitant de la constitution féodale, l'autre contenant, sous le titre de *paix*, une espèce de code criminel ou de procédure.

(1) V. *Jongleurs et Ménestrels du nord de la France*, par A. Dinaux, III, 381. — *Romancero françois*, par P. Paris, 77.

(2) Raynouard, *Choix des poésies des Troubadours*, V, 152.

(3) « Joculatores etiam et joculatrices grate et placide remuneravit. » — Gilb. Mont. chron. ap. J. de G., XII, 480.

La Flandre, au gouvernement de laquelle Bauduin n'apportait pas moins de soins qu'à celui de son pays natal, doit également à ce prince des ordonnances où respire un grand amour de la justice et du bon droit. Ainsi, pour favoriser le commerce et en régler le développement, il promulgua des tarifs d'octroi ou tonlieu pour Gand et pour Bruges, et accorda un marché à cette dernière ville. Il porta un décret contre les prêteurs à intérêts et les usuriers; enfin, sur le point de partir pour la croisade, il rendit une ordonnance dont le dispositif seul prouve tout à la fois la droiture de son esprit et la bonté de son cœur :

« Mes prédécesseurs comtes de Flandre, de temps immémorial, toutes les fois qu'ils venaient dans une ville de leur comté, recevaient un lot de vin qu'ils payaient trois deniers, quel que fût d'ailleurs le prix de cette boisson ; et cela était passé en coutume ayant force de loi. Au moment de m'acheminer vers Jérusalem, j'apprends de la bouche d'hommes sages, pieux et discrets, que cette coutume, loin d'être juste et raisonnable, n'est réellement qu'une exaction odieuse, un acte de rapine dont je ne dois pas laisser l'exemple à mes successeurs, sous peine d'y trouver pour eux et pour moi un motif d'éternelle réprobation. C'est pourquoi je vous remets à tous tant que vous êtes cet impôt inique, ne voulant conserver à perpétuité d'autres priviléges, lors de mon entrée dans une ville, que le droit de payer le vin au taux qui sera évalué par les prud'hommes et échevins, de manière que je ne le paye pas plus qu'il n'a coûté (1). »

Mais une ère nouvelle de travaux et de gloire allait s'ouvrir pour le comte de Flandre. L'enthousiasme en faveur des croisades, depuis long-temps refroidi, se réveilla vers la

(1) *Archives de Flandre*, acte du mois de mars 1202, oig. scellé.

fin du douzième siècle, sous l'impulsion puissante du pape Innocent III. Bauduin, dont les ancêtres avaient pris une si grande part aux saintes expéditions d'Orient, ne fut pas le dernier à s'émouvoir des prédications du fameux curé de Neuilly et des missionnaires que le souverain pontife avait envoyés en Flandre et en Hainaut. Le mercredi des Cendres de l'année 1200, le comte de Flandre et de Hainaut ayant rassemblé sa famille et la chevalerie des deux comtés dans l'église de Saint-Donat, à Bruges, y prit la croix avec sa femme Marie. Cet exemple fut suivi par Henri frère de Bauduin, par Jacques d'Avesnes, fils de ce Jacques qui avait si vaillamment succombé dans la troisième croisade, et par la plupart des barons présents. L'histoire cite parmi ceux-ci Guillaume, avoué de Béthune, et ses deux frères Quènes et Barthélemi ; Matthieu de Walincourt ; Jean de Nesle, châtelain de Bruges ; Rasse de Gavre et son frère Roger, Liévin d'Axelle, Winoc d'Hondschote, Thierri de Dixmude, Pierre d'Oudenhove, Josse de Materen et quantité d'autres. Alors les préparatifs pour la croisade se firent en Flandre comme ils se faisaient déjà dans une grande partie de la France, dans les cours des puissants feudataires, dans le château crénelé des barons et dans le manoir solitaire de l'écuyer, car le mouvement était général. Un temps assez long devait s'écouler jusqu'au départ. Le comte Bauduin le mit à profit pour régler les affaires de ses états et celles de sa famille. Il y apporta un soin tout particulier, comme s'il pressentait qu'il ne devait plus revoir sa patrie.

D'abord il confia la régence du pays à son frère Philippe, comte de Namur, également chargé de la tutelle de sa fille aînée, Jeanne, âgée d'environ dix ans, et de l'enfant dont la comtesse Marie, alors enceinte, devait accoucher. A Philippe il adjoignit comme conseils un habile et preux chevalier du Hainaut appelé Bouchard, frère de Jacques d'Avesnes, et deux autres hommes expérimentés : Gérard, prévôt de Bruges et chancelier de Flandre, son oncle, et Bauduin sire de Comines. Il fit ensuite des donations en faveur des abbayes de Saint-Bertin, de Clairmarais, de Sainte-Waudru, de Ninove, de Fontevrault; fonda des églises, érigea des collégiales, dota des hôpitaux et établit un anniversaire pour le repos de son âme et de celle de sa femme (1).

Quelque temps après, il y eut un parlement à Soissons, puis un second à Compiègne, pour convenir d'un terme de départ et disposer la marche des armées réunies, ainsi que les moyens de transport. La république de Venise avait alors la plus grande puissance maritime qu'il y eût en Europe. On décida de s'adresser à elle pour se procurer des vaisseaux. Les princes croisés députèrent chacun deux envoyés vers le doge avec pouvoir de traiter en leur nom. Ceux que le comte de Flandre désigna pour remplir cette mission difficile étaient Quènes de Béthune et Alard Maqueriaux. Ils se rendirent sur-le-champ à Venise, où, après bien des lenteurs et des difficultés, l'éloquence de Quènes de Béthune finit par triompher des scrupules et des défiances de la république vénitienne. Le doge Dandolo promit de fournir les vivres et les vaisseaux nécessaires, à la condition que les croisés français payeraient quatre-vingt-cinq mille marcs d'argent; il voulut en outre armer cinquante galères pour le compte de la république,

---

(1) Archives de Flandre à Lille, *passim*.

et exigea en faveur de Venise la moitié des conquêtes qu'on espérait faire en Orient.

Deux ans s'étaient écoulés depuis que Bauduin avait pris la croix dans l'église de Saint-Donat. Enfin, dès les premiers jours du printemps de l'année 1202, les croisés purent quitter leurs foyers. « Sachez, dit Villeharduin, que maintes larmes furent pleurées à leur partement et au prendre congé de leurs parents et amis. » L'armée était belle et bien organisée. Les désordres et les malheurs des précédentes expéditions avaient fait rejeter les gens sans aveu et les mauvais garçons, de sorte qu'elle ne se composait que d'hommes d'armes et de servants expérimentés. Le comte Bauduin, en la passant en revue, y avait toute confiance (1). Il partit avec elle, traversa la Bourgogne, les montagnes du Jura, le Mont-Cenis, les plaines de la Lombardie, et arriva sain et sauf à Venise.

D'un autre côté une flotte de cinquante vaisseaux, que le comte avait organisée en Flandre, était sortie des ports de ce pays sous la conduite de Jean de Nesle, châtelain de Bruges, de Thierri, bâtard de Philippe d'Alsace, et de Nicolas de Mailly. Elle emportait la comtesse Marie récemment accouchée d'une fille à Valenciennes, de nombreux vassaux, des munitions de toute espèce, et devait rejoindre le comte à Venise ou partout ailleurs ; Jean de Nesle en avait fait le serment à son seigneur. Malheureusement des tempêtes qui eurent lieu durant tout l'été empêchèrent la flotte de traverser le détroit de Gibraltar ; et elle arriva seulement

---

(1) « Moult fu cis estoires bians et riches et moult i avoit grant fiance li quens Bauduins et li pelerin, pour ce que la plus grant plenté de bone gent s'en alérent en cele estoire. » — Villeharduin, *De la Conquête de Constantinople*, ed. P. Paris, 16.

en automne à Marseille. La comtesse et le châtelain, indécis par suite des nouvelles contradictoires arrivant de Venise, résolurent d'y passer l'hiver; ce qui mit Bauduin dans une grande inquiétude et un grand embarras.

Les croisés rendus à Venise durent songer à payer l'énorme somme réclamée par le doge pour prix de leur passage. La discorde se mit alors parmi eux ; les uns voulaient payer, d'autres ne le voulaient ou ne le pouvaient pas. Pour faire cesser ces querelles, Bauduin donna tout ce qu'il avait et tout ce qu'il put emprunter (1). Cet exemple de générosité fut à l'instant suivi par le comte de Blois, le marquis de Montferrat, le comte de Saint-Pol et la plupart des chefs de l'armée. « Alors, dit Villeharduin, vous eussiez pu voir tant de belles vaisselles d'or et d'argent porter à l'hôtel du duc de Venise pour faire le payement (2). » Cependant il manquait encore trente-quatre mille marcs d'argent pour compléter la somme. Le doge proposa aux croisés de ne pas exiger tout de suite le payement du déficit, à condition qu'ils aideraient les Vénitiens à reprendre Zara, qui jadis appartenait à la république et s'était donnée depuis au roi de Hongrie. Le comte de Flandre fut très-affligé de cette proposition, qui détournait les croisés du but de leur expédition; mais on était à la merci des Vénitiens : l'armée, reléguée dans l'île de San-Stefano, était pour ainsi dire prisonnière et hors d'état de se mouvoir. D'ailleurs, selon droit et justice, il fallait satisfaire à l'obligation contractée envers Venise, sinon en la payant, du moins en lui fournissant l'assistance qu'elle réclamait. Tout

---

(1) « Hors mist li quens Bauduins de Flandres avant quanques il avoit et quanques il pot emprunter. » — *Ibid*, 19.

(2) *Ibid*.

scrupule fut enfin levé par une démarche du vieux doge, lequel, dans un moment d'enthousiasme, prit la croix à l'autel Saint-Marc, et jura de vaincre ou de mourir avec l'armée chrétienne. On se rendit donc à Zara, dont on fit le siége et qu'on prit nonobstant les admonitions du pape, qui voyait de mauvais œil les croisés se détourner de leur entreprise pour attaquer les domaines du roi de Hongrie, prince catholique, et qui en ce moment-là même se battait en Palestine.

L'expédition de Zara terminée, aucun obstacle ne semblait devoir empêcher les croisés de poursuivre leur route vers Jérusalem. Il s'en présenta néanmoins; et il arriva un incident que Villeharduin appelle une des plus grandes et des plus merveilleuses aventures qu'on pût entendre. En effet, par un concours d'événements extraordinaires, l'armée chrétienne était destinée à renverser un empire et à en fonder un autre.

Tandis que les croisés étaient encore à Venise, on y apprit qu'Isaac, empereur de Constantinople, gémissait dans une dure captivité après avoir été détrôné par son frère Alexis. Le fils d'Isaac, également nommé Alexis, partageait la prison de son père. Il parvint à tromper la vigilance de ses gardiens et s'enfuit à Rome, où le pape le consola mais sans lui promettre de concours. De Rome Alexis vint en Allemagne, où régnait Philippe de Souabe, l'époux de sa sœur. L'empereur Philippe fut vivement touché des malheurs d'Alexis; toutefois il ne put prendre immédiatement sa défense, occupé qu'il était à d'autres affaires importantes. Il lui donna le conseil d'implorer le secours des princes réunis à Venise. Les messagers de l'empereur et du jeune Alexis arrivèrent dans cette ville au moment où l'on se préparait à l'expédition de Zara. « Nous entendons bien ce que vous voulez, leur répondit le marquis de Montferrat. Dites à votre maître que s'il veut nous aider à conquérir la terre que nous avons perdue, nous l'aiderons à recouvrer la sienne (1). »

Quand Zara fut prise, et qu'on dut songer à s'embarquer pour la Syrie, les mêmes envoyés, de retour d'Allemagne, se présentèrent au camp des croisés. « Seigneurs, dirent-ils, le roi Philippe nous envoie vers vous, porteurs de ce message : Seigneurs, je vous enverrai le frère de ma femme; et je le mets en la main de Dieu et en la vôtre, parce que vous êtes mus pour droit et pour justice. Ainsi vous devez à ceux qui sont déshérités à tort rendre leurs héritages, si vous le pouvez; et celui-ci vous fera la plus haute convenance et la plus haute offre qui jamais fut faite à personne, et vous donnera la plus riche assistance pour conquérir la terre d'outre-mer. Tout premier, si Dieu permet que vous le puissiez remettre en son héritage, il réduira tout l'empire de Constantinople à l'obéissance de Rome, dont il est séparé depuis long-temps. Après, il sait bien que vous êtes au voyage pour Dieu et que vous êtes pauvres. Il vous donnera deux cent mille marcs d'argent, et il mande à tous ceux de l'armée, grands et petits, qu'il ira de son corps même, avec eux, en la terre d'outre-mer, ou y enverra, si on le préfère, dix mille hommes à ses frais. Et ce service vous fera-t-il pour un an ; et pendant toute sa vie il entretiendra cinq cents chevaliers outre-mer pour garder le pays (2). »

Ces offres brillantes séduisirent la majorité des princes

---

(1) *Ibid.*, 23.
(2) *Ibid.*, 28.

croisés; cependant il y eut opposition de la part de quelques-uns. L'abbé de Vaux-de-Cernay fit observer qu'on ne s'était pas armé pour combattre des chrétiens, mais pour délivrer le tombeau du Sauveur. A quoi l'abbé de Loos, homme sage et prudent (1), qui avait accompagné son seigneur le comte de Flandre, répondit que le plus sûr moyen de recouvrer la Terre-Sainte était de s'assurer d'abord le chemin par la Grèce et l'Égypte. La discorde se mit dans l'armée; « et il ne faut pas s'étonner, dit le maréchal de Champagne, historien de la conquête, si les laïques n'étaient pas d'accord, puisque les blancs moines de Citeaux eux-mêmes ne s'entendaient guère entre eux (2). »

Enfin le comte Bauduin de Flandre, le marquis de Montferrat, le comte Louis de Blois et celui de Saint-Pol, s'étant prononcés pour l'empereur en disant qu'ils seraient honnis de tout le monde s'ils refusaient de soutenir la cause de l'opprimé (3), on résolut de se porter vers Constantinople.

Au moment de mettre à la voile, le comte de Flandre reçut des nouvelles de sa flotte mouillée dans le port de Marseille. Les chefs lui demandaient de leur faire connaître sa volonté. Il répondit, par le conseil du doge de Venise et des autres barons, qu'ils eussent à partir à la fin de mars et qu'ils vinssent le rejoindre au port de Modon en Morée. Mais les chefs flamands ne tinrent aucun compte de l'ordre de leur souverain; et, au lieu de venir renforcer

---

(1) *Ibid.*, 30.

(2) « Einsi estoit l'os en discorde comme vous oés : et ne vos merveilliés mie de la laie gent se il se discordoient, quant li blanc moine de Citiaus se descordoient aussi. — *Ibid.*, 30.

(3) *Ibid.*

l'armée, ils cinglèrent droit vers la Syrie, où ils ne firent rien de bon (1).

Le lundi de Pâques les croisés partirent de Zara et se dirigèrent vers Corfou, rendez-vous général de la flotte. Ils tendirent leurs pavillons devant la ville; et c'est là que le jeune Alexis, pour qui se faisait l'expédition, vint les rejoindre. Il fut reçu à grand honneur dans le camp et renouvela les promesses transmises par les envoyés de l'empereur son beau-frère. Durant le séjour des armées chrétiennes à Corfou, l'opposition manifestée naguère contre l'expédition de Constantinople se réveilla plus vive que jamais. Captivés par la beauté du climat, par la richesse et la fertilité du sol, grand nombre de croisés ne voulaient plus se remettre en mer, ou bien ils voulaient aller droit en Syrie combattre les musulmans. Ce dissentiment faillit désorganiser l'armée et ruiner ainsi toutes les espérances de l'entreprise. Ce fut alors que le comte de Flandre et les princes qui partageaient son avis se soumirent à une démarche aussi politique que touchante. Ils placèrent au milieu d'eux le fils de l'empereur, tous les évêques et les abbés de l'armée, puis ils s'avancèrent dans une vallée où se tenaient les mécontents. Lorsqu'ils furent en présence, les barons descendirent de leurs chevaux; et, venant tout près des croisés dissidents, ils se jetèrent à leurs pieds, et leur dirent en pleurant qu'ils ne se relèveraient pas que l'union ne fût rétablie. A la vue de leurs compagnons d'armes, de leurs amis, de leurs seigneurs prosternés devant eux et leur criant merci, les mécontents sentirent leur colère et leur obstination s'évanouir. Ils jurèrent de rester avec l'armée

(1) *Ibid*, 32.

jusqu'à la Saint-Michel, mais à condition qu'alors on leur donnerait des vaisseaux pour aborder en Syrie. La paix ainsi rétablie, ce fut avec des transports de joie et des acclamations que l'on s'embarqua la veille de la Pentecôte pour cette fameuse ville de Byzance dont on racontait tant de merveilles et qui faisait espérer aux croisés une magnifique récompense à leurs longs labeurs.

Le temps était clair et beau ; toutes les voiles flottaient au vent. Jamais les mers de la Grèce n'avaient vu se déployer sur leurs ondes tant de vaisseaux à la fois ; il semblait qu'il y avait là des forces pour conquérir l'univers (1). Parmi toutes ces bannières, tous ces gonfanons ondoyants dans les airs, le lion de Flandre se dressait fier et majestueux sous ce ciel bleu qu'il avait si souvent traversé depuis un siècle.

La veille de la Saint-Jean, les croisés jetèrent l'ancre à la côte d'Asie, près de l'abbaye de Saint-Étienne, dans un endroit qu'on appelle la *Tour marine*. Là un spectacle enchanteur se déroula devant leurs yeux. Constantinople n'était plus qu'à trois lieues, et on l'apercevait s'élevant au-dessus des flots azurés de la Propontide avec ses hautes murailles, ses trois cent quatre-vingt-six tours, ses dômes, ses palais. Puis les rives du Bosphore jusqu'à l'Euxin et l'Hellespont, éclairées par le soleil levant, présentaient à l'œil l'immense et pompeux tableau de leurs campagnes couvertes des plus riches productions de la nature, semées d'innombrables villes, et offrant à l'imagination des croisés l'aspect d'un paradis terrestre. Les Flamands, qui jamais n'avaient vu que les plaines brumeuses de leur patrie avec

(1) « Onques mais si grans estoire ne fu veue, et bien sembloit estoire qui terre deust conquerre. — *Ibid.*, 37.

leur horizon borné par de sombres forêts ou les côtes jaunâtres de l'océan du Nord, étaient dans le ravissement. Toute l'armée tremblait de surprise et de crainte, car la grandeur du spectacle augmentait dans son esprit la grandeur de l'œuvre qu'elle allait consommer (1). Le lendemain dès l'aube, le comte de Flandre, le doge de Venise, le marquis de Montferrat et le comte de Blois, chefs de l'expédition, firent déployer les étendards de l'armée. On rangea les écus et les armoiries des comtes et chevaliers sur les ponts des navires, où les hommes d'armes et sergents cuirassés de fer de pied en cap se tinrent la visière baissée et la pique en main dans tout l'appareil militaire de l'Occident. Un vent favorable poussa la flotte, qui passa à pleines voiles près des murs de Constantinople et sous les yeux d'une population ébahie qui couvrait les remparts et le rivage de la mer. Elle alla aborder à Calcédoine, où toute l'armée prit terre; les matelots seuls restèrent sur les vaisseaux, qu'ils dirigèrent vers Scutari pour y stationner et suivre de là les mouvements de l'expédition. Les princes s'emparèrent du superbe palais que l'empereur Alexis avait à Calcédoine, s'y logèrent; et leurs chevaliers dressèrent leurs pavillons dans les admirables campagnes qui s'étendaient tout autour, et sur lesquelles gisaient encore les produits d'une abondante moisson (2).

A l'approche des Latins l'usurpateur Alexis avait abandonné sa résidence de Calcédoine, où il oubliait, au milieu

(1) « Sachiés qu'il n'i ot si hardi à qui la char ne fremesist; et ce ne fu mie merveille s'il s'en esmaièrent, quar onques si grans afairés ne fu empris de nulle gent puis que li mons fu estorés. » — *Ibid.*, 39.

(2) « La contrée fu bele et riche, et orent des blés les moiés qui estoient demorés parmi les chans : chascuns en ot tant come il en voult prendre. » — *Ibid.*, 41.

des plaisirs et des fêtes, et les soins de l'empire et le danger que courait Byzance. Il se tenait renfermé dans les murailles de la ville de Constantin, entouré de soldats mercenaires, de courtisans lâches et flatteurs, d'un peuple enfin sans courage et sans énergie, et qui n'avait conservé de ses ancêtres que les mœurs dépravées, le caractère frivole, l'esprit astucieux et vain.

Neuf jours entiers les croisés se tinrent en vue de Constantinople sans savoir ce qui se passait dans cette ville, et espérant apprendre à chaque instant qu'une révolution s'était opérée en faveur du jeune prince qu'ils venaient rétablir sur le trône paternel. L'empereur enfin, effrayé de voir les croisés maîtres de ses palais, de ses jardins, de tout le pays autour de sa capitale, et redoutant une prochaine attaque des hommes de fer, comme les appelait dans sa terreur le peuple de Constantinople, envoya un Lombard nommé Rossi pour parlementer avec les princes Latins : « Seigneurs, leur dit Rossi, l'empereur Alexis vous mande qu'il sait bien que vous êtes la meilleure gent du monde, et il s'étonne beaucoup que vous ayez envahi sa terre et son royaume ; car il est chrétien comme vous et il n'ignore pas que vous étiez partis pour la sainte terre d'outre-mer afin de conquérir le sépulcre et la sainte croix. Si vous êtes pauvres et besogneux, il vous donnera volontiers de son avoir, à condition que vous viderez sa terre. Il ne vous veut faire aucun mal; cependant il en a bien le pouvoir, fussiez-vous même vingt fois plus nombreux que vous n'êtes (1). » Quènes de Béthune, ce chevalier sage et bien éloquent, comme l'appelle Villeharduin, fut chargé de répondre au

---

(1) *Ibid.*, 43.

messager de l'empereur : « Beau sire, vous avez dit que votre maître s'émerveille beaucoup de ce que nos seigneurs sont entrés en sa terre et en son royaume. Ils ne sont entrés ni en sa terre ni en son royaume ; car il détient ce pays à tort et à péché, contre Dieu et raison. Le véritable sire de la terre est son neveu, qui est là sur ce siége parmi nous. Mais si votre maître voulait venir à la merci de son seigneur, en lui rendant la couronne et l'empire, nous le prierions qu'il lui donnât sa paix et tant de son avoir qu'il pût richement vivre. Ne revenez plus apporter d'autre messager, sinon pour octroyer ce que vous avez entendu (1). » Ce langage digne et fier ne laissait à l'usurpateur aucun espoir de séduire ou d'intimider les Latins. C'était une déclaration de guerre. Cependant les croisés tentèrent encore une démarche pacifique en sondant les dispositions populaires de Byzance. Une galère, sur laquelle étaient montés Boniface et Dandolo tenant dans leurs bras le fils d'Isaac, s'approcha des murs de la ville. Le doge et le marquis présentèrent le jeune prince aux habitants rassemblés sur les remparts en leur criant : « Voici votre seigneur légitime, reconnaissez-le ; et sachez que nous ne sommes pas venus ici pour vous faire du mal, mais pour vous protéger et vous défendre au besoin (2). » La foule resta immobile et silencieuse, dominée qu'elle était par la crainte de l'usurpateur (3). Alors on résolut de commencer le siége de Constantinople.

Le lendemain, après qu'on eut dit la messe, les princes

---

(1) *Ibid.*, 44.

(2) *Ibid.*, 45.

(3) « Onques pas de la terre ne de la cité ne fist samblant que se tenist à lui, pour la cremeur qu'il avoient de l'empereour Alexis. » — *Ibid.*

se réunirent à cheval dans un champ pour tenir conseil. On décida que l'armée serait divisée en six corps de bataille, dont un d'avant-garde. Le commandement de celui-ci fut confié au comte Bauduin, parce qu'il avait sous ses ordres le plus grand nombre de vaillants hommes d'armes, archers ou arbalétriers (1). Le deuxième corps fut donné au frère du comte de Flandre, Henri de Hainaut, ayant sous ses ordres deux braves chevaliers du Cambrésis, Matthieu de Walincourt et Bauduin de Beauvoir. Les croisés, incertains de la réussite d'une aussi vaste entreprise, étaient pensifs et recueillis en s'armant et prenant leur ordre de bataille. Pour les réconforter, les évêques et les prêtres parcoururent les rangs : disant à tous de bonnes paroles; les engageant à confesser leurs fautes, et à s'en remettre ensuite à la volonté de Dieu. Bientôt on donne le signal du départ. Les chevaliers tout armés, le heaume lacé, suivis de leurs montures harnachées et sellées, passent sur les bâtiments plats. Les gens de pied entrent dans les gros vaisseaux de transport, et les voiles sont mises au vent.

La matinée était belle. Un peu avant le lever du soleil, l'empereur Alexis était sorti de Constantinople à la tête d'une immense armée; il avait pris position auprès du port, qu'une énorme chaîne protégeait contre l'approche des vaisseaux. Les croisés ont à peine atteint les bords, qu'à la vue des Grecs échelonnés sur le rivage ils se précipitent à l'envi jusqu'à la ceinture dans la mer, la lance en arrêt d'une main, l'épée nue dans l'autre. Les trompes et buccines remplissent l'air d'un son effrayant. Tous les hommes

---

(1) « L'avangarde fu commandée au comte Baudoin, pour ce qu'il avoit moult grant plenté de bonne gent, et d'archiers et d'arbalestriers, plus que pas qui fust en l'ost. » — *Ibid.*

de fer sont bientôt réunis en bon ordre devant les Grecs terrifiés. On allait marcher sur eux la lance baissée, quand tout à coup ils tournèrent le dos et s'enfuirent de tous côtés. Les chevaux alors sont descendus des galères. Les princes et les chevaliers sautent dessus pour s'emparer du port et du camp des Grecs. Le comte de Flandre, qui dirigeait l'avant-garde, s'avança jusqu'à l'endroit où l'empereur avait dressé son pavillon, et d'où il s'était lâchement sauvé vers Constantinople (1). L'armée campa à la bouche du port devant la tour de Galata. Une surveillance active régna durant la nuit. Le lendemain les Grecs essayèrent une sortie. On prit les armes; et Jacques d'Avesnes, s'étant jeté le premier avec ses vassaux au milieu des ennemis, reçut un coup d'épée dans le corps. Un intrépide chevalier du Hainaut, Nicoles, sire de Jenlain, courut à la rescousse et le sauva.

L'action fut chaude; l'on se battit de part et d'autre avec acharnement. Enfin les Grecs furent une seconde fois mis en fuite par les arbalétriers francs, et l'on s'empara de la tour de Galata. Un nouveau conseil fut alors tenu pour délibérer sur les moyens de faire le siége avec ensemble. On résolut de tenter l'attaque du côté de la terre, tandis que les Vénitiens, habiles navigateurs et habitués aux combats de mer, chercheraient à rompre la chaîne du port et à aborder les murailles. Au jour indiqué, le comte de Flandre, Henri son frère, les comtes de Blois et de Saint-Pol donnèrent l'assaut et parvinrent à planter deux échelles aux murailles. Vingt-cinq hommes d'armes montèrent courageusement au sommet, et frappèrent de leurs haches tout

(1) *Ibid.*, 48.

ce qui se présentait devant eux. Il ssuccombèrent enfin, accablés par le nombre, et deux des leurs furent même emmenés prisonniers vers l'empereur, qui fut aussi content de cette mince capture que s'il avait remporté une victoire.

Le doge et les Vénitiens étaient plus heureux sur mer. La chaîne du port avait été rompue, et leurs vaisseaux s'étaient avancés en belle ordonnance jusqu'au rivage. Les échelles sont aussitôt dressées. Le vieux Dandolo, presque centenaire et aveugle, s'écrie qu'il veut être porté à terre. Le gonfanon de Saint-Marc le précède : et bientôt on le vit flotter sur une des tours de Constantinople, sans qu'on sût qui l'y avait porté (1). Les Grecs n'avaient pu résister au choc impétueux des Vénitiens, et s'étaient repliés vers l'intérieur de la ville. Vingt-trois tours furent à l'instant occupées par les soldats de la république et par les chevaliers qui combattaient avec eux. Un bateau fut dépêché aux chefs de l'armée de terre pour leur annoncer cette victoire. Pendant qu'ils s'en réjouissaient, Byzance et sa population de cinq cent mille âmes étaient plongées dans la terreur ; cette foule immense courait épouvantée à travers les rues et les places de la ville, devant une poignée de Latins qui, l'épée d'une main et la torche de l'autre, la poursuivaient en se faisant annoncer par des clameurs de mort et les flammes rougeâtres de l'incendie (2).

L'empereur Alexis, se réveillant enfin au milieu du désordre et des cris du peuple, monte à cheval, rassemble ses troupes, et sort pour attaquer les croisés campés auprès du port. A son approche, l'attaque des remparts est aban-

---

(1) *Ibid.*, 54.

(2) « Dont boutèrent le feu entr' ex et les Griens. . si commença le feu a grans a 'esprendre, que li Griens ne pooient nos gens veoir. » — *Ibid.*

donnée, on se range en bataille. Le doge, averti du péril de ses compagnons de guerre, accourt avec tout son monde. Les Grecs, quoique dix fois plus nombreux que les Latins, n'osent approcher de ces hommes que leur imagination regarde comme invincibles. Ils se contentent de lancer de loin des flèches et des javelots. L'empereur et son gendre Théodore Lascaris s'efforcent en vain d'engager le combat. Leurs troupes refusent d'avancer; la retraite sonne, et l'armée impériale rentre honteusement à Constantinople. « Sachez certainement, dit le maréchal de Champagne, que jamais notre Seigneur ne tira nulle gent de plus grand péril comme il fit de nos pèlerins en ce jour. Les plus hardis (1) en eurent grande joie. » En effet, avec un peu de courage, il était facile aux Grecs d'écraser alors l'armée latine.

Alexis vit bien que tout était fini pour lui. Il pilla les trésors du palais; dix quintaux d'or, les joyaux de l'empire, plusieurs pierres précieuses et des perles magnifiques le consolèrent d'avoir en un seul jour perdu son honneur avec l'empire. Se confiant aux hasards de la mer dans un petit bateau au milieu des ténèbres de la nuit, il alla se cacher, avec ses richesses, dans quelque endroit isolé de la côte d'Asie.

Le peuple de Constantinople, désespérant alors de résister aux Latins, délivra Isaac de la prison où l'usurpateur l'avait plongé après lui avoir fait crever les yeux, l'emmena au palais de Blaquerne, le fit asseoir sur son trône et le salua empereur (2). Des ambassadeurs furent députés au

---

(1). *Ibid.*, 56.

(2) » Et puis le vestirent impérialement, et l'emmenèrent el haut palais de Blaquesne, et l'asistèrent en haute chaière, puis obéirent à lui come à seigneur. —*Ibid.*, 57.

fils d'Isaac et aux chefs de l'armée latine pour leur annoncer la fuite d'Alexis et la révolution qui venait de s'opérer.

La joie fut grande au camp des croisés en apprenant cette heureuse nouvelle. Mais, pour s'assurer de l'état des choses, on résolut d'envoyer à Constantinople des personnages prudents et braves. On choisit Matthieu de Montmorency, Geoffroi de Villeharduin, maréchal de Champagne et historiographe de cette mémorable expédition, puis deux nobles vénitiens. Ils trouvèrent l'empereur Isaac assis sur son trône richement appareillé, à côté de l'impératrice sa femme, et entouré d'autant de courtisans qu'il y avait eu naguère de gens ardents à le persécuter (1). Geoffroi de Villeharduin, ainsi qu'il nous le raconte, lui adressa la parole en ces termes : « Sire, tu vois le service que nous avons fait à ton fils et comme nous lui avons bien tenu sa convenance; mais il ne peut venir céans avant d'avoir accompli les convenances qu'il nous a promises. Il te mande donc, à toi son seigneur, de nous confirmer ce qu'il nous a promis. — Et quelle est cette promesse? fit l'empereur. — Telle comme je vous dirai, reprit Villeharduin. Tout premier : mettre votre empire sous l'obéissance de Rome, comme jadis il y était. Puis, donner deux cent mille marcs d'argent à ceux de l'armée; et l'entretien pendant un an aux croisés, aux grands comme aux petits. Vous devez en outre fournir dix mille hommes à pied et à cheval; tant à pied que nous voudrons, tant à cheval que vous voudrez; les mener avec vos navires et les tenir à vos dépens pendant un an dans la terre de Babylone; enfin entretenir dans

---

(1) « Et tout cil qui avoient devant esté contre lui estoient celui jour à sa volonté. » — *Ibid.*, 58.

la Terre-Sainte six cents chevaliers pendant toute la vie de votre fils. — Certes, dit l'empereur, la promesse est bien grande. Je ne puis maintenant examiner si elle est valable. Néanmoins vous m'avez tant servi, moi et mon fils, en cette circonstance que si l'on vous donnait tout l'empire, vous ne seriez pas trop récompensés (1). » Quand cette réponse fut rapportée aux princes, ils montèrent tous à cheval; et, ayant au milieu d'eux le jeune Alexis, ils le menèrent à Constantinople, où les acclamations de la multitude saluèrent le fils du césar et les libérateurs de la patrie.

La meilleure harmonie dura quelque temps entre Alexis et les croisés : il venait souvent sous leurs tentes, prenait part à leurs jeux, et avait même déjà rempli une partie des promesses qu'il leur avait faites, en payant les deux cent mille marcs d'argent. Mais la haine nationale que les Grecs nourrissaient intérieurement contre les Latins ne s'était point effacée. Ce peuple changeant et variable, que l'aspect d'un nouveau maître, une cérémonie publique, un spectacle quelconque, le prétexte le plus frivole enfin pouvait distraire, avait cependant conservé une rancune profonde de s'être vu dominer par ces hommes de l'Occident, au langage rude et grossier, et qu'ils considéraient comme de vrais barbares. Un jour, le jeune Alexis s'en vint secrètement à l'hôtel du comte de Flandre. On y manda le doge de Venise et les autres seigneurs; et Alexis leur adressa cette singulière confidence : « Sire comte de Flandre, et vous, beaux sires, je suis empereur de par Dieu et par vous; mais apprenez que mon peuple, qui m'a montré un grand semblant d'amour, ne m'aime aucunement. Les

(1) *Ibid.*, 59.

Grecs ont grand dépit de ce que je suis rentré par votre aide en mon héritage. Voici le temps venu où vous devez vous séparer, car votre alliance avec les Vénitiens ne doit durer que jusqu'à la Saint-Michel. Je ne puis en un si court terme tenir toutes les promesses que je vous ai faites ; mais ne m'abandonnez pas. Les Grecs me haïssent durement à cause de vous, et je perdrais mon empire si vous partiez. Demeurez, je vous prie, jusques en mars ; je payerai ce que vous voudrez aux Vénitiens, et vous fournirai tout ce dont vous aurez besoin jusqu'à Pâques. D'ici là j'aurai mis ma terre en tel point que je ne pourrai plus la perdre avec l'aide de Dieu et la vôtre, et pourrai satisfaire à mes engagements. »

Les barons, surpris de ce discours, répondirent qu'ils en délibéreraient. En effet un parlement fut tenu le lendemain, et une violente opposition se manifesta contre les demandes du césar grec. Les croisés, qui déjà au siége de Zara voulaient abandonner l'armée pour se diriger vers la Syrie, véritable but de leur voyage, s'écrièrent qu'ils partiraient incontinent, si l'on ne forçait Alexis à tenir sa parole. Quènes de Béthune fut chargé de déclarer à l'empereur la volonté suprême des princes latins. « Vous et votre père, dit-il au jeune Alexis et à son père, avez souscrit des engagements envers l'armée des croisés, ainsi que vos chartes en font foi. Nous vous sommons de les tenir; sinon nous ne vous regarderons plus comme nos amis, et poursuivrons nos droits le mieux qu'il nous sera possible. » Les Grecs qui entouraient l'empereur tressaillirent de colère en entendant cette fière déclaration; mais Quènes de Béthune, impassible et digne, remonta sur son cheval avec Gauthier de Villehardouin, qui l'avait accompagné : la lance haute ils traversèrent Constantinople sans que personne osât les toucher, et arrivèrent sains et saufs au camp. « Ce fut grand' merveille, dit le maréchal de Champagne, car ils venoient d'échapper à un grand péril (1). » Sur ces entrefaites, un incendie terrible se déclara dans Byzance : on en accusa les Latins. L'exaspération du peuple ne connut plus de bornes. La guerre était inévitable. Isaac et son fils, placés entre la fureur turbulente de leurs sujets et la haine des Latins, n'étaient déjà plus maîtres d'agir à leur volonté. La ville et le camp cessèrent toute relation, et la force des armes dût encore une fois décider du sort de l'empire.

On était alors en hiver ; les Latins résolurent d'attendre le printemps pour assiéger de nouveau Constantinople. Durant cet intervalle les Grecs ne cessèrent d'inventer mille stratagèmes pour se débarrasser de leurs redoutables voisins, qu'ils n'osaient cependant pas attaquer en face. Une nuit ils remplirent dix-sept grands navires de poix, d'étoupes, de tonneaux vides et autres matières combustibles ; ils y mirent le feu, et, par un vent favorable, les lancèrent sur la flotte vénitienne qu'ils espéraient détruire de la sorte. Leur espoir fut déçu ; car l'armée navale, prévenue à temps, éteignit le feu qui déjà se communiquait à quelques bâtiments, et les brûlots grecs s'en allèrent au loin se consumer et s'anéantir dans les flots du Bosphore (2).

Dans ces circonstances une révolution nouvelle renversa du trône le malheureux Isaac et son fils, auxquels les Grecs attribuaient leur position désespérée. Un courtisan également nommé Alexis, et surnommé par le peuple, Murzulphe, homme ambitieux et perfide, qui avait soufflé dans la mul-

(1) *Ibid.*, 69.
(2) *Ibid.*

titude la haine des Latins et conseillé à Isaac de rompre avec eux, usurpa violemment la pourpre impériale. Alexis saisi par Murzulphe et ses partisans, un soir qu'il dormait dans sa chambre, fut jeté en prison, où on l'étrangla secrètement. Le vieil Isaac son père mourut aussi de mort tragique ; et Murzulphe, après ces sanglants triomphes, alla se faire couronner dans la basilique de Sainte-Sophie (1). Ce double forfait parvint bientôt à la connaissance des croisés, et excita chez eux une indignation profonde. « Quand il n'y aurait que ce méfait pour vous armer contre les Grecs, leur dirent les évêques et les prélats, il serait suffisant ; car ils méritent de perdre l'empire : et nous, de par l'apôtre de Rome, nous octroyons pardon de leurs péchés à tous ceux qui, s'étant confessés, mourront pour venger ce crime (2). »

A l'approche du printemps, le siége de Constantinople fut résolu ; tous les préparatifs avaient été faits durant l'hiver, il ne s'agissait plus que de passer à l'exécution. Mais avant de tenter cette grande entreprise, on tint conseil, suivant l'usage, pour délibérer sur le sort de la conquête et sur la part que chacun y devait avoir. Il fut convenu que, si Dieu donnait la victoire aux croisés, tout le butin serait mis en commun, et partagé suivant le rang et l'état de chacun ; que les Vénitiens nommeraient six personnes et les Francs six autres, lesquels éliraient pour empereur celui qui en serait le plus digne à leur gré. Le nouvel empereur d'Orient devait avoir le quart des terres conquises, avec le palais de Blaquerne et celui de Buccoléon, résidences des princes byzantins, le reste serait di-

(1) *Ibid.*, 71.
(2) *Ibid.*, 72.

visé par moitié entre les Francs et les Vénitiens. Vingt-quatre prud'hommes élus par les deux armées devaient en outre distribuer les fiefs et les dignités de l'empire, et régler les prérogatives du souverain (1).

Ces conventions ainsi jurées, sous peine d'excommunication et pour le terme d'un an, après lequel chacun pourrait retourner en son pays, on se disposa à livrer un assaut général par mer. Toute l'armée passa sur la flotte et l'on vit de nouveau l'étendard flamand flotter sous les murs de Constantinople. Les vaisseaux abordèrent jusqu'au pied des remparts; leur ligne se développait sur un espace d'une demi-lieue française. Alors commença l'attaque. Des ponts fixés au haut des mâts portaient les hommes d'armes jusqu'au sommet des tours, où l'on combattit à coups de haches et d'épées en plus de cent endroits à la fois. Les pierriers et les mangonneaux ne cessaient de jouer et de lancer des projectiles sur les assiégés. Le comte de Flandre avec ses chevaliers fit dès prodiges de valeur, les autres princes et leurs vassaux ne se comportaient pas moins vaillamment; mais tant d'efforts restèrent ce jour-là sans résultats. C'était le jeudi 8 avril. Le lendemain l'on tint un parlement; et le 10, après avoir réparé les vaisseaux et les machines, on porta l'assaut sur un autre endroit des murailles jugé plus accessible. On accoupla deux à deux les navires sur lesquels se dressaient les échelles, afin que des assaillants plus nombreux pussent y monter à la fois. L'armée se mit en branle, et alors, dit Villeharduin, les clameurs et le bruit étaient si grands qu'il semblait que terre et mer allassent se fondre ensem-

(1) *Ibid.*, 75.

ble (1). L'assaut durait depuis long-temps, déjà fier et meurtrier (2); quand il s'éleva tout à coup un vent du nord qui poussa contre les murs deux vaisseaux liés ensemble : c'étaient le *Pèlerin* et le *Paradis* montés par les évêques de Troyes et de Soissons. Ils s'approchèrent si près que leurs ponts fixés à la mâture touchaient à l'extrémité des tours. Un des vassaux du comte de Flandre, André, sire de Jurbise en Hainaut, se précipite le premier sur les remparts, et y plante le lion de Flandre. Une foule de guerriers entraînés par son exemple le suivent; d'autres montent à l'escalade, emportent les tours, brisent les portes, les Grecs effrayés reculent, et bientôt les Latins se répandent vainqueurs dans la ville.

Le tyran Murzulphe avait rangé les troupes en bataille devant son camp. Lorsqu'il vit accourir à lui les chevaliers du comte de Saint-Pol, avec leurs coursiers bardés de fer, leurs lances en arrêt et la visière baissée, il eut peur et s'enfuit, lui et les siens, jusque dans le palais de Buccoléon; le soir venu, Murzulphe se sauva par la porte de Blaquerne. Les Latins étaient maîtres de Constantinople; l'armée se rassembla sur une place immense, et l'on tint conseil. A la première ivresse du succès avait succédé un étonnement mêlé de crainte; en effet l'on se trouvait au milieu d'une cité remplie de monuments, d'églises, de palais, peuplée de cinq cent mille habitants. Les travaux de la conquête ne paraissaient pas finis (3) : cependant on apprit le lendemain

---

(1) « Et li bruis et la noise estoit si grand qu'il sembloit que terre et mer deust fondre. » — *Ibid.*, 78.

(2) *Ibid.*

(3) « Quar il ne cuidoient mie qu'il deussent avoir la vile conquise en un mois, ne les fors yglises, ne les palais, ne li grant puéple qui estoit dedens la cité. « — *Ibid.*, 79.

que Murzulphe et ses troupes avaient fui durant la nuit. Loin de vouloir se révolter, le peuple grec se montrait plein de frayeur et d'épouvante ; les Latins, profitant alors de la victoire, agirent en conquérants. Le comte Bauduin de Flandre avec sa chevalerie alla se loger dans les tentes vermeilles que le tyran avait abandonnées la veille ; et Henri, son frère, prit possession du palais de Blaquerne, où l'on trouva les trésors de l'empire et les superbes ornements des souverains grecs. Constantinople fut aussitôt livrée au plus affreux pillage ; tout ce que les édifices publics et les maisons renfermaient d'or, d'argent, de pierreries et d'étoffes précieuses devint la proie des Latins, les églises mêmes furent dévastées et profanées. Les statues, les colonnes, les monuments de l'art et du génie que la civilisation grecque et romaine avait légués à Byzance, et qui s'élevaient en foule innombrable à travers les rues et les places de la cité de Constantin, ne trouvèrent même pas grâce devant un vainqueur plus brave que lettré (1).

Une grande œuvre restait à accomplir ; il s'agissait maintenant de consolider la conquête et de fonder un nouveau trône. Deux princes parmi tous les seigneurs de l'armée méritaient par l'éclat de leur origine, par leur puissance et leur illustration de tenir le sceptre impérial : c'étaient le marquis de Montferrat et le comte de Flandre ; personne,

(1) « Et fu si grans li gaaings que nus ne vos en sauroit dire le nombre ; si come d'or et d'argent, de vesselemente, de pierres précieuses, de dras de soie, de samis, de robes vaires et grises et hermines, et de tous les fiers avoirs qui onques furent en la terre trovés... puis que li mondes fu estorés n'ot en une cité tant de gaaigné. » — *Ibid.*, 81.— Jeoffroi de Villehardouin ne parle pas de la destruction des monuments d'arts par ses compagnons d'armes, mais on en trouve un intéressant tableau dans l'historien grec Nicétas. V. Fabricius, *Biblioth. græca*, VI, 405.

parmi tant de seigneurs, n'eût osé le leur disputer, mais il était à craindre qu'une fatale rivalité ne s'élevât entre eux. C'est alors que dans l'assemblée des barons fut émise une lumineuse pensée. « Si l'on n'élit qu'un seul de ces deux hauts hommes, se dirent-ils entre eux, l'autre en aura si grand dépit qu'il emmènera toute sa gent avec lui, et l'empire sera compromis, comme il manqua d'arriver lorsque Godefroi de Bouillon fut nommé roi de Jérusalem. Agissons de manière que si Dieu donne la couronne à l'un, l'autre aussi soit satisfait. Ainsi, que l'empereur élu accorde à son concurrent toute la terre au delà du Bosphore vers la Turquie et l'île de Crète. » Cette sage proposition fut accueillie à l'unanimité, et l'on prit jour pour l'élection. Douze prud'hommes furent choisis par la voie des suffrages, ainsi qu'il était convenu, et jurèrent sur les saintes reliques qu'ils nommeraient celui qui serait le plus digne à leur gré de gouverner l'empire (1). Au jour indiqué les douze électeurs s'assemblèrent au palais habité par le doge de Venise, et s'enfermèrent dans une chapelle. L'innombrable multitude des Latins mêlée à la population de Constantinople attendait devant le palais le résultat de l'élection; des émotions diverses animaient cette foule : si les Grecs insouciants et légers ne considéraient dans ce qui allait se passer qu'un spectacle nouveau, les compagnons d'armes du marquis de Montferrat, les guerriers que le comte Baudouin avait amenés des régions lointaines de Flandre et de Hainaut se montraient pleins de crainte et d'anxiété; car jamais débat plus important et plus solennel ne s'était agité pour eux, jamais honneur national n'avait été exposé à une plus

(1) *Ibid.*, 84.

grande gloire ou à une plus grande déception. Les portes du palais s'ouvrirent enfin, et l'on vit apparaître le vénérable Nevelon, évêque de Soissons, l'un des douze électeurs. Le silence s'établit aussitôt dans la place. « Seigneurs, dit le prélat d'une voix forte, la-Dieu-merci, nous sommes tous d'accord maintenant sur le choix de l'empereur. Rappelez-vous que vous avez juré sur les reliques d'accepter celui que nous élirions, et de le soutenir envers et contre tous ; eh bien ! sachez que vous avez pour empereur le comte Bauduin de Flandre. » Mille exclamations retentirent alors. Bauduin élevé sur un bouclier fut porté triomphalement à la basilique de Sainte-Sophie, et trois semaines après, dans cette même église, l'arrière-petit-fils de Charlemagne et de Bauduin Bras-de-Fer revêtait la pourpre et mettait sur sa tête la couronne de Constantin.

XIV

JEANNE DE CONSTANTINOPLE ET FERNAND DE PORTUGAL.

1206 — 1214

Particularités sur la naissance de Jeanne. — Mort de la comtesse Marie de Champagne. — On apprend en Flandre la fin tragique de l'empereur Bauduin. — Douleur des Flamands. — Beaucoup ne veulent pas croire au trépas de Bauduin. — Jeanne et Marguerite de Constantinople sont livrées au roi de France par leur tuteur. — Énergiques réclamations et menaces des Flamands. — Désespoir de Philippe de Namur. — Les princesses sont renvoyées en Flandre. — Jeanne épouse Fernand, fils du roi de Portugal. — Fernand fait hommage de la Flandre à Philippe-Auguste. — Arrestation du comte et de la comtesse de Flandre à Péronne par Louis fils du roi. — Louis les relâche après s'être emparé des villes d'Aire et de Saint-Omer. — Colère de Fernand. — Son impopularité en Flandre. — Les Gantois refusent de le reconnaître pour seigneur. — Traité de Pont-à-Wendin, entre Fernand et Jeanne d'une part et le prince Louis d'autre part. — Les Gantois reçoivent Fernand et Jeanne. — Alliance du comte de Flandre avec le roi d'Angleterre. — Le comte refuse assistance au roi de France son suzerain. — Courroux de ce dernier. — Il dirige contre la Flandre l'expédition préparée contre l'Angleterre. — La flotte française aborde à Dam. — Description de ce port. — Envahissement de la Flandre. — Fernand envoie demander des secours au roi d'Angleterre. — Les comtes de Salisbury et de Boulogne s'embarquent pour la Flandre. — Ils brûlent les vaisseaux du roi près du port de Dam. — Jonction de ces princes avec le comte Fernand. — Motifs de la haine du comte de Boulogne contre le roi de France. — Echecs éprouvés près de Dam par Fernand et ses alliés. — Philippe-Auguste rentre en France. — Le comte de Flandre, réfugié dans l'ile de Walcheren, prépare de nouveaux moyens de défense avec le comte de Hollande. — Les villes de Flandre tombées au pouvoir du roi ouvrent leurs portes à Fernand. — Incidents divers. — Prise de Tournai par Fernand. — Siége de Lille. — Les bourgeois rendent la ville au comte leur seigneur. — Philippe-Auguste envahit de nouveau la Flandre. — Il reprend Lille, la saccage et la brûle. — Voyage du comte en Angleterre. — Courses en Artois et dans le comté de Guines. — Préparatifs de la grande coalition contre la France. — L'empereur Othon à Valenciennes. — Partage anticipé de la conquête. — La comtesse Jeanne reste étrangère à la ligue et la désapprouve. — Intrigues de la reine Mathilde. — Sa haine contre le roi de France. — Philippe-Auguste s'avance vers la Flandre en tête de son armée. — Bataille de Bouvines.

Tandis que ces grandes choses s'accomplissaient en Orient, et que victorieux le comte Bauduin occupait le trône de Byzance, la Flandre abandonnée ne conservait de la descendance directe de ses souverains que deux jeunes filles, frêle et précieux dépôt sur lequel reposaient désormais toutes ses destinées. Jeanne, l'aînée, avait alors près de quinze ans, Marguerite sa sœur quittait à peine la mamelle.

Les vicissitudes dont la vie de Jeanne devait être entourée commencèrent à la naissance de cette princesse. Écoutons un auteur contemporain nous raconter dans quelles circonstances était née la fille de Bauduin. « La comtesse Marie, long-temps stérile, devint enfin grosse pendant son séjour à Valenciennes. Arrivée à terme, elle fut atteinte de douleurs incroyables. Déjà neuf jours s'étaient écoulés dans ce travail plein d'angoisses, lorsqu'elle fit appeler à elle le serviteur de Dieu (Jean, abbé de Cantimpré). Sitôt qu'il fut entré — : Mon père, s'écria la comtesse, ayez pitié de mes souffrances et mettez-vous en prière pour moi. Touché de ses larmes, Jean se retira en sanglotant dans l'oratoire; et levant les mains au ciel : — Seigneur, dit-il, vous qui, pour châtier la transgression de nos premiers pères, avez condamné la femme à enfanter avec douleur, et l'homme, son complice, à gagner le pain de chaque jour à la sueur de son front, exaucez nos prières, et faites que cette femme, qui se confie en votre miséricorde et vous invoque par ma voix, soit enfin délivrée des longues douleurs qu'elle endure, et qu'elle mette au monde un enfant pour le salut et le bonheur de la patrie! A peine l'homme de Dieu avait achevé son oraison que les chambrières de la comtesse accoururent en grande liesse et jubilation à la porte de l'oratoire, annonçant au saint homme que leur dame et maîtresse venait de mettre au monde un enfant du sexe féminin; et à l'instant les grandes dames de la cour apportent à Jean l'enfant nouveau-né, comme le fruit de ses prières. L'ami du Seigneur rendit grâces à Dieu, et couvrit la petite fille de ses bénédictions. Ensuite on la porta sur les saints fonts de baptême, et, suivant l'ordre du comte et de la comtesse, on la nomma JEANNE; bien que personne jusque-là n'eût été appelé de ce nom dans la famille des comtes de Flandre (1). »

Les deux sœurs vivaient au château de Gand sous la garde et tutelle de leur oncle Philippe, comte de Namur, et des seigneurs que nous avons nommés plus haut. Elles ne devaient plus revoir ni leur père, ni leur mère. A peine avaient-elles appris la haute fortune du comte Bauduin qu'une nouvelle doublement fatale vint les surprendre dans leur isolement. Marie de Champagne, embarquée sur la flotte de Jean de Nesle, était partie de Marseille pour la Palestine, où elle croyait rencontrer son mari; succombant aux fatigues de la traversée, et sans doute aussi aux chagrins d'une longue absence, elle tomba malade à Saint-Jean-d'Acre et mourut d'émotion en apprenant que Bauduin venait d'être couronné empereur de Constantinople. Le vaisseau qui devait la ramener triomphante sur les rives du Bosphore, n'apporta que ses restes mortels, auxquels on donna une sépulture solennelle dans la basilique de Sainte-

(1) *Vita B. Johannis, primi abbatis Cantipratensis, auctore Thoma Cantipratensi.* Msc. de la bibl. de M. Le Glay, lib. III, cap. 4.

Sophie, où naguère son époux avait été salué du titre de césar aux acclamations du peuple et de l'armée.

Quant à Bauduin, sa destinée d'abord si brillante et si belle s'était aussi tout à coup assombrie. Les princes grecs qui régnaient encore dans les nombreuses provinces de l'empire se soulevèrent bientôt pour secouer le joug des Latins, qu'ils regardaient comme humiliant après avoir eu la lâcheté de le subir presque sans opposition. Ils appelèrent à leur aide Johannice, roi des Bulgares; ce chef de barbares, avide de saisir une occasion d'étendre sa puissance, s'avança sur Andrinople à la tête d'une formidable armée. Bauduin, accompagné de son maréchal Geoffroi de Ville-Harduin et du comte de Blois, se précipita à leur rencontre. Il n'avait avec lui, outre les soldats grecs, que six cents chevaliers flamands des plus valeureux, et trois cents Français d'élite. Comme les principaux d'Andrinople le détournaient de se mesurer avec les troupes innombrables de Johannice : « Quoi donc, s'écria-t-il au dire d'un historien grec contemporain, je verrai de mes yeux mes ennemis ravager ma terre, piller et détruire mes villes, et je resterai immobile comme un homme mort! Je supporterai patiemment une telle injure! Plutôt mourir à l'instant même!... » Et sur-le-champ, dit le même auteur, il fit sonner la charge. Il répartit les Francs ainsi que les Grecs en trois divisions, et s'avança fièrement dans la plaine. Les Cumans ou Tartares, apercevant les Francs, feignirent de prendre la fuite avec le butin qu'ils avaient fait, et les Francs se mirent à les poursuivre. Quand ils les eurent suffisamment fourvoyés par ce manége, ceux qui étaient en embuscade se montrèrent, tirèrent sur les chevaux des Francs, puis ils s'éloignaient sans jamais approcher à portée de la lance; les chevaux mouraient, les cavaliers tombaient : les Cumans, armés de javelines turques et de massues de fer, fondaient sur les cavaliers démontés. L'empereur Bauduin fut tué dans la mêlée, le 14 avril 1205, et ses troupes anéanties (1). »

Telle fut la fin du comte de Flandre ; plusieurs historiens y ajoutent des circonstances qui la rendent encore plus tragique et plus déplorable. Les uns disent que, fait prisonnier par Johannice, il fut précipité du haut d'un rocher ; d'autres, que le roi de Bulgarie lui fit couper les bras et les jambes et fit jeter le tronc, la tête la première, dans un précipice où il vécut encore pendant trois jours, après lesquels son cadavre devint la proie des oiseaux. Mille récits plus ou moins merveilleux circulèrent aussi sur le trépas de l'infortuné Bauduin. Quoi qu'il en soit, la mort de ce prince étant connue de toute l'armée, celle-ci revint à Constantinople. Dès qu'elle y fut arrivée, Henri de Hainaut, frère de Bauduin, qui était déjà régent, fut couronné empereur, le dimanche 20 août 1206, dans l'église de Sainte-Sophie (2). Bauduin fut regretté des Grecs, qui le considéraient comme un monarque plein de sagesse et de vertu (3) ; mais c'est surtout en Flandre et en Hainaut que la nouvelle de sa mort excita une douleur universelle. Des services funèbres furent célébrés pour lui dans toutes les églises, et d'abondantes aumônes furent distribuées à l'intention du défunt aux veuves et aux orphelins des deux

---

(1) *Chronique de la conquête de Constantinople par un auteur anonyme, écrite dans les premières années du XIVe siècle, et traduite, d'après le manuscrit grec inédit*, par J.-A. Buchon. Paris, 1825.

(2) *V*. l'historien grec contemporain Nicétas, traduction de Cousin, p. 461

(3) *Ibid.*, 426.

comtés ainsi que dans les asiles des pauvres et des malheureux, tels que léproseries, hospices et hôpitaux (1). Mais bientôt il se répandit d'étranges rumeurs ; on racontait que l'empereur n'était pas mort comme on le pensait, qu'il s'était échappé des mains des Sarrasins, et bien plus, qu'il arriverait soudainement en Flandre. La perplexité fut grande, l'agitation fut extrême jusqu'à ce qu'enfin l'on publia dans les deux comtés des lettres venues d'Orient. Ces lettres, écrites par Henri frère et successeur de Bauduin à l'empire, ne laissaient aucun doute sur la mort du comte, cependant il y eut encore des gens qui restèrent convaincus que leur bon souverain devait un jour apparaître au milieu d'eux (2). Il en est ainsi toutes les fois qu'un personnage héroïque vient à mourir loin des siens ; le vulgaire, qui n'a point vu et touché son cercueil, hoche la tête en signe de défiance, pour lui tout grand homme est immortel. On verra plus tard ce qui advint de cette fatale croyance.

Voilà donc Jeanne et sa sœur orphelines. Les peuples de la Flandre et du Hainaut reportèrent sur ces deux jeunes filles l'affection qu'ils avaient vouée à leur père. Malheureusement, elles ne trouvèrent pas dans leur tuteur tout le désintéressement et tout l'appui qu'elles étaient en droit d'en attendre. Philippe de Namur, homme insouciant et faible, se laissa complétement dominer par le roi de France. Le monarque tenait beaucoup à avoir la garde-noble, comme on disait alors, de Jeanne héritière de deux belles

(1) *In immensum omnes lamentum et fletum, luctum et dolorem proruperunt... per omnes ecclesias patriarum exequiæ, sacrificia atque oblationes; per loca pauperum...; eleemosynæ elargiuntur atque disperguntur.*— Jacques de Guyse, *Ann. Hannoniæ*, XIV, 4.

(2) *Sed litteras audientes, et sigilla litterarum videntes, multi eorum dicebant hujus litteras fore subreptitias et conflictas.*— *Ibid.*

et riches provinces, et il redoutait surtout de voir cette princesse épouser quelque seigneur anglais (1).

Philippe-Auguste séduisit le comte de Namur en lui donnant pour femme sa fille Marie, qu'il avait eue d'Agnès de Méranie, sa troisième épouse, et se fit livrer en échange les deux jeunes princesses, qu'on enleva clandestinement du château de Gand, et qu'on transporta à Paris. Les gens de Flandre et du Hainaut entrèrent dans une grande colère quand ils apprirent cette trahison. Ils voulurent s'affranchir de la domination de Philippe (2), et le poursuivirent de si amers reproches qu'il tomba en langueur et mourut peu d'années après. Les historiens du temps racontent que, pour expier la faute qu'il avait commise de sacrifier sa nièce à la politique du roi de France, il voulut se confesser solennellement à quatre prélats, les abbés de Cambron, de Villers, de Marchiennes et de Saint-Jean de Valenciennes. Puis, l'heure de sa mort approchant, il se fit attacher une corde au cou et traîner en cet état à travers les rues et carrefours de Valenciennes, criant à qui voulait l'entendre : « J'ai vécu en chien, il faut que je meure en chien! »

Jeanne et sa sœur n'en étaient pas moins au Louvre sous la main de Philippe-Auguste. Elles y restèrent jusqu'à ce que les Flamands les réclamèrent avec tant d'énergie qu'il fallut bien les leur renvoyer. Ils étaient, en effet, résolus de se donner au roi d'Angleterre si le roi de France ne rendait pas leur jeune suzeraine (3). Philippe le savait fort bien, et se vit ainsi forcé d'accéder au désir d'un peuple dont il cou-

(1) Et in hoc Flamingi satis concordabant.— *Ibid.*, 6.
(2) Sub Philippi regimine minime persistere volebant.— *Ibid.*
(3) Decreverant siquidem se regi Angliæ reddituros.— *Ibid.*

naissait depuis long-temps la ténacité et l'énergie. Les deux orphelines revinrent donc à Bruges, où la sollicitude des Flamands veilla sur elles plus vivement que jamais. C'est alors que, par l'entremise de la reine Mathilde, veuve de Philippe d'Alsace, fut conclu le mariage de Jeanne avec Fernand, son neveu, fils de Sanche Ier, roi de Portugal. Il paraîtrait que pour acheter l'adhésion du roi de France, qui n'accordait rien pour rien, Mathilde aurait été obligée de lui payer une très-forte somme d'argent, et de faire en outre de riches présents à ses conseillers (1). Philippe-Auguste s'était fait aussi promettre à l'avance, par Fernand, les villes d'Aire et de Saint Omer, qui jadis avaient été rendues au comte Baudouin en vertu du traité de Péronne. Fernand, trop heureux d'épouser l'héritière de Flandre, avait tout promis sans s'inquiéter s'il n'allait pas de la sorte se rendre odieux à ses nouveaux sujets.

Les noces furent célébrées à Paris avec une magnificence extraordinaire, aux frais des bonnes villes de Flandre et de Hainaut. « On se livra à cette occasion, dit le cordelier Jacques de Guyse, à une allégresse inexprimable, oubliant cette parole du sage : que « l'excès de la joie est voisin de la douleur (2). » Ceci se passait en 1211. Jeanne avait alors un peu plus de vingt ans. S'il faut en croire les monuments contemporains que nous avons sous les yeux, Jeanne était à cette époque une belle jeune fille aux cheveux longs et flottants sur les épaules. Pour tout ornement, un cercle

---

(1) De cel mariage li aida une soie ante qui fu feme le boin conte Phelippe de Flandres, car elle donna au roi de France L mile livres paresis pour le mariage faire et moult li cousta as conseilliers le roi. — *Li estore des ducs de Normandie et des rois d'Engleterre*, msc. du Roi, 455, f° 163 v°, 1re col.

(2) *Ann. Hann.*, XIV, 8.

de perles entoure sa tête. Une simp'e tunique l'enveloppe chastement, et elle agace du doigt le faucon qui perche sur sa main gauche à la mode du temps.

Quand le mariage eut été consommé, Fernand rendit, le 22 janvier, hommage au roi en ces termes : « Moi, Fernand, comte de Flandre et de Hainaut, je fais savoir à tout le monde que je suis homme-lige de mon seigneur l'illustre roi de France, Philippe, pour le défendre contre tous hommes et femmes qui peuvent vivre et mourir ; je lui ai juré de lui rendre bon et fidèle service, et de ne jamais l'abandonner tant qu'il me fera justice (1). » Les deux époux prirent ensuite le chemin de la Flandre, comptant fermement sur l'alliance et l'amitié du monarque. Mais, arrivés à Péronne, Louis, fils du roi, qui les avait précédés en grande escorte de gens d'armes, les fit arrêter avec leur suite et enfermer dans le château de cette ville jusqu'à ce qu'il se fût emparé des villes d'Aire et de Saint-Omer, promises par Fernand. Louis prit possession des deux villes : il y massacra tout ce qu'il y avait rencontré de Flamands fidèles, les garnit de vivres et de munitions ; après quoi il donna l'ordre de mettre en liberté le comte et la comtesse.

Fernand ne pardonna jamais l'odieuse violence dont sa jeune épouse et lui avaient été l'objet dans cette circonstance. Désormais ennemi mortel du roi de France, il arrivait néanmoins dans ses nouveaux États plus impopulaire qu'on ne saurait dire. Voici, d'après un vieil auteur, ce que la comtesse Jeanne aurait été obligée d'entendre de la bouche d'un des plus hauts barons du pays : « Dame, lui dit le

---

(1) « Ego Fernandus... notum facio universis, quod ego sum homo ligius domini mei illustris Franciæ regis Philippi contra omnes homines et feminas qui possunt vivere et mori, » etc.— Baluze, *Miscell.*, *VIII*, 149.

sire de Tournai moult aigrement, vous nous avez laidement servis; car votre mari est serf du roy de France, et s'en vanta le roy en nostre présence à Paris, et que si fut son père et le roy de Portugal, qui est à présent. Or, est ainsi que nul serf n'a peut tenir plein-pied de terre que son seigneur n'aist s'il luy plaît; et il le peut faire pendre ou faire noyer si il mesprend rien envers lui. Dame, prenez votre serf, qu'il soit maudit de Dieu, et allez-vous-en en Portugal, où sont les serves gens; car jamais serf n'aura sur les Flamands aucune maîtrise; et veuillez bien savoir que si Fernand est encore quinze jours par deçà, nous lui ferons couper la tête (1). »

A une journée de marche de Péronne, Jeanne, qui depuis son mariage avait éprouvé tant d'émotions diverses, tomba malade. Une fièvre violente s'empara d'elle. La reine Mathilde était pour lors à Douai. Fernand laissa son épouse auprès d'elle, et, accompagné de Philippe, comte de Namur, de Jean de Nesle, châtelain de Bruges, et de Siger, châtelain de Gand, il se présenta aux villes de Lille, Courtrai, Ypres et Bruges afin de s'y faire reconnaître en qualité de comte de Flandre; car l'adhésion des bourgeois et du peuple était alors non moins indispensable que celle du suzerain. Il y fut reçu tant bien que mal. Mais les Gantois se montrèrent plus difficiles. Ils prétendaient que l'union de cet étranger avec leur souveraine s'était conclue sans le consentement des villes flamandes, ajoutant que la comtesse avait été vendue et non mariée.

Le principal motif de leur exaspération était l'odieux guet-apens dont Louis de France s'était rendu coupable

(1) *Le livre de Boudoyn conte de Flandres*, publié par MM. Serrure et Voisin; *Introd.*, XV.

envers Jeanne : et ils craignaient avec raison que Philippe-Auguste ne renouvelât contre leur pays ses tentatives d'envahissement. Un prince qui devenait comte de Flandre sous les auspices du roi ne devait compter que sur les antipathies des habitants de Gand, les plus fiers bourgeois du pays. Ils lui fermèrent donc leurs portes, lui déclarant qu'ils ne le recevraient pas s'il n'avait avec lui la comtesse Jeanne, leur seule dame et maîtresse. Fernand, qui ne connaissait pas encore sans doute à quels gens il avait affaire, voulut entrer de force. Les Gantois, ayant à leur tête Rasse de Gavre et Arnoul d'Audenarde, sortirent des murs et le poursuivirent. Il eût été infailliblement écrasé si par hasard il ne s'était trouvé sur la Lys, entre les bourgeois et lui, un pont qu'il fit couper en toute hâte; ce qui le sauva. Dans leur colère, les Gantois s'en allèrent alors piller Courtrai, coupable d'avoir reconnu et hébergé le Portugais.

Fernand mettait le pied en Flandre pour la première fois sous de malheureux auspices. Pour faire acte de souveraineté et conquérir l'affection de ses nouveaux sujets, il aurait bien volontiers repris Aire et Saint-Omer sur le fils du roi de France. Déjà même il avait fait approvisionner Lille et Douai; et il se disposait à marcher contre Louis, qui l'attendait à Arras. Les grands vassaux qui entouraient Fernand et la comtesse Jeanne son épouse le détournèrent d'une entreprise préparée sans réflexion, dans un moment de colère, et tentée contre des forces très-supérieures : on le décida, non sans peine, à négocier un accommodement avec le fils du roi, qui paraissait fort disposé à ne pas s'en tenir aux villes d'Artois qu'il venait de prendre, et à faire irruption en Flandre. Le 24 février 1211, un traité se conclut, entre Lens et Pont-à-Vendin, par lequel Fernand et Jeanne remirent définitivement et à toujours à Louis, fils aîné du roi et à ses hoirs, comme étant aux droits de sa mère Isabelle de Hainaut, les villes d'Aire et de Saint-Omer. Le fils du roi promit, de son côté, de ne jamais rien réclamer dans le comté de Flandre ; et l'on donna pour otages de ces conventions mutuelles les plus hauts barons du pays, entre autres le châtelain de Bruges et celui de Gand (1).

Alors Fernand songea à se faire reconnaître des Gantois. Accompagné de la comtesse Jeanne, et suivi d'une nombreuse armée, il se présenta devant leur ville. A la vue de la jeune souveraine et de tous les chevaliers flamands qui formaient son escorte, ils ne firent plus de résistance, consentirent à recevoir les deux époux, et leur payèrent même, à titre de composition, une assez forte somme d'argent. Peu de temps après, Fernand et Jeanne se concilièrent tout à fait la puissante ville de Gand en lui accordant une nouvelle organisation municipale. Les échevins devinrent électifs par année, comme l'étaient ceux d'Ypres depuis 1209.

Cependant le traité de Pont-à-Vendin n'avait pu effacer du cœur de Fernand le souvenir de la prison de Péronne. Quand il eut pris possession de la Flandre, il résolut de mettre à exécution ses projets de vengeance contre le monarque français. En cela il était assuré de la sympathie et du concours de ses nouveaux sujets, qui depuis si longtemps nourrissaient pour Philippe-Auguste une haine qui n'était que trop motivée. Ce fut sur Jean-sans-Terre, roi d'Angleterre, que Fernand porta naturellement ses vues. Dans l'été de 1212, il noua des relations avec ce prince ; et

---

(1) *Archives de Flandre à Lille*, 1er *cartul. d'Artois*, pièce 193. Cet acte a été imprimé plusieurs fois.

bientôt intervint un traité d'alliance offensive et défensive, avec promesse, de la part du roi, de fournir des secours en hommes et en argent aussitôt que le comte de Flandre en aurait besoin (1). La rupture ne tarda pas à éclater entre Philippe-Auguste et Fernand. Jean-sans-Terre avait été naguère condamné par la cour des pairs de France, à cause du meurtre d'Arthur son neveu. De plus, le pape Innocent III venait de l'excommunier pour le punir de ses violences envers le clergé. Ses sujets avaient été déliés par le pontife du serment de fidélité ; dans son courroux, Innocent offrait même la couronne d'Angleterre à Philippe-Auguste. Jean appela à son aide son neveu Othon IV, roi de Germanie ; or celui-ci n'était guère en mesure de le secourir. Elu empereur par la protection du pape, Othon avait tourné ses armes contre le Saint-Siége et était aussi excommunié. Frédéric II, fils de Henri VI, couronné à sa place, s'était uni avec le roi de France. Mais, si les deux monarques déposés par le souverain pontife avaient contre eux ces puissants ennemis, ils trouvaient d'un autre côté des alliés dans les comtes de Flandre, de Hollande, de Boulogne, et autres. Ces princes, réunis dans une même communauté de haines et d'intérêts, formèrent bientôt, avec Jean-sans-Terre et Othon, une des plus redoutables coalitions dont les annales du moyen âge nous aient gardé le souvenir.

Quant à Fernand, qui de tous les mécontents n'était pas le moins courroucé, il crut le moment de la vengeance arrivé lorsque Philippe-Auguste prépara son expédition pour tenter la conquête de l'Angleterre. Le roi convoqua à Sois-

---

(1) V. Rymer, *Fœdera*, nova edit. Londini, 1816, I, 105, 107.

sons un parlement de tous ses barons : ils y vinrent en foule se ranger sous sa bannière. Le comte de Flandre seul y fit défaut ; déclarant qu'il n'assisterait pas son suzerain, si celui-ci ne lui donnait satisfaction en lui rendant les villes d'Aire et de Saint-Omer. Philippe-Auguste ignorait encore l'alliance de Fernand avec les ennemis du royaume : il lui offrit quelques dédommagements. Le comte les repoussa avec dédain, et le roi vit bien alors que Fernand entrait en rébellion ouverte. Sur ces entrefaites, Jean-sans-Terre se réconcilia avec le pape ; et l'expédition de Philippe-Auguste, qui ne marchait que comme exécuteur des ordres du Saint-Siége, se trouva sans objet. Innocent l'avait même tout à fait interdite. Philippe aussitôt tourna toutes ses forces contre la Flandre, et cette contrée devint le théâtre d'une guerre terrible.

La flotte du roi de France, composée de dix-sept cents barques montées par quinze mille lances, sortit du port de Calais, et se dirigea vers les côtes de Flandre. Le roi, qui s'était avancé avec sa chevalerie jusqu'à Gravelines, y attendit ses vaisseaux, et l'armée d'invasion y stationna pendant quelques jours. Fernand, sommé par Philippe-Auguste de se rendre auprès de lui, ne parut pas. Alors Philippe pénétra en Flandre, tandis que la flotte, sous la conduite de Savari de Mauléon, mettait à la voile pour le port de Dam. « Partis de Gravelines, dit Philippe le Breton, les navires, sillonnant les flots de la mer, parcoururent successivement les lieux où elle ronge le rivage blanchâtre du pays des Blavotins, ceux où la Flandre se prolonge en plaines marécageuses, ceux où les habitants de Furnes, par une exception remarquable, labourent les campagnes voisines de l'Océan, et où le Belge montre maintenant ses pénates en ruines, ses maisons à demi renversées, monuments de son antique puissance.... Sortant de ces parages, et poussée par un vent propice, la flotte entre joyeusement dans le port de Dam, port tellement vaste et si bien abrité qu'il pouvait contenir dans son enceinte tous nos navires. Cette belle cité, baignée par des eaux qui coulent doucement, est fière d'un sol fertile, du voisinage de la mer, et des avantages de sa situation. Là se trouvent les richesses apportées par les vaisseaux de toutes les parties du monde ; des masses d'argent non encore travaillées, et de ce métal qui brille de rouge ; les tissus des Phéniciens, des Sères (Chinois), et de ceux que les Cyclades produisent ; des pelleteries variées qu'envoie la Hongrie, les graines destinées à la teinture en écarlate, des radeaux chargés des vins que fournissent la Gascogne et La Rochelle, du fer et des métaux, des draperies, et autres marchandises que l'Angleterre et la Flandre ont transportées en ce lieu pour les envoyer de là dans les divers pays du globe (1). »

Cependant le roi de France avait envahi tout le territoire flamand ; et « ses troupes se dispersaient de tous côtés, semblables aux sauterelles qui, inondant les campagnes, se chargent de dépouilles et se plaisent à enlever le butin (2). » A son arrivée devant Ypres, Fernand lui adressa des propositions de paix ; car il commençait à être effrayé d'une agression si formidable et si prompte (3). Philippe-Auguste ne voulut rien écouter ; alors Fernand, ne perdant pas courage, réunit tous ses chevaliers et le plus grand

---

(1) *Philippide*, chants IX et X.
(2) *Ibid.*
(3) Quant il vint devant Ypre, li cuens vint à lui et li cria merchi, mais riens n'i exploita. — *Li estore des ducs de Normandie*, msc. du Roi, 455, f° 163.

nombre d'hommes de guerre qu'il put trouver, et tint conseil sur les meilleures mesures à prendre en pareille occurrence. Déjà la ville d'Ypres s'était rendue au roi de France et lui avait livré les principaux d'entre ses bourgeois pour otages. Gand et Bruges, dont les châtelains garants du traité de Pont-à-Vendin avaient quitté le parti de leur seigneur pour celui du roi, imitèrent cet exemple. La Flandre presque tout entière allait tomber au pouvoir de Philippe. Fernand et ses conseillers résolurent d'envoyer en toute hâte vers le roi d'Angleterre pour en réclamer du secours.

Bauduin de Neuport, chargé de cette mission, s'embarqua aussitôt et se dirigea vers Sandwich, où il espérait trouver le roi. Il y arriva la nuit. Le roi était alors aux environs de Douvres avec le cardinal Pandolphe, légat du Saint-Siége, qui venait de conclure la réconciliation entre Jean-sans-Terre et Innocent III, et de lever l'interdit lancé contre l'Angleterre. Bauduin de Neuport monta à cheval sans délai et se rendit à toute bride vers le monarque. Il en fut très-bien reçu, et le roi lui dit : « Annoncez au comte de Flandre que je l'aiderai de tout mon cœur ; je vais incontinent lui envoyer le comte de Salisbury mon frère, et le plus de chevaliers et d'argent que je pourrai (1). » Il donna en même temps aux chevaliers flamands qui étaient près de lui congé de retourner vers de leur seigneur, afin de lui faire assistance. Renaud de Dammartin, comte de Boulogne, et Hugues de Boves se trouvaient aussi au camp du roi. Ils voulurent se joindre à l'expédition.

Huit jours avant la Pentecôte, elle partit de Douvres

(1) *ibid.*

sous le commandement de Guillaume Longue-Épée, comte de Salisbury, lequel montait un navire si grand et si beau que chacun disait qu'il n'en existait pas de pareil (1). On eut petit vent durant toute la traversée ; de sorte que la flotte n'aborda que le jeudi suivant en un lieu appelé la Mue, à deux lieues de Dam. Là, les chevaliers et sergents s'appareillèrent ; on quitta les navires de haut bord pour entrer dans les bateaux plats, et on se précipita sur la flotte française dégarnie de troupes : car le roi de France avait imprudemment appelé près de lui la plupart des hommes d'armes qui devaient défendre ses vaisseaux. Quatre cents barques dispersées le long de la côte, parce que le port, quoique fort vaste, ne pouvait les contenir toutes, tombèrent au pouvoir du comte de Salisbury et des chevaliers flamands ; mais ils ne purent s'emparer du reste, composé de gros navires qu'on avait échoués à sec sur le rivage (2). Le lendemain vendredi, le comte de Flandre, ayant appris la venue des secours d'Angleterre, arriva près de Dam avec une escorte de quarante chevaliers seulement. Aussitôt qu'on le vit venir, les comtes de Salisbury et de Boulogne descendirent à terre et se rendirent à sa rencontre. Dans cette entrevue ils le requirent de rompre tout lien de vassalité et d'obéissance envers le roi de France, et de s'unir plus étroitement que jamais à la cause du roi d'Angleterre. Fernand jura sur les reliques qu'il aiderait toujours et de bonne foi le roi d'Angleterre, qu'il lui serait toujours fidèle et ne ferait ni paix ni trêve avec le roi de France sans son consentement et celui du comte de Boulogne (3). Renaud de

(1) *Ibid.*, 164.
(2) *Ibid.*
(3) Lors fu faite l'emprise, si jura li quens sour sains que il dès ore mais

Dammartin avait juré une haine mortelle au roi de France, depuis que celui-ci l'avait expulsé de sa terre pour différentes exactions commises contre des seigneurs voisins, et notamment contre l'évêque de Beauvais cousin du roi. Mais l'origine de sa colère, s'il faut en croire un chroniqueur, remontait plus haut. Un jour, se trouvant dans les appartements du roi, à l'hôtel Saint-Paul à Paris, une querelle s'éleva entre lui et Hugues de Saint-Pol. Hugues le frappa du poing au visage et le sang jaillit; Renaud tira sa dague et en allait frapper le comte de Saint-Pol, lorsque le roi et les barons présents se portèrent entre les deux antagonistes. Renaud, furieux de n'avoir pu se venger, sortit du palais, remonta à cheval et regagna son pays. Le roi lui envoya bientôt après frère Garin, son conseiller, pour l'apaiser et l'engager à faire sa paix avec le comte de Saint-Pol; mais Renaud de Dammartin répondit qu'il ne pourrait oublier l'injure et la pardonner, tant que le sang qui avait coulé de son visage ne fût remonté de lui-même à sa source (1). En conséquence, il s'était livré à l'encontre de son ennemi et des parents de ce dernier à des actes de violence tels que le roi avait été obligé d'envahir le comté de Boulogne et de chasser Renaud. Le comte alors, plus que jamais irrité, s'était jeté dans le parti du roi d'Angleterre et avait par ses intrigues puissamment contribué à former la grande coalition que l'on connaît, et à laquelle Fernand, de son côté, venait de se vouer corps et âme.

aideroit en boine foi le roi d'Engleterre, ne jamais ne li faurroit, ne pais ne feroit sans lui ne sans le conte de Bouloigne. — *Ibid.*, 164 v°.

(1) Le conte respondit que voulontiers il le feroit par ainsi que le roy feist tant que le sang qui avoit dégouté de son visaige par terre remontast arrière dont il vint.— *Les anciennes Chroniques de Flandre*, msc. du Roi, n° 8380, f° 32.

Le samedi, veille de la Pentecôte, le comte de Flandre, le comte de Boulogne et les autres chevaliers qui avaient débarqué se levèrent de grand matin, entendirent la messe et puis s'armèrent et montèrent à cheval pour s'approcher de Dam. A une demi-lieue de la ville, on s'arrêta pour tenir conseil et aviser aux moyens d'assaillir les murailles du côté de la terre. Robert de Béthune et Gauthier de Ghistelles s'étaient portés en avant afin de reconnaître le pays. Ayant traversé la rivière qui coule de Bruges à Dam, ils montèrent sur une éminence et regardèrent du côté de Male, château appartenant au comte de Flandre et situé aux environs de Bruges. Ils y aperçurent une grande multitude de gens et crurent d'abord que c'étaient les bourgeois de Bruges qui sortaient de la ville pour venir au-devant de leur seigneur. En ce moment une bonne femme, qui connaissait Gauthier de Ghistelles, accourut vers les deux chevaliers et s'écria toute essoufflée : « Messire Gauthier, que faites-vous ici? le roi de France est entré avec toute son armée dans le pays et ce sont ses gens que vous voyez là-bas (2). » Les barons rejoignirent les princes en toute hâte et leur apprirent la nouvelle. Le comte de Boulogne dit alors à celui de Flandre : « Sire, tirons-nous arrière; il ne ferait pas bon de rester ici (2). »

En effet, le roi de France, ayant connu à Gand la destruction de la flotte, accourait vers Dam avec toute son armée. Il était à peu de distance, et déjà ses arbalétriers d'avant-

(1) En che point vint acourant une feme vers eus, qui bien connissoit Gautier de Gistiele; si li dist : « Mesire Gautier, que faites-vous ichi? Li rois de France est repairiés o toute s'ost en cest païs, et che sont ses gens que vous véés là logier. » — *Li estore des dus de N.*, f° 164, 2° col.

(2) Li cuens de Bouloigne dit au comte de Flandres : « Sire, traions-nous arrière; chi ne fait mie boin demourer. » - *Ibid.*

garde faisaient siffler leurs carreaux aux oreilles des chevaliers flamands. On essaya de leur faire résistance; ce qui donna le temps à la chevalerie française d'approcher. Grand nombre des gens du comte, qui avaient été assez téméraires pour vouloir soutenir le combat, furent tués ou jetés à la mer; plusieurs braves chevaliers tombèrent au pouvoir des Français, entre autres Gauthier de Formezele, Jean son frère, Gauthier d'Eyne, Guillaume d'Ypres, Ghislain de Haveskerke. On dit que le comte de Boulogne lui-même avait été pris sur le rivage; mais, reconnu par des parents et des amis qui redoutaient avec raison que le roi ne lui fît un mauvais parti, on le laissa s'échapper. Il laissa au pouvoir des Français son cheval, ses armures et son heaume surmonté de lames de baleines formant deux aigrettes élancées (1). Renaud eut le temps de gagner le grand vaisseau royal avec les comtes de Flandre et de Salisbury. Ce fut Robert de Béthune qui contraignit son maître le comte de Flandre à se jeter dans une barque. Personne ne voulut quitter le rivage avant que Fernand fût en sûreté sur le vaisseau. Les princes se dirigèrent vers l'île de Walcheren pour attendre les événements et se préparer à une nouvelle lutte (2).

En arrivant à Dam, le roi de France fit décharger les vivres et munitions de guerre existant sur les navires qui lui restaient; après quoi il mit le feu à la flotte afin de ne pas la laisser au pouvoir des ennemis, et livra aux

(1)   Cujus equum, cujus clypeum, galeamque nitentem,
Balenaeque jubas seu cornua bina gerentem.
Philippide, chant IX.

(2) Et Robiers de Béthune, qui le conte de Flandres fist enirer en une nef, ne oncques ne se vaut partir del rivage devant chou que li cuens fu en la nef. — *Ibid.*, 165.

flammes la ville elle-même et les campagnes environnantes. Il partit ensuite à la lueur de cet effroyable incendie, et, traversant la Flandre en exterminateur, il prit des otages dans les principales villes conquises : telles que Gand, Bruges, Ypres, Lille et Douai; rendit ceux des trois premières pour la somme de trente mille marcs d'argent, détruisit Lille de fond en comble à cause de l'amour que les habitants portaient au comte leur légitime souverain, garda Douai et rentra en France laissant derrière lui un pays en ruine et une mémoire exécrée.

La Flandre alors respira un peu. Les barons du comté s'assemblèrent à Courtrai, ceux du Hainaut vinrent à Audenarde; et tout ce qu'il y avait de Flamands capables de porter une pique accourut se ranger, chacun sous la bannière de son seigneur respectif. Mais on ne savait quelle résolution prendre en l'absence du souverain, et, au milieu du trouble et de la confusion causés par les derniers événements, on ignorait de quel côté le comte Fernand avait porté ses pas après la déconfiture de Bruges. Les barons congédièrent leurs vassaux jusqu'à nouvel ordre et chargèrent trois nobles hommes, Arnoul de Landas, Philippe de Maldeghem et le sire de la Wœstine, d'aller à la recherche du comte. Ils se rendirent à Neuport, où était Robert de Béthune, et lui demandèrent s'il savait quelques nouvelles des princes. Robert leur apprit qu'un pêcheur venait de lui annoncer qu'il les avait vus dans l'île de Walcheren et le comte de Hollande avec eux. Robert de Béthune et les trois barons s'embarquèrent le lendemain de grand matin sur un petit bateau de pêche. En naviguant vers Walcheren, ils aperçurent en mer le comte de Salisbury monté sur le vaisseau royal, et escorté de sept autres navires se dirigeant sur l'Angleterre.

Arrivés en l'île de Walcheren, ils trouvèrent le comte de Flandre, Renaud de Boulogne et le comte de Hollande, qui avait amené une troupe nombreuse de gens d'armes. Fernand fit grand accueil aux chevaliers et fut bien content d'apprendre que Philippe-Auguste, après avoir brûlé ses vaisseaux, était retourné en France. On résolut aussitôt de regagner la Flandre; et deux jours après, les princes et leur armée abordaient au port de Dam. De là Fernand se rendit à Bruges, puis à Gand, qui lui ouvrirent successivement leurs portes et le reçurent à grande joie comme leur droit seigneur (1). A Gand l'on sut que le roi, en passant par Lille et Douai, avait laissé dans les châteaux de ces deux villes de fortes garnisons commandées par le prince Louis et Gautier de Châtillon, comte de Saint-Pol. Le comte de Flandre reçut même bientôt avis que le prince formait le projet de brûler Courtrai. « Or sus, seigneurs, s'écria le comte de Boulogne à cette nouvelle, montons à cheval, et courons nous enfermer à Courtrai! Si nous étions dans la ville, nous empêcherions bien qu'elle ne fût brûlée (2). » Alors les comtes, barons, chevaliers et écuyers s'armèrent à la hâte, montèrent à cheval et sortirent de Gand. Ils passèrent par Dronghem afin de mettre la Lys entre eux et les Français. Arrivés à Deynze, ils eurent la douleur de voir les flammes et la fumée s'élever au-dessus des toits de Courtrai. Des paysans leur apprirent que la ville était réduite en cendres, que Daniel de Malines et Philippe de La Wœstine

(1) Si le rechurent à grant joie comme lor segneur. — *Li estore des dus de N.*, f° 165°, v. — Qui Gandenses jucunditate repleti dominum suum proprium naturalem ut comitem receperunt. — *Jacques de Guyse*, XIV, 80.

(2) Or tost, segneur! armons-nous et montons sour nos chevaus, si nos metons dedens Courtray; car se nos estiemes dedens, nos le desfenderiesmes bien qu'ele ne seroit pas arse. — *Li estore des dus de N.*, f° 166.

avaient été faits prisonniers en voulant la défendre, et que Louis était rentré à Lille avec toute sa troupe (1). Le comte de Flandre, fort affligé de ce désastre qu'il n'avait pu prévenir, se dirigea vers Ypres, où les habitants, comme ceux de Bruges et de Gand, l'accueillirent avec honneur et empressement. Il fut décidé que l'armée prendrait position dans cette ville, qu'on fortifierait et dont on ferait un dépôt d'approvisionnements pour tout le temps de la guerre. En conséquence on creusa des fossés larges et profonds qui furent remplis d'eau. On construisit de fortes tours en bois, des portes faites d'un mélange de pierres, de briques et de poutres en chêne; on éleva autour de la ville des haies palissadées en guise de murailles. Quand ces travaux de défense furent achevés et qu'ils furent munis de machines de toute espèce, le comte se détermina à aller assiéger la forteresse d'Erquinghem-sur-la-Lys que Jean, châtelain de Lille, détenait pour le roi. Les Flamands ne purent jamais traverser la rivière; et après quinze jours d'un siége inutile, ils revinrent à Ypres. Peu de jours après, on résolut de se porter sur Lille. Le prince Louis n'y était plus; mais il y avait laissé deux cents chevaliers déterminés. Au bout de quatre jours de tentatives infructueuses contre cette ville, Fernand se replia de nouveau sur Ypres. Dans la retraite, les hommes d'armes français se jetèrent sur son avant-garde et firent prisonnier Bouchard de Bourghelles, un des plus nobles et des plus valeureux chevaliers flamands (2). Voyant que pour le moment il ne pourrait pas reprendre les villes et châteaux de la Flandre wallone occupés par les troupes

---

(1) *Ibid.*

(2) Boursardum de Bourgisele virum nobilem atque notabilem ceperunt — *Jacques de Guise*, XIV, 86.

françaises, le comte songea à attaquer Tournai qui n'avait d'autres défenseurs que ses habitants. On se rappelle que cette cité s'était mise naguère sous la protection de Philippe-Auguste. Depuis lors elle avait toujours préféré la domination du roi à celle des princes flamands, et dans toutes les occasions elle se déclarait pour les intérêts français. Fernand vint l'investir avec toute son armée. Des pierriers, des mangonneaux et autres engins lancèrent sur la ville une pluie de pierres et de feu. Chaque jour de nombreux assauts étaient livrés aux murailles ; enfin, après des efforts multipliés et de grandes pertes de part et d'autre, le comte de Flandre pénétra dans la cité par une brèche de près de mille pieds de large, la saccagea, et en démolit les portes et les remparts. « Les Flamands, dit l'évêque de Tournai Philippe Mouskes, témoin du siége, traitèrent la ville comme un pré dont on jette dehors le fourrage (1). » Les bourgeois offrirent vingt-deux mille livres au vainqueur pour qu'il consentît à ne pas brûler le reste de la ville. Fernand les accepta, fit couper une douzaine de têtes et prit soixante otages qu'il envoya au château de Gand. Huit jours après la prise de Tournai, le feu se déclara dans le Marché-aux-Vaches et consuma cinq hameaux hors des murs de la ville. A la même heure un autre incendie éclata hors de la porte de Prune, près de l'église Saint-Martin ; enfin, à l'intérieur de la cité, des flammes s'élevèrent également dans le quartier appelé de Dame Odile Aletacque, dans la cour et dans

---

(1) Fondent maisons, fondent celier,
Fondent loges, ardent solier.
Tot le païs ont mis a fuer,
Ausement c'on a gieté puer.
  Chron. rimée, édit. Reiffen'erg, II, 337.

le quartier Saint-Pierre, de sorte que toute la ville semblait devoir être entièrement consumée. On éteignit le feu; mais le comte Fernand, qui avait promis de ne rien incendier et avait reçu de l'argent en conséquence, entra dans une grande colère et fit soigneusement rechercher la cause et les auteurs de ces désastres. On découvrit qu'ils étaient l'ouvrage de soldats flamands, mécontents de ce que le comte ne livrait pas la ville au pillage. Sur l'ordre du comte, huit coupables furent sur-le-champ torturés et suppliciés de la manière la plus affreuse; tandis que leurs complices prenaient la fuite. Fernand rétablit l'ordre et la paix dans Tournai (1). Il y institua des prévots, des jurés, des échevins, des sergents; renouvela enfin tous les officiers de la ville : car une grande partie des titulaires avaient été envoyés en otage à Gand (2).

Enhardi par le succès, le comte revint ensuite assiéger de nouveau la ville de Lille. Le prince Louis, trompé par les beaux semblants que les bourgeois lui faisaient, en avait retiré les troupes pour les ramener en France (3) et n'avait laissé que petit nombre d'hommes d'armes dans un donjon, appelé le château des Regneaux, situé près des remparts et disposé de façon que l'entrée en était également libre soit de l'intérieur ou de l'extérieur de la ville. Les habitants ne demandaient pas mieux que de recevoir leur seigneur légitime et détestaient les Français en raison des maux que ceux-ci leur avaient fait souffrir. Ils ouvrirent donc leurs

---

(1) Tenuit igitur comes Fernandus civitatem Tornacensem pacificè; statuit illac præpositos, juratos, scabinos, etc.— *Jacques de Guyse*, XIV, 88.

(2) *Ibid.*

(3) Li rois, por le boin san blant que li borgois li avoient fait, en avoit toutes ses gens ostées, fors 1 peu de gent, que il avoit fait entrer dedens une forte maison, que on apiele de Regnau —*Li estore des D. de N*, f° 166 v°.

portes et Fernand rentra en possession d'une ville qui devait bientôt expier cruellement son patriotisme et sa fidélité. En effet, Philippe-Auguste apprit les avantages remportés par le comte. Il n'avait jamais espéré conserver les villes de la Flandre tudesque, sur lesquelles il ne voulait qu'exercer sa vengeance; mais il comptait sur la possession de la Flandre wallone : et la reddition de Lille, la principale des cités de ce pays, le transporta de colère. Il accourut lui-même en Flandre à la tête d'une armée formidable et signala son arrivée par le siége de Lille. Ce fut un des épisodes les plus atroces des guerres de ce temps-là.

C'était la nuit. Le roi, dans l'impétuosité de sa fureur, avait emporté la cité avant même que les bourgeois surpris se fussent mis sur leurs gardes. Il n'y avait encore personne aux remparts, que déjà Philippe se répandait à travers la ville en tête de ses hommes d'armes, le fer d'une main, le feu de l'autre. Le sac et le pillage sont des moyens trop lents pour assouvir sa fureur; il lui faut l'incendie, et bientôt le feu se déroule de toutes parts. Le comte Fernand était dans Lille, malade d'une fièvre double-tierce qui le tourmentait depuis le siége de Tournai (1). Porté sur une litière et enveloppé de tourbillons de flammes, il s'échappe à grand'peine au milieu de l'épouvante et de la fumée. Les malheureux habitants ont deux morts à choisir : ou d'être brûlés vifs entre les murs de leurs logis ou de périr au seuil sous le couteau des Français. Ce que l'action du feu épargnait, les soldats le jetaient bas au moyen de béliers et de crocs de fer dont ils étaient munis; car le roi avait juré

---

(1) Comes autem Ferrandus antequam à Tornaco receder t, duplici tertianá gravabatur, et in tantum ut in lectica vehererur. — *Jacques de Guyse*, XIV, 90.

l'anéantissement de la cité rebelle (1). Guillaume-le-Breton chante fort naïvement dans sa *Philippide* les horreurs de ce siége à la louange de son maître. « Sous les décombres de leurs maisons, s'écrie-t-il plein d'admiration pour le conquérant, périssent tous ceux à qui les infirmités de l'âge ou la faiblesse du corps refusent les moyens d'échapper au danger. Ceux qui peuvent se sauver, fuyant à pied ou à l'aide d'un cheval vigoureux, évitent la double fureur des flammes et de l'ennemi, et, le cœur plein d'épouvante, s'élancent à la suite de Fernand, à travers les broussailles et en rase campagne, hors de tous sentiers, se croyant toujours près des portes fatales, n'osant tourner la tête, soit pour ne pas tomber, soit pour ne pas perdre un seul mouvement de leurs pieds... La fortune, cependant, vint au secours des vaincus plus que n'eût pu le faire la marche rapide en laquelle ils mettaient l'espoir de leur salut. La terre humide, toute couverte de joncs de marais et cachant ses entrailles fétides sous une plaine fangeuse, exhalait des vapeurs formées d'un mélange de chaleur et de liquide, de telle sorte qu'à travers ces brouillards l'œil du guide pouvait à peine atteindre l'objet qu'il conduisait et que nul ne pouvait distinguer ce qu'il y avait devant, derrière lui ou à côté de lui ; une atmosphère épaisse changeait le jour en nuit. Les nôtres donc ne poursuivirent les fuyards que tant qu'ils purent s'avancer à la lueur de l'incendie de la ville ; car le soleil ne pouvait luire à travers les brouillards. Ils

---

(1) Quicquid enim tota sibi flamma cremabile villa
Repperit, absumsit, reliquum instrumenta deorsum
Ferrea dejiciunt terræ strictique ligones.
. . . .
Ne quid ibi maneat habitabile denuo Flandris.

Philippide, chant IX.

tuèrent toutefois un grand nombre d'hommes et firent encore plus de prisonniers. Le roi les vendit à tout acheteur pour être à jamais esclaves, les marquant du fer brûlant de la servitude. Ainsi périt tout entière la ville de Lille réservée pour une déplorable destruction (1). »

Guillaume-le-Breton ne savait pas que, peu de jours après, les Lillois échappés à la mort revenaient, la nuit, errant sur les débris fumants de la ville anéantie, chercher au milieu de cette terre brûlante la place où furent leurs foyers. Il ignorait surtout que l'amour du sol natal ferait bientôt surgir de ce lieu de désolation une cité nouvelle, et que cette cité deviendrait un jour l'une des plus riches et des plus puissantes du royaume dévolu aux descendants de l'exterminateur. S'il avait pu le prévoir, quel beau texte pour un poète ! Cela eût bien valu l'éloge de l'incendie et l'apothéose du massacre.

Le comte Fernand s'était réfugié à Gand. Philippe-Auguste ne l'y poursuivit point et ne pénétra pas plus avant en Flandre. Il fit démolir le château-fort de Lille, abattit la forteresse d'Erquinghem, dont les Flamands s'étaient dernièrement emparés, rasa le donjon de Cassel; après quoi il rentra en France pour refaire son armée et préparer les moyens de défense qu'il comptait opposer à la grande coalition formée contre le royaume : car tout indiquait qu'elle était organisée et devait bientôt agir. En effet, durant la guerre de Flandre, de nombreux messages avaient été échangés entre l'Allemagne et l'Angleterre. Dans les ports de ce dernier pays on équipait des vaisseaux ; des hommes d'armes étaient levés de tous côtés, et un grand

(1) *Ibid.*

mouvement se manifestait depuis les bords du Rhin jusqu'aux embouchures de la Meuse et de l'Escaut.

Pendant l'hiver qui suivit la dernière invasion du roi en Flandre, Fernand se rendit en Angleterre auprès de Jean-sans-Terre, son allié. Il était accompagné d'Arnoul d'Audenarde, de Rasse de Gavre, de Gilbert de Bourghelles, de Gérard de Sotenghien, et de beaucoup d'autres nobles hommes des deux comtés. Le monarque anglais vint au-devant de lui jusqu'à Cantorbéry; et lorsqu'il fut en sa présence il descendit de cheval, lui donna le baiser de paix et d'amitié, et le reçut en tout honneur ainsi que les barons de sa suite. Le lendemain il y eut un grand repas; puis un conseil, où furent arrêtées les dispositions de la ligue (1). Fernand revint tout de suite en Flandre; tandis que Jean-sans-Terre se disposait à s'embarquer avec une armée nombreuse afin d'envahir la France au midi de la Loire, et de seconder ainsi le mouvement des alliés vers le nord. Louis, fils du roi, avait profité de l'absence de Fernand pour s'emparer de Bailleul, Steenvoorde et de plusieurs autres places appartenant à la reine Mathilde. Le comte, avec ses auxiliaires les comtes de Boulogne, de Salisbury, et ses vassaux les plus puissants, tels que Hugues de Boves et Robert de Béthune, se jeta en représailles sur Saint-Omer. Tous les environs furent ravagés et brûlés, la ville elle-même fut prise et livrée au pillage. De Saint-Omer Fernand entra dans le comté de Guines, que le prince Louis

---

(1) Tunc rex invitavit cum in crastinum in prandio cum tota sua comitiva : in quo prandio ac die rex multa cum ipso tenuit consilia... Tunc fuerunt confirmatæ conventiones aliàs tractatæ inter regem Angliæ et comitem Flandriæ. —*Jacques de Guyse*, XIV, 92.— Là fu l'emprise confrémée et parfaite entre le roi d'Angleterre et le comte de Flandre.— *Li estore des D de N.*, f° 167.

avait naguère confisqué à son profit, et dont il avait dépouillé le seigneur légitime, homme-lige du comte de Flandre. Tout fut brûlé et dévasté jusqu'aux portes de Guines. Le vicomte de Melun y commandait pour le prince. Il se tint sur la défensive et n'osa pas attaquer les Flamands. Le comte revint en son pays par Gravelines et Ypres; et peu de temps après il reparut sous les murs du château de Guines, dont il s'empara et qu'il détruisit. Il prit et renversa de même le château de Tournehem, puis il se jeta sur l'Artois. Le village de Sauchy, à trois lieues d'Arras, fut totalement détruit par lui, et toute la terre aux alentours cruellement ravagée. Il attaqua ensuite le château et la ville de Lens, dont il ne put s'emparer. Hesdin fut moins heureuse : elle tomba en son pouvoir, et il la réduisit en cendres ainsi que son prieuré. De là il s'en vint démolir de fond en comble un château appelé la Belle-Maison, appartenant à Siger, châtelain de Gand, qui avait déserté la cause flamande pour se ranger sous le drapeau français. Il resta ensuite pendant trois semaines près des murailles d'Aire, laquelle, bien défendue par les chevaliers du roi, ne subit pas le sort des autres villes d'Artois. Les Flamands se consolèrent en exerçant mille ravages et mille cruautés dans les campagnes environnantes (1). Ces expéditions furent comme le prélude sanglant de la guerre générale qui allait s'ouvrir.

Le fils du roi avait été rappelé en France, car Jean-sans-Terre venait de débarquer à La Rochelle; et le Poitou, la Touraine, l'Anjou et la Normandie s'étaient soulevés contre les Français. Louis marcha vers la Loire avec trois

---

(1) *Patriamque circumadjacentem, Ludovico prædicto obedientem, totaliter abrasit, captatis perpluribus aut necatis.* — *Jacques de Guyse, XIV*, 98.

mille chevaliers et sept mille hommes de pied. Le monarque anglais avait déjà passé le fleuve, et s'était rendu maître d'Angers. Il fit une tentative sur la Bretagne; mais, battu à la Roche-au-Moine, il se replia vers le Poitou, où Louis le poursuivit. Pendant ce temps, l'empereur Othon arrivait à Valenciennes ; les princes confédérés avec leurs hommes d'armes s'y étaient donné rendez-vous. Ainsi le roi d'Angleterre et l'empereur, le duc de Brabant, les comtes de Flandre, de Hollande, de Boulogne, de Namur, de Limbourg et une multitude de seigneurs, tant des provinces belgiques et de la Lorraine que des pays d'outre-Rhin, se trouvaient désormais liés dans une même communauté d'intérêts, et cent cinquante mille hommes étaient là campés autour d'eux pour appuyer leurs prétentions. L'envahissement et le partage de la monarchie française avaient été résolus. Ce fut en l'hôtel que les princes du Hainaut possédaient à Valenciennes et qu'on nommait la Salle-le-Comte, que se fit la distribution anticipée de ce magnifique butin. Othon s'adjugea la Champagne, la Bourgogne, et une partie de la Franche-Comté ; le roi Jean d'Angleterre s'était contenté des provinces attenantes à celles qu'il avait déjà sur la Loire, le comte de Boulogne prit pour lui le comté de Guines et le Vermandois. Quant à Fernand, il voulait la plus grosse part ; c'était l'Artois qu'il lui fallait, la Picardie, l'Ile-de-France, ni plus ni moins ; sans oublier la ville de Paris, où, avant son mariage avec l'héritière de Flandre, il avait, dit-on, mené fort joyeuse vie. Pour les coalisés d'un rang inférieur, ils fractionnèrent ce qu'on voulut bien leur laisser.

Comme ces choses se passaient en Hainaut, Philippe-Auguste, ne perdant point courage, s'avançait au-devant de ses ennemis à la tête de quarante mille hommes. Ce n'était pas là toute son armée ; mais, le reste, il avait fallu le laisser au fils aîné du roi, afin qu'il pût s'opposer à l'invasion de Jean-sans-Terre en Poitou. La France n'avait jamais été plus près de sa perte. Enveloppée du réseau formidable qui semblait devoir l'anéantir, seule contre tous, elle ne perdit cependant pas le sentiment de sa force morale, instinct providentiel qui tant de fois, à l'heure du péril, sauva la monarchie. A la voix de Philippe-Auguste, tous ses vassaux avaient endossé leurs armures ; les beffrois de la Picardie, de l'Artois, de l'Ile-de-France, du Vermandois, du Soissonnais, du Beauvoisis avaient appelé sous l'oriflamme de Saint-Denis trente-cinq mille de ces durs et fiers bourgeois qui, dès cette époque, secouaient déjà si rudement le joug féodal. Le lendemain de la Sainte-Marie-Madeleine, l'armée royale, prête au combat, partait de Péronne en se dirigeant vers la Flandre et le Hainaut.

Tandis que grondait l'orage, la comtesse Jeanne, isolée dans quelqu'un de ses châteaux, de Gand, de Bruges ou du Quesnoy en Hainaut, restait étrangère à la formation de la ligue et à l'exécution de ses desseins. Il n'en était pas de même de la reine Mathilde, chez qui les années n'avaient fait qu'aigrir un caractère naturellement haineux et intrigant. Après avoir été en grande faveur à la cour de Philippe-Auguste, et avoir épousé, par l'entremise de ce prince, Eudes, comte de Bourgogne, elle s'était brouillée avec le roi, et bientôt même avec son propre mari, qui vivait séparé d'elle. Revenue dans les petits États qui formaient son douaire, elle suscita le mécontentement de ses vassaux par des rigueurs de toute nature, et surtout par les impôts excessifs dont elle les frappait. Deux partis, connus sous le nom d'Isengrins et de Blavotins, se faisaient depuis long-temps la guerre dans la Flandre occidentale. Elle prit fait et cause pour les Isengrins, qui obtinrent d'abord quelques avantages et furent ensuite complétement battus. Mathilde fut obligée de se réfugier dans la ville de Bergues-Saint-Winoc; puis chez le comte de Guines, qui employa sa médiation pour rétablir la paix entre ces deux factions que des haines et des rivalités de famille dont on ne connaît pas bien l'origine avaient soulevées. Quand se prépara la grande ligue des princes contre la France, la vieille Mathilde y vit un moyen puissant de vengeance; et elle l'exploita avidement. Tous ses vœux étaient pour le succès de la coalition, et sa joie fut extrême lorsque les confédérés prirent enfin les armes. On dit qu'elle envoya vers son neveu le comte de Flandre quatre charrettes pleines de cordes afin de pouvoir lier tous les Français qu'on espérait faire prisonniers. Elle avait aussi consulté son astrologue, et celui-ci lui avait répondu à souhait : « Le roi tombera, et ne sera pas enseveli ; Fernand viendra triomphant à Paris (1). » Quant à la jeune comtesse, qui depuis son mariage n'avait eu sous les yeux que des scènes d'horreur et des images de deuil ; loin de partager les orgueilleuses chimères de la coalition, il paraît qu'elle fit au contraire tous ses efforts pour détourner Fernand d'une entreprise qu'elle jugeait avec raison pleine de chances et de périls. Et puis, à la tristesse que Jeanne devait éprouver comme souveraine

---

(1) Rex cadet in bello et non sepelietur, et Ferrandus cum pompâ veniet Parisius,— *Hist. regum Franc. ab origine gentis usque ad ann.* 1214, *ap.* Bouquet, *XVII*, 427.

Rex ab equo multa juvenum vi stratus equorum
Tundetur pedibus, nec eum continget humari.
Philippide, ch. X.

d'un pays sur lequel s'étaient accumulés tant de malheurs, se joignaient en ce moment-là de graves chagrins domestiques La jeune Marguerite de Constantinople, sœur de la comtesse, et mariée depuis peu au sire Bouchard d'Avesnes, subissait alors les rigueurs d'une étrange destinée. Mais, pour ne pas retarder le dénouement d'une série d'actes politiques que jusqu'ici nous avons fait marcher sans interruption, nous raconterons plus tard cette romanesque aventure.

A mi-chemin de Lille à Tournai, mais un peu sur la droite en allant vers Tournai, à l'entrée d'une plaine, se trouve un petit village nommé Bouvines. La rivière de la Marque coule près de là. L'été, cette fertile campagne est, comme toutes celles de la Flandre, couverte d'une vigoureuse végétation ; peu d'arbres toutefois, si ce n'est aux alentours des maisons de chaume du village et de l'église dont le clocher se dessine au loin entre le feuillage : sur la Marque, à trois ou quatre traits d'arc des habitations, entre Cysoing et Sainghin, un pont rustique. La physionomie de ces lieux n'a dû guère changer depuis le 27 juillet de l'année 1214.

Ce jour-là, dimanche, le soleil s'était levé radieux à l'horizon (1). Les paysans et les serfs de l'abbaye de Cysoing, en cheminant le matin par les champs pour aller à la messe, durent être étrangement émus de voir le pays envahi par d'innombrables gens d'armes. Et en effet, dès l'aurore, une grande armée se pressait aux environs du pont de Bouvines. Un homme à cheval, séparé du gros de la troupe, la regarda passer la rivière, ce qui dura long-temps ; et lors-

---

(1). Solem, qui die illa ferventius incaluerat, etc.— *Vinc. de B.*, ap. *J. de G.*, IV, 134.

que la majeure partie fut de l'autre côté du pont, il s'en alla vers une chapelle située non loin de là et dédiée à saint Pierre. Devant le portail s'élevait un frêne touffu. L'homme descendit de cheval, se fit enlever sa lourde armure de fer, harassé qu'il était de chaleur et de fatigue ; il avait chevauché depuis la pointe du jour. Haletant et poudreux, il s'étendit sur la terre à l'ombre du frêne (1). C'était le roi de France Philippe-Auguste ; et tous ces gens d'armes, les soixante-quinze mille hommes qu'il amenait au-devant des confédérés : jugeant avec raison qu'il vaut mieux porter la guerre chez les autres que de l'attendre chez soi. En partant de Péronne il s'était avancé jusqu'à Tournai, que les Français avaient reprise l'année précédente. Les alliés se trouvaient alors à Mortagne, entre Condé et Tournai, au confluent de l'Escaut et de la Scarpe. Impatient d'en venir aux mains, le roi aurait voulu les attaquer dans cette position ; mais ses barons l'en dissuadèrent parce qu'on ne pouvait aborder l'ennemi que par des passages étroits et difficiles, la contrée étant remplie de marécages (2). Le roi s'était donc décidé à se replier vers les plaines qui s'étendent autour de Lille, et à cette fin il avait fait repasser la Marque à ses troupes.

Philippe avait eu à peine le temps de prendre le frais, quand les éclaireurs de son armée accoururent, jetant de

---

(1) ... Exarmatus, armis siquidem aliquantulum et itinere fatigatus sub umbra cujusdam fraxini juxta quamdam ecclesiam beati Petri quieti vacaret. — *Ibid.*, 132.

  Ecclesiam Petri sacratam nomine juxta
 Fraxinea rex sole calens residebat in umbra.
    Philippide, ch. X.

(2) Quia nonnisi arctus et difficilis ad ipsos patebat. Recessit autem rex ut iret ad Insulas de Tornaco.— *Vinc. de B. Ibid.*, 130.

grands cris, et annonçant l'approche de l'armée impériale. On l'apercevait du côté de Cysoing : déjà même les troupes légères d'Othon avaient un engagement avec les arbalétriers, la cavalerie légère et les satellites formant l'arrière-garde du roi, sous le commandement du vicomte de Melun (1).

A cette nouvelle, Philippe remonte à cheval en toute hâte, fait rétrograder son armée, et repasse avec elle sur la rive droite de la Marque. Comme à la bataille d'Hastings, où deux évêques dirigèrent les opérations de l'armée de Guillaume-le-Conquérant, l'élu de Senlis, alors nommé frère Garin, homme de conseil et homme de guerre tout à la fois (2), veilla aux dispositions préliminaires du combat, admonestant et exhortant les chevaliers et servants à se bien conduire pour l'honneur de Dieu et du roi. Les troupes françaises prirent aussitôt position devant Bouvines, face à Tournai. Elles étendirent leur front en ligne droite sur un espace de deux mille pas environ, afin de ne pouvoir en aucun cas être tournées ou enveloppées par l'ennemi (3). Eudes, duc de Bourgogne, eut le commandement de la droite, et deux princes du sang royal, les comtes de Dreux et d'Auxerre, celui de la gauche. Pendant ce temps, Philippe-Auguste entra dans la petite église du village pour y faire une courte prière ; après quoi, ayant revêtu son ar-

---

(1) *Ibid.*, 132.

(2) Frère Garin l'appelons, pour ce qu'il estoit frère profès de l'ospital et en portoit toujours l'abit ; sage homme et de parfont conseil et merveilleusement pourvéeur des choses qui estoient à venir. — *Les Gr. Chron. de Fr.*, éd. P. Paris, *IV*, 169.

(3) Sic etiam rex ipse suæ protendere frontis
Cornua curavit, ne forte præanticipari
Aut intercludi tam multo possit ab hoste,
Philippide, ch. X.

mure, il sauta à cheval avec autant de gaieté, disent les chroniqueurs, que s'il allait à la noce (1).

Déjà les deux armées se trouvaient à une distance très-rapprochée. Le roi se plaça à la tête de la sienne entouré des plus vaillants hommes de guerre de France, parmi lesquels on distinguait Guillaume des Barres, Barthélemy de Roye, Matthieu de Montmorency, le jeune comte Gauthier de Saint-Pol, Enguerrand, sire de Coucy; Pierre de Mauvoisin, Gérard Scropha, vulgairement appelé La Truie; Étienne de Longchamps, Guillaume de Mortemart, Jean de Rouvroy, Henri, comte de Bar, et un pauvre mais brave gentilhomme du Vermandois ayant nom Gales de Montigny. Celui-ci portait auprès du roi la bannière aux fleurs de lis d'or (2).

Quelques historiens prétendent qu'alors le roi de France, se plaçant au milieu de ses officiers, fit déposer sa couronne sur un autel, et que là il l'offrit au plus digne. Personne ne se présenta, comme bien l'on pense, et Philippe remit la couronne sur sa tête. Guillaume-le-Breton, qui se tenait derrière le roi, et vit de ses propres yeux tout ce qui se passa dans cette journée mémorable, ne parle pas de cette cérémonie à la Plutarque. Si la chose eut lieu, elle fut beaucoup plus simple, plus naïve, et par conséquent plus en harmonie avec les idées féodales et chevaleresques; telle enfin que la rapporte un vieil auteur français : « Quand la messe fut dite, le roi fit apporter pain et vin, et fit tailler des soupes,

(1) Puis sailli au destrier moult ligièrement, et en si grant liesce comme se il deust aler à unes noces.—*Chr. de Fr.*, I, 71.— Quo audito, rex ecclesiam ingreditur; et, breviter orans, iterum egressus induitur armis, alacri vultu equum insilit acsi ad nuptias vocaretur.— *Vinc. de B., ap. J. de G.*, XIV, 132.

2) Vexillum floribus lilii distinctum, quod tunc ferebat Gualo, miles fortissimus sed non dives, de Monte-Igniaco. — *Ibid.*, 144.

et en mangea une. Et puis il dit à tous ceux qui autour de lui étoient : « Je prie à tous mes bons amis qu'ils mangent » avec moi, en souvenance des douze apôtres qui avec No- » tre-Seigneur burent et mangèrent. Et s'il y en a aucun » qui pense mauvaiseté ou tricherie, qu'il ne s'approche » pas. » Alors s'avança messire Enguerrand de Coucy, et prit la première soupe; et le comte Gauthier de Saint-Pol la seconde, et dit au roi : « Sire, on verra bien en ce jour si je » suis un traître. » Il disoit ces paroles parce qu'il savoit que le roi l'avoit en soupçon à cause de certains mauvais propos. Le comte de Sancerre prit la troisième soupe, et tous les autres barons après; et il y eut si grande presse qu'ils ne purent tous arriver au hanap qui contenoit les soupes. Quand le roi le vit, il en fut grandement joyeux ; et il dit aux barons : « Seigneurs, vous êtes tous mes hommes et » je suis votre sire, quel que je soie, et je vous ai beaucoup » aimés... Pour ce, je vous prie, gardez en ce jour mon hon- » neur et le vôtre. *Et se vos véés que la corone soit mius* » *emploié en l'un de vous que en moi, jo m'i otroi volontiers* » *et le voil de bon cuer et de bonne volenté.* » Lorsque les barons l'ouïrent ainsi parler ils commencèrent à pleurer de pitié, disant : « Sire, pour Dieu, merci ! Nous ne voulons » roi sinon vous. Or chevauchez hardiment contre vos en- » nemis, et nous sommes appareillés de mourir avec » vous (1). »

Il était environ midi (2). En ce moment l'armée impériale débouchait sur le plateau de Cysoing. Depuis les invasions germaniques, jamais armée si formidable n'avait paru en

---

(1) *La Chronique de Rains*, éd. L. Paris, 148.
(2) ..... mediumque diem sol altus agebat.
Philippide, ch. X.

Flandre. Elle semblait disposée au combat ; car elle s'avançait enseignes déployées, les chevaux couverts, et les sergents d'armes courant en avant pour éclairer la marche. Au centre des lignes, on apercevait un groupe compacte de chevaliers reluisants d'or et d'argent. C'était l'empereur Othon et son escorte, entourant un char, traîné par quatre chevaux, où se dressaient les armes impériales. L'aigle d'or tenait dans sa serre un énorme dragon dont la gueule béante, tournée vers les Français, paraissait vouloir tout avaler, dit le chroniqueur de Saint-Denis (1). On a prétendu aussi que le dragon était la personnification emblématique de la France prise entre les serres de la coalition. Cette orgueilleuse enseigne avait pour garde spéciale cinquante barons allemands commandés par Pierre d'Hostmar. La personne sacrée de l'empereur fut confiée aux ducs de Brabant, de Luxembourg, de Tecklenbourg; aux comtes de Hollande, de Dortmund, à Bernard d'Hostmar, Gérard de Randerode, Pierre de Namur, et quantité d'autres chevaliers. Les deux âmes de cette grande armée étaient aux deux extrémités. A la gauche, Fernand avec les milices de Flandre, de Hainaut, et de Hollande; à la droite Renaud de Boulogne et six mille Anglais avec leurs chefs Salisbury et Bigot de Clifford, l'infanterie brabançonne, les *eschieles* ou pelotons de cavalerie saxonne ou brunsvickoise, des corps de mercenaires ou d'aventuriers ramassés en tous pays par Hugues de Boves.

— « Eh quoi, s'écria l'empereur stupéfait en apercevant l'armée française en bataille dans la plaine, je croyais que les Français se retiraient devant nous, et les voilà en

(1) Le visage tourné par devers François, et la gueule baée comme s'il ousist tout mengier.— *Ap. Bouquet, XVII,* 407

ligne le roi Philippe à leur tête! » Cette parole, prononcée d'un ton craintif, circula dans l'armée et la décontenança un peu.

Le roi Philippe disait en même temps à ses troupes : « Voici venir Othon l'excommunié et ses adhérents; l'argent qui sert à les entretenir est de l'argent volé aux pauvres et aux églises (1). Nous ne combattons, nous, que pour Dieu, pour notre liberté et notre honneur. Tout pécheurs que nous sommes, ayons confiance dans le Seigneur et nous vaincrons ses ennemis et les nôtres. » Alors il parcourut les rangs. Quelques gens d'armes, de ceux qui jadis l'avaient suivi à la croisade, s'attristaient d'être obligés de se battre un dimanche. — « Les Machabées, leur dit-il, cette famille chère au Seigneur, ne craignirent pas d'aborder l'ennemi un jour de sabbat, et le Seigneur bénit leurs armes. —Vous, l'élu de Dieu, bénissez les nôtres! » crièrent alors les gens d'armes; et l'armée entière se précipita à genoux (2). Cette bénédiction du roi et la fameuse oriflamme de Saint-Denis, qu'on vit alors se déployer dans les airs, achevèrent de rassurer les Français, ils se relevèrent pleins de courage et de résolution.

A une heure et demie, la chaleur du jour était dans toute sa force. Le soleil dardait ses rayons brûlants sur les yeux des alliés marchant en ligne tirée du sud-est au nord-ouest, front à Bouvines. Les Français l'avaient donc à dos en ce moment-là. Philippe-Auguste profita de l'avantage de cette

---

(1) « Otho, cum, inquit, suis, a domino papa excommunicatus est, qui hostes et destructores Ecclesiæ sunt; et pecunia quæ illis in stipendia ministratur, de lacrymis pauperum et ecclesiarum acquisita est.— *Vinc. de B.*, ap. *J. de G.*, *XIV*, 136.

(2) His dictis, milites a rege benedictionem petierunt. — *Ibid*

position, et sur-le-champ il donna l'ordre d'attaquer. Les buccines retentirent; et alors Guillaume-le-Breton et un autre clerc, qui se trouvaient près du monarque, entonnèrent les psaumes : *Béni soit le Seigneur Dieu qui exerce ma main au combat et forme mes doigts à la guerre* (1). *Que le seigneur se lève, et que ses ennemis soient dissipés* (2). *Seigneur, le roi se réjouira dans votre force, et il tressaillera d'allégresse par votre assistance* (3). Des larmes et des sanglots vinrent souvent les interrompre, tant ils étaient émus (4).

Le premier choc fut terrible. Il donna sur les Flamands. Indignés de se voir attaqués par les gens de la commune de Soissons et non par des chevaliers, ils reçurent d'abord les coups sans s'émouvoir et sans s'ébranler (5). Mais bientôt, laissant un espace vide entre leurs rangs, le jeune Gauthier de Saint-Pol s'y précipite tête baissée, avec ses gens d'armes, frappant, tuant à droite, à gauche. Il traverse de la sorte toute l'armée flamande; puis, la prenant à dos, il la traverse de nouveau, traçant sur son passage un sillon au milieu des cadavres. La mêlée de ce côté dura trois heures, et pendant trois heures elle fut effroyable. Il s'y passa des scènes homériques. Les chefs flamands, pour encourager leurs soldats, les haranguaient tout en frappant

---

(1) Benedictus Dominus Deus meus qui docet...— Ps. 143.
(2) Exurgat Deus...— Ps. 67.
(3) Domine, lætabitur rex...— Ps. 20.
(4) *Vinc. de B.*, ap. *J. de G., XIV*, 138.
(5)   Invadunt illos, nec miles it obvius illis
Flandricus, aut motus aliquod dat corpore signum,
Indignans nimium quod non a milite primus.
Ut decuit, fieret belli concursus in illos.
Philippide, ch. X.

d'estoc et de taille. Tour à tour ils parlaient des aïeux et de leurs exploits; ils parlaient des femmes, des enfants laissés au foyer domestique : puis, rappelant l'incendie de Lille et les horreurs de l'invasion française, ils appelaient la vengeance par des clameurs de mort.

Une sorte de géant, Eustache de Marquillies, chevalier de la châtellenie de Lille, se démenait avec fureur, seul, au milieu des cavaliers champenois, faisant grand carnage et s'excitant lui-même en criant : « Mort, mort aux Français ! » Un Champenois lui saisit le cou par le bras, le lui serre comme dans un étau, et détache son hausse-col. Michel de Harnes, un de ces châtelains qui avaient déserté la cause flamande et qui venait d'être blessé par Eustache, voyant le cou de celui-ci à découvert, lui plonge son épée dans la gorge. Buridan de Furnes, un des plus braves et des plus joyeux compagnons d'armes du comte Fernand, allait criant dans la bataille : « Voici bien le moment de songer à sa belle (1). »

Le vicomte de Melun et Arnoul de Guines, à l'exemple de Saint-Pol, labouraient la ligne flamande par des trouées, passaient et repassaient à travers cette muraille de chair et de fer. Eudes, duc de Bourgogne, commandant le corps d'armée qui attaquait les Flamands, était d'une énorme corpulence : son cheval est tué sous lui. Non sans peine, on le remet en selle sur un destrier frais. Aussitôt il tombe sur les Flamands avec une fureur nouvelle, et, pour venger sa chute et la perte de son cheval, il écrase tous ceux qu'il

---

(1) . . . . quasi ludens
Clamabat : Nunc quisque suæ memor esto puellæ.

Philippide, ch. XI.

rencontre. Le comte Gauthier de Saint-Pôl, qui le premier avait entamé les Flamands, fit des prodiges de valeur. Encore harassé de chaleur et de fatigue, après la charge qu'il venait d'opérer, il se précipita seul à la rescousse d'un homme d'armes pris au milieu d'un gros d'ennemis. Douze coups de lance tombaient à la fois sur Gauthier sans que le cheval et le cavalier en fussent ébranlés. Il enleva l'homme d'armes.

Les Flamands, de leur côté, luttaient héroïquement; mais le corps de chevaliers qui protégeait le comte Fernand commençait à s'affaiblir, et c'est sur ces chevaliers que portaient toutes les attaques (1). Enfin on les enveloppe avec un nouvel acharnement. Fernand se bat comme un lion; deux chevaux sont morts sous lui. Couvert lui-même de blessures, il perd tout son sang. Les chevaliers flamands qui survivent essaient de le tirer de là, mais c'est en vain. Le comte alors se défend en désespéré; la terre est jonchée de corps tombés sous ses coups. Le sang coule à flots de ses blessures, et il fléchit sur les genoux. Toutefois sa bonne épée n'est pas tombée de sa main; il essaie encore de la brandir... Enfin son œil se trouble; n'en pouvant plus et se sentant évanouir, il la rend à un seigneur français appelé Hugues de Mareuil (2).

(1) Pondus enim belli totum se inclinat in illos.
Philippide, ch. XI.

(2) Vulnere qui læsus jam multo lentius ibat,
Perque diem totum requiem non fecerat armis,
Cum quibus ipse diu luctatus, denique victus,
Forti fortunæ cedens, se, ne perimatur
Reddidit...
Ibid.

Ita quod multis confossus vulneribus et in terram prostratus, ac fere diuturnitate pugnandi exanimatus... — *Vinc. de B., ap. J. de G.*, XIV, 142.

La victoire était gagnée sur ce point, mais au centre et à la gauche le combat durait encore. A l'instant même où le comte de Flandre se rendait prisonnier, le roi de France échappait à un grand péril. Les piquiers de l'infanterie allemande, en repoussant les gens des communes de Beauvais, de Compiègne, d'Amiens, de Corbie et d'Arras, qui s'étaient rués tête baissée vers la grande aigle impériale, pénétrèrent parmi les barons de la garde du roi Philippe-Auguste. Quatre de ces Allemands, s'acharnant après le monarque français, l'avaient blessé à la gorge et tiré à bas de son cheval au moyen de leurs hallebardes à crocs (1). Il allait périr malgré les efforts de Gales de Montigny, qui d'un bras écartait les coups et de l'autre haussait l'étendard royal en signe de détresse (2). Arrive Pierre Tristan ; descendre de cheval, se jeter l'épée à la main sur les quatre piquiers allemands, leur faire lâcher prise fut pour lui l'affaire d'un moment. Philippe-Auguste, remonté à cheval, rallia ses chevaliers, et rétablit le combat.

Au moment où le roi était ainsi délivré, Eudes, duc de Bourgogne, vainqueur des Flamands sur la droite, se portait au flanc de l'armée allemande, attaquée en même temps par la chevalerie de la garde du roi. Cent vingt chevaliers tombent morts ; mais la phalange impériale est ouverte : on arrive à son cœur. Pierre de Mauvoisin écarte piques et hallebardes et saisit les rênes du cheval de l'empereur. En vain il cherche à l'emmener, la presse

(1) Ore facit prono terræ procumbere regem.
Philippide, ch. XI.

(2) Et supradictus Gualo, qui, vexillo sæpius inclinato, vocabat auxilium. — *Vinc. de B.*, ap. *J. de G.*, XIV, 146.

est trop grande (1). Guillaume des Barres, se penchant du haut de son cheval, saisit la sacrée majesté à bras-le-corps; tandis que Gérard La Truie lui porte de grands coups de couteau qui ne peuvent percer le haubert. Le cheval d'Othon, dressant la tête, reçoit un de ces coups, qui lui crève l'œil et pénètre jusqu'à la cervelle. L'animal blessé à mort, se cabre en arrière et va, en dehors de la mêlée, rouler expirant dans la poussière (2). Guillaume des Barres se précipite de nouveau sur l'empereur, et, le saisissant par l'armure, il cherche entre le heaume et le cou l'endroit où il pourra plonger sa dague (3). Mais de nombreux chevaliers saxons accoururent au secours de leur maître, le relevèrent et le mirent sur un cheval frais. Blessé, étourdi de sa chute, l'empereur prit le galop à travers champs suivi du duc de Brabant, du comte de Boves et de beaucoup d'autres. — « Oh! oh! dit le roi de France, voici l'empereur qui se sauve. Nous ne verrons plus aujourd'hui son visage (4). » Philippe-Auguste, dit un chroniqueur, n'avait jamais donné le titre d'empereur à Othon ; et s'il l'appelait ainsi en ce moment-là, c'était pour avoir plus grande victoire : car il y a plus d'honneur à déconfire un empereur qu'un vassal (5). Les Allemands détruits et dispersés, le char

(1)   . . . . . Sed jam per lora tenebat
Petrus eum Malevicinus, deque agmine denso,
Fortiter implexis dextra luctante lupatis,
Extricare volens, turba impediente nequibat.
Philippide, ch. XI.

(2) *Ibid.*

(3) *Ibid.*

(4) Quo viso, rex ait suis : « Hodiè faciem ejus non videbitis. — *Vinc. de B., ap. J. de G.*, XIV, 150. — Quant le roy l'en vit partir en telle manière, il dit à la gent : « Othon s'en fuyt, mais huy ne le verra-on en la face. » —*Les Gr. Chron. de Fr.*, éd. P. Paris, IV, 184.

(5) Et sachiés c'onques mais ne l'avoit apielés empereour; mais il le dist

qui portait les armes impériales est mis en pièces ; le dragon et l'aigle, les ailes arrachées et meurtries, sont apportés au roi de France (1).

Mais, ce n'était pas tout encore, le comte Renaud de Boulogne tenait bon ; cependant, le corps d'Anglais qu'il commandait avait été taillé en pièces par l'évêque de Beauvais. Tandis que l'élu de Senlis, l'habile et intrépide Garin, se portait partout où besoin était, le prélat de Beauvais s'était acharné contre les Anglais. D'un coup de masse d'armes il avait abattu et pris le comte de Salisbury, un de leurs chefs. On dit que Renaud, malgré cet échec, quitta son corps d'armée et que, transporté de fureur, il pénétra la lance en arrêt jusqu'au roi Philippe. Il allait le frapper, mais à la vue de son suzerain il se détourna, saisi de respect ou d'irrésolution, et poursuivit sa course envers le comte de Dreux (2). Celui-ci se tenait aux côtés du roi, dont il était le cousin. Le comte Pierre d'Auxerre, également de sang royal, ne quittait pas non plus le monarque depuis le commencement de l'action. Son fils pourtant, parent de Jeanne de Constantinople par sa mère, combattait parmi les Flamands (3). Renaud de Boulogne, revenu au milieu des siens, s'était fait avec une merveilleuse adresse un rempart de gens de pied disposés circulairement autour de lui sur deux rangs fort serrés. Quand tout le choc de l'armée fran-

pour avoir plus grant victoire : car plus a d'onnour en desconfire un empereour que un vavasseur. — *Chronique de Rains*, p. 153.

(1) Carrus decerpitur, draco frangitur; aquila, alis evulsis et confractis, ad regem Philippum defertur. — *Vinc. de B., ap. J. de G.*, XIV, 150.

(2) Mais, quant il vint près de luy, il eut horreur et une paour naturelle de son droit seigneur, ainsi comme aucuns cuidèrent. — *Les Grandes Chron. de Fr.*, éd. P. Paris, IV, 186.

(3) *Ibid.*

çaise, victorieuse sur les autres points, porta contre ce bataillon, il fut écrasé. Renaud, resté seul avec six écuyers, résolut de mourir, mais n'en vint pas à bout. Un sergent d'armes français, Pierre de La Tourelle, s'approchant de lui, enfonce sa dague jusqu'au manche dans le flanc de son destrier. Un des écuyers cherche à entraîner le cheval par la bride, mais il est renversé. Le cheval succombe, et Renaud reste la cuisse engagée sous son corps. Les deux frères Hugues et Gautier de Fontaine et Jean de Rouvroy le tiraillent et se le disputent. Arrive Jean de Nesle, châtelain de Bruges, qui veut aussi sa part d'une si belle proie, bien que, s'il faut en croire un historien, ce transfuge du parti flamand se fût comporté peu vaillamment dans la bataille (1). Pendant cette querelle, un varlet, nommé Commote, s'amusait à fourrer sa pique à travers le grillage de la visière du comte et l'aurait tué bien volontiers. L'élu de Senlis, qu'on rencontrait en tout lieu où il y avait à faire, survint. Renaud le connaissait; il se nomma, cria merci et lui tendit son épée (2).

La grande armée des confédérés n'existait plus. Du plateau de Cysoing où Philippe-Auguste s'était placé, on ne voyait de tous côtés que des débris épars et fuyants. La plaine offrait l'aspect d'un immense carnage. Au milieu de ce théâtre de confusion et de mort, un petit corps de sept cents Brabançons était seul demeuré intact et se retirait en bon ordre. Philippe, dans l'enivrement de son triomphe, se donna le plaisir de les faire exterminer sous ses yeux par Thomas de Saint-Valery (3).

(1) Icil Jehan estoit bel chevalier et grant de corps; mais la prouesce ne respondoit mie à la beauté ne à la quantité de corps, car il ne s'estoit onques combatu à homme nul en toute la journée. — *Ibid.*, 189.

(2) *Ibid.*

(3) Quos videns rex Thomam de Sancto-Walerico... contra illos misit,

Ainsi se termina la bataille de Bouvines. Il était alors sept heures du soir. Les chapelains du roi de France chantaient encore, mais ils chantaient des actions de grâces.

L'un d'eux, le poétique historien des hauts faits de Philippe-Auguste, nous retrace la dernière scène de cette grande journée, telle qu'elle apparut à ses yeux et à son imagination. « Les cordes et les chaînes manquent pour charger tous ceux qui doivent être garrottés ; car la foule des prisonniers est plus nombreuse que la foule de ceux qui doivent les enchaîner.. Déjà la lune se préparait à faire avancer son char à deux chevaux ; déjà le quadrige du soleil dirigeait ses roues vers l'Océan... Aussitôt les clairons changent leurs chants guerriers en sons de rappel, et donnent le joyeux signal de la retraite. Alors, enfin, il est permis aux Français de rechercher le butin et de ravir aux ennemis étendus sur le champ de bataille leurs armes et leurs dépouilles. Celui-ci se plaît à s'emparer d'un destrier; là un maigre roussin présente sa tête à un maître inconnu, et est attaché par une ignoble corde. D'autres enlèvent dans les champs les armes abandonnées ; l'un s'empare d'un bouclier, un autre d'une épée ou d'un heaume. Celui-ci s'en va content avec des bottes, celui-là se plaît à prendre une cuirasse, un troisième ramasse des vêtements ou des armures. Plus heureux encore et mieux en position de résister aux rigueurs de la fortune est celui qui parvient à s'emparer des chevaux chargés de bagages, ou de l'airain caché dans de grosses bourses, ou bien encore de ces chars que le

---

qui,... habens secum de terra sua quinquaginta equites et duo millia pedites, cum magno furore in illos irruit omnesque trucidavit. — *Vinc. de B., ap. J. de G., XIV*, 156. — Il se férirent en eux ainsi comme le lous affamé se fiert entre les brebis. *Les Gr. Chron. de Fr., IV*, 120.

Belge, au temps de sa splendeur, est réputé avoir construits le premier, chars remplis de vases d'or, de toutes sortes d'ustensiles agréables, de vêtements travaillés avec beaucoup d'art par les Chinois, et que le marchand transporte chez nous de ces contrées lointaines. Chacun de ces chariots, porté sur quatre roues, est surmonté d'une chambre qui ne diffère en rien de la superbe alcôve nuptiale où une jeune mariée se prépare à l'hymen, tant cette chambre tressée en osier brillant renferme, dans ses vastes contours, d'effets, de provisions, d'ornements précieux. A peine seize chevaux, attelés à chacune de ces voitures, peuvent-ils suffire pour enlever et traîner les dépouilles dont elles sont remplies. Quant au char sur lequel Othon le réprouvé avait dressé son dragon et suspendu son aigle aux ailes dorées, bientôt il tombe sous les coups innombrables des haches; et, brisé en mille pièces, il devient la proie des flammes : car on veut qu'il ne reste aucune trace de tant de faste, et que l'orgueil ainsi condamné disparaisse avec toutes ses pompes. L'aigle, dont les ailes étaient brisées, ayant été promptement restaurée, le roi l'envoya sur l'heure même à l'empereur Frédéric, afin qu'il apprît par ce présent qu'Othon son rival ayant été vaincu les insignes de l'empire passaient entre ses mains par une faveur céleste. Mais, la nuit approchait, l'armée chargée de richesses et de gloire rentra dans le camp; et le roi, plein de reconnaissance et de joie, rendit mille actions de grâce au Roi suprême, qui lui avait donné de terrasser tant d'ennemis (1). »

(1) *Philippide*, ch. XI.

FIN DU TOME PREMIER.

TABLE DES CHAPITRES.

Préliminaires. — Aspect de la Belgique aux temps primitifs. — Conquête romaine. — Établissement du christianisme. — Invasion franque. — Les rois francs de Cologne, Cambrai et Térouane. — Progrès du christianisme. — Mœurs des Belges. — Les forestiers délégués des rois francs en Belgique.................................... Pag. 1

I. — Bauduin-Bras-de-Fer; Bauduin-le-Chauve (862—919). — Bauduin-Bras-de-Fer. — Il épouse secrètement Judith, fille de Charles-le-Chauve. — Colère de ce dernier. — Le pape lui écrit pour le fléchir. — Ratification du mariage. — Origine du comté de Flandre. — Invasions des Normands. — Ravages qu'ils causèrent dans la Belgique. — Mort de Bauduin-Bras-de-Fer. — Son fils, Bauduin-le-Chauve, lui succède. — Nouvelles courses des barbares. — Regnier-au-Long-Col, comte de Mons. — Il est fait prisonnier par Rollon, chef des Normands. — Héroïsme de sa femme Aldrade. — Siége de l'abbaye de Saint-Bertin. — Événements politiques en France. — Haines entre la famille du marquis flamand et celle des comtes de Vermandois. — Bauduin convoite l'abbaye de Saint-Bertin. — Il fait assassiner Foulques, archevêque de Reims, par un sicaire nommé Winemar. — Excommunication et maladie horrible de Winemar. — Mort de Bauduin............. 33

II. — Arnoul-le-Vieux; Bauduin III (919-964). — Dissensions entre les princes francs. — Arnoul prend parti pour Charles-le-Simple. — Réapparition des pirates normands. — Relâche de la discipline ecclésiastique en Belgique. — Arnoul s'empare du château de Montreuil par ruse et le perd bientôt après. — Il complote contre la vie du duc de Normandie, Guillaume. — Meurtre de ce dernier. — Guerre de Raoul, comte de Cambrai, contre les enfants d'Herbert de Vermandois. —

Siége et incendie de l'abbaye d'Origni, racontés par un trouvère flamand. — Arnoul est atteint de la pierre. — Sa guérison miraculeuse. — Événements en France. — Othon, roi de Germanie, ravage le marquisat d'Arnoul. — Invasion des Madgyars ou Hongrois. — Siége de Cambrai par ces barbares. — Premier symptôme d'affranchissement communal en cette ville. — Cruautés de l'évêque Bérengaire. — Arnoul appelle au gouvernement son fils Baudnin. — Mort de celui-ci. — Son fils Arnoul, dit le Jeune, lui succède. — Mort d'Arnoul-le-Vieux........ 67

III. — Arnoul-le-Jeune; Baudain-Belle-Barbe (964—1036). — Invasion de Lothaire. — Mort de Tetdon, évêque de Cambrai. — Séjour de Charles, duc de Lorraine, à Cambrai. — Prétentions de Guillaume de Ponthieu. — État de la Flandre et du Hainaut. — Tyrannie du comte Rainier. — Mission de Bruno, archevêque de Cologne, vicaire impérial. — Tentatives des fils de Rainier contre le Hainaut. — Usurpation de Hugues-Capet; sa lutte avec Charles, duc de Lorraine. — Hugues-Capet envahit la Flandre. — Mort d'Arnoul-le-Jeune. — Troubles pendant la minorité de Baudnin-Belle-Barbe. — Origine et attributions des châtelains. — Révolte d'Eilbodon, châtelain de Courtrai. — Guerre de Baudnin avec Godefroi, duc de Lorraine, et par suite avec l'empire. — Paix avec l'empereur. — Flandre impériale. — Peste. — Inondation. — Comète. — Rébellion de Baudnin-le-Jeune, fils de Baudnin-Belle-Barbe. — Avénement de Henri au trône de France. — Mort de Baudnin Belle-Barbe 119

IV. — Bauduin de Lille; Bauduin de Mons (1036—1070). — Guerre contre l'empereur. — Le château de Gand pris par ruse. Guillaume-le-Bâtard, duc de Normandie, épouse Mathilde, fille de Bauduin de Lille. Bauduin, fils de ce dernier, épouse Richilde, comtesse de Hainaut. — Démêlés entre saint Liébert, évêque de Cambrai, et Jean, avoué de cette ville. — L'empereur envahit de nouveau la Flandre. — Relations avec la France. — Bauduin de Lille est nommé régent du royaume et tuteur du jeune roi Philippe. — Aventures de Robert, second fils de Bauduin. — Ses expéditions en Frise. — Il épouse Gertrude, veuve du comte de Hollande. — Bauduin fonde le chapitre de Saint-Pierre à Lille. — Sa mort et celle de sa femme Adèle. — Bauduin VI, dit de Mons. — Ce qu'en dit son secrétaire le moine Thomellus. — Première franchise octroyée à une ville flamande. — Bauduin VI partage ses états, et meurt. — Situation du pays au temps de ce prince................ 148

V. — Arnoul III; Robert-le-Frison (1070—1093). — La comtesse Richilde s'empare de l'autorité souveraine au nom de son fils Arnoul. — Exactions et violences de cette princesse. — La Flandre tudesque se sou-

lève et prend le parti de Robert-le-Frison. — Antipathie de race
entre les Wallons et les Thiois. — Bataille de Cassel. — Assassinat
du jeune Arnoul. — Philippe, roi de France, saccage la ville de Saint-
Omer.—Il abandonne la cause de Richilde.—Celle-ci inféode le comté
de Hainaut à l'évêché de Liége. — Elle reprend les hostilités contre
Robert. — Bataille de Broquevoie. — Robert devient marquis des Flamands. — La légitimité de son pouvoir est vivement contestée —Oppositions du clergé. — Le pape Grégoire VII envoie saint Arnoul en
Belgique pour calmer les dissensions. — La paix se rétablit. — Robert
associe son fils au gouvernement. — Il fait le pèlerinage de Jérusalem.
— Pénitence et mort de Richilde. — Miracles et prodiges en Flandre.
— Le mal des ardents. — Organisation de la cour des comtes de Flandre. — Robert opprime le clergé. — Lettre du pape Urbain II à ce sujet. — Plaintes amères adressées par le clergé au concile de Reims. —
Robert se soumet aux injonctions du concile. — Il meurt............ 190

VII. — ROBERT DE JÉRUSALEM. — BAUDUIN-A-LA-HACHE (1093—1119). —
Publication de la première croisade dans les provinces belgiques.—Départ de Robert II et des seigneurs flamands. — Leurs exploits et leurs
souffrances dans l'Orient. — Prise d'Antioche. — Bauduin, comte de
Hainaut, périt assassiné.—Prise de Jérusalem. — Le comte Robert revient en Flandre. — Troubles à Cambrai. — Commune établie par les
bourgeois.—Robert la protège.—L'empereur vient attaquer Robert.—
La commune de Cambrai est détruite.—Retour de l'empereur en Allemagne. — Robert fait la paix avec lui. — Franchises accordées à diverses
villes en Flandre. — Paix flamande. — Evénements en France et en
Normandie.—Guerre entre le roi des Français Louis-le-Gros et Henri,
roi d'Angleterre et duc de Normandie. — Robert porte secours à Louis-
le-Gros. — Il est tué au siége de Meaux. — Son fils Bauduin-à-la-Hache
lui succède.—Rigueurs de celui-ci contre les nobles. —Son amour pour
la justice.—Renouvellement de la paix flamande.— Bauduin reçoit un
coup de lance au siége de la ville d'Eu. — Il meurt d'incontinence et
d'indigestion. 226

VIII. — CHARLES-LE-BON (1119 — 1127). — Opposition que Charles
éprouve au début de son règne. — Il pacifie la Flandre et rétablit l'ordre.— Eclipse de soleil suivie d'une horrible famine. — Sollicitude de
Charles pour les misères publiques. — Il refuse la couronne impériale
d'Occident et le trône de Jérusalem. — Son grand amour du devoir.
— Origine du prévôt Bertulphe et de sa famille. — Motifs de leur animosité contre Charles.—Ils préméditent la mort du prince et l'assassinent dans l'église de Saint-Donat. — Cruautés exercées à Bruges par

les conjurés. —Gervais, camérier du comte, vient en tête d'une troupe nombreuse pour venger son maître. —Les bourgeois lui livrent l'entrée de leur ville et se joignent à lui.— Bertulphe et ses partisans se réfugient dans le bourg. —Des secours arrivent de tous côtés à Gervais.— Prise du bourg. — Les assassins se retranchent dans l'église de Saint-Donat. — Tentatives infructueuses faites pour les y prendre. —Ils y restent bloqués et assiégés..................................... 257

IX. — GUILLAUME CLITON (1127—1128). —Situation de la Flandre à la mort de Charles-le-Bon. — Le roi de France Louis-le-Gros intervient dans les affaires du comté. — Incidents divers. —Les Flamands acceptent Guillaume Cliton pour comte.—Le roi et le nouveau comte viennent à Bruges. — Conditions imposées par les habitants d'Ardembourg à la reconnaissance du nouveau comte. — Reprise du siége de l'église de Saint-Donat.—Arrestation et supplice du prévôt Bertulphe.—Duel judiciaire. — Soulèvement des Brugeois contre le châtelain Gervais.— Prise de l'église de Saint-Donat.—Les assassins du comte Charles se réfugient dans le clocher. —Ils se rendent à merci. —Obsèques du comte Charles. — Réception de Guillaume Cliton à Saint-Omer. — Plusieurs prétendants au comté de Flandre se déclarent.—Supplice des meurtriers de Charles. —Violences et rapines du comte Guillaume. —Remontrances des Gantois. —Les principales villes de Flandre se révoltent contre l'autorité de Guillaume. —Arrivée de Thierri d'Alsace à Gand.— Il est reconnu en qualité de souverain par une grande partie des Flamands.—Guillaume Cliton a recours au roi de France. —Lettre de ce roi aux villes de Flandre. — Fière réponse des villes. — Le roi et Guillaume portent la guerre en Flandre.—Siége de Lille, combats de Thielt, d'Oostcamp et d'Alost. — Mort de Guillaume Cliton.. 291

X.—THIERRI D'ALSACE (1128—1168). — Thierri d'Alsace pacifie la Flandre. —Guerre avec Baudnin, comte de Hainaut. — Voyage de Thierri en Palestine. — Coalition contre la Flandre —Démêlés entre les princes lorrains. —Guerre dans le pays de Liége.—Guerre en Brabant. — Combat des Trois-Fontaines. — Saint Bernard en Flandre. — Thierri prend la croix avec le roi de France et l'empereur.—Malheurs de cette expédition.—Thierri rapporte en Flandre la relique appelée le saint sang de J.-C. — Expéditions flamandes contre les Slaves et contre les Maures d'Espagne. —Fondation du royaume de Portugal. — Sibylle, comtesse de Flandre, est attaquée par Baudnin de Hainaut durant l'absence de son mari. —Courage de cette princesse. —Bravoure du sire Rasse de Gavre. —La paix est rétablie.—Guillaume d'Ypres se réconcilie avec Thierri d'Alsace. — Faits et gestes de Guillaume durant son exil en Angleterre. — Troisième voyage du comte de Flandre en Asie. — Philippe, son fils, fait la guerre à Florent III, comte de Hollande.—Expédition en Cambrésis.—Retour de Thierri d'Alsace. — Situation prospère de la Flandre. — Quatrième pèlerinage de Thierri à Jérusalem. — Thomas, archevêque de Cantorbéry, visite dans son exil l'Artois et la Flandre. — Premier soulèvement populaire à Gand. — Philippe d'Alsace assiste à la translation du corps de Charlemagne. — Retour du comte Thierri. — Reprise de la guerre contre Florent de Hollande. — Traité de paix et de commerce avantageux aux Flamands. — Naissance de Philippe-Auguste.................................. 338

XI. — PHILIPPE D'ALSACE (1168—1191). — Philippe d'Alsace hérite du Vermandois.—Il marie sa sœur au comte de Hainaut, Bauduin V. — Particularités sur la vie et les mœurs de Bauduin. — Le comte de Flandre prend part à la guerre du roi de France contre l'Angleterre. — Jalousie furieuse de ce prince. — Étroite alliance de Philippe avec Bauduin de Hainaut. — Meurtre de Robert, chancelier du comte de Flandre. — Guerre contre Jacques d'Avesnes. — Philippe désigne le comte et la comtesse de Hainaut pour ses héritiers. — Il part pour la Terre-Sainte. — Prétendue origine des armes de Flandre. — Le comte de Flandre assiste au sacre de Philippe-Auguste et porte l'épée de Charlemagne. — Il marie sa nièce, Isabelle de Hainaut, au roi de France. — Louis VII, en mourant, l'institue régent du royaume. — Ligue contre le pouvoir de Philippe d'Alsace. — Il tombe en disgrâce auprès du roi. — Guerre au sujet du Vermandois. — Tableau de la Flandre.—Détails sur la guerre.—Démêlés entre le comte de Hainaut et le duc de Brabant.—Intervention de Philippe d'Alsace.—La lutte recommence entre le roi et le comte de Flandre. — Incidents divers. Bauduin de Hainaut se brouille avec le comte de Flandre. — Ressentiment de ce dernier. — Il se remarie. — Le Hainaut est ravagé par Philippe d'Alsace et ses alliés.—Paix avec le roi de France et le comte de Hainaut.—Le comte de Flandre se croise en compagnie des rois de France et d'Angleterre. — Il arme des navires pour l'Orient. — Part et meurt de la peste au siége de Saint-Jean d'Acre. — Développement des institutions communales sous ce prince........................ 365

XII. — MARGUERITE D'ALSACE ET BAUDUIN-LE-COURAGEUX (1191—1195). — Bauduin-le-Courageux apprend la mort de Philippe d'Alsace, et se met en possession de la Flandre. — Conduite prudente de ce prince — Intrigues de Mathilde, veuve de Philippe d'Alsace. — Conférences d'Arras. — Guerre en Brabant. — Mauvaises dispositions de Philippe-Auguste à l'égard du comte de Flandre. — Ce dernier se prépare à la guerre. — Entrevue de Péronne. — La paix se rétablit. — Succession du comté de Namur. — Difficultés à ce sujet. — Le comte de Flandre accompagne le roi au siége de Rouen. — Mariage des enfants de Bauduin avec ceux du comte de Nevers — Rébellion de quelques seigneurs flamands. — Reprise des hostilités contre le duc de Brabant. — Troubles à Gand. — Bataille de Noville-sur-Mehagne. — Mort de la comtesse Marguerite. — Son fils aîné Bauduin est investi du comté de Flandre. — Bauduin-le-Courageux tombe malade à Strasbourg. — — Il se fait ramener à Mons, et y languit long-temps. — Il règle ses dispositions dernières, et meurt. — Sa postérité.................... 408

XIII. — Bauduin de Constantinople (1195—1204). — Alliance de Bauduin avec Richard, roi d'Angleterre. — Hostilités contre la France. — — Le comte reprend à Philippe-Auguste une partie de l'Artois. — Armoiries de Gand. — Paix avec le roi de France. — Développement intellectuel dans les provinces belgiques. — Trouvères et ménestrels. — — Amour de Bauduin pour les lettres. — Il donne des lois nouvelles au comté de Hainaut. — Sages ordonnances de ce prince. — Bauduin prend la croix dans l'église de Saint-Donat avec sa femme et la plupart de ses chevaliers. — Préparatifs pour la croisade. — Fondations pieuses du comte de Flandre. — Ambassade de Quènes de Béthune à Venise. — Départ de Bauduin. — La comtesse Marie s'embarque, après ses couches, sur la flotte flamande, mais ne rejoint pas son mari. — Les croisés à Venise. — Siége de Zara. — Arrivée des ambassadeurs d'Isaac. — Le comte de Flandre se prononce pour l'expédition de Constantinople. Les croisés arrivent dans le Bosphore. — Étonnement des hommes d'armes de Flandre en apercevant Byzance. — Assauts. — Prise de Constantinople. — Rétablissement d'Isaac sur le trône. — Inimitié des Grecs et des Latins. — Éloquence et courage de Quènes de Béthune, vassal du comte de Flandre. — Nouvelle révolution. — Isaac et son fils sont mis à mort par le tyran Murzulphe. — Second siége de Constantinople. — Valeur du comte de Flandre et de ses hommes d'armes. — André, sire de Jurbise en Hainaut, plante le premier l'étendard flamand sur les murs de Byzance. — Pillage de la ville. — Destruction des monuments d'art. — Election d'un empereur. — Le comte de Flandre est revêtu de la pourpre impériale.. 428

XIV. — Jeanne de Constantinople et Fernand de Portugal (1204— 1214). — Particularité sur la naissance de Jeanne. — Mort de la comtesse Marie de Champagne. — On apprend en Flandre la fin tragique de l'empereur Bauduin. — Douleur des Flamands. — Beaucoup ne veulent pas croire au trépas de Bauduin. — Jeanne et Marguerite de Constantinople sont livrées au roi de France par leur tuteur.—Énergiques réclamations et menaces des Flamands. — Désespoir de Philippe de Namur.— Les princesses sont renvoyées en Flandre.— Jeanne épouse Fernand, fils du roi de Portugal. — Fernand fait hommage de la Flandre à Philippe-Auguste. —Arrestation du comte et de la comtesse de Flandre à Péronne par Louis fils du roi.— Louis les relâche après s'être emparé des villes d'Aire et de Saint-Omer — Colère de Fernand. — Son impopularité en Flandre. — Les Gantois refusent de le reconnaître pour seigneur. — Traité de Pont-à-Vendin, entre Fernand et Jeanne, d'une part, et le prince Louis d'autre part.— Les Gantois reçoivent Fernand et Jeanne.— Alliance du comte de Flandre avec le roi d'Angleterre. — Le comte refuse assistance au roi de France son suzerain. — Courroux de ce dernier. — Il dirige contre la Flandre l'expédition préparée contre l'Angleterre. — La flotte française aborde à Dam. —Description de ce port. — Envahissement de la Flandre. — Fernand envoie chercher des secours au roi d'Angleterre. — Les comtes de Salisbury et de Boulogne s'embarquent pour la Flandre. — Ils brûlent les vaisseaux du roi près du port de Dam.— Jonction de ces princes avec le comte Fernand.—Motifs de la haine du comte de Boulogne contre le roi de France.— Échecs éprouvés près de Dam par Fernand et ses alliés. — Philippe-Auguste rentre en France. — Le comte de Flandre, réfugié dans l'île de Walcheren, prépare de nouveaux moyens de défense avec le comte de Hollande.— Les villes de Flandre tombées au pouvoir du roi ouvrent leurs portes à Fernand. — Incidents divers. — Prise de Tournai par Fernand. — Siége de Lille. — Les bourgeois rendent la ville au comte leur seigneur. — Philippe-Auguste envahit de nouveau la Flandre. — Il reprend Lille, la saccage et la brûle. — Voyage du comte en Angleterre. — Courses en Artois et dans le comté de Guines. — Préparatifs de la grande coalition contre la France. — L'empereur Othon à Valenciennes. — Partage anticipé de la conquête. — La comtesse Jeanne reste étrangère à la ligue et la désapprouve. — Intrigues de la reine Mathilde. — Sa haine contre le roi de France. — Philippe-Auguste s'avance vers la Flandre en tête de son armée. — Bataille de Bouvines.. 466

FIN DE LA TABLE.

HISTOIRE DES COMTES DE FLANDRE, JUSQU'A L'AVÉNEMENT DE LA MAISON DE BOURGOGNE,

Par EDWARD LE GLAY, *ancien élève de l'école des Chartes, conservateur adjoint des Archives de Flandre, à Lille.* (1)

Louons d'abord le choix du sujet. Il y a quelque chose de pieux, de patriotique, dans l'exploration des souvenirs du pays. Par eux le sol qui nous a vus naître prend comme une physionomie et une âme, et nous inspire d'autant mieux cette affection, ce dévouement, qui fait le vrai citoyen. Nul de nos enfans ne devrait les ignorer. Je voudrais que, partout le professeur associât l'histoire de la province à l'histoire générale. Pourquoi les noms du sage et preux comte Baudouin V, qui fonda notre belle cité de Lille, de la bonne et malheureuse comtesse Jeanne qui la dota des monumens de sa bienfaisance, ne sont-ils pas populaires parmi nous? Certes, ces noms méritent mieux une place dans nos premières leçons, que tant de noms grecs et romains dont on nous fatigue sur les bancs.

Cette vérité commence à se faire jour. Parmi les objets vers lesquels se porte l'activité fébrile de la jeune génération, l'histoire locale tient un rang important. Elle l'aborde fréquemment avec le sans-façon, l'outrecuidance, l'engouement, le défaut de préparation et de méthode que lui sont propres. De la bien des œuvres avortées n'ayant qu'une valeur de feuilleton, bien des idées hasardées, des faits travestis. Néanmoins le champ se défriche tant bien que mal sous la main de ces pionniers littéraires, dans le nombre se rencontrent des hommes d'intelligence et de goût, qui trouvent et savent exploiter. Il en résulte agrandissement et expansion de la science historique.

Grâce à Dieu, notre localité n'est point demeurée étrangère à ce mouvement. Nous aimons à constater la part utile qu'il y a prise l'Association lilloise, et surtout l'impulsion donnée par son digne président, bénédictin érudit en même temps que littérateur distingué. On se souvient de ces séances trop tôt interrompues, où sa parole élégante répandait tant d'intérêt et de clarté sur les commencemens barbares de la Flandre.

M. Le Glay a eu le bonheur de faire partager l'attrait de ses chères études à un fils qui veut à son tour porter dignement un nom déjà si bien placé dans le monde savant. Le volume que nous annonçons ne donne point le démenti à cette noble ambition.

Pour écrire sur le passé de la Flandre, ne ce sont point les matériaux qui manquent. Nous avons une multitude de chroniques, de légendes, de collections diplomatiques, de travaux érudits. Il y a trois cents ans, Wielandt et Meyer traitaient déjà *ex professo* cette matière, devançant d'un siècle les historiographes français. Une école assez nombreuse s'est formée à leur suite. Elle sommeilla durant la première moitié du XVIIIe siècle; mais, vers 1760, l'Académie de Bruxelles imprima un nouvel élan, et depuis lors les volumes se sont succédé. A qui veut posséder l'histoire de la Flandre, puis la narrer, il faut la patience qui explore une bibliothèque entière; la sagacité qui discerne parmi tant de matériaux accumulés, le goût qui met en œuvre.

La portion de cette histoire la plus riche en péripéties émouvantes et en même temps la plus mêlée à l'histoire générale de l'Europe, l'époque de la dynastie bourguignonne (1384-1477), a tenté un homme d'un talent incontestable, M. le baron de Barante. Il est entré sur ce terrain en vainqueur, et s'y est si bien installé, que l'opinion semble ne plus accorder à personne le droit d'y prendre place à côté de lui. L'*Histoire des ducs de Bourgogne de la maison de Valois* est à présent populaire chez nous; quelques fautes de langue échappées à l'académicien qui occupe le fauteuil de Voltaire! Ces avertissemens importuns ne sont point, sans doute, parvenus dans la sphère élevée où celui-ci jouit de son triomphe. Aussi n'a-t-il pas même pris la peine de faire disparaître, dans une dernière édition, les taches nombreuses signalées.

Ce succès est-il de parfait aloi? Non, assurément. M. de Barante, qui pouvait faire mieux, a préféré être homme de son temps. Aujourd'hui, l'industrie s'adresse aux masses: il faut surtout que ses produits soient confectionnés par des procédés expéditifs et faciles, qu'ils flattent l'œil, pour trouver de nombreux consommateurs. Il s'est inspiré de ce principe. Au lieu de se livrer à de laborieuses recherches, à des vérifications pénibles; de compulser longuement les chartriers, les recueils de documens originaux: de discuter la vérité historique souvent confondue dans ce pêle-mêle d'écrits et de traditions, il a mis sur son bureau Froissart, le moine de Saint-Denys, Meyer, Heuterus, Monstrelet, Comines, etc., dont les feuillets découpés, triés, recousus l'un à l'autre, ont fait les frais de sa narration. Homme d'esprit et de goût, il a, d'ailleurs, exécuté ce rhabillage avec dextérité, ménageant ingénieusement les transitions, tirant un heureux parti du style contemporain. Le résultat fut un gracieux pastiche qui, coloré comme une peinture du moyen-âge, stimulait, par le piquant de la nouveauté, une génération habituée aux formes classiques de la littérature de l'empire. Ce livre, sans manquer d'une certaine solennité historique, se lisait facilement et vite: il amusait. Rien ne pouvait convenir mieux aux lecteurs superficiels (toujours nombreux), aux lecteurs pressés (qui n'est pas pressé aujourd'hui?). On fut charmé; de toutes parts, on applaudit l'académicien qui, possesseur d'une plume exercée, avait, de préférence, écrit avec ses ciseaux. Et voilà une nouvelle école historique fondée! Bien sait la quantité de jeunes débutans et d'entrepreneurs littéraires qui, séduits par la simplicité de la recette, se sont évertués à compiler à la suite de M. de Barante, avec son tact de moins!

Il y eut bien quelques esprits chagrins, disposés à rappeler que la mission de l'historien est plus malaisée et plus sérieuse; qu'il est non-seulement conteur, mais rapporteur au tribunal de la postérité; qu'il doit donc s'enquérir scrupuleusement, et conclure. On ne les écouta guères. D'autres firent remarquer que si la couleur locale est un mérite, la vérité locale est une nécessité; que M. de Barante avait par trop dédaigné celle-ci. Le crayon érudit de M. le baron de Reiffenberg pointa par centaines les dates erronées, les distractions, les citations inexactes, les altérations de noms qui fourmillent dans l'œuvre tant vantée. Il découvrit même, en demandant pardon de l'académicien grande, quelques fautes de langue échappées à l'académicien qui occupe le fauteuil de Voltaire! Ces avertissemens importuns ne sont point, sans doute, parvenus dans la sphère élevée où celui-ci jouit de son triomphe. Aussi n'a-t-il pas même pris la peine de faire disparaître, dans une dernière édition, les taches nombreuses signalées.

Nos réflexions ne sont point dictées par une désapprobation absolue de l'innovation essayée par l'auteur des *Ducs de Bourgogne*. Certes, il est bien de faire intervenir les auteurs contemporains avec leurs idées et leur langage. En transportant ainsi le lecteur au milieu même de l'époque qui lui est racontée, on lui procure une sorte d'intuition qu'il ne devra jamais aux récits de seconde main.

M. Edward Le Glay a tiré un heureux parti de cette méthode. Il introduit de l'innovation à propos des fragmens de chroniques dans sa narration consciencieusement étudiée. Quelques-unes étaient peu connues jusqu'à présent. Celle de Richer, qui répand tant de jour sur l'époque obscure du Xe siècle et sur l'avènement

(1) Tome 1er. — A Paris, quai Malaquais, n° 15; à Lille, chez Vanackere.

de Hugues Capet, vient d'être imprimée par Pertz, dans ses MONUMENTA GERMANIÆ. L'*Histoire des ducs de Normandie et des rois d'Angleterre*, publiée en 1840, d'après deux manuscrits de la Bibliothèque royale, présente maintes particularités relatives à la Flandre et à l'expédition de Louis, fils de Philippe-Auguste, en Angleterre. Gualbert, le témoin oculaire de l'assassinat de Charles-le-Bon, a été largement et utilement mis à contribution.

A ce mot de chroniques, la plupart de nos lecteurs croient, sans doute, qu'il s'agit de récits secs et écourtés, sans art, sans critique, alignés en formes d'annales, et rédigés en langage barbare par d'ignorans moines. Qu'ils se détrompent. S'il en est ainsi de quelques-unes, plusieurs offrent une lecture attachante et instructive, sont semées d'anecdotes, de traits de mœurs, d'aperçus politiques.

Richer, fils d'un personnage haut placé, fut mêlé à tous les événemens de son siècle. — Le chanoine Baldoric, secrétaire des évêques de Cambrai Liébert et Gérard II, rempli diverses missions. Gilbert de Mons, secrétaire du comte de Hainaut, beau-père de Philippe-Auguste, conduisit des négociations considérables. Gualbert offre un tableau animé des habitudes et de la vie civile des Flamands en 1127. Lambert d'Ardres nous introduit dans les châteaux des seigneurs de Guines et d'Ardres, dans les chaumières de leurs serfs, dans les cercles lettrés du pays alors très important qu'aujourd'hui; il a dans son latin tudesque des passages dignes de Walter-Scott. La *Chronica comitum* a des pages dont il faut se défier, tant elles ont le charme du roman.

Les emprunts que leur a faits M. E. Le Glay justifient ce qui est avancé ici. Ils ne sont point, d'ailleurs, tout le mérite de son livre, bien composé, bien distribué, bien écrit. Le récit de la bataille de Bouvines peut être considéré comme un modèle. Quelques négligences de style se laissent cependant apercevoir çà et là ; la revision les fera disparaître. Ainsi l'on ne dit point correctement : Osmond *s'imagina* d'emmener l'enfant (page 95) ; *se jeter de force sur* (p. 115) ; *dresser une armée* (p. 211) ; *se dresser en pied*, pour sortir du lit (p. 270) ; *courir les terres*, pour : faire des courses sur les terres (p. 434).

Ces légères taches n'empêcheront pas de lire ce premier volume avec plaisir et profit. Il embrasse l'époque de 862 à 1214, et est précédé de notions préliminaires sur l'invasion romaine en Belgique, l'établissement du christianisme, l'invasion franke, et les temps qui précédèrent immédiatement le premier comte, Baudouin dit *Bras-de-fer*.

Dans ces préliminaires, l'auteur rencontrait tout naturellement la question si controversée de l'existence des *forestiers*. Il se range à l'opinion qui attribue leur nom et leur autorité à cette circonstance, que le pays était couvert de forêts. « Certains gou- » verneurs, ajoute-t-il, se sont appelés *marquis*, parce qu'ils » gardaient les marches ou frontières ; pourquoi d'autres ne se » seraient-ils pas appelés *forestiers*, parce qu'ils gardaient un » pays de forêts ? »

Cette observation ne semble pas décisive. Les commandans des frontières étaient généralement nommés *marquis*, et cela , de la situation de leur commandement. Mais nul commandant d'autre province que la Flandre, n'apparaît avec ce titre de *forestier*; et néanmoins, dans le vaste empire de Charlemagne, il ne manquait pas de contrées couvertes de forêts. Les pays entre l'Escaut et le Rhin étaient encore plus boisés que la Ménapie et la Morinie, puisqu'ils étaient occupés par la vaste forêt Ex-cynienne ou charbonnière ; on ne les voit point gouvernés par un *forestier*. Ce titre figure quelquefois dans les capitulaires, mais avec des attributions purement domaniales. Vingt ans avant d'être investi du comté de Flandre-la-Chauve, Baudouin *Bras-de-fer*, qui déjà commandait en ces parages, reçoit une lettre de l'archevêque Ebbon ; comment y est-il qualifié ? *glorieux marquis*. Si le titre de *forestier* eût existé, Ebbon le lui eût donné.

La question demeure donc toujours obscure. Il est de fait que les gouverneurs de la Flandre sont appelés *forestiers* dans aucun écrit antérieur au treizième siècle. En cinq cents ans une opinion erronée a bien le temps de s'établir, surtout quand au commencement de cet intervalle, on compte un siècle et demi de dévastations et de barbarie dû aux invasions normandes.

Un peu plus loin, M. Éd. Le Glay dit que, l'an 862, Baudouin *Bras-de-Chauve*, reçut en bénéfice dotal, de son beau-père Charles-le-Chauve, toute la région comprise entre l'Océan, l'Escaut, la Somme, c'est-à-dire, la seconde Belgique, *telle qu'elle avait été divisée dans le précepte de Louis-le-Débonnaire*, en 835. N'y a-t-il pas ici inadvertance ? Cette division comprenait, avec les cantons de Flandre (alors pays de Bruges), de Mempiscus (pays entre Lille et Gand), de Mélantois (Seclin), d'Ostrevant (Bouchain), de Cambrésis, d'Artois, de Térouenne, de Boulogne, de Quantovic (Etaples), ceux de Vermandois, de Hainaut, de Brabant, de Hasbaye (portion du pays de Liége). Or, ces trois derniers cantons, situés à la droite de l'Escaut, faisaient partie du royaume de Lorraine qui, en 862, appartenait à Lothaire, petit-fils de Louis-le-Débonnaire. Charles ne pouvait donc en disposer au profit de Baudouin. Je ne crois même pas que notre premier comte ait jamais possédé le Vermandois, et que son autorité se soit étendue jusqu'à la Somme. *La chronique de St-Ba*von dit bien qu'il eut toutes les villes en-deça de la Somme, mais elle ne nomme qu'Arras, Hesdin, Bapaume, Térouenne, Aire, St-Omer ; d'ailleurs, rédigée au quinzième siècle, elle ne fait pas autorité décisive sur ce point. Il serait plus exact de donner la Canche pour limite méridionale à la juridiction de Baudouin, car de son temps, le Vermandois eut ses comtes particuliers : Guntard, Adelard, Teutricus ; le Ponthieu eut aussi les siens : Helgand et Herluin.

En côtoyant le récit de M. Éd. Le Glay, je pourrais soulever ainsi plus d'une de ces discussions historiques sur lesquelles le débat reste ouvert. Mais les bornes d'un article ne le permettent point. J'aime mieux, pour fournir ma tâche de critique, noter quelques erreurs, fort excusables. Par exemple : page 241, la liste des premiers patriarches latins de Jérusalem, donnée, à la vérité, d'après l'exact Meyer, est fautive ; je renvoie, pour la rectifier, à l'*Art de vérifier les dates*. Même page, le second époux d'Adèle, sœur du comte Robert de Jérusalem , est appelé Robert de Normandie : c'est Roger, duc de Pouille, qu'il fallait dire. Page 415, Philippe-Auguste reçoit à Arras, en 1192, l'hommage des comtes de Boulogne et de Guines, *qui devaient revenir au comté de Flandre, du chef de Mathieu, frère puîné du comte Philippe d'Alsace*. Mathieu n'eut jamais de droits personnels au comté de Boulogne, dont il avait épousé l'héritière, et n'en eut d'aucune espèce au comté de Guines, où régnait alors Baudouin II, père d'une nombreuse postérité.

Page 28, Eginhard est qualifié *secrétaire* de Charlemagne. S'il est une opinion reçue, c'est bien celle-là ; elle est d'ailleurs fondée sur un vieux cartulaire de l'abbaye de Lorsch. Toutefois, M. Teulet, dans l'excellente édition d'Eginhard qu'il vient de publier, montre que rien dans les monumens contemporains ne justifie cette qualification, tandis qu'on y voit qu'Eginhard fut directeur de travaux publics.

Laissons ces minuties, et terminons en disant que le premier volume de l'*Histoire des Comtes de Flandre* fait désirer la prompte publication du second.

Y.

www.ingramcontent.com/pod-product-compliance
Lightning Source LLC
Chambersburg PA
CBHW071614230426
43669CB00012B/1933